Pseudogetreidearten –
Buchweizen, Reismelde und Amarant

Walter Aufhammer

Pseudogetreidearten – Buchweizen, Reismelde und Amarant

Herkunft, Nutzung und Anbau

167 Tabellen
13 Abbildungen
2 Farbtafeln

VERLAG EUGEN ULMER

Die Deutsche Bibliothek – CIP-Einheitsaufnahme

Ein Titeldatensatz für diese Publikation ist bei
Der Deutschen Bibliothek erhältlich.

ISBN 3-8001-3189-7

Das Werk einschließlich aller seiner Teile ist urheberrechtlich geschützt. Jede Verwertung außerhalb der engen Grenzen des Urheberrechtsgesetzes ist ohne Zustimmung des Verlages unzulässig und strafbar. Das gilt insbesondere für Vervielfältigungen, Übersetzungen, Mikroverfilmungen und die Einspeicherung und Verarbeitung in elektronischen Systemen.

© 2000 Verlag Eugen Ulmer GmbH & Co.
Wollgrasweg 41, 70599 Stuttgart (Hohenheim)
email: info@ulmer.de
Internet: www.ulmer.de
Printed in Germany
Druck und Bindung: WB Druck GmbH & Co. Buchproduktions-KG, Rieden bei Füssen

Inhaltsverzeichnis

1. Herkunft 7

1.1 Vorstellung 7
    1.1.1 „Pseudo"-Getreidearten 8
    1.1.2 Gemeinsamkeiten und Unterschiede 8
    1.1.3 Inhalt im Überblick 10

1.2 Hintergrund 12
    1.2.1 Geschichte 12
    1.2.2 Verbreitung 22
    1.2.3 Bedeutung 28
    1.2.4 Zusammenfassung 31
    1.2.5 Literatur 32

1.3 Einordnung 34
    1.3.1 Arten, Unterarten, Formen 34
    1.3.2 Zuchtziele und Sortenentwicklung 41
    1.3.3 Genetische Ressourcen 63
    1.3.4 Zusammenfassung 70
    1.3.5 Literatur 71

2. Nutzung 74

2.1 Korngut 74
    2.1.1 Äußere Rohstoffeigenschaften 74
    2.1.2 Inhaltsstoffe 90
    2.1.3 Lebensmittel, Gerichte, Rezepte 109
    2.1.4 Andere Produkte 123
    2.1.5 Zusammenfassung 127
    2.1.6 Literatur 127

2.2 Vegetative Massen 132
    2.2.1 Trockenmasseproduktion und Inhaltsstoffe 132
    2.2.2 Blattmasse als Gemüse 138
    2.2.3 Sproßmasse als Futtermittel 141
    2.2.4 Zwischenfruchtbestände 143
    2.2.5 Zusammenfassung 147
    2.2.6 Literatur 148

2.3 Bestände und Einzelpflanzen 150
    2.3.1 Bestände als Landschaftselemente 150
    2.3.2 Bestände als Lebensräume für die Fauna 152
    2.3.3 Zierpflanzen - Gebinde, Sträuße 153
    2.3.4 Zusammenfassung 153
    2.3.5 Literatur 153

3. Anbau ... 154

3.1 Erstellung von Beständen ... 156
    3.1.1 Standorts- und Wachstumsansprüche ... 156
    3.1.2 Fruchtfolge und Bodenbearbeitung ... 164
    3.1.3 Aussaat und Bestandesetablierung ... 169
    3.1.4 Qualität von Ausgangsbeständen ... 194
    3.1.5 Zusammenfassung ... 196
    3.1.6 Literatur ... 196

3.2 Behandlung von Beständen ... 198
    3.2.1 Nährstoffaufnahme und Düngung ... 198
    3.2.2 Bestandespflege und Unkrautbekämpfung ... 212
    3.2.3 Krankheits- und Schädlingsbekämpfung ... 219
    3.2.4 Vorbeugende Maßnahmen zur Schadensbegrenzung ... 230
    3.2.5 Zusammenfassung ... 233
    3.2.6 Literatur ... 234

3.3 Ernte von Beständen ... 236
    3.3.1 Abreife ... 236
    3.3.2 Schnitt bzw. Drusch ... 239
    3.3.3 Korngutaufbereitung ... 244
    3.3.4 Vermarktung ... 246
    3.3.5 Zusammenfassung ... 248
    3.3.6 Literatur ... 249

4. Zukunft ... 251

5. Legenden zu den Farbtafeln ... 254

6. Stichwortverzeichnis ... 255

1 Herkunft

1.1 Vorstellung

Zunächst werden die Arten, der Buchweizen (*Fagopyrum* sp.), die Reismelde (*Chenopodium* sp.) und der Amarant (*Amaranthus* sp.) mit der Frage: welche Eigenschaften verbinden die drei Körnerfruchtarten zu einer besonderen kleinen Gruppe, vorgestellt. Darüber hinaus werden die inhaltlichen Schwerpunkte des vorliegenden Buches umrissen. Das Buch erhebt nicht den Anspruch, den Kenntnisstand umfassend und die Einzelheiten im Detail darzustellen. Vielmehr ist es das Ziel, „Wissenswertes" zu „Nutzbarem" zusammenzufassen. Nutzbares im Sinne des Einbezugs der Arten in die Ernährung und im Sinne des Einbezugs der Arten in Fruchtfolgen und damit auch in Landschaftsstrukturen.

Fruchtfolgen umfassen heute im intensiven Pflanzenbau zumeist nur wenige Arten. Die Leistungsfähigkeit bezogen auf den Standort, die spezifische Anbautechnik, insbesondere die erforderlichen Mechanisierungsketten, letztlich ökonomische Gründe erzwingen eine Konzentration. Damit wird die Funktion der Fruchtfolge, dynamische Effekte der Diversität natürlicher Pflanzenbestände durch die Aufeinanderfolge von Reinbeständen möglichst verschiedener Kulturpflanzenarten teilweise zu ersetzen, in Frage gestellt. In der Folge steigt der Aufwand an Pflanzenschutzmitteln zur Kontrolle von Schaderregern. Eine Erweiterung enger Fruchtfolgen durch den Einbezug von Körnerfruchtarten, die einerseits wie die Getreidearten mähdruschfähig, andererseits keine Wirtspflanzen für eine Reihe getreideartenspezifischer Schaderreger sind, hätte pflanzenbauliche und ökologische Vorzüge.

Neben den produktionstechnischen und den ökologischen Eigenschaften wird die Anbauwürdigkeit der Arten in erster Linie von der Nachfrage, d.h. der Vermarktbarkeit der produzierten Rohstoffe, primär des Kornguts, bestimmt. Eine Nachfrage ergibt sich nur insoweit, als die Verwendungs- und die Verarbeitungsmöglichkeiten der Rohstoffe, der ernährungsphysiologische und der gesundheitliche Wert, die Geschmacks- und die Genußcharakteristik daraus hergestellter Produkte und Gerichte bekannt und geschätzt sind. „Wissenswertes" also über die Pseudogetreidearten, den Buchweizen, die Reismelde und den Amarant zu „Nutzbarem" zusammenzufassen, ist das Ziel des vorliegenden Buches.

Studierende, die sich mit der Produktion und der Verarbeitung pflanzlicher Rohstoffe befassen, sollten sich ebenso angesprochen fühlen, wie Praktiker, die „Marktnischen" suchen. Der Blick auf alternative Körnerfruchtarten, die auch in ökologische Landbauverfahren einbezogen werden können, erweitert den Kenntnisstand und eröffnet vielleicht Möglichkeiten. Darüber hinaus bietet das Buch Interessierten, die über die Herkunft, die Bedeutung und den Anbau wertvolle Lebensmittelrohstoffe liefernder Pflanzen „etwas mehr" wissen wollen, Informationen.

1.1.1 „Pseudo"-Getreidearten

Was verbindet die drei Arten zu einer Gruppe, die den Begriff „Pseudo"-Getreidearten trägt und wieso „Pseudo"-....? Der Begriff vermittelt zunächst zweifellos den negativen Eindruck des Unechten. Zu den Getreidearten gehören die bekannten Kultur-Grasarten, der Weizen, der Roggen, das Kreuzungsprodukt zwischen Weizen und Roggen der Triticale, die Gerste und der Hafer. Auch Hirsen, der Reis und der Mais sind Grasarten. Der Weizen, der Reis und der Mais sind weltweit die Grundlage der menschlichen Ernährung. Gräser sind einkeimblättrige Pflanzenarten und gehören zur Familie der *Gramineae*. Der Buchweizen, die Reismelde und der Amarant sind keine einkeimblättrigen Grasarten, sondern zweikeimblättrige Pflanzenarten, die botanisch verschiedenen Familien angehören. Der Buchweizen ist ein Knöterichgewächs und gehört zur Familie der *Polygonaceae*. Die Reismelde ist ein Gänsefußgewächs und gehört zur Familie der *Chenopodiaceae* und der Amarant ist ein Fuchsschwanzgewächs und damit ein Mitglied der Familie der *Amaranthaceae*. Rechtlich zählt der Buchweizen - im Gegensatz zur Reismelde und zum Amarant - in Deutschland schon seit über 50 Jahren zu den Getreidearten, und zwar zu den Nicht-Brot-Getreidearten. Dieser „Vorzug" hängt mit der langjährigen Bekanntheit des Buchweizens zusammen.

Trotz der botanischen Unterschiede zwischen den Getreide- und den Pseudogetreidearten sind die Körner, die die Pseudogetreidearten ausbilden, ähnlich zusammengesetzt wie die Körner der Getreidearten, in großen Zügen jedenfalls. Selbstverständlich differieren die Körner der beiden Artengruppen sowohl wie die der Arten innerhalb der Gruppen in mancher Hinsicht. Hierauf wird später näher eingegangen. Machen ja gerade die Unterschiede die drei Pseudogetreidearten als Zusatzrohstoffe bei der Verarbeitung der Getreidearten für die menschliche Ernährung besonders interessant. Die Verwertungsmöglichkeiten des Kornguts von Buchweizen, Reismelde und Amarant rechtfertigen also durchaus die Zuordnung zu den Getreidearten. Das Resultat, der Begriff „Pseudogetreidearten", trägt beiden Gesichtspunkten - den botanischen Unterschieden und den verwertungsorientierten Gemeinsamkeiten - Rechnung, ohne die Gruppe in irgendeiner Form negativ von den Getreidearten abzuheben.

1.1.2 Gemeinsamkeiten und Unterschiede

Mit der Begriffsklärung wurden bereits Gemeinsamkeiten der Pseudogetreidearten berührt (Tab. 1). Die Ausbildung eßbarer Körner, die - nicht nur - aber als Hauptspeicherstoff Kohlenhydrate und zwar Stärke enthalten, steht im Mittelpunkt. Das Korngut, auch die Blattmassen der drei Arten, soweit sie zur Ernährung von Menschen und von Tieren verwendet werden, dienen in erster Linie als Zusatzrohstoffe. Das heißt, sie werden zumeist kombiniert mit dem Korngut von Getreidearten oder anderen Rohstoffen verarbeitet. Die alleinige Verwendung von Buchweizen oder einer anderen der drei Arten ist zwar in Form einzelner Gerichte möglich, im Großen und Ganzen aber eher die Ausnahme. Der Buchweizen, die Reismelde und der Amarant kommen auch mit geringwertigen, relativ breit variierenden Bodenverhältnissen in ungünstigen Lagen aus. Teilweise stellen die Arten in Hochlagen, in Grenzregionen des Ackerbaus eine Grundlage der Ernährung bescheidener Bergvölker dar. Solche Bedingungen schließen ein sehr geringes Ertragsniveau ein. Der Anbau der Pseudogetreidearten erfolgt nicht nur in diesen Grenzregionen, zumeist extensiv und ist in keinem Fall einem intensiven Getreideanbau vergleichbar. Auch von daher werden mit dem Begriff „Pseudogetreidearten" häufig Vorstellungen von leistungsschwachen Arten und von minderwertigem Korngut verbunden.

Verglichen mit den dominierenden Getreidearten sind die Pseudogetreidearten bisher nur marginal züchterisch bearbeitet. Daher besitzen sie, im Gegensatz zu den Getreidearten, die an die Nutzung der Kornfraktion angepaßt wurden, Eigenschaften von Wildpflanzen. Beispielsweise verzweigen sich die Buchweizen-, die Reismelde- und die Amarantpflanzen stark und ausdauernd. Dies führt zu ausgedehnten Blühperioden und zu ungleichmäßiger Abreife. Verbunden mit instabilem Kornsitz können hohe Kornverluste vor oder bei der Ernte und unterschiedlich ausgereifte Kornfraktionen die Folge sein. Der Wildpflanzencharakter wird darüber hinaus in einem relativ geringen Anteil der Kornfraktion an der produzierten Gesamttrockenmasse, bestehend aus Wurzeln, Stengeln, Blättern und Körnern, deutlich. Mit 20 - 30% ist dieser Anteil, auch als Ernteindex bezeichnet, wesentlich kleiner als bei leistungsfähigen Zuchtsorten wichtiger Getreidearten. Hier werden Anteile von 40 - 50% erreicht. Die weltweit kontinuierlich-intensive züchterische Bearbeitung der führenden Körnerfruchtarten verschaffte diesen Leistungsvorsprünge, mit denen die Pseudogetreidearten heute nicht konkurrieren können.

Die Tatsache, daß der Buchweizen, die Reismelde und der Amarant verschiedenen Pflanzenfamilien angehören, läßt von vornherein Unterschiede zwischen diesen drei Arten erwarten. Ohne hier auf botanische Einzelheiten näher einzugehen, unterscheiden sich die Arten im Pflanzenaufbau und der Wuchshöhe, in der Lage und der Dauer der Vegetationszeit zwischen der Keimung und der Reife, in den Ansprüchen an die Photoperiode und die Temperatur einschließlich der Toleranz gegenüber Kälte und Frost. Zwar speichert jede der drei Arten in den Körnern überwiegend Stärke, die übrigen Kornbestandteile unterscheiden sich aber teilweise erheblich in den Anteilen und in der Zusammensetzung. Hierzu gehören auch die Schalenanteile und Substanzen, die die ernährungsphysiologische Wertigkeit des Kornguts mindern. Darüber hinaus differieren die Körner in der Größe, der Form und im Aufbau. Dem sehr kleinen Amarant- und dem kleinen Reismeldekorn steht das wesentlich größere und anders geformte Korn des Buchweizens gegenüber (Tab. 1).

Die Unterschiede besitzen Auswirkungen auf die Produktions- und die Erntetechnik und dabei auftretende Probleme. Doch auch in diesem Bereich treten Gemeinsamkeiten auf. Beispielsweise sind - soweit bekannt - für keine der drei Arten in westlichen Ländern, die USA eingeschlossen, Biozide amtlich zugelassen.

Tab. 1: Pseudogetreidearten: Buchweizen (*Fagopyrum* sp.), Reismelde (*Chenopodium* sp.) und Amarant (*Amaranthus* sp.) - Gemeinsamkeiten und Unterschiede

Gemeinsamkeiten	Unterschiede
• Global relativ geringe Anbauflächen, die nur sporadisch erfaßt sind.	• Größen, Formen, Farben und Schalenanteile der Körner.
• Ernährungsphysiologisch wertvolle Eigenschaften, insbesondere des Kornguts.	• Anatomischer Aufbau der Körner.
• Verarbeitung des Kornguts als zusätzlicher Rohstoff in Kombination mit dem Korngut von Getreidearten.	• Anteile und Zusammensetzung der Speicherstoffe im Korn, Gehalte an sekundären Inhaltsstoffen.
• Begrenzte Erträge ha^{-1} an ernt- und verarbeitbaren Kornmassen.	• Korngutaufbereitungsmaßnahmen nach dem Drusch als Voraussetzung für die Vermarktung und die Verarbeitung.
• Bei begrenztem Kornertragsniveau geringe Ansprüche an den Reaktionsbereich und das Nährstoffnachlieferungsvermögen des Bodens.	• Anteile der Wurzel-, Blatt-, Stengel- und Kornfraktionen an der produzierten Trockenmasse.
• Wildpflanzencharakter - im Gegensatz zu züchterisch an die Nutzung angepaßten Kulturpflanzenarten.	• Mindestkeim- und Wachstumstemperaturen, Ausmaß der Kälteresistenz.
	• Lage und Länge des Vegetationszeitbedarfs zwischen der Keimung und der Reife.
• Zumeist extensiver Anbau - bezogen auf die Standorte und den Einsatz von Dünge- und Pflanzenschutzmitteln.	• Ansprüche an die Bodenstruktur, insbesondere an die Saatbettqualität.

1.1.3 Inhalt im Überblick

Das Buch ist in drei Teile gegliedert. Der erste Teil ist mit „Herkunft" überschrieben. Dieser Begriff erscheint zutreffend, denn es geht in verschiedener Hinsicht um die Herkunft. Um die bereits erklärte Herkunft des Sammelbegriffs Pseudogetreidearten und um die historische und die botanische „Herkunft" der drei Körnerfruchtarten Buchweizen, Reismelde und Amarant. Nach der Vorstellung dieser unterschiedlichen, aber eben doch unter dem Begriff „Pseudogetreidearten" gerechtfertigt zusammengefaßten Arten im ersten Abschnitt, wird versucht, ihre Entwicklungsgeschichte zu skizzieren. Es wäre ein wenig zu kurz gegriffen, beispielsweise die Reismelde und den Amarant nur mit allgemeinen Stichworten aus den Indianerkulturen der Inkas und Azteken in mystische Zusammenhänge zu bringen und hieraus das „Besondere" dieser Pflanzenarten abzuleiten. Ausführungen zur globalen Verbreitung und zur Bedeutung von Buchweizen, Reismelde und Amarant in Relation zu den Kulturpflanzenarten, die die Welternährung tragen, schließen sich an. Auch hier ist einzuschränken: soweit hierzu Informationen auffindbar sind. Die Anbauflächen der Pseudogetreidearten werden nur teilweise statistisch erfaßt. Trotzdem wird versucht, diesen Hintergrund - so die Überschrift dieses Abschnitts - zu beleuchten.

Der zweite Teil ist auf die Verwendungsmöglichkeiten des Kornguts, verkürzt auch anderer Pflanzenteile oder ganzer Pflanzen, ausgerichtet. Eßbar und zu verschiedenen Produkten und Gerichten verarbeitbar sind die Körner. Eßbar und verfütterbar sind auch die Blätter, insbesondere die Blätter von Amarant, auch die der Reismelde, nur marginal die des Buchweizens. Die inhaltsstoffliche Zusammensetzung, die Anteile wertvoller und wertmindernder Substanzen bestimmen die technologische und die ernährungsphysiologische Bedeutung. Traditionellen und aktuellen Rezepturen, die Beispiele für das breite Spektrum der Zubereitungsvarianten darstellen, geht daher ein systematischer Artenvergleich hinsichtlich der Zusammensetzung der Rohstoffe voraus. Manche Inhaltsstoffe sind auch für die Herstellung technischer Produkte interessant. Darüber hinaus können die blühenden Bestände als Strukturelemente einer Landschaft betrachtet und Einzelpflanzen als Zierpflanzen genutzt werden.

Schließlich wendet sich der dritte und letzte Teil dem Anbau der Arten zu. Die Anbaubedingungen, das Anbauverfahren und die Ernte werden knapp umrissen. Die produktionstechnische Problematik wird primär für kühlere Regionen in der gemäßigten Klimazone mit dem Produktionsziel „Kornertrag" dargestellt. Erfahrungen und Erkenntnisse aus anderen Regionen werden berücksichtigt. In den gemäßigten Regionen Europas und der USA wird die Ertragserwartung weder durch marginale Böden noch durch extrem extensive Anbauverfahren von vornherein begrenzt. Vielmehr werden Böden in einem Bearbeitungs- und Nährstoffversorgungszustand, wie sie in intensiven Pflanzenproduktionssystemen heute vorliegen, einbezogen. Agronomisch stehen die Forderungen, gleichmäßig abreifende, leistungsfähige Bestände zu erstellen und diese, bezogen auf den Kornertrag, mit möglichst geringen Kornmasse- und Kornqualitätsverlusten zu beernten, im Vordergrund. Der erwähnte Wildpflanzencharakter der Pseudogetreidearten spielt hierbei zweifellos eine Rolle.

Die größeren Abschnitte in jedem der drei Teile enden jeweils mit einer kurzen Zusammenfassung und mit Literaturangaben. Genannt wird zunächst die in den Tabellen verwendete Literatur. Mit Rücksicht auf die Lesbarkeit unterbleiben Zitate im Text. Angaben zu weiterführender Literatur folgen. Wenn der/die Leser/in erkennt, daß die „Pseudogetreidearten" insofern interessante Pflanzen sind, als sie als Sonderkulturen die dominierenden Körnerfruchtarten und als Spezialrohstoffe die üblichen Lebensmittelrohstoffe sinnvoll ergänzen und vielseitig verwendet werden können, erreicht das Buch sein Ziel.

1.2 Hintergrund

Die Domestikation, d.h. vereinfacht der Anbaubeginn der Pseudogetreidearten und der weitere Verbreitungsverlauf, ist nur in groben Umrissen nachvollziehbar. Auch die heutige Bedeutung der Arten im Weltmaßstab beruht mehr auf Schätzungen und Vermutungen als auf konkreten Daten. Schon diese Feststellung belegt die marginale Aufmerksamkeit, die dieser Artengruppe in Relation zu den dominierenden Kulturpflanzenarten geschenkt wird. Trotzdem sind die Arten als alte Kulturpflanzen Bestandteile der Entwicklung menschlicher Gesellschaften.

1.2.1 Geschichte

Pflanzenanbau
Die Selektion von Pflanzen aus der vielfältig zusammengesetzten Pflanzendecke und die Domestikation waren verbunden mit dem Seßhaftwerden des Menschen. Das Gleiche gilt hinsichtlich der Domestikation von Tieren. Die Entwicklung von Pflanzen zu Kulturpflanzen und von Tieren zu Haustieren erstreckte sich über große Zeiträume und setzte weltweit zu unterschiedlichen prähistorischen Zeitpunkten und unter ganz verschiedenen Voraussetzungen ein.

Die Geschichte des Menschen begann vor rund sieben Millionen Jahren. Über lange Zeiträume hinweg versorgte sich der Mensch mit Nahrung, indem er, als Nomade umherziehend, aus Wildpflanzenbeständen eßbare Pflanzenteile sammelte, Wild jagte und Fische fing. Erst im Verlauf der zurückliegenden 11 000 Jahre wurden menschliche Gemeinschaften seßhaft und fingen an, Pflanzen anzubauen und Haustiere zu halten. Weltweit liegen in fünf Regionen Anhaltspunkte für einen eigenständigen Anfang, unabhängig von späteren Kontakten mit Nutzpflanzen- und -tierarten anderer Regionen, vor. Diese Regionen umfassen Vorderasien, China, Mittelamerika und Südmexiko, die südamerikanischen Anden und den Osten Nordamerikas. Bei weiteren Regionen, der afrikanischen Sahelzone, Westafrika, Äthiopien und Neuguinea bestehen Zweifel an einer unabhängigen Entwicklung (Abb. 1).

Aus den eigenständigen Regionen brachten Jäger und Sammler Verfahren der Landnutzung, Nutzpflanzen und -tiere in benachbarte Regionen und initiierten dort eine Entwicklung. In anderen Regionen blieben die Menschen bis ins Mittelalter hinein Jäger und Sammler. In ganz vereinzelten Gebieten der Welt ist diese Lebensform bis heute erhalten. In der tansanischen Steppe Afrikas leben noch einige hundert Menschen vom Stamm der Dorobo, einem jahrtausendealten Jäger- und Sammlervolk. Sie ziehen täglich erneut durch den Busch auf der Suche nach Nahrung. Knollen, Körner und andere Pflanzenteile, der Honig wilder Bienen und gelegentlich erlegtes Wild sind die Lebensgrundlage des verdrängten Volkes. - Große Ausbreitungsbewegungen verliefen von Vorderasien nach Europa, Nordafrika, Zentralasien und ins Industal und von China ausgehend nach Südostasien, Indonesien, Korea und Japan. Und von Mittelamerika nach Nordamerika. Natürlich breiteten sich die Nutzpflanzen und -tiere im

Zuge dieser Bewegungen nicht nur in einer Richtung aus, auch die Ausgangszentren importierten später domestizierte Arten aus anderen Regionen.

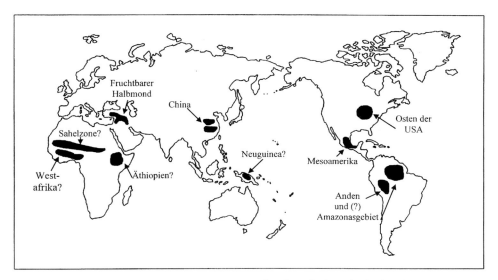

Abb. 1: Eigenständige Entstehungszentren der Landwirtschaft (bei Regionen mit ? ist die Eigenständigkeit nicht gesichert) (DIAMOND 1998)

Die eigenständige Nutzung begrenzter Landflächen zur Nahrungsmittelproduktion setzte ca. 8 500 v. Chr., also vor 10 500 Jahren in Vorderasien, auch Eurasien, Naher Osten, oder das Gebiet des „Fruchtbaren Halbmonds" genannt, ein. Der Fruchtbare Halbmond erstreckt sich von Israel und Jordanien über Syrien bis zum Irak und reicht im Nordwesten in die Türkei und nach Anatolien hinein (Abb. 2).

Davon unabhängig fing die Entwicklung in China ca. 1 000 Jahre später an. Erst nach weiteren 4 - 5 000 Jahren folgten Regionen in Mittelamerika, den Anden und im Osten Nordamerikas. Funde bei Ausgrabungen, Samen, Blüten und Pollen von Pflanzen, Skelettteile und Knochen von Tierarten und die Datierung dieser Gegenstände mit Radiokarbonanalysen tragen dazu bei, festzustellen, wo und wann die Arten zuerst und damit originär genutzt wurden. Zu den in der Region des Fruchtbaren Halbmonds zuerst genutzten Pflanzenarten gehörten die Vorfahren der heute kultivierten Weizen- und Gerstenarten.

Samenfunde datierten den Beginn der Landbewirtschaftung in Westeuropa auf den Zeitraum zwischen 6 000 und 3 500 v. Chr.. Vermutlich herrschten hier ähnliche topographische und klimatische Bedingungen wie im Fruchtbaren Halbmond, jedoch begann die Bewirtschaftung 3 000 Jahre später. Allerdings fehlten bei Ausgrabungen Reste der zentralen Kultur-Grasarten, also der Getreidearten, die später und bis heute hier und weltweit die Basis pflanzlicher Rohstoffproduktion darstellen. Dies deutet darauf hin, daß sich der Pflanzenanbau und die Tierhaltung in Westeuropa erst nach Kontakten mit Eurasien ausbreiteten.

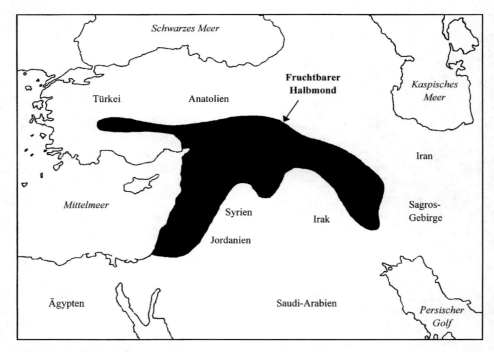

Abb. 2: Fruchtbarer Halbmond (DIAMOND 1998)

Auf welche Ursachen ist der regional so unterschiedliche Beginn des Pflanzenbaus und der Tierhaltung zurückzuführen? Nach welchen Gesichtspunkten wählte der Mensch Arten aus der natürlich-diversen Vielfalt zur Domestikation, d.h. zum Anbau aus? Vermutlich wirkten viele Faktoren zusammen. Zuvorderst ist das regional sehr unterschiedliche Angebot an Pflanzen- und Tierarten zu nennen. Darüber hinaus sind weder alle Pflanzenarten zur menschlichen Ernährung geeignet, noch sind die nutzbaren Organe gleichermaßen problemlos als Vorrat lagerfähig und zur Reproduktion von Beständen verwendbar. Nur relativ wenige Tierarten lassen sich domestizieren und als Haustiere zur Produktion von Fleisch und anderen eßbaren Produkten halten. Dies gilt insbesondere für die größeren Tierarten.

    In der Region des Fruchtbaren Halbmonds trafen mehrere besonders günstige Bedingungen zusammen. In der gemäßigten Klimazone mit ausgeprägten Jahreszeiten konnte sich in Gebieten mit geringer Bodenqualität aber breiter topographischer Variation ein sehr diverses Spektrum an Pflanzen- und Tierarten evolutionär entwickeln. Darunter befanden sich insbesondere einjährige Samenpflanzen. Grasarten mit relativ großen Körnern, diploide und tetraploide Vorfahren der Getreidearten wurden dort als erste zum Anbau herangezogen. Diese Grasarten, die, angepaßt an Trocken- und/oder Kälteperioden, einjährig sind, also in relativ kurzer Zeit ausgehend von der Saat, reife, eßbare, lagerfähige und wieder aussäbare Samen produzieren, wurden als besonders geeignet für die Sicherung der Nahrungsmittelversorgung befunden. Darüber hinaus waren sie vermutlich - betrachtet man die morphologischen Unterschiede zwischen den Wild- und den Kulturformen - leichter domestizierbar, d.h. an eine Nutzung anzupassen, als manche andere Art. Der Weizen und die Gerste konnten ausschließlich dort domestiziert werden, da sie nach heutigem Kenntnisstand nur in der Region des Fruchtbaren Halbmonds existierten. Darüber hinaus enthielten die Wildpflanzenbestände eiweiß- und fettreiche Körnerpflanzen. Schaf und Ziege, Rind und Schwein wurden nach und nach zu Haustieren.

In anderen Regionen der Welt lagen ganz andere Voraussetzungen für eine Besiedelung vor. In der Andenregion, in Mittelamerika im aztekischen Mexiko ebenso wie in Nordamerika war das natürliche Angebot an Vorläufern von Nutzpflanzenarten geringer. Zwar enthielt die Wildpflanzenflora wärmeanspruchsvolle Grasarten wie den Mais und verschiedene Hirsen, die zentralen Arten, der Weizen und die Gerste fehlten jedoch. Als Fleischlieferanten konnten nur kleine Tiere wie der Truthahn und der Hund als Haustiere gehalten werden. Größere domestizierbare Tiere, Rinder oder

Tab. 2: In frühgeschichtlichen Zentren pflanzenbaulicher Bodennutzung der Welt domestizierte Nutzpflanzen (DIAMOND 1998, verändert)

Region	Getreide- und Pseudogetreidearten	Großkörnige Leguminosen	Ältester belegter Zeitpunkt der Domestikation
Eurasien („Fruchtbarer Halbmond")	Emmerweizen, Einkornweizen, Gerste.	Erbse, Kichererbse, Linse.	8 500 v. Chr.
China	Borstenhirse, Besenhirse, Reis.	Sojabohne, Asukibohne, Mungbohne.	7 500 v. Chr.
Mittelamerika	Mais[1]	Gartenbohne, Teparybohne	3 500 v. Chr.
Anden, Amazonasgebiet	Reismelde, (Mais).	Limabohne, Gartenbohne, Erdnuß.	3 500 v. Chr.
Osten von Nordamerika	Knöterricharten - Buchweizen, Gänsefußarten - Reismelde.	—	2 500 v. Chr.

[1] Vermutlich originär in anderen Regionen domestiziert

Schweine enthielt der natürliche Wildtierbestand nicht. Unter diesen Bedingungen, gekennzeichnet durch Eiweißmangel, traten auch Knöterich- und Gänsefußgewächse, wilde Formen der Pseudogetreidearten als nutzbare Pflanzenarten auf (Tab. 2). Wie bei anderen Körnerfruchtarten zielte die Domestikation, die Auslese aus variierenden Wildarten auf relativ große eß- und erntbare Körner, die sich auch als Saatgut eigneten. Um Körner als Saatgut verwenden zu können, war es u.a. wichtig, Typen mit begrenzter Keimruhe zu finden, die zu Beginn der folgenden Vegetationsperiode wieder keimbereit waren.

Buchweizen
Genzentren des Buchweizens, Gebiete in denen die natürliche Flora wilde Arten und Formen enthält, finden sich in Zentralasien, in südlichen Teilen Sibiriens und in der Mandschurei. Die perennierende Wildform (*Fagopyrum cymosum*), die heute als Vorfahre der kultivierten, annuellen Arten in Frage gestellt wird, ist in den Himalaya-Regionen West-Chinas und Nord-Indiens verbreitet. Über den frühesten belegten Zeitpunkt hinaus werden als Domestikationszentren zentralasiatische Regionen mit gemäßigten Klimaverhältnissen, chinesische oder an China angrenzende Gebiete vermutet. Zusammen mit anderen Arten gelangte der Buchweizen nach Indien und drang nach Westen vor. Mit Einschränkungen widersprüchlich sind chinesische Berichte aus dem 5. und 6. Jahrhundert n. Chr.. Diesen zufolge wurde der Buchweizen erst im 5. Jahrhundert von Norden her nach China und später nach Japan gebracht. Unter anderem von daher rührt die vermutlich falsche Vorstellung, der Buchweizen sei keine alte Kulturpflanze. Funde im Osten Nordamerikas weisen jedoch - wie erwähnt - darauf hin, daß dort bereits etwa 2 500 v. Chr. Knöterichgewächse bekannt waren.

In Mitteleuropa beginnt die Geschichte des Buchweizens erst im 13. Jahrhundert. Bezeichnungen wie „Heidenkorn", „Türken"- oder „Tatarenkorn" zeigen, daß der Buchweizen von heidnischen Völkern als Kulturpflanze übernommen wurde. Für diese nomadisierenden Völker erschien die Pflanze insbesondere aufgrund ihrer relativ kurzen Vegetationszeit eine geeignete Körnerfruchtart. Wahrscheinlich transportierten diese Völker im Zuge ihrer Wanderungsbewegungen die Pflanze aus der zentralasiatischen Region nach Kleinasien und an das Schwarze Meer. Von hier aus gelangte der Buchweizen über den Seehandel zunächst nach Venedig. Anbaugebiete entstanden in der Lombardei und in Dalmatien. Von dort aus verbreitete sich der Buchweizen über Südtirol bis in die Steiermark. Darüber hinaus wurde der Buchweizen, vermutlich ebenfalls auf dem Seeweg, über Antwerpen nach Amsterdam und von dort nach Nordwestdeutschland gebracht.

Aufzeichnungen, die in einem Nürnberger Archiv gefunden wurden, erwähnen den Buchweizen 1396 zum ersten Mal in Deutschland. Im Jahr 1436 wird der „Bockweten" im Geldregister des mecklenburgischen Amtes Gadebusch genannt. Urkunden des Klosters Malchow bezeugen 1450 einen umfangreichen Anbau. Aufgrund fehlender Spätfröste wurden in Deutschland, in Frankreich und in Holland vom milden Seeklima beeinflußte Gebiete bevorzugt zum Buchweizenanbau herangezogen. Darüber hinaus war er in Regionen mit kurzen Vegetationszeiten, in Mittelgebirgslagen, den österreichischen Alpengebieten und auf dem trockenen Marchfeld um Wien verbreitet. In Süddeutschland blieb der Buchweizenanbau relativ unbedeutend, war jedoch in der Schweiz bekannt. Der Buchweizen, gemeint ist der Gewöhnliche Buchweizen (*F. esculentum*), wurde offensichtlich sowohl zur Nutzung des Körnguts für die menschliche Ernährung, als auch zur Produktion von Futtermassen angebaut (Tab. 3).

Tab. 3: Verwendung von Buchweizen, genannt „Heydenkorn" (ZWINGER um 1700, zit. bei BECKER-DILLINGEN 1927)

„Man findet es (Heydenkorn) allhierzu Basel bei dem fürstlichen Schloß Fridlingen und dem Dorfe Richen. Vor diesem diente es in Deutschland allein zu Viehfutter. Jetzunder werden aus seinem Mehl gute Brühlein gemacht, die bei denen Mahlzeiten großen Herren angenehmer sind als die Semmel-Brühlein. Man bereitet sie an Milch oder Rindfleisch-, Hühner- und Kapaunerbrühe. Für das Haußgesinde kocht man das Mehl nur mit Wasser und Butter und Salz, man kochet ihnen auch Küchlein davon."

Andere Angaben verweisen jedoch darauf, daß der Buchweizen auch in Deutschland schon früher der menschlichen Ernährung diente.

Der Tatarische Buchweizen (*F. tataricum*) ist vermutlich erst später, im Verlaufe des 18. Jahrhunderts, aus Sibirien gekommen. Wahrscheinlich trat der Tatarenbuchweizen als Unkraut im Gewöhnlichen Buchweizen auf. Der Tatarenbuchweizen ist stärker massenwüchsig, frosthärter aber auch kleinerkörnig als der Gewöhnliche Buchweizen.

Reismelde
Die Reismelde wurde in der Andenregion Perus und Boliviens in Südamerika, im Altiplano-Gebiet um den Titicacasee, lange Zeit vor dem Inka-Imperium von Ureinwohnern domestiziert. Dieses Gebiet wird zugleich als primäres Diversitätszentrum betrachtet. Archäologische Funde in Peru wurden auf den Zeitraum um 5 000 v. Chr. datiert. Andere Datierungen von Funden verschiedener Arten, die Reismelde eingeschlossen, definieren den Beginn eines eigenständigen Pflanzenanbaus in dieser Region auf den Zeitraum um 3 500 v. Chr. (Tab. 2). Die Indianerstämme Kolumbiens, Perus und Boliviens, Chiles und Argentiniens bauten die Reismelde von Lagen in Seehöhe bis in Höhenlagen von 3 800 m als wichtige Nahrungspflanze an. Bei den Inkas kam der Reismelde offensichtlich auch in religiöser Hinsicht eine besondere Bedeutung zu. Jedoch ist sicher, daß die Reismelde bereits lange vor der Errichtung des Inka-Imperiums, ausgehend von Kolumbien über Peru bis in den Süden Chiles und Argentiniens angebaut wurde. Immerhin erfolgte die Erstbesiedelung der Neuen Welt von Asien aus über Alaska ca. 11 000 Jahre v. Chr.. Erst im Laufe der folgenden Jahrtausende entwickelten sich weiter südlich eigenständige Agrargesellschaften.

Mit der Unterwerfung des Inka-Reiches im Auftrag Kaiser Karls V. durch den spanischen Konquistador Francisko Pizarro im Jahre 1532 wurde ein hochentwickeltes

Staatswesen zerstört. Unter schwierigsten Bedingungen führte Pizarro die Expedition, die mit dem Christianisierungsauftrag verbunden war, in die neue Welt durch. Was die Spanier vorfanden war ein höchst differenziertes Wirtschaftssystem, eine ausgebaute Infrastruktur mit Straßen und zentralen Lagerhäusern. Eine sozialistische Agrargemeinschaft, in die jeder einzelne eingebunden war. Wie aus Aufzeichnungen Beteiligter hervorgeht, waren die Spanier sehr erstaunt über die Disziplin der Inkas und ihren Gehorsam gegenüber strengen Gesetzen. Zum Zeitpunkt der Ankunft der Spanier bestand das Reich der Inkas etwa seit 200 Jahren, der Herrscher hieß Atahualpa.

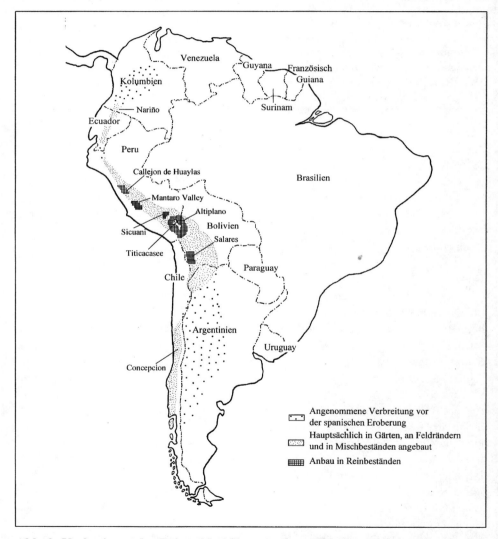

Abb. 3: Verbreitung der Reismelde (*Chenopodium quinoa*) in Südamerika vor der Eroberung durch die Spanier und heute (FLEMING and GALWEY 1995)

Neben einem kleinen persönlichen Anteil galten die verfügbaren Flächen als Gemeinschaftseigentum und wurden gemeinsam genutzt. Das System war primär auf die Sicherung der Nahrungsmittelversorgung einer wachsenden Bevölkerung ausgerichtet. In den Höhenlagen standen nur begrenzt Flächen und eingeschränkt leistungsfähige Böden zur Verfügung. Eine Flächenausdehnung wurde daher durch den Bau von Terrassen an den Berghängen betrieben, ein Verfahren das bereits lange vor den Inkas etabliert, aber von diesen meisterhaft fortgeführt wurde. Eine Anbauintensivierung erfolgte durch den Bau von Bewässerungskanälen, teils über immense Strecken. Darüber hinaus wurden auf der Hochebene aus menschlichen und tierischen Exkrementen Düngemittel gewonnen. Als Haustier wurde das Lama gehalten. Insbesondere die Terrassierungs- und die Kanalbauarbeiten waren Aufgaben, die nur von Gruppen und im Verbund von Gruppen durchgeführt werden konnten.

Neben diversen Gemüsearten spielte die Kartoffel in der Höhenlage eine zentrale Rolle als Grundnahrungsmittel. Als Körnerfruchtarten wurden der Mais, die Reismelde - vermutlich auch der Amarant - angebaut. Die Spanier ersetzten diese Arten u. a. durch die ihnen bekannten Getreidearten. Der Anbau der Reismelde ging zurück, nur in extremen Höhenlagen - für den Getreideanbau ungeeignet - konnte sich die Reismelde halten. Ob die Eroberer den Reismeldeanbau - wie immer wieder behauptet - verboten, ist fragwürdig, die Belege hierfür fehlen. Chroniken von Beteiligten ist zu entnehmen, daß die Spanier auch die wirtschaftliche Bedeutung dieser Pflanze sehr wohl erkannten. Trotzdem reduzierten sie den Anbau, da die Reismelde und der Amarant symbolische Bedeutung besaßen, in religiöse Zeremonien einbezogen wurden und daher bei der Durchführung des missionarischen Auftrags hinderlich erschienen.

Erst zu Beginn der 60er-Jahre des 20. Jahrhunderts wurde die ernährungsphysiologische Bedeutung der Reismelde in den Heimatregionen Südamerikas neu entdeckt. Die Sortenentwicklung und der Anbau erhielten wieder Auftrieb. Anlagen zum technischen Entzug der bitter schmeckenden Saponine im Korngut wurden gebaut. Bei der Herstellung von Brot, Gebäck und Teigwaren wurden den Getreidemehlen Reismeldemehle zugesetzt. In Chile etablierte sich allmählich eine kommerzielle Produktion. Mit der Übernahme des Regimes durch das Militär 1973 wurde der Prozeß jedoch abrupt unterbrochen, da die unterstützenden Subventionen gestrichen wurden. Auch in Peru, Ecuador und Bolivien fehlte die öffentliche Förderung. Im Zeitraum zwischen 1985 - 1990 nahmen jedoch verschiedene Institutionen in Südamerika erneut Forschungsaktivitäten zur Nutzung der Körnerfruchtart auf. Soweit sporadisch Angaben zur Flächenausdehnung vorliegen, lassen die Daten diese Entwicklung in etwa erkennen (Tab. 8).

In Europa wurde die Reismelde erstmalig um 1550 erwähnt. Versuche, diese Pflanze einzubürgern, scheiterten. In den Jahren 1891/92 aus Rußland nach Deutschland mitgebrachtes „Hungerbrot" enthielt als wesentlichen Bestandteil Reismeldemehl. Angeblich wurde dieser Rohstoff in Rußland in kleineren oder größeren Anteilen verbacken, wenn Korngut von Brotgetreidearten fehlte. Um 1890 wurden in Ostdeutschland Anbauversuche begonnen, die aber entmutigend geringe Kornerträge lieferten und daher wieder aufgegeben wurden. Erneut wurden im 1. Weltkrieg 1916/17 in Deutschland Anstrengungen unternommen, die Reismelde anzubauen, da der Rohstoffimport weitgehend unterbunden war. Dabei wurde auf die Verwendbarkeit der Blätter als Gemüse und der Körner als Rohstoff für die Brotherstellung oder als „Reis von Peru" verwiesen. Die Nutzung der getrockneten Sproßmassen wurde als Futtermittel für Schweine und Wiederkäuer herausgestellt. Zudem sollten aus den Stengeln Fasern für die Papierfabrikation gewonnen werden können. An ca. eintausend Orten in ganz Deutschland sowie an weiteren Orten in Österreich und in Ungarn wurden Anbauversuche durchgeführt. Aber auch teilweise günstige Ergebnisse dieser Versuche verhalfen dem Anbau nicht zum Durchbruch. Die Pflanze geriet mit dem Kriegsende wieder in Vergessenheit (Tab. 4).

Tab. 4: Erste Versuche zur Einführung der Reismelde in Europa (BECKER-DILLINGEN 1927)

„Den ersten Versuch mit der Einführung der Reismelde machte 1590 Garcilasso de la Vega, doch keimten die Samen nicht. 1779 versuchte der Franzose Dombey, dann Humboldt und endlich Vilmorin 1806 sein Glück. 1822 kam die Pflanze nach England, 1835 nach Deutschland. Als im letzten Kriege (1914 - 18) die Not und der Hunger kam, da erinnerte man sich bei uns der Pflanze und setzte mancherorts und mancherseits manche Hoffnung, manche eitle Hoffnung auf die Reismelde. Es war nichts, für uns ist sie ohne Bedeutung. Kühne Pläne und große Worte, geschrieben und gesprochen, sind in der Versenkung verschwunden!"

So vernichtend dieses Urteil war, es war geprägt von der enttäuschten Erwartungshaltung, mit der Reismelde kurzfristig anstehende Ernährungsprobleme zu lösen. In der Tat dauerte es lange, bis die Reismelde wieder in der Reihe potentieller Kulturpflanzenarten aus der Versenkung auftauchte. In Mitteleuropa wurden erst im Verlauf der 80er Jahre wieder Untersuchungen zur Anbauwürdigkeit dieser Pflanze aufgenommen.

Amarant

Prähistorische Indianerstämme, die im Verlauf der Erstbesiedelung Amerikas in südamerikanischen Gebieten umherzogen, sammelten die Samen wild wachsender Amarantarten als Nahrungsmittel. Als Hinweis auf die Domestikation von Amarant gilt das Auftreten hellfarbig-weißer Samen. Viele wilde Amarantarten - mehrere sind heute weltweit als Unkrautarten verbreitet - entwickeln dunkelbraune oder schwarze Samen. Hellfarbige Samen unterscheiden sich von dunkelfarbigen u.a. im Geschmack. Die ältesten Funde, bei Ausgrabungen in Mexiko identifizierte hellfarbige Amarantsamen, wurden auf einen Zeitraum um 4 000 v. Chr. datiert. Weitere Samen- und Blütenfunde in der gleichen Region gingen auf den Zeitraum um 2 500 v. Chr. zurück. Wie bereits erwähnt, begannen Menschen um diese Zeit in mittelamerikanischen Regionen seßhaft zu werden und geeignete Flächen pflanzenbaulich zu nutzen. In ca. 2 000 Jahre alten

Gräbern Nordwest-Argentiniens wurden sowohl dunkle und helle Amarantsamen als auch Reismeldesamen gefunden. Beide Arten, die Reismelde und der Amarant stellten offensichtlich zentrale Nutzpflanzenarten der eingeborenen Kulturen Mittel- und Südamerikas dar.

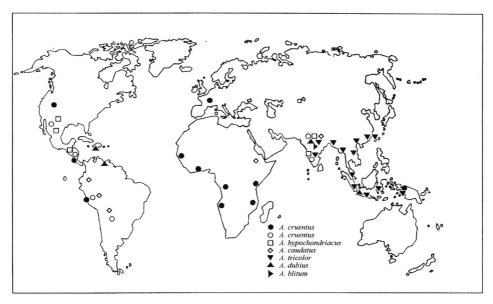

Abb. 4: Geographische Verbreitung verschiedener Amarantarten (ALLOS 1994)

Nach derzeitigem Kenntnisstand entstammen alle Körneramarantarten mittel- und südamerikanischen Regionen. Eine Gruppe nicht zur Körnerproduktion, sondern als Zier- und Blattpflanze genutzter, morphologisch abweichender Arten ist in Asien beheimatet. Im Gegensatz zu den monoezischen Körneramarantarten sind die Vertreter dieser Gruppe dioezisch, d.h. männliche Pflanzen entwickeln Staub-, weibliche Fruchtblätter. Keine der dioezischen Arten wurde, nach bisheriger Kenntnis, domestiziert oder als Unkrautart großräumig verbreitet. In Südamerika lassen sich drei große Gebiete abgrenzen, in denen unterschiedliche, unabhängig voneinander domestizierte Körneramarantarten dominieren. Der mexikanische Amarantanbau wird vom Roten Hybridfuchsschwanz (*Amaranthus hypochondriacus*) bestimmt. In Guatemala herrscht der Rispenfuchsschwanz (*A. cruentus*) vor. In den Anden und in Argentinien wird hauptsächlich der Gartenfuchsschwanz (*A. caudatus*) genutzt. Da die deutschen Bezeichnungen - von der allgemeinen Bezeichnung Fuchsschwanz abgesehen - nicht geläufig sind, werden nachfolgend, wie in der einschlägigen Literatur üblich, zumeist die botanischen Bezeichnungen verwendet.

In den indianischen Hochkulturen diente der Amarant nicht nur als Nahrungspflanze. Vielmehr wurden weitverbreitet rotfarbige Typen mit hohem Pigmentgehalt in den Blättern, den Stengeln und den Fruchtständen zur Farbstoffgewinnung und als Symbole für religiöse Rituale verwendet. Die Auswirkungen wurden bereits angesprochen, mit der Christianisierung erfolgte das Verbot traditioneller Riten. Zwar zählte, mexikanischen Dokumenten folgend, der Amarant noch 1577 zu den vier wichtigsten Nutzpflanzen Mexikos, jedoch ging der Anbau - ebenso wie der Reismeldeanbau - in der Folgezeit nach und nach zurück. Eine entsprechende Dokumentation zur Bedeutung der Nutzpflanzenarten aus dem Jahr 1890 enthielt den Amarant nicht mehr.

Wann Körneramarantarten zum ersten Mal Asien und Europa erreichten, ist nicht genau bekannt. Möglicherweise gelangte die Pflanze erst durch die spanischen Eroberer nach Mitteleuropa, wo sie zunächst als Zierpflanze verwendet wurde. Andererseits liegen auch einzelne Funde vor, die auf eine Existenz vor 1 500 hinweisen. Mit Beginn des 19. Jahrhunderts breiteten sich Körneramarantarten in Indien sowohl in südlichen Teilen als auch in der Himalaya-Region von den Tal- bis in die Höhenlagen von 4 000 m NN aus. Die Ausbreitung setzte sich nach China über die Mandschurei bis in sibirische Gebiete hinein fort. Auf welchem Wege der Amarant Afrika erreichte, ist unklar, im Norden und im Osten des Kontinents wird Amarant heute zu unterschiedlichen Zwecken angebaut.

Erst Ende der 60er, Anfang der 70er Jahre des 20. Jahrhunderts wurden in den USA die Nutzungsmöglichkeiten der Pflanze erneut aufgegriffen. Forschungs- und Entwicklungsprogramme, ausgerichtet auf die Sortenanpassung, den Anbau, die Entwicklung von Produkten und die Vermarktung wurden ins Leben gerufen. In Deutschland fand und findet bisher praktisch kein Amarantanbau zur Erzeugung marktfähiger Partien statt. Auf dem Markt angebotene Rohstoffe und Produkte stammen zum allergrößten Teil aus Importen.

1.2.2 Verbreitung

Die Verbreitung nutzbarer Pflanzenarten hängt, von der Anpassung an global höchst unterschiedliche Aufwuchsbedingungen abgesehen, entscheidend von ihrem Bekanntheitsgrad und ihrer Wertschätzung ab. Fehlt ein Mindestkenntnisstand über die ernährungsphysiologischen, technologischen und technischen Eigenschaften pflanzlicher Rohstoffe - dies ist bezüglich der Pseudogetreidearten in den entwickelten Ländern vielfach der Fall - sind Rezepturen zur Herstellung von Gerichten und Produkten nicht gebräuchliches Wissen, entsteht keine Nachfrage.

Die Wertschätzung eines bestimmten Rohstoffs hängt mit den verfügbaren Alternativen und deren Verwertungseignung zusammen. Arten mit überlegener Leistungsfähigkeit, herausragenden Geschmackseigenschaften und/oder universeller Verwendbarkeit der produzierten Trockenmassen verdrängen schwächere Arten. Dies bedeutet auch, die Eßgewohnheiten, die zum einen mit Traditionen verbunden sind und zum anderen den sozialen Status dokumentieren, nehmen auf die Verbreitung von Pflanzenarten Einfluß. Wenn in einzelnen Regionen unterentwickelter Länder das Korngut der Pseudogetreidearten als Lebensmittelrohstoff „armer Leute", oder verglichen mit Weizen, Reis, Mais als Rohstoff zweiter Wahl, oder auch nur als Futtermittel betrachtet wird, sind auch dort keine stabilen Anbauflächen, geschweige denn Flächenausweitungen zu erwarten.

Tab. 5: Anbauflächen, Kornmasseproduktion und Kornerträge von Pseudogetreidearten, 1998 weltweit (FAO YEARBOOK 1999, verändert)

Arten	Anbaufläche (ha • 10^3)	Produktion (t • 10^3)	Kornertrag (t ha^{-1})
Buchweizen	2 897,7	2 744,5	0,95
Reismelde	65,8	41,4	0,63
Amarant	keine Angaben		

Zu den Anbauflächen und den produzierten Kornmassen der Pseudogetreidearten sind weltweit nur lückenhaft statistische Angaben auffindbar (Tab. 5). Zum Amarantanbau sind bei der FAO überhaupt keine spezifischen Daten erhältlich. Auch beim Buchweizen und der Reismelde sind die Anbauflächen nicht vollständig erfaßt. Hierauf weisen einzelne Literaturangaben zum Anbau in Ländern hin, die in den Angaben der FAO nicht enthalten sind. Zudem ist fragwürdig, ob die angegebenen Daten immer realistisch sind.

Buchweizen
Berichten folgend erreichten die Buchweizen-Anbauflächen in deutschen Gebieten im 17. und 18. Jahrhundert ihre größte Ausdehnung. Gegen Ende des 18. Jahrhunderts begann die Kartoffel den Buchweizen zu verdrängen. Anfang des 19. Jahrhunderts

Tab. 6: Entwicklung der Anbauflächen von Buchweizen in Deutschland und in Europa (BERTSCH und BERTSCH 1947)

Zeitraum	Anbauflächen in Deutschland (ha • 10^3)	Zeitraum um 1920, Länder	Anbauflächen in Europa (ha • 10^3)
1815	330	Rußland	2 600
1875	250	Frankreich	355
1900	117	Polen	290
1918	72	Baltikum	19
1936	1	Österreich	19
		Jugoslawien	5
		Holland	3
		Rumänien	3
		Dänemark	2

betrug die deutsche Anbaufläche noch 330 000 ha. Anfang des 20. Jahrhunderts war sie bereits unter 100 000 ha abgesunken. Den Stand im übrigen Europa um diesen Zeitpunkt zeigt die Tabelle 6.

Ende des 20. Jahrhunderts, beläuft sich die Anbaufläche in der BRD, vom Anbau als Zwischenfrucht abgesehen, auf schätzungsweise 2 000 ha, daran ist mit einigen hundert ha der Tatarenbuchweizen beteiligt.

Seit Anfang der 90er Jahre stagniert der Anbau weltweit. In der FAO-Statistik für 1998 fehlen Länder wie Indien, Bangladesh, Nepal und andere, sie werden nachfolgend mit geschätzten Angaben ergänzt. Anfang der 90er Jahre lag die Anbaufläche weltweit bei knapp 4 Millionen ha. Bis 1998 fiel die Anbaufläche auf knapp 3 Millionen ha. Insbesondere China und verschiedene Länder Osteuropas schränkten den Anbau ein. Andere Länder hingegen, Kanada und Japan, weiteten ihre Flächen aus, allerdings absolut nur in geringem Ausmaß. Auch 1998 wurden in Rußland und in China die größten Anbauflächen festgestellt. Zusammen bestritten diese beiden Länder immer noch über 70% der Weltanbaufläche und - zusammen mit der Ukraine - fast 90% der weltweiten Kornmasseproduktion (Tab. 7).

Von wenigen Ausnahmen abgesehen, erreichen die mittleren Kornerträge ha^{-1} häufig kaum 1 Tonne bzw. 10 dt ha^{-1}. Auf diesem Niveau liegt auch der weltweite Mittelwert. In einigen Ländern werden im Mittel nur 5 dt ha^{-1} Kornmasse und weniger geerntet. Dies weist auf marginale Aufwuchsbedingungen und eine höchst extensive Produktionstechnik hin. Das realisierbare Kornertragspotential ist wesentlich größer. Kornerträge von 20 bis 25 dt ha^{-1} sind unter einigermaßen geeigneten Voraussetzungen durchaus erntbar. Kornerträge, wie sie im Mittel in der BRD und in Frankreich erzielt wurden, zeigen die Richtung. Darüber hinaus wirkt sich auch die Forderung nach biologisch-ökologischer Produktion auf das Kornertragsniveau aus. Im Verbund mit steigender Anbauintensität liegt auch der realisierbare Anteil des Kornertragspotentials heute vorhandener Sorten noch deutlich höher.

Einige Länder, die Vereinigten Staaten und Kanada, auch Brasilien und Südafrika produzieren in erster Linie für den Export. Haupteinfuhrland ist Japan. Ein Teil der japanischen Importe kommt aus chinesischer Produktion. In Japan reichen die produzierten Buchweizenmengen nicht zur Deckung des eigenen Bedarfs aus. Hier wird Buchweizen in den unterschiedlichsten Aufbereitungsformen als tägliches Grundnahrungsmittel verwendet. Auch die BRD führt Buchweizenkorngut aus Übersee, u.a. aus Kanada und den USA, aus Brasilien und Südafrika, teils auch aus China und aus Polen ein.

Tab. 7: Anbauflächen (ha), Kornproduktion (t) und Kornerträge (t ha^{-1}) von Buchweizen für die Zeiträume 1988 - 93 und 1998, weltweit und in verschiedenen Ländern (CAMPBELL 1997, FAO YEARBOOK 1999, ergänzt)

Welt, Land	Fläche (ha • 10^3)		Produktion (t • 10^3)		Kornertrag (t ha^{-1})	
	1988-93	1998	1988-93	1998	1988-93	1998
Welt	3 925,8	2 897,7	2 943,2	2 744,5	0,75	0,95
Afrika						
Süd-Afrika	1,3	1,0	0,5	0,3	0,38	0,30
Asien						
China	1055,0	850,0	1 270,0	1 600,0	1,20	1,88
Japan	23,7	27,7	19,5	26,0	0,82	0,94
Süd-Korea	8,1	5,0	7,5	4,9	0,92	0,98
Indien	–[3]	60,0[1]	–	35,0[1]	–	0,58
Bhutan	7,3	7,0	6,1	6,0	0,83	0,86
Nepal	–	43,0[1]	–	23,1[1]	–	0,54
Amerika und Kanada						
Brasilien	42,9	50,0	44,8	53,0	1,04	1,06
USA	35,5	33,0	35,1	34,0	0,99	1,03
Kanada	24,7	13,8	23,0	15,5	0,93	1,12
Europa						
Belorußland	26,3	17,0	10,0	12,0	0,38	0,70
Deutschland	–	2,5[2]	–	5,0[2]	–	2,00
Estland	0,1	–	0,2	–	2,00	–
Frankreich	8,5	9,0	21,6	21,0	2,54	2,33
Kazakhstan	389,7	100,0	148,0	15,0	0,40	0,15
Lithauen	0,6	0,6	0,2	0,2	0,33	0,33
Polen	46,2	44,0	47,4	57,9	1,02	1,31
Rußland	1 764,8	1 214,0	875,0	460,0	0,50	0,38
Slovenien	0,5	0,5	0,6	0,6	1,20	1,20
Tajikistan	10,8	13,0	5,7	3,5	0,53	0,27
Tschechische Republik	6,4	6,0	3,6	3,0	0,56	0,50
Ukraine	473,3	400,6	424,3	368,5	0,90	0,92
Jugoslawien	0,1	–	0,1	–	1,00	–

[1] Ergänzt nach JOSHI and RANA 1995
[2] Ergänzter Schätzwert
[3] Keine Angabe

Reismelde

Über die Ausdehnung und die Verteilung der Anbauflächen von Reismelde liegen - von der südamerikanischen Region abgesehen - keine Daten vor. Selbst die Angaben, die zur Entwicklung des Anbaus in Südamerika dokumentiert wurden, sind höchst lückenhaft (Tab. 8).

Tab. 8: Entwicklung der Anbauflächen von Reismelde in Südamerika zwischen 1951 und 1992 (ALKÄMPER 1992, SPORY 1992, MONTEROS and ESTRELLA 1999)

Jahr	Peru (ha • 10^3)	Bolivien (ha • 10^3)	Ecuador (ha • 10^3)	Kolumbien (ha • 10^3)
1951	47,2	–	–	–
1961	28,6	–	–	–
1970	16,4	12,2	–	–
1975	15,0	19,2	–	–
1980	25,0	15,6	1,5	1,0
1985	–[1]	40,0	–	–
1990	–	–	0,9	–
1991	–	–	1,1	–
1992	–	–	2,0	–

[1] Keine Angabe

Nach einem Rückgang des Anbaus in Südamerika bis etwa 1975 zeichnete sich in den 80er und 90er Jahren wieder eine Anstiegstendenz ab. Hinweise aus der Literatur besagen, daß der Anbaufläche von Reismelde (*Chenopodium quinoa*) weitere ca. 10 000 ha hinzuzufügen sind, die mit Canihua (*Ch. pallidicaule*) bestellt sind (s. Kap. 1.3.1). Wie schon an anderer Stelle erwähnt, ging die Ausweitung der Flächen auf wirtschaftliche Schwierigkeiten zurück, die eine Förderung der Produktion einheimischer Rohstoffe zur Herstellung von Lebensmitteln erzwangen. Darüber hinaus begannen sich allmählich in den USA und in Westeuropa kleine, spezielle Exportmärkte zu etablieren. Bolivien exportiert heute Reismeldekorngut im Wert von - geschätzt - 1 Million US-Dollar je Jahr.

Im 2. Weltkrieg wurde in Japan der Reismeldeanbau eingeführt. Nach Kriegsende verschwand der Anbau wieder weitgehend. Angeblich wurde auch in anderen Regionen, in Afrika, in Nordost-Indien und in Pakistan in den zurückliegenden Jahrzehnten ein Anbau begonnen. Zur Entwicklung der Anbauflächen liegen jedoch keine Daten vor.

Zur jüngsten Entwicklung in Bolivien, Ecuador und Peru enthält die Tabelle 9 die Anbauflächen für 1998. Insgesamt betrug die Fläche in diesen drei Ländern 65 800 ha. Die Kornerträge sind mit 5 - 10 dt ha^{-1} als äußerst gering zu bezeichnen. Leistungsfähige Reismeldebestände können 40 - 60 dt ha^{-1} produzieren.

Tab. 9: Anbauflächen (ha), Kornproduktion (t) und Kornerträge (t ha^{-1}) von Reismelde 1998 in Bolivien, Ecuador und Peru (FAO YEARBOOK 1999)

Land	Fläche (ha • 10^3)	Produktion (t • 10^3)	Kornertrag (t ha^{-1})
Bolivien	38,0	17,0	0,45
Ecuador	0,8	0,3	0,37
Peru	27,0	24,1	0,89
Gesamt	65,8	41,4	0,63

Geht man zusammenfassend davon aus, daß die Reismeldefläche um 10 000 ha, die mit Canihua, *Ch. pallidicaule*, bestellt werden, zu erhöhen ist, in weiteren Ländern Südamerikas und darüber hinaus in anderen Regionen der Welt - auch in Mitteleuropa - nicht erfaßte Anbauflächen bestehen, summiert sich die Fläche weltweit möglicherweise auf 100 000 ha. Dies dürfte aber eher ein Maximum als einen zu knapp kalkulierten Wert darstellen. Auf dieser Basis beträgt die Reismeldefläche weltweit zur Zeit nicht mehr als 3% der Buchweizenfläche.

Amarant
Die Dokumentation der Anbauflächen von Amarant stützt sich nur auf Angaben aus einzelnen Literaturstellen und auf schriftliche Mitteilungen. Der Überblick ist damit noch lückiger als bei der Reismelde.

Verbunden mit dem Niedergang des südamerikanischen Anbaus im Mittelalter (s. Kap. 1.2.1) finden sich die größeren Anbauflächen heute nicht in den ursprünglichen Domestikationsgebieten der Neuen Welt. In verschiedenen Gebieten Mexikos werden Versuche zur Wiedereinführung des Amarantanbaus betrieben. Beispielsweise wurde 1987 im Rahmen einer Kooperative begonnen, auf der Halbinsel Yucatan den Amarantanbau wieder zu etablieren. Die Nachfahren der Mayas versuchen, historische Handarbeitsverfahren mit Elementen moderner Technologien, beispielsweise dem Einsatz von Plastfolien zur Pflanzenanzucht, zu kombinieren und für den Eigenbedarf Amarant anzubauen. Eine ähnliche Initiative entstand bei den Nachfahren der Azteken an der Pazifischen Küste von Michoacan. Die resultierenden Anbauflächen sind bescheiden und erreichen bestenfalls einige hundert ha. Konkrete Flächen- und Produktionsangaben liegen für Südamerika nicht vor.

Auf dem indischen Subkontinent, insbesondere in den Himalaya-Regionen, werden bis in Höhenlagen von 3 800 m unterschiedliche Landsorten genutzt. Der Anbau erfolgt zumeist in artengemischten Beständen. In tieferen Lagen dienen der Mais, Hirsearten oder Körnerleguminosen als Mischungspartner, in höheren Lagen z.B. der Buchweizen. Das Korngut und die Blattmassen dienen in unterschiedlicher Form hauptsächlich dem Eigenbedarf der Anbauer, nur ein kleiner Teil wird vermarktet. Die geschätzten Anbauflächen Indiens beliefen sich um 1990 jedoch höchstens auf einige tausend ha.

Tab. 10: Geschätzte Anbauflächen von Amarant im Zeitraum 1995 - 1998

Land	Anbaufläche (ha • 10^3)	Literaturangabe bzw. Informationsquelle
China	80	WEBER 1999
USA	1	WEBER 1999
Tschechische Republik	0,55	JAROSOVA 1998
Polen	0,50	NALBORCZYK 1999
Rußland	> 100	KULAKOW 1991
Österreich	0,50	POSCH 1999

Etwa zum gleichen Zeitpunkt wurden in China 25 - 30 000 ha und in Ländern der ehemaligen USSR über 100 000 ha angebaut. Auf diesen Flächen wurden allerdings vorwiegend Futtermassen erzeugt. Neuerdings werden für China 80 000 ha Amarant-Anbaufläche angegeben. In Mittel- und Osteuropa, so in Österreich, in der Tschechischen Republik und in Polen werden die Anbauflächen Ende der 90er Jahre jeweils mit einigen hundert ha beziffert. In den USA wird die mit Amarant zur Körnerproduktion bestellte Fläche auf ca. 1 000 ha geschätzt (Tab. 10).

Geht man in Südamerika von einer Flächenentwicklung vergleichbar der Reismelde - Anbaufläche mit insgesamt 60 - 80 000 ha aus und nimmt verfügbare Angaben aus anderen Regionen der Welt sowie einen Zuschlag für unbekannte Flächen hinzu, dürfte die Amarantanbaufläche kaum eine Größenordnung von 300 000 ha überschreiten. Auch dies dürfte eher ein zu hoch gegriffener, denn ein zu knapper Wert sein. Damit betrüge die Fläche, die weltweit für unterschiedliche Nutzungszwecke mit Amarant bestellt wird, allenfalls 10% der Buchweizenfläche.

1.2.3 Bedeutung

Zur Kalkulation des Beitrages der Pseudogetreidearten zur jährlichen Produktion an eßbarer Trockenmasse wurden die im Kapitel 1.2.2 geschätzten Anbauflächen herangezogen. Bei Amarant wurden nur 50% der geschätzten Anbaufläche, d.h. 150 000 ha der Körnerproduktion zugeordnet. Ein mittlerer Kornertrag von 1 t ha^{-1} dürfte im weltweiten Mittel bei allen drei Arten kaum zu knapp bemessen sein. Trotzdem ergeben sich auf dieser Basis und in Relation zum Beitrag der Getreidearten nur minimale Anteile (Tab. 11).

Tab. 11: Die weltweite, jährliche Produktion eßbarer Korntrockenmassen von Getreide- und Pseudogetreidearten (Getreidearten: FAO YEARBOOK 1996, Pseudogetreidearten: Schätzwerte aus Kapitel 1.2.2)

Arten	Produzierte Kornmassen (t • 10^6)	Anteile (%, Getreide + Pseudogetreidearten = 100)
Weizen	585	28,7
Mais	577	28,4
Reis	562	27,6
Gerste	155	7,6
Mohrenhirse[1]	69	3,4
Hafer	31	1,5
Hirsearten	30	1,5
Roggen	23	1,1
Buchweizen[2]	3,0	0,15
Reismelde[2]	0,1	0,005
Amarant[2]	0,3	0,015
Insgesamt	2 035,4	~100,0

[1] Mohrenhirse = *Sorghum bicolor*
[2] Angenommene Anbauflächen: Buchweizen 3,0 • 10^6 ha; Reismelde 1,0 • 10^5; Amarant 3,0 • 10^5 ha; angenommene Kornerträge: Buchweizen, Reismelde, Amarant je 1,0 t ha^{-1}

Der quantitativ geringe Stellenwert bedarf einiger Hinweise, die zum Teil zurückliegend bereits genannt wurden. Die Arten werden - im Gegensatz zu den leistungsfähigen Getreidearten - größtenteils auf geringwertigen Böden und marginalen Standorten extensiv angebaut. Unter geeigneten Aufwuchsbedingungen sind mit artspezifisch optimierter Produktionstechnik größere Anteile des Kornertragspotentials realisierbar. Dies zeigen entsprechende Versuchsergebnisse, die an späterer Stelle erläutert werden. Die Arten sind züchterisch nicht annähernd so intensiv bearbeitet wie die führenden Getreidearten, der Wildpflanzencharakter begrenzt die erntbaren Kornmassen. Damit ist von vorneherein die Konkurrenzfähigkeit gegenüber anderen Arten, die züchterisch standort- und nutzungsorientiert angepaßt wurden, eingeschränkt. Darüber hinaus sind die Pseudogetreidearten und die Eigenschaften ihres Kornguts bzw. ihrer Blattmassen vielfach nicht bekannt. Die Lebensmittelindustrie bezieht diese Rohstoffe bisher, in Relation zu den Getreiderohstoffen, nur sporadisch in die Produktherstellung ein. Die Pseudogetreidearten stellen daher eher ein vergessenes, ein zu wenig bekanntes, zu wenig genutztes Rohstoffpotential dar.

Tab. 12: Buchweizen, Reismelde, Amarant - Nutzungsrichtungen im Überblick

Fraktionen	Nutzungsrichtungen - Rohstoffe - Produkte
Körner	• Grundnahrungsmittel in Gebieten, die für die Pflanzenproduktion Grenzstandorte darstellen. • Grundnahrungsmittel für Personen, die spezifische Eiweißfraktionen im Korngut von Getreidearten nicht vertragen. • Ernährungsphysiologisch wertvolle Zusatzrohstoffe bei der Herstellung von Lebensmitteln aus unterschiedlichen Grundstoffen. • Futtermittel, insbesondere für die Aufzucht von Kleintierarten. • Rohstoff für die Gewinnung technisch oder pharmazeutisch wertvoller Substanzen.
Blatt- bzw. vegetative Sproßmasse	• Grundnahrungsmittel als Gemüse oder zur Gewinnung von Eiweißkonzentraten. • Futtermittel zur Frischverfütterung oder Konservierung. • Rohstoff für die Gewinnung pharmazeutisch oder technisch verarbeitbarer Substanzen.
Stengelmasse	• Rohstoff für die Gewinnung pharmazeutisch wertvoller Substanzen. • Rohstoff für die Fasergewinnung. • Energieträger - Brennstoff.
Bestände (Sproß + Wurzel)	• Bodenbedeckung und -durchwurzelung mit verschiedenen produktionstechnischen Zielen. • Anreicherung des Bodens mit organischer Substanz und Nährstoffen - Gründüngung. • Strukturelemente von Agrarlandschaften - farbig blühende und abreifende Flächen.
Einzelpflanzen	• Zierpflanzen.

Eine nur aus den Zahlen zur jährlichen Kornmasseproduktion abgeleitete Bedeutung könnte in die Irre führen. Zu bedenken ist einerseits die regionale Bedeutung in verschiedenen Entwicklungsländern als Grundnahrungsmittel. Darüber hinaus sind die ernährungsphysiologisch positiven Wirkungen dieser Rohstoffe, gerade im Verbund mit den modernen Ernährungsgewohnheiten in den entwickelten Ländern nicht zu unterschätzen (Tab. 12).

Die Pseudogetreidearten sind in den entwickelten Ländern „Nischen"-Fruchtarten. Marktnischen bieten Rohstoffe produzierenden und Rohstoffe verarbeitenden Betrieben ökonomische Chancen. Die Nischen werden größer, wenn eine innovative Entwicklung interessanter Produkte verbunden mit Informations- und Markteinführungsprogrammen erfolgt. Auf der anderen Seite dürfen die Arten nicht überbewertet werden. Von der Eignung für angehobene Anbauintensitäten abgesehen, sind verschiedene Wirkungen und Ziele auch mit anderen Pflanzenarten bzw. pflanzlichen Rohstoffen erreichbar. Die Chance liegt in überlegten agronomischen, verarbeitungstechnologischen und ökonomischen Kombinationen, die an einem Standort und für ein bestimmtes Produkt höchst sinnvoll, an einem anderen Standort und unter anderen Bedingungen aber uninteressant sein können. Schließlich darf ein Gesichtspunkt nicht vergessen werden: die Welternährung basiert heute auf rund dreißig Kulturpflanzenarten. Über zwei Drittel der jährlichen Produktion an eßbarer Trockenmasse gehen auf vier annuelle Getreidearten zurück. Dies sind der Weizen, der Mais, der Reis und die Gerste (Tab. 11).

Zweifellos wurde mit den wenigen Körnerfruchtarten über Kreuzungen innerhalb und zwischen den Arten, über die Nutzung genetischer Ressourcen aus Sammlungen von Wildpflanzen sowie über den biotechnologischen Transfer von Genen auch aus anderen Organismen eine breite genotypische Variabilität geschaffen. Hieraus gingen und gehen weltweit sehr große Sortenzahlen hervor. Dies ändert nichts an dem Faktum: nur ganz wenige der natürlicherweise angebotenen Arten wurden züchterisch intensiv nutzungsorientiert bearbeitet, sie dominieren die Welternährung. Eine Verbreiterung dieser sehr schmalen Basis über den Einbezug bisher nur marginal genutzter Pflanzenarten - hierzu gehören u.a. die Pseudogetreidearten - und die Entwicklung neuer Arten zu Kulturpflanzenarten erscheint im Hinblick auf die Welternährung eine wichtige Aufgabe.

1.2.4 Zusammenfassung

Die Pseudogetreidearten Buchweizen, Reismelde und Amarant sind Körnerfruchtarten, die bereits mehrere tausend Jahre v. Chr. vom Menschen genutzt und angebaut wurden. Domestiziert wurden die Arten in asiatischen bzw. in südamerikanischen Regionen. Erst im Mittelalter wurden die Arten in Mitteleuropa erwähnt. Weltweit unterblieb bisher eine auch nur entfernt den Getreidearten vergleichbare züchterische Bearbeitung. Die Anbauflächen und die Beiträge zur weltweiten Produktion an eßbarer Kornmasse sind daher minimal. In Deutschland wurde nur der Buchweizen zeitweise großflächig angebaut, der Reismeldeanbau kam über das Versuchsstadium nicht hinaus, der Amarant ist bisher nur als Zierpflanze bekannt. Obwohl das Korngut und teilweise auch die Blattmassen ernährungsphysiologisch wertvolle Rohstoffe darstellen, ist der Kenntnisstand hierzu gering, der Einbezug in die Herstellung von Lebensmitteln hält sich bisher in engen Grenzen. Andererseits ist ein wachsendes Interesse an diesen Arten nicht zu verkennen. Ursachen hierfür sind Anstrengungen zur Erweiterung des Spektrums angebauter Kulturpflanzenarten, die Suche nach Marktnischen, die Nachfrage gesundheitsbewußter Gruppen nach alternativen Rohstoffen und der Bedarf von Personen, die Getreideprodukte nicht vertragen.

1.2.5 Literatur

Zitierte Literatur

ALLOS (1994): Amaranth: Neue Aussichten für eine alte Wunderpflanze. Firma Allos, 49457 Mariendrebber.
ALKÄMPER, J. (1992): Bedeutung der Pseudocerealien *Amaranthus* und *Chenopodium* in ihren Heimatländern und Anbaumöglichkeiten in Deutschland. Getreide, Mehl und Brot 46, 3-6.
BECKER-DILLINGEN, J. (1927): Handbuch des Getreidebaus. Verlag P. Parey, Berlin.
BERTSCH, K. und F. BERTSCH (1947): Geschichte unserer Kulturpflanzen. Wiss. Verlagsgesellschaft Stuttgart.
CAMPBELL, C.G. (1997): Buckwheat (*Fagopyrum esculentum* Moench). International Plant Genetic Resources Institute (IPGRI). Promoting the conservation and use of underutilized and neglected crops 19.
DIAMOND, J. (1998): Arm und Reich - Die Schicksale menschlicher Gesellschaften. S. Fischer, Frankfurt/Main.
FAO YEARBOOK (1996): Food and Agriculture Organization of the United Nations, Rome.
FAO YEARBOOK (1999): Food and Agriculture Organization of the United Nations, Rome.
FLEMING, J.E. and N.W. GALWEY (1995): Quinoa (*Chenopodium quinoa*). In: WILLIAMS, J.T. (ed.): Cereals and pseudocereals, 3-83. Chapman and Hall, London.
JAROSOVA, J. (1998): Amaranth growing and processing in the Czech Republic for the Czech Republic. Legacy - The Official Newsletter of the Amaranth-Institute XI/1, 8.
JOSHI, B.D. and R.S. RANA (1995): Buckwheat (*Fagopyrum esculentum*). In: WILLIAMS, J.T. (ed.): Cereals and pseudocereals, 85-127. Chapman and Hall, London.
KULAKOW, P. (1991): An international crop. Legacy - The Official Newsletter of the Amaranth-Institute IV/1, 1-7.
MONTEROS, A. and J. ESTRELLA (1999): Schriftliche Mitteilung.
NALBORCZYK, E. (1999): Mündliche Mitteilung.
POSCH, L. (1999): Schriftliche Mitteilung.
SPORY, K. (1992): Reismelde (*Chenopodium quinoa* Willdenow) - Bedeutung, Verbreitung, Anbau und Anbauwürdigkeit. Diplomarbeit, Universität Hohenheim.
WEBER, L.E. (1999): Rodale Research Institute - USA. Schriftliche Mitteilung.

Weiterführende Literatur

ALEKSEEVA, E.S. (1986): Selection, cultivation and utilisation of buckwheat. Proc. 3rd Intern. Symp. of Buckwheat. Pulawy-Poland 1, 18-36.
BACH, F.W. (1919): Über *Chenopodiaceen* als Nahrungsmittel, besonders über die als Melden bekannten Arten von *Chenopodium* und *Atriplex* - Ein Beitrag zur Frage der Verwendung der peruanischen Reismelde, *Chenopodium quinoa* Willd.. Landwirtsch. Jahrb. 52, 387-409.
BAUDIN, L. (1956): Der sozialistische Staat der Inka. Rohwolt-Verlag, Hamburg.
EARLY, D.K. and H.R. HEINICKE (1998): Choc Rol co-op: a case study in Mayan Indian amaranth reintroduction. Legacy - The Official Newsletter of the Amaranth-Institute XI/1, 3ff.

ESSWEIN, H. (1991): Entwicklung des Kornertragspotentials von Buchweizen. Diplomarbeit, Universität Hohenheim.
FRANKE, W. (1997): Nutzpflanzenkunde - Nutzbare Gewächse der gemäßigten Breiten, Subtropen und Tropen. Verlag G. Thieme, Stuttgart.
HAZEKAMP, T. (1999): Directory of Germplasm Collections - *Fagopyrum, Chenopodium, Amaranthus* - International Plant Genetic Resources Institute (IPGRI), Rome.
IßLEIB, M. (1916): Die Reismelde (*Chenopodium quinoa*) als deutsche Getreidepflanze. Illustr. landwirtsch. Zeitung 88, 589-590.
JOSHI, B.D. and R.S. RANA (1991): Grain amaranths, the future crop. National Bureau of Plant Genetic Resources, Shimla Sci., Monogr. No. 171004.
LACHMANN, S. (1986): Sortenentwicklung, Anbau und Verwertung von Buchweizen (*Fagopyrum esculentum*). Diplomarbeit, Universität Hohenheim.
REMY, T. (1917): Einiges über die Reismelde. Illustr. landwirtsch. Zeitung 27, 185-187.
RITTER, E. (1986): Anbau und Verwendungsmöglichkeiten von *Chenopodium quinoa* Willd. in Deutschland. Dissertation, Universität Bonn.
SAUER, J. (1957): Recent migration and evolution of the dioecious amaranths. Evolution 11, 11-31.
SCHOMANN, S. und S. FRANKLIN (2000): Dorobo - Die letzten Jäger der Savanne. Geo-Magazin 5, 108-126.
SIMMONDS, N.W. (1976): Evolution of crop plants. Longman, London, New York.

1.3 Einordnung

Die Pseudogetreidearten, der Buchweizen, die Reismelde und der Amarant, gehören sehr unterschiedlichen Gattungen an. Botanisch, im morphologischen Aufbau, in den physiologischen Eigenschaften und in den Umweltansprüchen resultieren teils erhebliche Differenzen zwischen den Gattungen sowohl als auch innerhalb der Gattungen zwischen einer Mehrzahl verwandter Arten.

1.3.1 Arten, Unterarten, Formen

Über die angebauten Arten hinaus enthalten alle drei Gattungen weitere Arten und teils Unterarten, denen als Nutzpflanzen nur lokal eine Bedeutung zukommt. Teilweise ist auch nicht eindeutig geklärt, ob es sich um selbständige Arten handelt. In den Tabellen werden jeweils nur wichtige Arten angeführt, die allgemein als selbstständige Arten akzeptiert und bekannt sind.

Buchweizen
Der deutsche ebenso wie der botanische Name ist aus der Ähnlichkeit der Früchte mit der Nuß der Buche, der sogenannten Buchecker, entstanden. Insgesamt enthält die Gattung *Fagopyrum* etwa 15 Buchweizenarten und -unterarten. Bekannt und verbreitet sind der Wilde Buchweizen, der Gewöhnliche Buchweizen und der Tatarische Buchweizen (Tab. 13). Zur Körnerproduktion wird zumeist der Gewöhnliche Buchweizen angebaut. In Gebirgslagen mit traditionellem Buchweizenanbau in China, in Indien und in Nepal dominiert über 2 500 m der Tatarische Buchweizen. Vereinzelt wird dort der Wilde Buchweizen zur Gemüse- oder zur Grünfutterproduktion verwendet.

Tab. 13: Buchweizenarten

Gattung	Art	Allgemeine Bezeichnung
Fagopyrum	*cymosum*	Wilder Buchweizen
	esculentum	Gewöhnlicher Buchweizen
	tataricum	Tatarischer Buchweizen

Der Wilde Buchweizen ist im Gegensatz zum Gewöhnlichen und zum Tatarischen Buchweizen, die beide einjährig sind, eine perennierende Art. Der Wilde Buchweizen entwickelt Rhizome, die Pflanze ist hochwüchsig, stark verzweigt und weißblühend. Die Körner, die größer sind als die der beiden einjährigen Arten, fallen mit fortschreitender Reife aus und besitzen eine anhaltende Keimruhe. Die Art ist im Himalaya-Gebiet bis auf 2800 m Höhe verbreitet und wurde lange als Ausgangsform für die beiden einjährigen Arten betrachtet. Neuere Untersuchungen stellen diese Verwandtschaft in Frage. Vermutlich wurden der Gewöhnliche und der Tatarische Buchweizen im

Hinblick auf die Einjährigkeit, auf eine geringere Ausfallneigung und eine kürzere Keimruhe selektiert. Auch beim Gewöhnlichen und beim Tatarischen Buchweizen nimmt im Abreifeverlauf die Ausfallneigung zu.

Mit Analysen der Chloroplasten-DNA ließen sich neuerdings bisher unbekannte Wildarten identifizieren. Hierzu gehören *F. gracilipes, F. plaioramorum, F. callianthum* und *F. capillatum*. Eine weitere neue Art, *F. homotropicum* wird als nahe *mit F. esculentum* verwandt eingeordnet, sie ist selbstfertil und daher züchterisch interessant. Die Arten *F. sagittatum* bzw. *F. emerginatum* werden zwischenzeitlich dem Gewöhnlichen Buchweizen, *F. esculentum,* als Unterarten zugerechnet.

Der Gewöhnliche Buchweizen bleibt mit 60 - 80 cm Wuchshöhe kürzer als der Wilde Buchweizen, verzweigt sich kontinuierlich und blüht anhaltend. Die Stengelfarbe variiert von grün über rot-braun bis tiefrot. Der Blütenstand ist eine Trugdolde, die Farbe der einzelnen Blüten variiert von weiß bis rosa, auch rot blühende Genotypen treten auf. Der Gewöhnliche Buchweizen ist nicht selbstkompatibel, der Blütenaufbau ist dimorph. Es werden entweder langgrifflige Blüten mit kurzfädigen Staubbeuteln und großen Pollenkörnern, Blüten des Pin-Typs, oder kurzgrifflige Blüten mit langfädigen Staubbeuteln und kleineren Pollenkörnern, Blüten des Thrum-Typs, ausgebildet. Jede Pflanze bildet nur einen Blütentyp aus. Am Grunde der Blüten sitzen kleine Honigdrüsen. Eine Befruchtung findet nur statt, wenn Pollen aus langfädigen Staubbeuteln auf langgrifflige Narben gelangen und umgekehrt. Die Bestäubung erfolgt in erster Linie durch Insekten und zwar durch Bienen, sowie durch den Wind.

Die Körner von Buchweizen, d.h. die Samen, sind botanisch Nüsse. Der Keimling ist in das Endosperm eingebettet. Der Hauptinhaltsstoff der Endospermzellen ist Stärke. Ähnlich dem Mais ist zwischen einem Hornendosperm mit polyedrischen und einem Mehlendosperm mit rundlichen Stärkekörnern zu unterscheiden. Beim Hornendosperm sind die Stärkekörner zu größeren Massen verklebt. Es wird peripher von einer eiweißreichen, stärkefreien Aleuronzellschicht umgeben. Die Samenschale ist ein dünnes, zum Reifezeitpunkt hellgrünes Häutchen, das sich mit fortschreitender Alterung braun färbt (Abb. 5).

Nach außen umgibt das Korn eine kräftige, verholzte, faserreiche Fruchtschale, die nicht mit der Samenschale verwachsen ist und daher abgeschält werden kann. Die Korngröße, aber auch die Ausprägung der Kornflächen und der -kanten variieren abhängig von der Art und der Sorte. Die Fruchtschalen sind graubraun, dunkelbraun oder schwarzbraun, teils tritt eine Zebrazeichnung auf. Die Fruchtschale enthält organische Säuren und phenolische Komponenten. Zu den phenolischen Komponenten gehören u.a. Tannine, die mit ihren bitteren Geschmackseigenschaften und ihrer antioxidativen Aktivität zum Schutz des Keimlings vor Schadwirkungen beitragen. Der Schutz erstreckt sich auf Streßeffekte, den Befall mit Krankheitserregern und Schädlingen und auf Reaktionen mit Sauerstoff. Die Oxidation ungesättigter Fettsäuren im Keimling kann dessen Funktionstüchtigkeit erheblich beeinträchtigen.

Der Tatarische Buchweizen entwickelt kräftige und höherwüchsige Stengel als der Gewöhnliche Buchweizen, die Blattspreiten besitzen eine ausgeprägte Pfeilform. Die Stengel bleiben grün und verzweigen sich intensiv. Im Gegensatz zum Gewöhnlichen Buchweizen wird nur ein einziger Blütentyp ausgebildet, der Tatarische Buchweizen ist daher selbstkompatibel. Die Blüten sind kleiner als beim Gewöhnlichen Buchweizen und durchgängig hellgrün. Die Kornfarben variieren von grau über bräunlich bis schwarz.

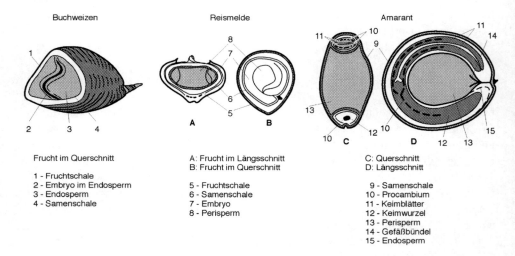

Abb. 5: **Aufbau der Körner von Buchweizen, Reismelde und Amarant (aus: FRANKE 1976, BACH 1919, IRVING et al. 1981)**

Reismelde

In der Gattung *Chenopodium* wurden ca. 20 verschiedene Arten, die krautigen Charakter aufweisen, identifiziert. Zur Körnernutzung wird überwiegend die Reismelde, *Chenopodium quinoa*, angebaut. In Südamerika kommt die Canihua, *Chenopodium pallidicaule* hinzu. Die Canihua wird in den Hochlagen von Peru und Bolivien bis etwa 4 500 m über NN zur Körner- und zur Grünmasseproduktion angebaut. Die Reismelde ist hier nicht mehr anbauwürdig, die Canihua ist kürzerlebig und anspruchsloser. Die Huauzontle, vermutlich eine Unterart der Reismelde, *Ch. quinoa* ssp. *nuttaliae*, wird in Mexiko angebaut, um die Blätter oder den unreifen Blütenstand als Gemüse zu nutzen. Zur Körnerproduktion wurde in Mexiko primär der Amarant - nicht die Reismelde - herangezogen. In der Himalaya-Region werden auch die Körner des Weißen Gänsefußes, *Chenopodium album*, genutzt, die Körner sind wesentlich kleiner als die der Reismelde.

Tab. 14: Meldearten

Gattung	Art	Allgemeine Bezeichnung
Chenopodium	*quinoa* *quinoa* ssp. *nuttaliae* *pallidicaule*	Reismelde, Indianermelde Huauzontle Canihua

Die Reismelde und die beiden anderen Arten wurden aus wilden Gänsefußarten ausgelesen. Als Auslesekriterien gelten die Korngröße, ein möglichst geringer Kornausfall und eine kurze Keimruhe. Die Saponinarmut des Kornguts wurde offensichtlich bei der Selektion nicht berücksichtigt. Saponine sind bitter schmeckende Triterpene, die in den Fruchtschalen enthalten sind. Ähnlich den phenolischen Komponenten beim Buchweizen dienen die Saponine dem Schutz des Keimlings bzw. des Samens vor Streß- und Schadeffekten.

Die Reismelde umfaßt eine breite Typenvariation bezüglich der Wuchshöhe, der Färbung der Pflanze, der Blütenstände und der Körner, der Verzweigungsneigung, der Fruchtstandsformen und der Korngrößen (Tab. 15). Grünfarbige Pflanzentypen sehen dem Weißen Gänsefuß sehr ähnlich. Darüber hinaus variiert die Färbung der Blätter im Abreifeverlauf von gelb bis rot. Gleichermaßen variiert die Färbung der Blütenstände von weiß über leuchtend orange-gelb bis in rötliche und dunkelrote Farbtöne hinein. Jüngere Blätter entwickeln auf der Unterseite einen dichten weißen oder rötlichen Flaum aus Blasenhaaren. Diese enthalten Kalzium-Oxalatkristalle, die hygroskopisch sind und die Transpiration begrenzen. Die Kornfarben resultieren primär aus der Pigmentierung der Fruchtschale und variieren von hell-durchscheinend und weiß über rötlich und gelblich-braun bis schwarz.

Generell ist der Blütenstand der Reismelde eine Rispe, jedoch werden zwei Blüten- bzw. Fruchtstandsformen unterschieden. Der Glomerulata-Typ faßt die Blüten und die resultierenden Samen in Clustern zusammen. Hierbei sind die Hauptachseninternodien gestaucht, die Internodien der Blütenknäulachsen sind hingegen gestreckt, dadurch entstehen kugelförmige Infloreszenzen. Der Amaranthiforme-Typ bildet einen - dem Amarant ähnlichen - langgestreckten Blütenstand aus. Die fingerförmigen Teilinfloreszenzen entspringen direkt an der Hauptachse (Abb. 6). Die Blütenstände enthalten zwittrige und weibliche Blüten. Die Reismelde ist selbstkompatibel, die Selbstbefruchtung überwiegt.

Tab. 15: Rassen- (Typen-) einteilung der Reismelde (TAPIA et al. 1980, FLEMING and GALWEY 1995)

Typ	Beschreibung
Valley-Typ	• Verbreitet in peruanischen Andentälern, in Höhenlagen von 2 000 - 4 000 m NN. • Wuchshöhe 2 - 3 m, starke Verzweigung, Vegetationszeit > 7 Monate. • Vorkommen von Genotypen mit relativ großen, weißen, saponinarmen Körnern.
Altiplano-Typ	• Verbreitet im Titicacasee-Gebiet auf ca. 4 000 m Höhe NN. • Wuchshöhe 1 - 2 m, geringere Verzweigungsneigung, Pflanzen zumeist farbig, mit relativ kleinen Fruchtständen, Vegetationszeit 4 - 7 Monate. • Korngut zumeist relativ saponinarm.
Salar-Typ	• Verbreitet auf den Salaren, d.h. auf versalzten Flächen Boliviens in ca. 4 000 m Höhe NN. • Angepaßt an Böden mit pH-Werten > 8, Pflanzen zumeist rot pigmentiert, häufig mit Amaranthiforme - Fruchtstandstyp. • Körner zumeist schwarzfarbig, hoher Saponingehalt.
Sea-Level-Typ	• Verbreitet in Zentral- und Süd-Chile. • Wuchshöhe ~1,5 m, relativ wenig verzweigte grüne Pflanzen mit kompakten Blüten- bzw. Fruchtständen. • Körner zumeist klein, durchscheinend gelblich mit mittlerem Saponingehalt.
Subtropical-Typ	• Pflanzen aus der subtropischen Youngas-Region Boliviens. • Pflanzen zunächst intensiv grün gefärbt, später in der Reifeperiode in Orange-Färbung wechselnd. • Körner gelb-orange gefärbt, sehr klein. Hoher Saponingehalt

Der Samen wird botanisch als Nuß bezeichnet. Dem Embryo liegt ein reduziertes Endosperm auf (Abb. 5). Die Endospermzellen sind, wie der Embryo selbst, protein- und fettreich. Der Embryo kann bis zu 60% des Samenvolumens einnehmen. Er umschließt ringförmig ein Perisperm und ist von einer Samenschale, sowie nach außen von einer Fruchtschale umgeben. Die Perispermzellen enthalten rundliche bis ovale, zusammengesetzte Stärkekörner, die leicht in die außerordentlich kleinen Einzelkörner zerfallen. Im unreifen Zustand kann der Samen noch vom Perianth bedeckt sein, der jedoch im ausgereiften Zustand mechanisch leicht abtrennbar ist. Auf der Basis umfangreicher Sammlungen in verschiedenen Regionen Südamerikas werden fünf Reismelderassen differenziert. Differenzierungskriterien sind die morphologischen Eigenschaften und die geographische Verbreitung (Tab. 15).

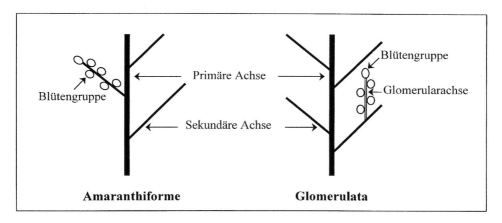

Abb. 6: Aufbau der Blütenstandsformen von Reismelde (GANDARILLAS 1979)

Die Canihua, *Ch. pallidicaule*, ist eine kurzwüchsige, stark verzweigende, blattreiche Pflanze mit verzweigter Infloreszenz. Der Wuchstyp dieser Art unterscheidet sich erheblich von den Wuchstypen der beiden anderen, einander ähnlichen Arten, *Ch. quinoa* und *Ch. quinoa* ssp. *nuttaliae*. Die Blütenstände der Canihua entwickeln nur zwittrige Blüten, die Körner sind sehr klein.

Amarant
Sowohl die Arten der Gattung *Amaranthus*, die zur Körnerproduktion angebaut werden, als auch die Arten, die primär zur Grünmassenutzung oder als Zierpflanze angebaut werden, sind einjährig. Im Gegensatz zum Buchweizen und der Reismelde ist der Amarant eine C4-Pflanze. Der Körnerproduktion dienen in erster Linie die nachfolgend kurz beschriebenen Arten (Tab. 16).

Tab. 16: Körner-Amarantarten

Gattung	Art	Allgemeine Bezeichnung
Amaranthus	*hypochondriacus*	Roter Hybridfuchsschwanz
	cruentus	Rispenfuchsschwanz
	caudatus	Gartenfuchsschwanz, Inkaweizen, Kiwicha
	hybridus	Bastardfuchsschwanz

Die Blatt- und Stengelfarben der Körneramarantarten variieren von grün bis dunkelrot. Die Blütenstände sind Rispen, manche Autoren bezeichnen den Blütenstand auch als Ähre. Die Blütenstände können mit Übergängen grün, orange, braun oder rot gefärbt sein. Die Pflanzen sind einhäusig, bilden weibliche und männliche Blüten aus und sind selbstfertil. Die einzelnen Blüten sind in Blütenknäulen zusammengefaßt. Ein Blütenknäul entsteht aus einer männlichen und nachfolgend vielen weiblichen Blüten. Die Knäule sind auf den zentralen Achsen und den Seitenachsen des Blütenstandes mit artspezifischen Unterschieden angeordnet. Charakteristische morphologische Unterschiede im Aufbau der weiblichen Blüten tragen zur Artenunterscheidung bei. Gemeinsam ergeben die Achsen mit Blütenknäulen die Rispe des Blütenstandes. Die Struktur des Blütenstandes ist als Merkmal zur Artenunterscheidung kein zuverlässiges Kriterium. Hingegen bieten die weiblichen Blüten relativ zuverlässige Teilmerkmale. Die Anordnung und der Entwicklungsverlauf der weiblichen und der männlichen Blüten beeinflussen den Selbst- bzw. den Fremdbefruchtungsgrad. Überwiegend findet Selbstbefruchtung statt.

Der Fruchtknoten reift nach der Befruchtung bei der Mehrzahl der Arten zu einer Deckelkapsel heran. Diese Kapsel springt im Reifezustand etwa in der Mitte - äquatorial - auf und entläßt einen runden Samen. Im Zuge der Domestikation wurden Typen mit hellen Samenfarben selektiert. Arten- und sortenspezifisch variiert die Samenfarbe von transparent und weiß über gelb, gold und rotbraun bis schwarz. Der Embryo umschließt als Nährgewebe ein Perisperm. Darüber hinaus liegt über der Keimwurzel ein kleines Endospermgewebe. Nach außen wird der Samen von der Samenschale umschlossen, eine Fruchtschale fehlt (Abb. 5).

Der Hybridfuchsschwanz, *A. hypochondriacus*, wird in Mexiko von der Seehöhe bis in Höhenlagen von 3 500 m angebaut. Als am nächsten verwandte Wildform, möglicherweise die Ausgangsform, wird *A. powellii* betrachtet. Diese Art kommt als Pionierpflanze im offenen gebirgigen Gelände Mexikos vor. Der Hybridfuchsschwanz wird bis zu 3 m hoch und ist kurztagsempfindlich. Die Verzweigungsneigung hängt von der Herkunft der Genotypen und der Bestandesdichte ab. Die Fruchtstände entstehen aus einer Hauptachse mit Seitenzweigen, die dicht mit Blütenknäulen besetzt sind und aufrecht gehalten werden. Die Körner sind relativ groß und wohlschmeckend.

Der Rispenfuchsschwanz, *A. cruentus*, ist an Höhenlagen weniger gut angepaßt als die beiden anderen Arten, er erreicht Lagen bis zu 2 000 m. Die Pflanzen werden bis zu 2 m hoch, die Verzweigungsneigung variiert, abhängig von der Herkunft, erheblich. Afrikanische Körnertypen verzweigen sich stark, bleiben buschig, entwickeln an vielen Seitenzweigen kleine Fruchtstände. Mexikanische Typen entwickeln einen dünnstengeligen Haupttrieb, der Fruchtstand ist aus einer Zentralachse mit einer Vielzahl fingerartiger Seitenachsen zusammengesetzt. Die Seitenachsen stehen entweder ab oder aufrecht, teilweise tritt auch eine nickende Haltung auf. Als wilder Vorfahre wird *A. hybridus*, in Zentralamerika verbreitet, vermutet. Viele Typen des Rispenfuchsschwanzes sind wenig kurztagsempfindlich und blühen auch unter Langtagsbedingungen. Zur Körnerproduktion werden zumeist nur Typen genutzt, die hellfarbige

Samen bilden. Als Gemüsetypen werden auch solche, die dunkelfarbige Samen bilden, angebaut.

Der Gartenfuchsschwanz, *A. caudatus*, in Südamerika Quihuicha = Kiwicha genannt, ist hauptsächlich in höheren Lagen verbreitet. Als Zierpflanzen genutzte Typen werden nicht größer als 0,75 m, zur Körnernutzung angebaute Typen erreichen Wuchshöhen von 2 m. Die Art *A. quitensis*, eine in Südamerika an Flußufern auftretende Pionierpflanze, wird für die verwandte Wildart gehalten. Von einigen Zierpflanzentypen abgesehen, ist die Art ausgeprägt kurztagsempfindlich. Die Verzweigungsneigung ist geringer. Die Blütenstände sind locker aufgebaut, die Hauptachse der Infloreszenz ist zumeist wesentlich länger als die Seitenachsen. Insbesondere die lange Hauptachse kann daher nicken und überhängen. Ursache ist neben der Länge der lokkere Aufbau der Achse, der aus den relativ großen Abständen der Blütenknäule resultiert. Jedoch existieren auch kompaktere Typen.

Der Bastardfuchsschwanz, *A. hybridus*, wird nur noch vereinzelt in Mexiko, im Himalaya-Gebiet sowie im indischen Bergland zur Körnernutzung angebaut. Die Körner sind dunkel- bis schwarzfarbig und werden andernorts zumeist abgelehnt. In Osteuropa dienen Sorten dieser Art der Grünmasseproduktion. Die Art ist weitgehend tagneutral, von daher auch unter Langtagsbedingungen relativ frühreif.

1.3.2 Zuchtziele und Sortenentwicklung

Wie erwähnt, werden die Pseudogetreidearten weltweit jeweils nur in relativ wenigen Stationen züchterisch bearbeitet. Von der staatlich finanzierten Grundlagenforschung abgesehen, hängt der mögliche Aufwand zur Entwicklung und Prüfung neuer Sorten ökonomisch vom Saatgutabsatz, damit von den Anbauflächen der Arten und schließlich der Nachfrage durch den Verbraucher ab. Andererseits sind leistungsfähige, an variierende Umweltbedingungen und moderne Produktions- und Verarbeitungstechnologien angepaßte Sortenspektren die zentrale Voraussetzung für eine Ausdehnung der Anbauflächen.

Nach deutschem Recht sind Sorten der Pseudogetreidearten schutzfähig, aber nicht zulassungsfähig. Das Bundessortenamt erteilt auf Antrag und nach Prüfung den Sorten von Arten, die in die relevante Artenliste eingetragen sind, den Sortenschutz. Zur Schutzerteilung wird in der Registerprüfung die Homogenität, die Unterscheidbarkeit und die Beständigkeit geprüft. Die saatgutverkehrsrechtliche Zulassung setzt Wertprüfungen voraus. Den Arten wird heute kein „landeskultureller" Wert zuerkannt, daher erfolgt keine Wertprüfung. Somit liegt keine Beschreibung der agronomischen Eigenschaften der geschützten Sorten vor.

Bisher wurde beim Bundessortenamt nur für einige Buchweizensorten und eine Amarantsorte der Sortenschutz beantragt und erteilt. Weitere Buchweizensorten wie z.B. Alex und Prego sind in Deutschland nicht geschützt. Für die Reismelde lag bisher kein Antrag vor (Tab. 17). Darüber hinaus sind die Pseudogetreidearten bisher nicht im EU-Sortenkatalog enthalten.

Tab. 17: In der BRD geschützte Sorten von Buchweizen und Amarant (LEIDING 1999)

Arten	Sorten	Züchter
Gewöhnlicher Buchweizen (*Fagopyrum esculentum*)	Lifestum	Deutsche Saatveredelung (DSV) Lippstadt-Bremen GmbH Weissenburgerstraße 5 59557 Lippstadt
	Sobano	Dr. H. R. Späth Im Rheinfeld 1-13 76437 Rastatt
Tatarenbuchweizen (*F. tataricum*)	Lifago Max	Semundo Saatzucht GmbH Teendorf 29582 Hanstedt 1
	Mogul	J. Joordens Zaadhandel, B.V. Postbus 7823 5995´ZG Kessel LB - NL
Reismelde (*Chenopodium quinoa*)	keine geschützte Sorte	
Amarant (*Amaranthus cruentus*)	Bärnkrafft	Dr. W. Ahrens Sudetenstraße 12 91746 Weidenbach

Buchweizen

Die Buchweizenarten *F. esculentum* und *F. tataricum* sind diploid mit 2n = 2x = 16. Von der perennierenden Art *F. cymosum* finden sich in Südchina diploide, westwärts tetraploide Genotypen.

Die Verbesserung der Anbauwürdigkeit von Buchweizen zielt auf die Steigerung der Kornertragsfähigkeit und der Kornqualität ab. In Verbindung damit sind die Ansprüche an die Umweltbedingungen und die agronomisch-produktionstechnischen Eigenschaften von Sorten angewandt von großer Bedeutung. Die Tabelle faßt wichtige Zuchtziele, bezogen auf das Produktionsziel: Kornmasse als Rohstoff für die menschliche Ernährung zusammen (Tab. 18). Diese Ziele gewinnen mit steigender Ertragserwartung, zunehmender Anbauintensität und spezifischen Ansprüchen an die Rohstoffqualität an Gewicht. Regional werden teilweise „gewohnte", z.B. leicht säuerlich-bittere Geschmacksnoten erwartet, die durch phenolische Verbindungen, das Rutin eingeschlossen, hervorgerufen werden. In Japan ist der Rutingehalt ein Qualitätskriterium, da der Gesundheit zuträgliche Wirkungen bekannt sind. Auf diese Substanz und andere spezielle Inhaltsstoffe wird an späterer Stelle näher eingegangen.

Tab. 18: Zuchtziele bei der Körnerfruchtart Buchweizen (*Fagopyrum* sp.)

Verwertungsorientierte Ziele:	Agronomische Ziele:
• Hoher Kornertrag ha^{-1}.	• Kurze Vegetationsdauer.
• Gleichmäßige Kornsortierung, Kornfärbung und -ausreife.	• Kühle- und Frosttoleranz.
• Geringer Schalenanteil, verlustarme Schälbarkeit.	• Begrenzte Wuchshöhe.
• Anhaltende Grünfärbung der Samenschale.	• Stabile Standfestigkeit.
	• Reduzierte Verzweigungsneigung.
• Hoher Eiweißgehalt, hohe Eiweißqualität.	• Synchrone Abtrocknung der Korn- und der Restpflanzenmasse, Mähdruscheignung.
• Geringer Gehalt an antinutritiven Substanzen.	• Selbstfertilität.
• In Japan: hoher Rutingehalt im Kern.	• Begrenzte Blüh- und Abreifedauer.
• Neutraler bzw. „gewohnter" Geschmack.	• Stabiler Kornsitz, geringe Ausfallneigung.
	• Krankheitsresistenz.

Der Buchweizen gilt als quantitative Kurztagspflanze. Die Sorten des Gewöhnlichen Buchweizens sind aufgrund ihres morphologischen und physiologischen Charakters in drei Gruppen einteilbar. Die erste Gruppe faßt die Sorten Japans, Koreas, Indiens, Nepals und Südchinas zusammen. Diese Sorten sind langwüchsig und spätreifend, sie stellen den kurztagsempfindlichen Herbst- oder Wintertyp dar (Tab. 20). Insbesondere japanische Sorten - im Beispiel die Sorten Miyazakiootsubu und Miyazakizairai und auch die Sorte Sando-Soba - sind darüber hinaus temperaturempfindlich. Sie entwickeln bei Temperaturen > 15 °C mehr Blütentrauben je Pflanze als bei geringeren Temperaturen. Zur zweiten Gruppe gehören die Sorten aus Nordchina und aus Europa. Diese Sorten stellen den früher reifenden, weitgehend tagneutralen Frühjahrs- oder Sommertyp dar, sind temperaturempfindlich und eignen sich besonders für die weitere Sortenentwicklung. Die Sorte La Harpe ist im extremen Langtag früher reif und bei hohem, aber nicht bei niedrigem Temperaturniveau photoperiodisch unempfindlich (Tab. 19). Die dritte Gruppe enthält intermediäre Typen. Interaktionseffekte zwischen den Sorten auf der einen, den Photoperiode- und den Temperatureffekten auf der anderen Seite erweitern die Variation.

Tab. 19: Vegetationsdauer zwischen der Aussaat und dem Blühbeginn (Anzahl Tage) bei drei japanischen Sorten und einer europäischen Sorte (Mittelwerte ±s)[1] in Abhängigkeit von der Photo- und der Thermoperiode (LACHMANN and ADACHI 1990)

Sorte (Herkunft)		Kurztag (10/14 h)[2]		Extremer Langtag (18/6 h)	
		15 °C konstant	25/20 °C[3]	15 °C konstant	25/20 °C
Miyazakiootsubu	(J)[4]	45,9 ± 0,87	23,2 ± 0,63	62,3 ± 6,25	35,9 ± 4,22
Miyazakizairai	(J)	47,0 ± 3,05	22,8 ± 0,63	53,5 ± 10,60	35,5 ± 4,67
Sando-Soba	(J)	47,0 ± 1,58	23,4 ± 0,70	55,8 ± 2,48	34,3 ± 3,80
La Harpe	(E)	62,1 ± 7,12	26,4 ± 0,96	48,8 ± 3,91	28,9 ± 1,96

[1] s = Standardabweichung
[2] Licht-/Dunkelperiode in Stunden
[3] Tag-/Nachttemperatur
[4] Herkunft: J = Japan, E = Europa

Angewandt ist eine kurze Vegetationsperiode von 100 Tagen oder weniger insbesondere dann von Bedeutung, wenn der Buchweizen in intensiven Anbausystemen Europas oder Asiens als Zweitfrucht angebaut wird und/oder nur begrenzt Wasser und Nährstoffe verfügbar sind. In extremen Höhenlagen Buchweizen anbauender Regionen Asiens sind die sehr kurzen Vegetationsperioden nur mit Sorten nutzbar, deren Vegetationszeitansprüche 60 Tage nicht überschreiten. Sorten verschiedener Herkunft, heute in Buchweizen anbauenden Gebieten der Herkunftsländer bekannt und verbreitet, die bereits verschiedentlich in Leistungsprüfungen auf mitteleuropäischen Standorten einbezogen wurden, faßt die Tabelle 20 zusammen.

In Regionen mit traditionellem Buchweizenanbau existieren Landsorten. China besitzt eine Vielzahl beschriebener Landsorten und Wildtypen vom Gewöhnlichen und vom Tatarischen Buchweizen (s. auch Tab. 36). Die Landsorten des Gewöhnlichen Buchweizens enthalten eine Gruppe mit Vegetationszeitansprüchen von weniger als 60 Tagen sowie Sorten mit einem Bedarf von 70 - 90 Tagen und solche mit einem darüber hinausgehenden Vegetationszeitbedarf. Vom Tatarischen Buchweizen sind nur wenige Landsorten mit einem Vegetationszeitbedarf unter 60 Tagen enthalten. Generell müssen solche Angaben im Zusammenhang mit den Aufwuchsbedingungen gesehen werden. Anhaltende Wasser- und Nährstoffnachlieferung kann die Vegetationszeitspannen bis zur Reife erheblich verlängern. Die chinesischen Sammlungen wilder Genotypen enthalten weiß- und rotblühende Typen. Die rotblühenden Genotypen wurden hauptsächlich in Lagen über 1 000 m NN, die weißblühenden in tieferen Lagen gefunden. Die Genotypenspektren umfassen eine breite Variabilität verschiedener Eigenschaften, z.B. der Verzweigungsneigung, der Wuchshöhe und des Tausendkorngewichts.

Tab. 20: Buchweizensorten des „Winter"- und des „Sommer"-Typs unterschiedlicher Herkunft (LACHMANN and ADACHI 1990, AUFHAMMER und KÜBLER 1991, AUFHAMMER et al. 1994, HONERMEIER et al. 1998)

Typ	Herkunft	Sortenname	Art	Ploidiestufe
Wintertyp	Japan	Miyazakizairai	*F. esculentum*	tretaploid
		Miyazakiootsubu	*F. esculentum*	diploid
		Hashigami-wase	*F. esculentum*	diploid
Sommertyp	Deutschland	Alex	*F. esculentum*	diploid
		Pyra	*F. esculentum*	diploid
		Prego	*F. esculentum*	diploid
		Lifago	*F. tataricum*	diploid
		Max	*F. tataricum*	diploid
		Tardo	*F. tataricum*	diploid
	Belorußland	Kijevska[1]	*F. esculentum*	diploid
		Pohankov	*F. esculentum*	diploid
	Frankreich	La Harpe	*F. esculentum*	tetraploid
		Reservoir	*F. esculentum*	diploid
	Japan	Sando-Soba	*F. esculentum*	diploid
	Jugoslawien	Siva	*F. esculentum*	diploid
	Österreich	Landsorte	*F. esculentum*	diploid
	Polen	Emka	*F. esculentum*	tetraploid
		Hruszowska	*F. esculentum*	diploid
		Kora	*F. esculentum*	diploid
	Ukraine	Astra	*F. esculentum*	diploid
		Lileja	*F. esculentum*	diploid
		Lubawa	*F. esculentum*	diploid
		Ukrainska	*F. esculentum*	diploid
		Tatarska	*F. tataricum*	diploid

[1] Herkunft möglicherweise auch Tschechische Republik

Der Gewöhnliche Buchweizen, *F. esculentum*, entwickelt größere Körner und eignet sich agronomisch besser zur Kornproduktion als der Tatarenbuchweizen, *F. tataricum*. Allerdings ist der Gewöhnliche Buchweizen - im Gegensatz zum Tatarenbuchweizen - aufgrund seiner Blütenbiologie nicht selbstkompatibel (s. Kap. 1.3.1). Diese Eigenschaft verunsichert die Befruchtung insbesondere dann, wenn zu wenig bestäubende Insekten auftreten. Vor allem ist die züchterische Bearbeitung erschwert. Versuche, die Selbstkompatibilität des Tatarenbuchweizens auf den Gewöhnlichen Buchweizen zu übertragen mißlangen lange Zeit. Auch der Einbezug im Gewöhnlichen Buchweizen aufgefundener Genotypen mit monomorpher Blütenstruktur in Zuchtprogramme zeigte bisher noch keine gravierenden Fortschritte. Neuerdings liegen in China, in Japan und in Kanada gewisse Erfolge vor. Unter Einsatz konventioneller Zuchtmethoden werden in Kombination mit biotechnologischen Verfahren Artkreuzungen mit fertilen Nachkommenschaften erstellt. Das Ziel ist der Transfer wichtiger Eigenschaften zur Verbesserung des Sortenspektrums sowohl des Gewöhnlichen als auch des Tatarischen Buchweizens (Tab. 21).

Der Tatarenbuchweizen wird kaum züchterisch bearbeitet. In den Gebirgsregionen Chinas und Indiens, in den Hochlagen über 2 500 m NN spielt der Tatarenbuchweizen aufgrund seiner Frostresistenz jedoch die dominierende Rolle. In China ist der Gewöhnliche Buchweizen bis in Lagen von 1 500 m NN verbreitet, erreicht in Einzelfällen aber auch Höhen von 4 000 m NN. Der Tatarenbuchweizen klettert bis auf 4 400 m NN. Aufgrund seiner Wuchshöhe und seines Blattreichtums sind mit dem Tatarenbuchweizen auch in tieferen Lagen höhere Biomassen je Flächeneinheit erzeugbar als mit dem Gewöhnlichen Buchweizen. Zur Produktion von Grünfuttermasse wurde früher in Deutschland der Tatarische dem Gewöhnlichen Buchweizen vorgezogen (siehe Kap. 2.2.3).

Eine Reduktion der Ausfallneigung des Gewöhnlichen Buchweizens wurde durch Polyploidisierung erreicht. Verglichen mit diploiden bilden autotetraploide Genotypen größere Körner aus. Aufgrund geringerer Fertilität kann die Verbesserung der Komponente Tausendkorngewicht allerdings zu Lasten der Kornzahl je Pflanze gehen. Trotzdem konnten Sorten mit überlegener Kornertragsfähigkeit selektiert werden. Mit der Korngröße kann aber auch der Schalenanteil zu Lasten des Kernanteils steigen.

Tab. 21: Aktuelle interspezifische Kreuzungsversuche zur Verbesserung von Buchweizensorten mit kombiniertem Einsatz konventioneller und biotechnologischer Zuchtmethoden (CAMPBELL 1997)

Kreuzungen	Ziele
F. esculentum x *F. cymosum*	Transfer der Massenwüchsigkeit und der Frostresistenz aus *F. cymosum*
F. esculentum x *F. tataricum* *F. esculentum* x *F. homotropicum*	Transfer des Selbstbestäubungssystems, des höheren Kornansatzes und der Frostresistenz aus *F. tataricum* oder aus *F. homotropicum*

Kontinuierliche Verzweigung und kontinuierliches Wachstum der Buchweizenpflanze werden als Eigenschaften betrachtet, die die Anpassung an wechselnde Aufwuchsbedingungen und die Konkurrenzfähigkeit in Wildpflanzen-Mischbeständen unter natürlichen Bedingungen unterstützen. Beim Anbau als Kulturpflanze unter produktionstechnischer Kontrolle sind diese Eigenschaften nachteilig. In Osteuropa wurden durch Gammabestrahlung bzw. durch kombinierte Behandlungen mit mutagenen Substanzen

Mutanten mit verändertem Verzweigungsverhalten und Mutanten mit determiniertem Wuchs gefunden. Die Mutation begrenzt das Verzweigungspotential an den apikalen Seitenzweigen erster Ordnung durch Reduktion der Nodienzahl. Der determinierte Wuchstyp wird durch 2 - 4 Blütenstände Zweig^{-1} und einen endständigen Blütenstand Zweig^{-1} gekennzeichnet. Über Einkreuzungsprogramme wurden diese Eigenschaften zur Sortenentwicklung genutzt (Tab. 22).

Tab. 22: Entwicklung von Buchweizensorten in Osteuropa unter Einbezug von Mutanten mit reduzierter Verzweigung bzw. determiniertem Wuchs (FESENKO und MARTYNENKO 1998)

Sorten	Anbaugebiete
Sorten mit reduzierter Verzweigung: Ballada, Esen, Molwa, Skorospelaya 86	Zentralrussische und nördliche Anbaugebiete mit kurzen, kühlen, feuchten Vegetationsperioden.
Sorten mit determiniertem Wuchs: Sumchanka, Kurskaya 87, Dozdik, Demetra	Russische Gebiete mit kontinentalem Klima - heiße Sommer, kurze Niederschlagsperioden.

Mit der Begrenzung der Verzweigung wurden weitere, agronomisch nützliche Eigenschaften gewonnen. Russischen Mitteilungen zufolge verbesserten die frühere Reife und eine geringere Kälteempfindlichkeit der entwickelten Sorten die Anpassung des Buchweizens an kühlere Anbauregionen. Die Determinierung des Wuchses verkürzte die Vegetationszeit gegenüber Standardsorten um 3 - 10 Tage und reduzierte die Wuchshöhe. Über die Einkreuzung dieser Mutanten mit Halbzwergcharakter wurde daher auch die Standfestigkeit verbessert. Die entstandenen Sorten sollen sich besonders für den Anbau in Regionen mit kontinentalen Klimabedingungen eignen.

Die Standfestigkeit der Buchweizenpflanze hängt nicht nur von der Wuchshöhe, sondern auch vom Verzweigungsgrad ab. Stark verzweigte Pflanzen sind in späten Entwicklungsstadien windempfindlich, die Verankerung im Boden hält dem Druck, der vom Gewicht der Pflanze mitbestimmt wird, nicht stand. Im Gegensatz zu lagernden Getreidebeständen richtet lagernder Buchweizen nur die Blütenstände etwas auf. Zwar ist die Verzweigung durch hohe Pflanzenzahlen m^{-2} reduzierbar, jedoch schwächt die Konkurrenz zugleich die Internodienstabilität und die Wurzelausbildung.

Wichtige Zentren, in denen der Buchweizen züchterisch bearbeitet wird, sind in Japan, in China und in Indien zu finden. In Osteuropa arbeiten Stationen in Rußland, Polen und in Slowenien an der Sortenverbesserung. Einige westeuropäische Stationen kommen hinzu. Im nordamerikanischen Raum steht Kanada vorne an (Tab. 23). Ausgerichtet auf regional dominierende Zuchtziele wird heute mit verschiedenen Methoden - der Einkreuzung von Mutanten, der Polyploidisierung, der Hybridzüchtung und unter Einsatz von Gewebekulturtechniken - versucht, die Leistungsfähigkeit von Buchweizen und die Eigenschaften als Kulturpflanze zu verbessern.

Tab. 23: Buchweizen - Ausgewählte Zucht- und Forschungseinrichtungen

Land	Einrichtung
Asien	
China	Shanxi Academy of Agricultural Sciences 6 Nongkebei Taiyuan 030031 - China
	Institute of Germplasm Resources Chinese Academy of Agricultural Sciences Beijing 100081 - China
Indien	National Bureau of Plant Genetic Resources (NBPGR) Regional Station Phagli, Simla - 171004 - India
Japan	Hokkaido National Experimental Station Shinsei, Memuro, Kosai-Gun Hokkaido, 082 - Japan
	Miyazaki-University Faculty of Agriculture Applied Genetics and Biotechnology Division Gakuen Kibana dai Nishi 1-1 Miyazaki, 889-21 - Japan
Korea	Chungbuk National University Department of Agronomy San 48, Gaeshindong, Heungduckgu Cheongju 360-763 - Korea
USA und Kanada	
Kanada	Kade Research Ltd. 13513 Street Morden, Manitoba R6M 1E9- Canada
	University of Manitoba Faculty of Human Ecology Department of Food and Nutrition Duff Roblin Building Winnipeg, Manitoba R3T 2N2 - Canada

Fortsetzung Tab. 23:

Land	Einrichtung
Europa	
Belgien	Catholic University of Louvain Faculty of Agronomy Laboratory of Crop Science (ECOP) 2 Pl. Croix des Sud 1348 Louvain - La-Neuve - Belgique
Frankreich	Etablissement National d'Enseignement Supérior Agronomique de Dijon Department of Sciences 21 bd Olivier de Serres 21800 Quetigny - France
Polen	Danko-Plant Breeding Ltd. 64-005 Racot Horyn - Polska Olsztyn University of Agriculture and Technology Department of Food Technology Pl. Cieszynski 1 10-957 Olsztyn - Polska Department of Cereal Crops Cultivation Institute of Soil Science and Plant Cultivation Czartoryskich Str. 8 24-100 Pulawy - Polska
Rußland	N.I. Vavilov All-Russian Research Institute of Plant Industry Department of Maize and Small Grains 44, Bolshaya Morskaya Str. 19000 St. Petersburg - Russia All-Russian Research Institute of Legumes and Groat Crops 303112 Orel, p./b. Streletskoye - Russia
Slowenien	University of Ljubljana Biotechnical Faculty Agronomy Department Jamnikarjeva 101 Ljubljana Sl. 1001 - Slovenia
Ukraine	Podilska State Agronomic - Technical Academy Scientific Research Institute of Groat Crops 281900 Ukraine Kamyanets - Podilsky Shevtschenkostr. 13 - Ukraine

In der Bundesrepublik wird der Buchweizen als Körnerpflanze nur marginal züchterisch bearbeitet. Einige Sorten sind zwar geschützt (s. Tab. 17), die deutsche Beschreibende Sortenliste enthält aber keine Buchweizensorte. Wie bereits erwähnt, werden für Buchweizensorten keine Wertprüfungen durchgeführt. Die letzte Sorte wurde Anfang der 60er-Jahre aus der Beschreibenden Sortenliste gestrichen.

Reismelde

Die Reismelde, *Chenopodium quinoa* und die Huauzontle, *Ch. quinoa* ssp. *nuttaliae*, sind allotetra-ploid mit $2n = 4x = 36$ Chromosomen. Die Canihua, *Ch. pallidicaule*, ist mit $2n = 2x = 18$ Chromosomen diploid. Wie erwähnt wird die Huauzontle auch als spätblühende und -reifende Unterart der Reismelde betrachtet. Der Weiße Gänsefuß, *Ch. album*, in Europa als Unkraut verbreitet, ist hexaploid, eine Einkreuzungsgefahr besteht von daher nicht. Jedoch existieren in anderen Regionen auch tetraploide *Chenopodium*-Arten, die Einkreuzungsprobleme aufwerfen können. Aus solchen Unkrautarten können unerwünschte Eigenschaften wie eine dunkle Samenfarbe und ein hoher Saponingehalt übertragen werden. Die Reismelde entwickelt Pflanzen, die nur zwittrige Blüten und solche, die sowohl zwittrige als auch weibliche Blüten ausbilden. Die Reismelde ist selbstkompatibel, die Selbstbestäubung dominiert. Jedoch existieren auch Pflanzen, die trotz Selbstkompatibilität auf Fremdbefruchtung angewiesen sind, weil nur die weiblichen Blüten, oder weil in zwittrigen Blüten nur die weiblichen Blütenorgane funktionstüchtig sind.

Generell bietet die Reismelde eine breite genotypische Variation, z.B. hinsichtlich der Pflanzenfärbung, des Blüh- und Reifetermins, der Wuchshöhe, des Fruchtstandsaufbaus, der Samengröße und -farbe, sowie des Saponingehalts im Samen (s. Kap. 1.3.1). Insbesondere im Hinblick auf die Anbauwürdigkeit in Küsten- bzw. in Hochlandregionen Südamerikas ist auch die Variabilität in der Salz-, der Trockenheits- und der Kältetoleranz wichtig. Der Anbau der Pflanze zur Körnerproduktion rückt mehrere, beim Buchweizen bereits aufgeführte Zuchtziele, auch bei der Reismelde in den Vordergrund (Tab. 24).

Abhängig von den Anbaubedingungen kann die Frühreife einer Sorte eng mit ihrer Kühletoleranz und der Tagneutralität zusammenhängen. Ein angehobenes Stickstoffangebot ist nur dann in Kornertrag und/oder angehobenen Eiweißgehalt umsetzbar, wenn die Sorte in der Wuchshöhe begrenzt und standfest ist und die Verzweigungsneigung durch die Apikaldominanz in Grenzen gehalten wird. Neben dem Eiweißgehalt und der Eiweißqualität im Korngut ist der Saponingehalt verwertungsorientiert eine zentrale Eigenschaft.

Die Saponinkonzentrationen in den vegetativen Pflanzenteilen sind geringer als die in den Körnern. Saponinmoleküle bestehen aus Zuckerketten und triterpenoiden Aglyconen. Die beteiligten Aglycone werden mit dem Begriff Sapogenin zusammengefaßt. Die Sapogenine machen etwa 50% des Gewichts eines Saponinmoleküls aus. Der Saponingehalt entspricht also nummerisch rund dem doppelten des experimentell ermittelten Sapogeningehalts. Saponine schmecken bitter und schäumen im Wasser. Konzentrationsabhängig können die Stoffe Schleimhautzellen beeinträchtigen und, soweit sie ins Blut gelangen, rote Blutzellen zerstören. Saponine senken aber auch den Cholesterolgehalt im Plasma. Saponine unterschiedlicher Struktur werden von vielen Pflanzenarten in ganz verschiedenen Konzentrationen gebildet. Die Quinoasaponine enthalten als Aglycone alternativ Oleanol, Hederagenin oder Phytolaccagenin. Das zuletzt genannte Aglycon ist wenig verbreitet und seine Eigenschaften sind kaum erforscht.

Tab. 24: Zuchtziele bei der Körnerfruchtart Reismelde (*Chenopodium* sp.)

Verwertungsorientierte Ziele:	Agronomische Ziele:
• Hoher Kornertrag ha^{-1}.	• Tagneutralität.
• Großkörnigkeit.	• Trockenheits-, Kühle- und Kälteresistenz.
• Gleichmäßige Kornsortierung, -färbung und -ausreife.	• Salztoleranz.
• Helle Kornfarben.	• Begrenzte Wuchshöhe, Mähdruscheignung.
	• Hoher Ernteindex.
• Hoher Eiweißgehalt und ernährungsphysiologisch hohe Eiweißqualität.	• Stabile Standfestigkeit.
	• Reduzierte Verzweigungsneigung.
• Geringer Saponingehalt.	• Kompakter Fruchtstand.
• Geringer Gehalt an antinutritiven Substanzen.	• Stabiler Kornsitz, geringe Ausfallneigung.
• Neutraler Geschmack.	• Begrenzte Keimruhe.
	• Krankheitsresistenz.

Der Saponingehalt in der Korntrockenmasse der Reismelde variiert, abhängig von den Sorten und den Aufwuchsbedingungen zwischen 0,01 und 4,65%. Sorten mit einem Gehalt von etwa 0,1% und darunter werden als „süße" Sorten bezeichnet. Bei süßen Sorten erübrigt sich eine Nachbehandlung des geernteten Kornguts. Die ersten Pflanzen mit saponinarmen Körnern wurden in den 60er Jahren in Bolivien und Peru gefunden. Auf dieser Basis entstanden die ersten saponinarmen Sorten, die allerdings nur eine begrenzte Kornertragsfähigkeit aufwiesen. Aus dem Korngut bitterer Sorten werden die Saponine entweder in einem Wasserbad extrahiert oder durch das Abschleifen der Fruchtschale, auch „polieren" genannt, entfernt. Mit dem Abschleifen geht die sortentypische Samenfarbe verloren, das behandelte Korngut ist einheitlich hell. Neben dem technischen Aufwand ist mit dem Abschleifen der Fruchtschale, in der die Saponine hauptsächlich akkumuliert sind, auch ein Verlust an Trockenmasse in Form von Ballast- und Mineralstoffen verbunden. Tagneutrale Genotypen aus Chile bilden bevorzugt relativ kleine Körner mit harter Fruchtschale aus. Kurztagsempfindliche

Genotypen aus Peru, Ecuador und Bolivien sind größerkörnig, die Fruchtschale ist weicher und leichter zu entfernen. Die züchterische Reduktion des Saponingehalts zeigt auch agronomische Nachteile. „Süße" Sorten unterliegen auf dem Feld stärkeren Kornverlusten durch Vogelfraß und durch damit verbundenem Ausfall. Möglicherweise sind süße Sorten auch durch Schadinsekten und Pilzbefall stärker gefährdet.

Einen Vergleich des Akkumulationsverlaufs von Sapogeninen in bitteren und süßen Genotypen zeigt die Tabelle 25. Noch 68 Tage nach der Aussaat waren in keiner Pflanze Sapogenine nachzuweisen. Etwa ab Blühbeginn, 82 Tage nach der Aussaat, stieg der Sapogeningehalt in den Blättern an und erreichte bei den bitteren Genotypen bis zu 0,06%, bei den süßen bis zu 0,014% in der Trockenmasse. Während die Gehaltsunterschiede in den Blattmassen bitterer und süßer Genotypen relativ gering blieben, differierten die Sapogeningehalte in den Körnern erheblich. Werden bittere und süße Genotypen gekreuzt, ist in der F2 keine Selektion auf Saponinarmut möglich, die Sapogeningehalte der Blätter und die Variabilität des Gehalts sind zu gering, um gezielt auslesen zu können.

Ältere chilenische Sorten des Sea-Level-Typs, wie z.B. die Sorten Baer, Pichaman und Faro sind hochwüchsig und spätreif, das Korngut ist saponinreich. In Bolivien begann die wissenschaftlich-züchterische Bearbeitung der Reismelde Mitte der 60er Jahre am Institut für Agrartechnologie in Patacamaya. Hier entstand durch die Einkreuzung saponinarmer Genotypen die saponinarme Sorte Sajama. Für Gebiete in höheren Lagen mit relativ kurzen Vegetationszeiten wurden in den USA aus einer großen Zahl südamerikanischer Genotypen kürzerwüchsige und früherreife Genotypen

Tab. 25: Die Veränderung des Sapogeningehalts in der Blatt- bzw. in der Korntrockenmasse (%) von zwei „süßen" und zwei „bitteren" Reismeldegenotypen im Entwicklungsverlauf (MASTEBROEK and MARVIN 1997, verändert)

Bittere Genotypen	Fraktion	Zeitpunkt (Tage)[1]	Sapogeningehalt (%)[2]	Süße Genotypen	Fraktion	Zeitpunkt (Tage)	Sapogeningehalt (%)
CPRO-158	Blatt	68	0,000	CPRO-66	Blatt	68	0,000
	„	82	0,004		„	82	0,004
	„	105	0,030		„	105	0,013
	„	120	0,022		„	125[3]	0,014
	Korn	135	1,130		Korn	140[3]	0,021
CPRO-224	Blatt	68	0,000	CPRO-67	Blatt	68	0,000
	„	82	0,006		„	82	0,002
	„	105	0,067		„	105	0,009
	„	120	0,060		„	125[3]	0,013
	Korn	135	0,519		Korn	140[3]	0,020

[1] Tage nach der Aussaat
[2] Saponingehalt = ~Sapogeningehalt x 2
[3] Kurztagsbedingungen

ausgelesen und zu Sorten wie D 407 und Tango, allerdings mit Saponingehalten zwischen etwa 0,3 und 0,8% entwickelt. Diese Erfolge zeigen, daß die genetische Variabilität der Art erhebliche Anpassungsmöglichkeiten an verwertungsorientierte und agronomische Anforderungen enthält.

Auch in Mitteleuropa wurde in England, in Holland und in Dänemark mit einer Sortenentwicklung begonnen. In der Tabelle 26 werden Sorten, die den Typengruppen „Sea-Level" und „Altiplano" angehören, aufgelistet (siehe Tab. 15). Diese Sorten besitzen bezüglich ihrer Homogenität weitgehend Zuchtsortencharakter. Die Sorten sind in den Herkunftsländern bekannt, darüber hinaus wurden und werden sie auch in Leistungsprüfungen auf kühl-feuchten Standorten Mitteleuropas einbezogen.

Tab. 26: In Feldversuchen geprüfte Reismeldesorten (*Chenopodium quinoa*) unterschiedlichen Typs und unterschiedlicher Herkunft (RISI and GALWEY 1991, SPORY 1992, JACOBSEN and STØLEN 1993, AUFHAMMER et al. 1995, AUFHAMMER und KÜBLER 1998)

Typ	Herkunft	Sortenname	Kornfarbe	Saponingehalt[1]
Sea-Level-Typ	Chile	Baer	gelb	++
		Faro	gelb	++
		Pichaman	gelb	++
		Temuco	weiß	+
		Isluga	gelb	++
Altiplano-Typ	Peru	Chewecca	weiß	(+)
		Kanccolla	weiß	(+)
	Bolivien	Sajama	weiß	(+)
		Cochabamba	weiß	(+)
		Apelawa	weiß	+
(Wahrscheinlich Altiplano-Typ)	USA	Tango	gelb	+
		407	rötlich	+

[1] Saponingehalt: ++ = hoch; + = mittel; (+) = gering

Die große Anzahl kleiner Blüten erschwert die Kreuzung technisch erheblich. Die Blütenzahl, die zur gezielten Bestäubung herangezogen wird, sollte daher vorweg reduziert werden. Die Alternative stellt die Nutzung männlicher Sterilität dar. Unter einer großen Anzahl überprüfter Linien wurden in Peru und Bolivien einige Linien teils mit genetisch, teils mit cytoplasmatisch bedingter männlicher Sterilität entdeckt.

In den USA entdeckten Züchtungsforscher in der bolivianischen Sorte Apelawa cytoplasmatisch männlich sterile Linien und entwickelten damit ein Hybridisierungsverfahren. Im Jahr 1994 erhielten die amerikanischen Züchtungsforscher ein US-Patent auf die Verwendung männlich steriler Pflanzen aus dieser Sorte. Das Patent

Tab. 27: Reismelde - Ausgewählte Zucht- und Forschungseinrichtungen

Land	Einrichtung
Asien	
China	College of Tibet Agricultural and Animal Husbandry, Agronomy Department Bayining TI, Tibet - China
Nepal	Mountain Farming System Division International Centre for Integrated Mountain Development (ICIMOD) Kathmandu-Nepal
Mittel- und Südamerika	
Bolivien	Experimental Station of the Boliviano de Tecnologia Agropecunaria (IBTA) Patacamaya - Bolivia
	Centro de Investigacion en Ciencias Aplicades (CICA) Montevideostr. 188, P.O. Box 14040 La Paz - Bolivia
Ecuador	Centro Nestle, Latinreco S.A. Quito - Cumbaya - Ecuador
	Instituto Nacional de Investigaciones Agropecuarias (INIAP) Avenida Eloy Alfaro y Amazonas Edificio del MAG, Piso 4, Apartado 2600 Quito - Ecuador
Peru	Universidad Nacional del Centro Huancayo - Peru
USA	
USA	Colorado State University Department of Soil and Crop Science Fort Collins - Colorado 80523 - USA
Europa	
Dänemark	The Royal Veterinary and Agricultural University Department of Crop Science Frederiksberg C - Denmark
England	University of Cambridge Department of Genetics Cambridge - UK
Finnland	Agricultural Research Centre Institute of Crop and Soil Science Jokioinen - Finland
Schweden	Swedish University of Agricultural Sciences Uppsala - Sweden

erstreckt sich nicht nur auf alle Hybriden, die unter Beteiligung des männlich sterilen Cytoplasmas aus der Sorte Apelawa entstehen, sondern auch auf bolivianische Sorten, die mit der alten Sorte Apelawa verwandt sind. Die Züchtungsforscher und Patentinhaber versichern, den zuchtmethodischen Fortschritt an bolivianische Züchter zugunsten der bolivianischen Sortenentwicklung weiterzugeben. Gelangt das Patent in die Hände einer Firma, die im Zuge der Kommerzialisierung der Reismeldeproduktion in den USA einen konkurrierenden Import von Korngut aus Bolivien eliminieren möchte, kann im Rahmen des Patenumfangs ein Einfuhrverbot erlassen werden. Die Internationale Konvention zur Biologischen Diversität, International Convention on Biological Diversity, CBD, enthält eine Auflage zur Beteiligung des Ursprungslandes am „Gewinn" aus der Nutzung originärer Biodiversität. Die USA haben diese Konvention bisher nicht ratifiziert.

In der Tabelle 27 werden ausgewählte Züchtungs- und Forschungsinstitutionen aufgelistet, die sich mit der Bearbeitung der Reismelde befassen. In der BRD wird die Reismelde bisher weder angebaut noch züchterisch bearbeitet.

Amarant
Die Körneramarantarten, *A. hypochondriacus*, *A. cruentus*, *A. caudatus* und *A. hybridus*, teilweise sowohl zur Korn- als auch zur Grünmasseproduktion angebaut, sind diploid mit $2n = 2x = 32$. Dies gilt gleichermaßen für die verwandten Wildarten. Nur beim Rispenfuchsschwanz, *A. cruentus* und dem vermutlich wilden Vorfahren, *A. powellii* des roten Hybridfuchsschwanzes, *A. hypochondriacus*, wurden auch Genotypen mit $2n = 34$ Chromosomen gefunden. Interspezifische Kreuzungen sind, Wild- und Unkrautarten einbezogen, ebenso möglich wie intraspezifische Kreuzungen. Die spontane Einkreuzung wilder, als Unkräuter verbreiteter Arten ist unerwünscht. Die Unkrautarten entwickeln kleine, schwarze Samen, die höhere Tanningehalte aufweisen als die hellfarbigen Samen von Kulturamarantarten und im Geschmack abweichen. Da die schwarze Kornfarbe dominant vererbt wird, weisen einzelne dunkle Samen in hellfarbigen Kornpartien auf Einkreuzungsereignisse hin. In Beständen, die der Saatgutproduktion dienen, müssen daher Pflanzen von Unkraut-Amarantarten, wie z.B. von *A. retroflexus*, unbedingt vor Blühbeginn beseitigt werden.

Die Zuchtziele sind weitgehend den bei der Körnerfruchtart Reismelde aufgelisteten Zielen ähnlich (Tab. 28). Dies kann nicht überraschen, da die Amarantarten vom Pflanzentyp und vom Entwicklungsverhalten her durchaus Gemeinsamkeiten mit der Reismelde aufweisen. Die Abreifeproblematik ist allerdings bei der C4-Pflanze Amarant in gemäßigten Klimazonen und unter Langtagsbedingungen größer als bei der C3-Pflanze Reismelde. Eine begrenzte Wuchshöhe, verbunden mit einem kompakten Fruchtstand, eine ausgeprägte Standfestigkeit und die synchrone Abreife vegetativer und generativer Teile sind im Hinblick auf die Druschfähigkeit und auf geringe Kornverluste zentrale agronomische Forderungen. Eine Verschiebung der photoperiodischen Empfindlichkeit in Richtung Tagneutralität und die Selektion auf Kühletoleranz sind Voraussetzungen für eine frühzeitige Reife im Langtag und unter Herbstbedingungen mit einem begrenzten Temperaturniveau. Auf kontinentalen, d.h. warmen, im Sommer niederschlagsarmen Standorten ist die Trockenheitstoleranz eine wichtige Eigenschaft. Eine Variante der Trockenheitstoleranz ist die Frühreife, die die Kornausbildung sichert, bevor gravierender Wassermangel eintritt. Insbesondere hochwüchsige, stark verzweigte Genotypen neigen unter Winddruck zum Umknicken. Neben der Wuchshöhe ist eine stabile Stengelausbildung daher ein standfestigkeitssicherndes Kriterium. Der Markt verlangt gleichmäßig große, hellfarbige Körner mit hohem Eiweiß- und Fettgehalt, mit angenehmem Geruch und Geschmack. Auch diese Merkmale sind zu einem erheblichen Teil Sorteneigenschaften. Spontan polyploide Genotypen sind nicht bekannt. Artifiziell hergestellte, autotetraploide Genotypen zeigten teilweise kürzeren Wuchs und größere Körner bei unveränderter Kornqualität.

Tab. 28: Zuchtziele bei der Körnerfruchtart Amarant (*Amaranthus* sp.)

Verwertungsorientierte Ziele	Agronomische Ziele
• Hoher Kornertrag ha^{-1}.	• Tagneutralität und Frühreife.
• Großkörnigkeit.	• Kühle- und Kältetoleranz.
• Gleichmäßige Kornsortierung, Kornfärbung und -ausreife.	• Trockenheitstoleranz.
• Helle Kornfarben.	• Begrenzte Wuchshöhe.
	• Hoher Ernteindex.
• Hoher Eiweißgehalt und ernährungsphysiologisch hohe Eiweißqualität.	• Stabile Standfestigkeit.
	• Reduzierte Verzweigung.
• Hoher Fettgehalt und ernährungsphysiologisch hohe Fettqualität.	• Synchrone Abreife vegetativer und generativer Pflanzenteile.
• Hoher Gehalt an Squalen und Gamma-Linolensäure im Fettkomplex.	• Kompakter Fruchtstand.
• Geringer Gehalt an antinutritiven Substanzen.	• Stabiler Kornsitz.
	• Begrenzte Keimruhe.
• Angenehmer Geschmack.	• Krankheitsresistenz.

Die Amarantpflanze ist monoezisch und selbstfertil. Die einzelne Blüte wird jedoch aufgrund der unterschiedlichen Entwicklungsgeschwindigkeiten männlicher und weiblicher Organe überwiegend durch den Wind mit Pollen aus anderen Blüten des gleichen Blütenstandes bestäubt. Die Blüten entwickeln sich von der Basis zur Spitze des Blütenstandes fortschreitend. Auch Insektenbesuch tritt auf, ist jedoch zumeist für die Bestäubung unbedeutend. Generell erlauben die Bedingungen, abhängig von der Zusammensetzung der Pollenwolke, auch Fremdbefruchtung. Normalerweise wird eine Selbstbefruchtungsrate von 90% erreicht. Fremdbefruchtungsraten bis zu 30% sind möglich. Die Raten können, abhängig von der Nachbarschaft anderer Genotypen, der Dauer und der Parallelität der Blühperioden benachbarter Genotypen und abhängig von den Umweltbedingungen, erheblich variieren.

Zur gezielten Hybridisierung werden männliche Blüten - erkennbar am Anschwellen vor dem Aufblühen - vor der Öffnung entfernt. Der Kornansatz steigt, wenn die Bestäubung an mehreren aufeinanderfolgenden Tagen wiederholt wird. Allerdings sind solche Verfahren, auch aufgrund der sehr kleinen Blüten, höchst zeitaufwendig. Männlich sterile Linien wurden bisher nur im Roten Hybridfuchsschwanz, *A. hypochondriacus*, nicht in den anderen Körneramarantarten gefunden. Eine größere Population der vermutlich nepalesischen Sorte Jumla - in Afrika im Anbau - sowie einige indische Landsorten enthielten männlich sterile Linien. Wie Kreuzungsexperimente zeigten, scheint die Wiederherstellung der männlichen Fertilität prinzipiell zu funktionieren. Der Einbezug dieser Mechanismen in Züchtungsprogramme dürfte für die weitere Sortenentwicklung, die Nutzung von Heterosiseffekten eingeschlossen, sehr hilfreich sein. Dies gilt gleichermaßen für biotechnologische Methoden, die Untersuchungen und Erfahrungen befinden sich jedoch noch in den Anfängen.

In Indien, in Süd- und in Nordamerika erstreckte sich die Sortenentwicklung zunächst auf die Auslese geeigneter Linien aus Landsorten. Es zeigte sich, daß sowohl in als auch zwischen den Landsorten eine breite Variation hinsichtlich gesuchter Merkmale vorliegt. In den USA wurden im Zuge der Evaluierung verfügbarer Genotypen innerhalb der Körneramarantarten sogenannte „Körneramaranttypen", auch als „Morphologische Gruppen" bezeichnet, definiert. Die Gruppenbezeichnungen hängen mit der Herkunft der Genotypen zusammen. Neben der Kornfarbe dienten die Wuchshöhe und die Frühreife als Kriterium für die Gruppenabgrenzung (Tab. 29).

Tab. 29: Körneramaranttypen, auch als Morphologische Gruppen bezeichnet, innerhalb verschiedener Amarantarten, ermittelt am Rodale Research Center, Kutztown, USA[1]. (WEBER and KAUFFMAN 1990, verändert)

Amarantarten	Typ (oder Gruppe)	Wuchshöhe (m)	Reife - Frühreife[2]
A. caudatus	_[3]	bis zu 2,0	Überwiegend spät
A. cruentus	Afrikanischer Typ Guatemaltekischer Typ Mexikanischer Typ	0,6 - 1,5 1,5 - 2,0 1,5 - 2,5	Früh Mittel Mittel
A. hypochondriacus	Ährentyp Mercadotyp Nepalesischer Typ Aztekischer Typ Mexitecotyp	0,9 - 1,5 1,8 - 2,5 1,8 - 2,1 2,0 - 2,5 bis zu 3,0	Früh - mittel Mittelspät - spät Spät Spät - sehr spät Sehr spät, keine Ausreife
A. hybridus	Primatyp	0,6 - 1,5	Früh - mittel

[1] Kutztown-Lage: 40 °N Breite, 100 m NN
[2] Früh: 60 - 100 Tage; Mittel: 100 - 130 Tage; Spät: > 130 Tage
[3] Keine Erfassung verschiedener Typen

Die Angaben, vorrangig der absolute Vegetationszeitbedarf der Typen, gilt unter den speziellen Aufwuchsbedingungen des Prüfortes. Mit dem Versuch der Gruppenbildung, wird gezeigt, daß innerhalb der Arten eine große Variation für die Kornproduktion zentraler Eigenschaften vorliegt. Zweifellos sind im Einzelfalle die Übergänge zwischen den Gruppen und den Arten fließend. Damit bietet sich innerhalb und zwischen den Arten ein erhebliches Potential zur Adaption an unterschiedliche Standort- und Aufwuchsbedingungen.

Selektionen des Rodale Research Centers aus mexikanischen Landsorten des Rispenfuchsschwanzes, *A. cruentus*, stellten in den USA die Basis für die dort 1989 zugelassenen Sorten MT 3 und MT 5 dar. Die Sorte MT 3 geht auf die Selektion mit der Nummer RRC-1041 zurück. Auslesen aus mexikanischen und nepalesischen Landsorten des Roten Hybridfuchsschwanzes, *A. hypochondriacus*, folgten. Die aus beiden Arten ausgelesenen Linien waren jedoch für den Mähdrusch ungeeignet. Die Linien reiften in Gebieten mit einer frostfreien Vegetationszeit von 150 Tagen im mittleren Westen der USA viel zu spät ab. Neben dem Rispenfuchsschwanz enthalten der Gartenfuchsschwanz, *A. caudatus* und der Bastardfuchsschwanz, *A. hybridus*, Gene für Kurzwüchsigkeit und Frühreife. Die Variationsbreite innerhalb dieser Arten reicht herunter bis zu Vegetationszeiträumen von 70 Tagen und zu Wuchshöhen von 30 cm. Um die bevorzugte Kornqualität des Roten Hybridfuchsschwanzes - helle, große, wohlschmeckende Körner - produktionstechnisch nutzbar zu machen, wurde eine kurzwüchsige Bastardfuchsschwanzlinie eingekreuzt und in Rückkreuzungszyklen auf Hellsamigkeit ausgelesen. Die eingekreuzte Linie dieser Art wird in Pakistan nur als Gemüsepflanze angebaut. Gleiches gilt für kleinkörnige, schwarzsamige *A. cruentus*-Typen aus Westafrika. Aus solchen Kreuzungen, die entsprechenden Rückkreuzungen eingeschlossen, entstanden die kürzerwüchsigen und kürzerlebigen *A. hypochondriacus*-Sorten mit den Bezeichnungen Rodale K 343 und Rodale K 432. Die Sorte K 343 wurde 1991 in den USA mit dem Namen „Plainsman" registriert. Die gleichermaßen gegenüber dem Ausgangsmaterial früher reife Sorte K 432 ist ein Halbzwergtyp. Aus Kreuzungen verschiedener *A. cruentus*-Linien mit gleichen Zuchtzielen entstand die Sorte A 200 D.

Um einen aktuellen Überblick zu geben, wird in der Tabelle 30 das Sortenspektrum aufgeführt, das in den USA in den letzten Jahren zur Kornproduktion entwickelt und mehrjährig geprüft wurde. Die *A. cruentus*-Sorten sind, im Gegensatz zu den *A. hypochondriacus*-Sorten photoperiodisch relativ unempfindlich, von daher an Regionen mit unterschiedlichen Tageslängen besser angepaßt, und unter Langtagsverhältnissen früher reif. Die Sorte Amont entstand aus der Sorte MT 3. Unter Langtagsbedingungen erfolgt die generative Entwicklung der *A. hypochondriacus*-Sorten zu langsam. Zwischen dem Knospenstadium und der Fruchtstandsentwicklung liegen relativ lange Zeitspannen, die Sorten reifen zu spät. Die Kornausbildung ist insbesondere auf Standorten, auf denen Trockenperioden auftreten, gefährdet.

Tab. 30: In den USA entwickeltes und empfohlenes Sortenspektrum von Körneramarant (SOOBY et al. 1997, verändert)

Art	Sortenname	Reife	Wuchshöhe
A. hypochondriacus	Plainsman	mittel	mittel
	D 70-1	mittel	hoch
	D 136-1	spät	mittel
	K 432	früh	kurz
	K 433	früh	kurz
	K 593	mittel	mittel
A. cruentus	Amont	spät	hoch
	K 266	spät	hoch
	K 283	mittel	hoch
	K 436	mittel	hoch
	A 200 D	mittel	mittel

Noch nicht entfernt lösen die amerikanischen Sorten bisher die Problematik des Kornausfalls vor und beim Drusch. Wie erwähnt (s. Kap. 1.3.1) reift der Fruchtknoten einer kleinen Blüte zu einer Deckelkapsel heran. Die abgetrocknete Kapsel springt äquatorial auf und entläßt einen Samen, der ausfällt. Im Hinblick auf die Eignung als Kulturpflanze werden Pflanzen mit stabilem Kapselschluß gesucht. Die Kapseln sollen nach der Abtrocknung erst unter stärkerer Belastung beim Drusch aufspringen. Soweit bekannt, kommen wilde Amarantsorten bzw. -arten, die diese Eigenschaft besitzen und mit den Körneramarantarten kreuzbar sind, als Kreuzungspartner in Frage (Tab. 31).

Tab. 31: Wilde, mit den Körneramarantarten kreuzbare Amarantarten mit stabilem Kapselschluß (BRENNER and HAUPTLI 1990)

Amarantarten	Beschreibung der Arten
Unkraut-Amarantarten	Arten kommen im Sacramento-Delta in Kalifornien - USA vor, sind schwer identifizierbar, da sie viele Ähnlichkeiten mit anderen Amarantarten besitzen.
A. powellii	In den USA weit verbreitete Unkrautamarantart, die sowohl Formen mit aufspringenden Kapseln, als auch solche mit stabilem Schluß umfaßt.
A. bouchonii	Europäischer Unkrautamarantart mit stabilem Kapselschluß, wird teilweise taxonomisch *A. powellii* zugeordnet.
Zufällig gefundene Genotypen	Ein Kultur-Unkrautamarant-Hybride, gefunden in Peru, ein zweiter Genotyp, gefunden in Zimbabwe - Afrika.

Darüber hinaus existieren weitere Amarantarten, die Deckelkapseln mit stabilem Schluß ausbilden, jedoch ist über deren Einkreuzbarkeit nichts bekannt. Gelänge es, den stabilen Kapselschluß in leistungsfähige Sorten zu übertragen, könnte die Ausfallproblematik erheblich reduziert werden.

Auch in einigen Ländern Mitteleuropas, beispielsweise in Deutschland, in Österreich und in Polen wurde begonnen, angepaßte Amarantsorten zu entwickeln. Im Vordergrund steht, aufgrund der mehrfach erwähnten kritischen Frühreife unter Langtagsbedingungen, die Art *A. cruentus*. Beispielsweise wurde in Österreich die Auslese für die Sorten MT 3 und MT 5 zu weiteren Selektionen unter regionalen Bedingungen, die sommertrockene Perioden einschließen, herangezogen. Darüber hinaus entstehen dort aus Artkreuzungen zukunftsträchtige Genotypen, die bis zu 20 Tagen früher reifen und wesentlich kürzer bleiben als die *A. cruentus*-Genotypen. Allerdings wird die Frühreife - nach heutigem Entwicklungsstand - mit einem Kornminderertrag in der Größenordnung um 20% bezahlt.

Tab. 32: Neuere, in Mitteleuropa entwickelte Körneramarantsorten (Beispiele)

Land	Art	Sorte	Zuchtstationen
Deutschland	*A. cruentus*	Bärnkrafft	Dr. W. Ahrens Sudetenstraße 12 91746 Weidenbach
Österreich	*A. cruentus*	Amar, Ana	Dr. G. Dobos - Zeno Projekte Pötzleinsdorferstr. 10/3/2 A-1180 Wien
Polen	*A. cruentus*	Rawa	Dr. H. Czembor Institute for Plant Breeding and Acclimatization 50-870 Blonie - Radzikow
	A. hypochondriacus	Aztek	Dr. T. Wolski Danko Plant Breeding Ltd. 64-005 Racot - Horyx

Der Versuchsanbau in mitteleuropäischen Ländern bezieht nord- und südamerikanische, asiatische und osteuropäische Sorten nicht nur zur Prüfung der Körnernutzungseignung, sondern auch im Hinblick auf Doppelnutzungsmöglichkeiten ein. Die Beschreibung und die Evaluierung breiter Sortenspektren ist hierzu ein Einstieg (Tab. 33). Soweit Amarant zur Produktion von Futtermassen angebaut wird, spielen viele, für die Kornproduktion wichtige Sorteneigenschaften keine Rolle. Vielmehr stehen hier Eigenschaften wie die produzierte Sproßtrockenmasse ha^{-1}, der Rohprotein- und der Rohfasergehalt, gegebenenfalls auch die Silierfähigkeit im Vordergrund.

Abschließend werden ausgewählte Forschungseinrichtungen, die sich mit der Kulturpflanze Amarant, der Sortenentwicklung, der Produktionstechnik und der Rohstoffverarbeitung befassen, genannt (Tab. 34).

Tab. 33: Beschreibung von Sorten verschiedener Amarantarten für unterschiedliche Nutzungsrichtungen (KAUL et al. 1996)

Sortenname	Herkunft	Nutzungsrichtung	Blattfarbe	Blüten- bzw. Fruchtstandsfarbe	Kornfarbe	Mittlere Wuchshöhe (m)
A. hypochondriacus						
K 432	USA	Korn	dunkelgrün + 20% rot	orange-rot	weiß	0,94
A. cruentus						
K 266	USA	Korn	grün	grün-orange	weiß	0,97
MT 3	USA	Korn	hellgrün	grün-orange	weiß	1,21
Nu World	USA	Korn	hellgrün	grün-orange	weiß	1,29
A 10	China	Korn	dunkelgrün + 40% rot	dunkelrot	weiß	1,31
Suvarna	Indien	Korn	hellgrün	grün	weiß	1,25
Villarica	Südamerika	unbekannt	dunkelgrün + 20% rot	orange-rot gesprenkelt	weiß	1,51
Puerto M.	Südamerika	unbekannt	dunkelgrün + 10% rot	orange-rot gesprenkel	weiß	1,48
Anden	Südamerika	unbekannt	dunkelgrün	orange-rot gesprenkelt	weiß	1,59
A. caudatus						
C 4	China	Doppel	grün	grün	weiß	1,20
C 6	China	Doppel	dunkelgrün + 80% rot	dunkelrot	weiß	1,27
A. hybridus						
Pastewny 1	Rußland	Futter	dunkelgrün + 40% rot	dunkelrot	schwarz	1,25
Pastewny 2	Rußland	Futter	dunkelgrün + 30% rot	dunkelrot	schwarz	1,12
Turkiestan	Rußland	Futter	dunkelgrün + 20% rot	dunkelrot	schwarz	1,24
Ural	Rußland	Futter	dunkelgrün + 20% rot	dunkelrot	schwarz	1,39

Tab. 34: Amarant - Ausgewählte Zucht- und Forschungseinrichtungen

Land	Station
Asien	
China	Chinese Academy of Agricultural Sciences (CAAS) Institute of Crop Breeding and Cultivation Beijing, 100081 - China
Indien	National Bureau of Plant Genetic Resources (NBPGR) Regional Station Phagli Simla - 171004 - India
Mittel- und Südamerika	
Guatemala	Universidad del Valle de Guatemala Instituto de Investigación Apartado Postal 82, 01901-Guatemala
Mexiko	Instituto Nacional de Investigacion Forestal y Agropecunaria (INIFAP), CEVAMEX Apartado Postal 10 56230 Chapingo Mexico Eduardo Espitia - Mexico
Peru	Universidad Nacional del Altiplano Escuela de Postgrado Av. Del Ejevcito 329 Puno - Peru
USA	
USA	University of Nebraska, Agricultural Experiment Station - Panhandle Research and Extension Center Scottsbluff 4502 Ave. I, NE 69361 - USA Iowa State University Agronomy Department, Plant Introduction Station Ames, IA 50011 - USA American Amaranth Institute Bricelyn, MN 56014 - USA

Fortsetzung Tab. 34:

Land	Station
Europa	
Österreich	Veterinärmedizinische Universität Wien Institut für Angewandte Botanik Veterinärplatz 1 A - 1210 Wien - Austria
Rußland	St. Petersburg-University Biological Research Institute Petrodvorets, Oranienbaumskoe shosse 2 198904-St. Petersburg - Russia
Tschechische Republik	Bohemia Amarant Inc. 77900 Olomouc - Czech Republic

1.3.3 Genetische Ressourcen

Die über die Welt verteilten Genbanken weisen unterschiedliche Anzahlen an Saatgutmustern von Buchweizen, Reismelde und Amarant aus. Diese Muster umfassen Zuchtsorten, Linien, Landsorten, Mutanten sowie wilde Arten und Genotypen. Teils sind die Sammlungen auf das Umfeld der Region, in der die Institution lokalisiert ist, konzentriert, teils enthalten sie über die Region hinaus auch Saatgutmuster aus anderen Teilen der Welt. Zudem ist davon auszugehen, daß Teile der Saatgutmuster verschiedener Institutionen identisch sind. Die ausgewiesenen Angaben (Tab. 36) sind daher nur mit Einschränkungen vergleichbar und informativ. Einen groben Überblick ermöglichen sie trotzdem.

Die Gruppe wilder Arten und Genotypen wird im Hinblick auf die Kornertragsfähigkeit zumeist gering geschätzt, besondere Leistungsgene werden vielmehr aus Zuchtsorten erwartet. Trotzdem ist nicht auszuschließen, daß auch in wilden Genotypen noch Gene zu finden sind, die in Kombination mit anderen Leistungsgenen leistungssteigernd wirken. Andererseits kommt wilden Genotypen eine besondere Bedeutung bei der Suche nach Resistenzgenen zur Kontrolle der Effekte biotischer und abiotischer Schadfaktoren zu. Regional bieten die Zahlenangaben gewisse Anhaltspunkte zur natürlichen Biodiversität der einzelnen Art und zur Bedeutung, die ihr zugemessen wird.

Zunächst wird deutlich, daß weltweit die Anzahl der Saatgutmuster von Amarant mit rund 6 700 deutlich größer ist, als die Anzahl der Saatgutmuster von Buchweizen. Die Anzahl der Buchweizenmuster, ist mit 4 700 Einheiten immer noch gut doppelt so groß wie die Anzahl der Saatgutmuster der Reismelde (Tab. 35). Allerdings relativiert ein Vergleich dieser Anzahlen mit den weltweit gesammelten Saatgutmustern der drei führenden Getreidearten die Größenordnungen generell. Damit werden, wie nicht anders zu erwarten, den Anbauflächen bzw. den produzierten Kornmassen der Arten ähnliche Relationen erkennbar. Die Anzahlen alleine besagen jedoch nicht allzu viel über die unmittelbare Nutzbarkeit von genetischen Ressourcen.

Tab. 35: Anzahl der Saatgutmuster von Getreide- und Pseudogetreidearten in den Genbanken der Welt (TANKSLEY and MCCOUCH 1997, HAZEKAMP 1999)

Getreidearten	Anzahl[1]	Pseudogetreidearten	Anzahl
Weizen	410 000	Buchweizen	4 713
Mais	100 000	Reismelde	2 281
Reis	215 000	Amarant	6 692

[1] Schätzwerte aus TANKSLEY and MCCOUCH 1997

Die umfangreichsten Kollektionen von Buchweizen besitzt offensichtlich Kanada, gefolgt von China und Japan. Während Kanada - wie erwähnt - primär exportorientiert Buchweizenkorngut produziert, auch China exportiert Anteile seiner Produktion, produziert Japan ausschließlich für den eigenen Bedarf. Vielschichtig gelagerte Ziele stehen hinter den immer noch relativ großen Sammlungen z.B. in Frankreich auf der einen, in Indien, Nepal und Rußland auf der anderen Seite.

Sieht man von den deutschen Kollektionen ab, liegen größere Sammlungen von Saatgutmustern der Reismelde nur in Südamerika, in Ecuador, Bolivien und Argentinien, also in den Ursprungsländern dieser Körnerfruchtart vor. Der deutschen Kollektion stehen keine Anbauflächen gegenüber. Kleinere Kollektionen befinden sich in England und in den USA. Osteuropa ist nur sporadisch vertreten. Die bisher geringe Nutzung der Reismelde als Kulturpflanze wird auch durch diese Zahlen belegt.

Die südamerikanischen Heimatregionen von Amarant: Peru, Mexiko, Ecuador und Costa Rica weisen relativ große Anzahlen von Saatgutmustern aus. Gleiches gilt für Indien und m.E. für China. Die USA, die sich in den zurückliegenden 20 Jahren sehr engagiert der Entwicklung dieser Körnerfruchtart annahmen - dort wurde ein spezielles Amarantinstitut eingerichtet - weisen ebenfalls einige hundert Saatgutmuster aus. Darüber hinaus liegen bereits in vielen Genbanken der Welt kleinere Amarantkollektionen vor.

Der Sammlung, der Eigenschaftsprüfung und -beschreibung der genetischen Ressourcen dieser Arten kommt hinsichtlich der Artenanpassung an unterschiedliche Aufwuchsbedingungen und der Anhebung des Leistungs- und Qualitätsniveaus große Bedeutung zu. Hiervon abgesehen, setzt bei einer Ausweitung verbunden mit einer Intensivierung des Anbaus eine verstärkte Suche nach Resistenzen gegenüber Schaderregern ein. Außerdem sind Toleranzen gegenüber abiotischen Schadfaktoren, wie z.B. Trockenheit, Kälte, Versalzung und unterschiedlichen pH-Werten wichtig. Die Ressourcen sind bisher wenig genutzt, dies zeigen schon die geringen Anzahlen an Zuchtsorten.

Tab. 36: Zahl der Saatgutmuster[1] von Buchweizen (*Fagopyrum* sp.), Reismelde (*Chenopodium* sp.) und Amarant (*Amaranthus* sp.) in den Genbanken der Welt (HAZEKAMP 1999)

Land	Genbank-Station	Anzahl Saatgutmuster		
		Buchweizen	Reismelde	Amarant
Afrika				
Äthiopien	International Livestock Research Institute (ILRI), Addis Abeba	–	–	30
	Biodiversity Conservation and Research Institute Addis Abeba	1	30	26
Kenya	National Genebank of Kenya, Crop Plant Genetic Resources, Kikuyu	–	–	13
Mauritius	Barkly Experiment Station, Barkly, Beau Bassin	–	–	7
Nigeria	Jericho Reservation Area, National Horticultural Research Institute, Ibadan, Oyo State	–	–	138
Südafrika	National Department of Agriculture, Dir. of Plant and Quality Control, 0001 Pretoria	39	5	13
Zambia	Mount Makulu, Agricultural Research Station, Chilanga	–	–	82
Insgesamt	Genbanken: 7	40	35	309
Asien				
Bangladesch	Plant Genetic Resources Centre, Bangladesh Agricultural Research Institute, 1701 Joydebpur-Gazipur	–	2	105
Bhutan	Renewal Natural Resources Research Centre of Agriculture, Bumthang	48	–	–
China	Institute of Crop Germplasm Resources (CAAS), 100081 Beijing	222	7	438
	Beijing Vegetable Research Centre, Genebank 100081 Beijing, Haidian District	–	–	61
	Institute of Crop Germplasm Resources, Shanxi Academy of Agricultural Sciences, 030031 Taiyuan, Shanxi Province	603	–	–

Fortsetzung Tab. 36:

Land	Genbank-Station	Anzahl Saatgutmuster		
		Buchweizen	Reismelde	Amarant
Indien	National Bureau of Plant Genetic Resources (NBPGR), 110012 New Delhi	–	–	824
	National Bureau of Plant Genetic Resources (NBPGR), 171004 Simla, Himachal Pradesh	262	–	–
Indonesien	Centre for Biology, The Indonesian Institute of Sciences, Research and Development, Bogor 16122	–	–	75
Iran	Seed and Plant Improvement Institute (S.P.I.I.), 31585 31585 - 4114 Karaj	–	–	9
Israel	Israel Gene Bank for Agricultural Crops, Agricultural Research Organisation, Volcani Center, 50250 Bet Dagan	–	–	80
Japan	National Institute of Agribiological Resources (NIAR), Tsukuba City, Ibaraki Pref. 305	458	–	101
Nepal	Nepal Agricultural Research Council (NARC), Kathmandu	218	–	62
Philippinen	Nacional Plant Genetic Resources Laboratory IPB/UPLB College, 4031 Laguna	–	–	12
Sri Lanka	Plant Genetic Resources Centre, Peradeniya	–	1	36
Taiwan	Asian Vegetable Research and Development Centre (AVRDC), 741 Shanhua, Tainan	–	–	85
	Taiwan Agricultural Research Institute (TARI), 41301 Taichung	–	–	55
Thailand	Thailand Institute of Scientific and Technological Research (TISTR), 10900 Bangkok	–	–	49
	Fang Agricultural Experiment Station Chiang Mai	–	–	115
Insgesamt	Genbanken: 18	1 811	10	2 107
Mittel- und Südamerika				
Argentinien	Instituto de Recursos Biológicos, Centro Invest. de Recursos Naturales (INTA), 1712 Castelar	–	57	–

Einordnung 67

Fortsetzung Tab. 36:

Land	Genbank-Station	Anzahl Saatgutmuster		
		Buchweizen	Reismelde	Amarant
Argentinien	Estacion Experimental Agropecuaria Alto Valle (INTA), 8332 General Roca	–	7	–
Bolivien	Estacion Experimental Patacamaya, (IBTA), La Paz	–	301	–
	Centro Investiga Fitoecogeneticas Pairumani, Cochabamba	–	–	91
	Centro de Investigaciones en Forajes, Cochabamba	–	–	58
	Facultad de Agronomia, Universidad Tecnica de Oruro, Oruro	–	159	–
Brasilien	Centro Nacional de Pesquisa de Recursos Genéticos e Biotec. (CENARGEN), 70770-900 Brasilia	7	–	13
Chile	Facultad de Ciencias Agrarias Universidad Austral de Chile, Valdivia	–	8	3
Kolumbien	Centro Regional de Investigacion Agropecuarias Obonuco, ICA, Pasto, Narino	–	28	–
Costa Rica	Centro Agronomico Tropical de Investigación y Ensenanza (CATIE), 7170 Turrialba	–	2	265
Ecuador	Dept. Nac. Rec. Fitogeneticas, DENAREF Est. Exp. Santa Catalina, INIAP, Quito	–	–	392
	Estacion Experimental, Santa Catalina, INIAP, Quito	–	440	213
Guatemala	Facultad de Agronomia, Universidad de San Carlos (FA-USAC), 01901 Guatemala City	–	–	93
	Instituto de Ciencia y Technologia Agricola (ICTA), Guatemala, Villa Nueva	–	–	98
Mexiko	Instituto Nacional de Investigacion Forestales y Agropecuarias (INIFAP), 06470 Col. San Rafael	–	–	495

Fortsetzung Tab. 36:

Land	Genbank-Station	Anzahl Saatgutmuster		
		Buchweizen	Reismelde	Amarant
Nicaragua	Direccion de Recursos Geneticos Nicaraguenses, Univ. Nac. Agraria, Managua	–	–	20
Peru	Universidad Nacional San Antonio Abad del Cusco (UNSAAC/CICA), Cusco	–	–	1 107
	Universidad Nacional del Altiplano, Puno	–	–	440
Venezuela	Centro Nacional de Conservacion de Recursos Fitogeneticos, Minist. del Ambiente Apartado 4661, 2101-A Maracay, Estado de Aragua	–	2	1
	Estacion Experimental de Araure Ciarco, FONAIAP, Araure	–	–	10
Insgesamt	Genbanken: 20	7	1 004	3 299
USA und Kanada				
USA	North Central Regional Plant Introduction Station, Agronomy Department, Iowa State University, Ames, IA 50011-1170	–	72	257
	Rodale Research Institute, Kutztown, PA 19530	–	–	120
	National Seed Storage Laboratory USDA, ARS, NPA, Ft. Collins, CO 80521-4500	132	–	–
	Plant Genetic Resources Unit USDA-ARS, Cornell University, Geneva, NY 14456-0462	77	–	–
Kanada	Agri-Food Diversification Research Centre, Morden, Manitoba R6M 1Y5	792	–	–
	Eastern Cereal and Oilseed Research Centre, Saskatoon, Saskatchewan S7N OX2	332	6	–
	Seeds of Diversity Canada, Toronto, Ontario M4T 2L7	2	–	2
Insgesamt	Genbanken: 7	1 335	78	379
Europa				
Belgien	Conservatoire Botanique de Ressources Genetiques de Wallonie, 1470 Genappe	83	–	14

Einordnung 69

Fortsetzung Tab. 36:

Land	Genbank-Station	Anzahl Saatgutmuster		
		Buchweizen	Reismelde	Amarant
Bulgarien	Institute of Plant Introduction and Genetic Resources, 4122 Sadovo	–	2	–
Deutschland	Institute for Agricultural Research, 06112 Halle/Saale	–	2	1
	Greenhouse for Tropical Crops, University Kassel, 37213 Witzenhausen	–	3	5
	Institut für Pflanzenbau der FAL, 38116 Braunschweig	99	988	–
	Genbank, 06466 Gatersleben	103	55	110
	Botanischer Garten der Universität Potsdam, 14469 Potsdam	1	–	1
England	Institute of Grassland and Environmental Research, Aberystwyth	–	24	–
	Seed Bank, Seed Conservation Section, Royal Botanic Gardens, Haywards Heath, W. Sussex	–	41	55
Frankreich	Station d`Amelioration des Plantes INRA, 35650 Le Rheu	200	–	–
Griechenland	Greek Genebank, Agricultural Research Center of Makedonia and Thraki, NAGREF, 57001 Thermi, Thessaloniki	–	–	5
Litauen	State Agricultural Research Institute, 5126 Skriveri, Aizkrakule District	70	–	–
Österreich	Bundesamt für Agrarbiologie, 4020 Linz	9	6	5
	National Institute for Plant Breeding and Seed Testing, 6074 Rinn	11	–	–
Polen	Institute for Plant Breeding and Acclimatization (IHAR), 05-870 Blonie, Radzikow	74	1	–
	Institute of Medicinal Plants, 61-707 Poznan	1	1	–
Portugal	Dept. de Botanica e Eng. Biologica, Instituto Superior de Agronomia, 1399 Lisboa Codex	–	3	2

Fortsetzung Tab. 36:

Land	Genbank-Station	Anzahl Saatgutmuster		
		Buchweizen	Reismelde	Amarant
Rumänien	Genebank of Suceava, 5800 Suceava	3	1	99
Rußland	N.I. Vavilov Research Institute of Plant Industry, 190000 St. Petersburg	230	19	32
Schweden	Nordic Gene Bank, 23053 Alnarp	4	2	1
Schweiz	Pro Specie Rara, Sortenzentrale, 5742 Koelliken	2	5	2
Slovenien	Agronomy Department, Biotechnical Faculty, University of Ljubljana, 61111 Ljubljana	378	–	–
Spanien	Banco de Germoplasma de Horticolas 50080 Zaragoza	–	2	–
	Banco de Germoplasma Vegetal, Centro de Recursos Fitogeneticos, 28800 Alcala de Henares, Madrid	2	–	–
Ukraine	Institute for Forages, 287100 Vinnitsa	–	–	24
	Ustimovskaya Experimental, Station for Plant Cultivation, 315967 Globino-Poltava	140	–	–
Ungarn	Rudolph Fleischmann, Agricultural Research Institute, University of Agricultural Sciences, 3356 Kompolt	–	–	18
	Institute for Agrobotany, 2766 Tapioszele	110	–	224
Insgesamt	Genbanken: 28	1 520	1 155	598
Welt	**Genbanken: 80**	**4 713**	**2 282**	**6 692**

[1] Saatgutmuster enthalten: Sorten, Linien, Inzuchtlinien, Mutanten, Landsorten, Wildarten, Genotypen mit unbekannter Herkunft

1.3.4 Zusammenfassung

Unter den Buchweizenarten ist vorrangig der Gewöhnliche Buchweizen, *F. esculentum*, unter den Meldearten ist die Reismelde, *Ch. quinoa,* anbauwürdig. Anderen Buchweizen- und Meldearten kommt nur auf marginalen Standorten eine lokale Bedeutung zu. Unter der großen Zahl verschiedener Amarantarten erwiesen sich drei Arten, der Rote Hybridfuchsschwanz, *A. hypochondriacus*, der Rispenfuchsschwanz, *A. cruentus*, und der Gartenfuchsschwanz, *A. caudatus,* zur Kornproduktion - oder zur Doppelnutzung - geeignet. Übereinstimmend sind die Zuchtziele bei Buchweizen,

Reismelde und Amarant einerseits auf den Kornertrag und die artspezifische Kornqualität, andererseits auf zentrale agronomische Eigenschaften wie die Frühreife, die Mähdruschfähigkeit und einen stabilen Kornsitz ausgerichtet. Jede Art besitzt blütenbiologisch kritische Merkmale, die die Kreuzungszüchtung erschweren. Insbesondere bei der Reismelde- und den Amarantarten liegt jedoch mit vielen Landsorten eine breite Variabilität nutzbarer Eigenschaften vor. Die weltweit verteilten Genbanken weisen mit einigen tausend Saatgutmustern von Buchweizen, von Reismelde und von Amarant genetische Ressourcen aus, die zwar wesentlich kleiner als die der führenden Getreidearten sind, aber doch ein nutzbares Potential zur Anpassung dieser bisher zu wenig genutzten Arten darstellen.

1.3.5 Literatur

Zitierte Literatur

AUFHAMMER, W., ESSWEIN, H. und E. KÜBLER (1994): Zur Entwicklung und Nutzbarkeit des Kornertragspotentials von Buchweizen (*Fagopyrum esculentum*). Die Bodenkultur 45, 37-47.

AUFHAMMER, W., LEE, J.H., KÜBLER, E., KUHN, M. und S. WAGNER (1995): Anbau und Nutzung der Pseudocerealien Buchweizen (*Fagopyrum esculentum* Moench.), Reismelde (*Chenopodium quinoa* Willd.) und Amarant (*Amaranthus* ssp.) als Körnerfruchtarten. Die Bodenkultur 46, 125-140.

AUFHAMMER, W. und E. KÜBLER (1991): Zur Anbauwürdigkeit von Buchweizen (*Fagopyrum esculentum*). Die Bodenkultur 42, 31-43.

AUFHAMMER, W. und E. KÜBLER (1998): Vergleichende Untersuchungen zur Anbauwürdigkeit der Getreidearten Rispenhirse (*Panicum miliaceum*) und Kanariensaat (*Phalaris canariensis*) sowie der Pseudogetreidearten Buchweizen (*Fagopyrum esculentum*), Reismelde (*Chenopodium quinoa*) und Amarant (*Amaranthus* sp.). Die Bodenkultur 49, 159-169.

BACH, F.W. (1919): Über *Chenopodiaceen* als Nahrungsmittel, besonders über die als Melden bekannten Arten von *Chenopodium* und *Atriplex*. Landwirtsch. Jahrb. 52, 387-409.

BRENNER, D. and H. HAUPTLI (1990): Seed shattering control with indehiscent utricles in grain amaranths. Legacy - The Official Newsletter of the Amaranth-Institute III/1, 2-3.

CAMPBELL, C.G. (1997): Buckwheat (*Fagopyrum esculentum* Moench). International Plant Genetic Resources Institute (IPGRI). Promoting the conservation and use of underutilized and neglected crops 19.

FESENKO, N.V. and G.E. MARTYNENKO (1998): Contemporary trends in evolution of common buckwheat in East-European zone and their use in breeding. In: CAMPBELL, C. and R. PRZYBYLSKI (eds.): Adv. in Buckwheat Res., Winnipeg, Manitoba-Canada, I-177-184.

FLEMING, J.E. and N.W. GALWEY (1995): Quinoa (*Chenopodium quinoa*). In: WILLIAMS, J.T. (ed.): Cereals and Pseudocerals, 3-83. Chapman and Hall, London.

FRANKE, W. (1976): Nutzpflanzenkunde. Verlag G. Thieme, Stuttgart.

GANDARILLAS, H. (1979): Botanica. In: TAPIA, M. (ed.): Quinua y Kañiwa, Cultivos Andinos, 20-33. CIID. Oficina Regional para la Amérika Latina. Bogota.

HAZEKAMP, T. (1999): Directory of Germplasm Collections - *Fagopyrum, Chenopodium, Amaranthus* - International Plant Genetic Resources Institute (IPGRI), Rome.

HONERMEIER, B., WEBERS, V. und R. SCHNEEWEIß (1998): Zur Verarbeitungsqualität des Buchweizens (*Fagopyrum esculentum* Moench.). - 2. Mitteilung: Einfluß von Sorte und Aussaattermin auf äußere Qualitätsmerkmale und Schäleigenschaften des Ernteguts. Getreide, Mehl und Brot 52, 41-47.

IRVING, D.W., BETSCHART, A.A. and R.M. SAUNDERS (1981): Morphological studies on *amaranthus cruentus*. J. Food Sci. 46, 1170-1174.
JACOBSEN, S.-E. and O. STØLEN (1993): Quinoa - Morphology, phenology and prospects for its production as a new crop in Europe. Eur. J. Agron. 2, 19-29.
KAUL, H.-P., AUFHAMMER, W., LAIBLE, B., NALBORCZYK, E., PIROG, S. and K. WASIAK (1996): The suitability of amaranth genotypes for grain and fodder use in Central Europe. Die Bodenkultur 47, 173-181.
LACHMANN, S. and T. ADACHI (1990): Studies on the influence of photoperiod and temperature on floral traits in buckwheat (*Fagopyrum esculentum* Moench) under controlled stress conditions. Plant Breeding 105, 248-253.
LEIDING, F. (1999): Schriftliche Mitteilung.
MASTEBROEK, H.D. and H.J.P. MARVIN (1997): Content of sapogenins in leaves and seeds of quinoa (*Chenopodium quinoa* Willd.). In: ORTIZ, R. and O. STØLEN (ed.): Europ. Comission - COST - Crop development for the cool and wet regions of Europe - Spelt and Quinoa, 103-110.
RISI, J. and N.W. GALWEY (1991): Genotype x environment interaction in the Andean grain crop quinoa (*Chenopodium quinoa*) in temperate environments. Plant Breeding 107, 141-147.
SOOBY, J., MYERS, R., BALTENSPERGER, D., BRENNER, D., WILSON, R. and CH. BLOCK (1997): Amaranth - Production manual for the Central United States. University of Nebraska Cooperative Extension EC 98-151-5.
SPORY, K. (1992): Reismelde (*Chenopodium quinoa* Willdenow) - Bedeutung, Verbreitung, Anbau und Anbauwürdigkeit. Diplomarbeit, Universität Hohenheim.
TANKSLEY, S.D. and S.R. MCCOUCH (1997): Seed banks and molecular maps: unlocking the genetic potential from the wild. Science 277, 1063-1066.
TAPIA, M.E., MUJICA, A. and A. CANAHUA (1980): Origen distribucion geografica y sistemas de produccion en quinua. In: Primer Reunion sobre Genetica y Fitomejaramiento de la Quinua, A1-A8, Universidad Nacional Tecnica del Altiplano, Instituto Boliviano de Technologia Agropecuaria, Instituto Interamericano de Ciencias Agricolas, Centro de Investigacion International para el Desarrolla, Puno, Peru.
WEBER, L.E. and C.S. KAUFFMAN (1990): Plant breeding and seed production. Proc. 4th Nation. Amaranth Symp., Minneapolis, Minnesota-USA, 115-128.

Weiterführende Literatur

AGANG, S.G. and P.O. AYIECHO (1991): The rate of outcrossing in grain amaranths. Plant Breeding 107, 156-160.
AUFHAMMER, W. (1998): Getreide- und andere Körnerfruchtarten. Verlag E. Ulmer, Stuttgart.
BAJI, B. (1999): Interspecific hybrids among grain amaranth taxa, wild relatives and tetraploidisation of hybrid populations. In: HUSKA, J. (ed.). Proc. 4th Europ. Symp. of Amaranth, Nitra, 1999, 29-31.
DOBOS, G. (1996): Züchterische Bearbeitung von Körneramarant, Reismelde und Wintermohn unter Berücksichtigung der im Laufe einer Introduktion auftretenden Fragen. Forschungsprojekt L 819/93, 1-68.
DOBOS, G. (1996): Züchterische Bearbeitung von Körneramarant, Quinoa und Wintermohn-Projektbericht. 47. Arbeitstagung der Saatzuchtleiter im Rahmen der Vereinigung österreichischer Pflanzenzüchter in Gumpenstein. 211-215.
ESSWEIN, H. (1991): Entwicklung des Kornertragspotentials von Buchweizen. Diplomarbeit, Universität Hohenheim.
FLORES, H.E. (1990): Biotechnology and amaranth. Proc. 4th Nation. Amaranth Symp., Minneapolis, Minnesota-USA, 143-149.

FRANKE, W. (1997): Nutzpflanzenkunde - Nutzbare Gewächse der gemäßigten Breiten, Subtropen und Tropen. Verlag G. Thieme, Stuttgart.

GEE, J.M., PRICE, K.R., RIDONT, C.L., WORTLEY, G.M, HURRELL, R.F. and I.T. JOHNSON (1993): Saponins of Quinoa (*Chenopodium quinoa*): Effects of processing on their abundance in quinoa products and their biological effects on intestinal mucosal tissue. J. Sci. Food Agric. 63, 201-209.

GENETIC RESOURCES ACTION INTERNATIONAL (GRAIN) (1997): Patenting life: progress or piracy? Global Biodiversity 7 (4), 2-6.

GUDU, S. and V.K. GUPTA (1988): Male-sterility in the grain amaranth (*Amaranthus hypochondriacus* ex Nepal) variety Jumla. Euphytica 37, 23-26.

JACOBSEN, S.-E., JØRGENSEN, I. and O. STØLEN (1994): Cultivation of quinoa (*Chenopodium quinoa*) under temperate climatic conditions in Denmark. J. Agric. Sci. (Camb.) 122, 47-52.

KULAKOW, P.A. (1990): Grain Amaranth - crop species, evolution and genetics. Proc. 4th Nation. Amaranth Symp., Minneapolis, Minnesota-USA, 105-114.

KULAKOW, P.A. and K.J. SUBODH (1990): Grain Amaranth - crop species, evolution and genetics. Proc. 4th Nation. Amaranth Symp., Minneapolis, Minnesota-USA.

LACHMANN, S. (1986): Sortenentwicklung, Anbau und Verwertung von Buchweizen (*Fagopyrum esculentum*). Diplomarbeit, Universität Hohenheim.

LACHMANN, S. (1991): Plant cell and tissue culture in buckwheat: an approach toward genetic improvements by means of unvonventional breeding techniques. Proc. of ICOBB in Miyazaki, 145-154.

OHNISHI, O. and Y. MATSUOKA, (1996): Search for the wild ancestor of buckwheat. II Taxonomy of Fagopyrum (*Polygonaceae*) species based on morphology, isozymes and cp DANN variability. Genes and Genetic Systems 71, 383-390.

SIMMONDS, N.W. (1976): Evolution of crop plants. Longman, London, New York.

WARD, S.M. and D.L. JOHNSON (1993): Cytoplasmic male sterility in quinoa. Euphytica 66, 217-223.

WATANABE, M., OHSHITA, Y. and T. TSUSHIDA (1997): Antioxidant compounds from buckwheat (*Fagopyrum esculentum* Moench) hulls. J. Agric. Food Chem. 45, 1039-1044.

WEBER, L.E. (1990): Amaranth - Grain production guide. Rodale Research Center, Kutztown PA-USA and American Amaranth Institut, Bricelyn MN-USA.

WEBER, L.E. and C.S. KAUFFMANN (1990): Plant breeding and seed production. Proc. 4th Nation. Amaranth Symp., Minneapolis, Minnesota-USA, 115-128.

2 Nutzung

2.1 Korngut

Sowohl beim Buchweizen und der Reismelde als auch bei den Körneramarantarten steht als Produktionsziel das Korngut im Vordergrund. Verwertungs- und vermarktungsorientiert sind die äußeren und die inneren Eigenschaften dieser artenspezifisch durchaus unterschiedlichen Kornrohstoffe gleichermaßen von Bedeutung. Um die Abweichung der Kornqualität der Pseudogetreidearten von der der Getreidearten deutlich zu machen, werden in den allgemeinen Übersichten zum Vergleich Angaben zum Korngut von Weizen und Hafer einbezogen. Der Weizen stellt - dies zeigten die bereits angeführten Daten - eine zentrale Getreideart in der Welternährung dar. Als weitere Getreideart wird der Hafer berücksichtigt, da sein Korngut - wie das der Pseudogetreidearten - als ernährungsphysiologisch besonders wertvoll betrachtet wird.

Das Korngut der Pseudogetreidearten dient in erster Linie der menschlichen Ernährung, nur marginal der Tierfütterung. Der hohe Rohfasergehalt und die Inhaltsstoffe der Schalen des Buchweizens begrenzen den Futterwert ungeschälten Korngutes. Früher wurde der kleinerkörnige Tatarische Buchweizen manchen Futterrationen beigemischt. Korngut von Reismelde und Amarant wird nur regional und sporadisch zur Geflügelfütterung verwendet. Zwar werden im weiteren Verfütterungsbeispiele zum Nachweis der Auswirkungen spezieller Korninhaltsstoffe herangezogen, hierbei handelt es sich aber zumeist um Labortiere.

2.1.1 Äußere Rohstoffeigenschaften

Als konkrete, quantitative Kriterien für die Verwertbarkeit von Korngut werden die Korngröße, ermittelt als Tausendkorngewicht, sowie das Hektolitergewicht und, soweit äußere Kornschichten entfernt werden müssen, der Schälabfall herangezogen. Die angegebenen Werte basieren auf absoluten Trockenmassen und unterschreiten daher die Größenordnungen, die andernorts zumeist mit unterschiedlichen Feuchtegehalten genannt werden. Das Hektolitergewicht, m.E. ein ausbeuterelevantes Maß, resultiert aus der arteigenen Kornform, den Oberflächeneigenschaften, der Kornausbildung und dem spezifischen Gewicht, zu dem der Schalenanteil beiträgt. Verglichen mit Weizen und Hafer tritt insbesondere die Kleinkörnigkeit von Reismelde und Amarant hervor. Wie das Korngut von Weizen braucht auch das Korngut von Amarant nicht geschält zu werden (Tab. 37). Soweit das Korngut der Reismelde saponinarm ist, entfällt auch hier der Schälprozeß, d.h. das Abreiben der Fruchtschale. Zusammenfassend ist, saponinreiches Reismeldekorngut eingeschlossen, das Korngut von Reismelde und Amarant im Normalfall leichter aufzubereiten als das des Buchweizens. In der Größenordnung übertrifft der Schälabfall von Buchweizenkorngut die Schälverluste von bespelztem Haferkorngut. Der Sortierbreite des Korngutes, den Anteilen unterschiedlich

Tab. 37: Ausprägung äußerer Korngutmerkmale der Pseudogetreidearten Buchweizen, Reismelde und Amarant im Vergleich zu Weizen und Hafer (a.T.[1], Größenordnungen)

Merkmale	Buch-weizen[2]	Reis-melde	Amarant	Weich-weizen	Spelz-hafer
Tausendkorngewicht (g)	20	2	0,6	38	28
Hektolitergewicht (kg)	57	62	83	75	50
Schälabfall (%)[3]	25	10	–[4]	–	20

[1] a.T. = absolute Trockenmasse
[2] Gewöhnlicher Buchweizen (*F. esculentum*)
[3] Buchweizen: Fruchtschalen; Reismelde: Fruchtschalenabfall durch Polieren; Hafer: Spelzen
[4] Keine Angabe

großer Körner an einer Partie kommt - dem Hafer vergleichbar - eine erhebliche Bedeutung für die Schälverluste zu. Das Korngut kann in ein großes „Oberkorn", ein „Mittelkorn" und ein kleines „Unterkorn" aufgeteilt werden. Darüber hinaus variieren die Korguteigenschaften in Abhängigkeit von der Art, der Sorte und den Aufwuchsbedingungen (Tab. 38). Eine Sortierung, die dem Schälprozeß vorausgeht, ist eine Vorbedingung für die Minimierung des Schälabfalls und der Beschädigung der ge-

Tab. 38: Äußere Korngutmerkmale von Buchweizen (Größenordnungen) in Abhängigkeit von der Art und der Sorte (HONERMEIER et al. 1998)

Art/Sorte	Tausendkorn-gewicht (g)	Hektoliter-gewicht (kg)	Kornbesatz (%)[1]
Gewöhnlicher diploider Buchweizen (Mittelwerte über 3 Sorten, 1993)	21,6	59,9	9,2
Tatarenbuchweizen (Mittelwerte über 3 Sorten, 1993)	15,0	60,0	1,7
Gewöhnlicher diploider Buchweizen (Mittelwerte über 2 Sorten, 1994)	27,6	54,9	–[2]
Gewöhnlicher tetraploider Buchweizen (1 Sorte, 1994)	38,3	49,2	–

[1] % Kornbesatz, gedroschener Kornertrag = 100; Besatz hier: Bruchkorn, geschälte Körner, Auswuchs
[2] Nicht geprüft

schälten Kornfraktionen. Die verschieden großen Körner weisen differenzierte physikalische Eigenschaften auf und verursachen einen erheblichen Aufbereitungsaufwand (Abb. 7). Das Ziel ist eine möglichst hohe Ausbeute einwandfrei geschälter, unbeschädigter Kerne.

Abb. 7: Korngut verschiedener Sorten des Gewöhnlichen Buchweizens (Vergrößerung ca. 1:2)

Die Körner des Tatarenbuchweizens sind wesentlich kleiner als die des Gewöhnlichen Buchweizens. Demgegenüber können tetraploide Sorten des Gewöhnlichen Buchweizens diploide erheblich im Tausendkorngewicht übertreffen, das Hektolitergewicht der diploiden Sorten erreichen sie nicht. Über die Unterschiede zwischen den Arten hinaus vermittelt die Einteilung chinesischer Sorten nach Korngrößenklassen eine Vorstellung von der Variationsbreite der Kornausbildung innerhalb der Arten (Tab. 39).

Tab. 39: Größenordnungen der Tausendkorngewichte (g) von Chinesischen Sorten des Gewöhnlichen und des Tatarischen Buchweizens (KELI 1991)

Buchweizenart	Kleinkörnige Sorten (g)	Mittelgroßkörnige Sorten (g)	Großkörnige Sorten (g)	Besonders großkörnige Sorten (g)
Gewöhnlicher Buchweizen	< 25	25,1-30	30,1-35	> 35
Tatarenbuchweizen	< 15	15,1-20	20,1-25	> 25

Innerhalb der Art ist kleinkörniges Material - dies gilt nicht nur für den Buchweizen - gegenüber den mechanischen Belastungen beim Drusch weniger empfindlich als großkörniges. Auch mit fortschreitender Ausreife, d.h. mit abnehmendem Wassergehalt und daher abnehmender Elastizität, steigt die Beschädigungsempfindlichkeit. Der Kornbesatz bezieht beim Drusch gebrochene oder „geschälte" Körner und ausgewachsene Körner ein. Faßt man die Problematik der Gewinnung von „Verwertbarem" Korngut zusammen, lassen sich - nicht nur beim Buchweizen, sondern auch bei der Reismelde und beim Amarant - der „Geerntete", der „Marktfähige" und der „Verwertbare" Kornertrag definieren (Tab. 40, Abb. 8).

Abb. 8: Korngut verschiedener Amarantarten. Links: *Amaranthus hybridus*. Rechts: *Amaranthus hypochondriacus* (Vergrößerung ca. 1:2,5)

Diese Kornertrags-Kategorien erfordern jeweils artspezifische Aufbereitungsschritte. Zumeist, jedenfalls in Gebieten mit kühleren Witterungsverhältnissen, muß der gedroschene Kornertrag zunächst getrocknet und vorgereinigt werden. Der raschen Trocknung herunter auf 15%, im Hinblick auf eine längerfristige Lagerfähigkeit auf maximal 12% Kornfeuchte, kommt nicht nur im Hinblick auf die anschließenden Reinigungs- und Separierungsprozesse, sondern auch im Hinblick auf die Verpilzungsgefahr - hierauf wird an späterer Stelle näher eingegangen - große Bedeutung zu. Zudem hängt die Schälbarkeit von der Kornfeuchte ab. Mit dem Wassergehalt verändert sich die Elastizität bzw. die Sprödigkeit der Körner. Zur Schälung wird ein Wassergehalt von < 14% verlangt. Nach der Trocknung ist der Schwarzbesatz weitgehend herauszureinigen. Der Schwarzbesatz umfaßt alle organischen und anorganischen Verunreinigungen. Darüber hinausgehender Kornbesatz resultiert aus unzureichend ausgebildeten Schmachtkörnern, aus angefressenen, ausgewachsenen und aus beim Drusch beschädigten und gebrochenen Körnern. „Bruchkorn" und „Auswuchs" werden häufig gesondert ausgewiesen. Jedenfalls ist der Kornbesatz während der weiteren Aufbereitung auf handelsübliche Maximalwerte zurückzunehmen. Ein entscheidender nächster Schritt ist eine Korngrößenfraktionierung, beim Buchweizen und der Reismelde eine Voraussetzung für einen effizienten Schälprozeß.

Verluste beim Schälen nicht größenfraktionierter Buchweizenpartien resultieren aus dem Umstand, daß kleine Körner, das sogenannte „Unterkorn", ungeschält, bzw. große Körner, das sogenannte „Oberkorn", beschädigt werden und der Bruchkornanteil steigt. In Buchweizenpartien sind Körner mit einem Durchmesser < 4,0 mm unerwünscht und werden als nicht marktfähig herausgenommen. Aus Reismeldepartien werden Körner mit einem Durchmesser < 1,5 mm aussortiert. Der Anteil solcher Körner soll auch nach dem Polieren möglichst gering sein. Ebenso werden beim Amarant Partien mit hohen Anteilen großer Körner bevorzugt.

Tab. 40: Definition der Kornertragskategorien: Geernteter, Marktfähiger und Verwertbarer Kornertrag bei Buchweizen, Reismelde und Amarant (LEE et al. 1996a, verändert)

Art	Geernteter Kornertrag	Marktfähiger Kornertrag	Verwertbarer Kornertrag
Buchweizen	Mähdrusch: Gedroschener Kornertrag, getrocknet, gereinigt[1]	Geernteter Kornertrag abzüglich: geschälte[2], ungeschälte Schmacht- und Bruchkörner < 4,0 mm Korndurchmesser	Marktfähiger Kornertrag abzüglich: ungeschälte Körner und Schalen
Reismelde	Mähdrusch: Gedroschener Kornertrag, getrocknet, gereinigt[1]	Geernteter Kornertrag abzüglich: ungeschälte Schmacht- und Bruchkörner < 1,5 mm Korndurchmesser	Marktfähiger Kornertrag abzüglich: geschälte (= polierte) Körner < 1,5 mm Korndurchmesser und Schalen[3]
Amarant	Mähdrusch: Gedroschener Kornertrag, getrocknet, gereinigt[1]	Geernteter Kornertrag abzüglich: Schmachtkörner < 1,15 mm Korndurchmesser	Keine weitere Bearbeitung, daher Verwertbarer = Marktfähiger Kornertrag

[1] Reinigung = Beseitigung von Schwarzbesatz (Unkrautsamen, Verunreinigungen, Bodenteile, vegetative Pflanzenteile, tote Insekten)
[2] Schälung einzelner Körner beim Drusch
[3] Kornabrieb beim Polieren

Die Schälung von Buchweizen zielt auf die Gewinnung fruchtschalenfreier Kerne. Die geschälten Kerne sind von einer dünnen Samenschale umgeben, die im frischen Zustand hellgrün ist und später bräunlich wird. Die Kerne werden entweder direkt verbraucht oder in kleine Stücke geschnitten, d.h. zu Grütze verarbeitet. Die Kerne und/oder die Grütze können zu fruchtschalenfreien Mehlen vermahlen werden. Mehle aus fruchtschalenfreien, aber von der Samenschale umgebenen Kernen sind etwas dunkler als weitgehend samenschalenfreie Mehle und werden als Vollmehle bezeichnet. Durch eine spezielle Mühlentechnik kann der Anteil grünlich-braun gefärbter Samenschalen herabgesetzt werden, das Produkt ist ein helles Mehl. Das Mehl von Tatarischem Buchweizen weicht in der Farbe etwas ab, es ist leicht grünlich und besitzt einen zartbitteren Geschmack.

Tab. 41: Verfahrensschritte zur Gewinnung von Verwertbaren Kornmassen aus dem Druschgut von Buchweizen, Reismelde und Amarant (LEE et al. 1996, AUFHAMMER et al. 1999)

Art	Verfahrensschritte				G. KE[1] (dt ha^{-1})	V. KE[1] abs. (dt ha^{-1})	rel.[2] (%)
	1 →	2 →	3 →	4			
Buchweizen	Trocknen, reinigen → Geernteter Kornertrag	Kalibrieren des Geernteten Kornertrags in die Fraktionen: • > 5,5; 5,5-5,0; 5,0-4,5; 4,5-4,0 mm Korn⌀ (→ Marktfähiger Kornertrag) • < 4,0 mm Korn⌀ (→ kein Marktfähiger Kornertrag) • (Rundlochsiebe)	Schälen des Marktfähigen Kornertrages getrennt nach Kalibrierungsfraktionen	Separieren des Schälgutes in die Fraktionen: • Geschälte Körner (→ Vermarktbarer Kornertrag) • Ungeschälte Körner[3] • Bruchkorn[3] • Schalen (+ Reste)	20,7	14,7	71
Reismelde	Trocknen, reinigen → Geernteter Kornertrag	Separieren des Geernteten Kornertrags in die Fraktionen: • > 1,5 mm Korn⌀ (→ Marktfähiger Kornertrag) • < 1,5 mm Korn⌀ (→ kein Marktfähiger Kornertrag) • (Rundlochsiebe)	Schälen = Polieren des Marktfähigen Kornertrags (= Entfernen der Fruchtschalen)	Separieren des Schälgutes in die Fraktionen: • > 1,5 mm Korn⌀ (→ Verwertbarer Kornertrag) • < 1,5 mm Korn⌀ (→ kein Verwertbarer Kornertrag) • Schalen (+ Reste)	29,4	25,9	88
Amarant	Trocknen, reinigen → Geernteter Kornertrag	Separieren des Geernteten Kornertrages in die Fraktionen: • > 1,15 mm Korn⌀ (→ Marktfähiger Kornertrag) • < 1,15 mm Korn⌀ (→ kein Marktfähiger Kornertrag)	keine weiteren Aufbereitungsschritte		23,0	20,8	90

[1] G. KE = Geernteter Kornertrag; V. KE = Verwertbarer Kornertrag
[2] %, Geernteter Kornertrag = 100
[3] Ungeschälte Körner und Bruchkorn können zu Mehl verarbeitet werden

Im Gegensatz zu den Mehlen herkömmlicher Getreidearten existiert beim Buchweizenmehl keine Typenbezeichnung, da der Mineralstoffgehalt gewinnbarer Kornschichten nicht so eindeutig von außen nach innen differenziert wie beim Weizen oder beim Roggen. Jedoch sind auch beim Buchweizen die äußeren Kornschichten - die

Samenschale und die darunter liegende dünne Aleuronzellschicht - mineralstoffreicher als die nach innen folgenden Kornschichten. Insbesondere die Grütze und die Mehle müssen kurzfristig verbraucht werden, da das enthaltene Fett rasch verdirbt.

Tab. 42: Veränderung der Fettkomponenten im Korngut von Buchweizen in Abhängigkeit von der Lagerungsdauer und den Lagerbedingungen (PRZYBYLSKI et al. 1998)

Lagerungs-dauer (Wochen)	Fettkomponenten (mg 100 g^{-1} Kornmasse) und Lagerungsbedingungen					
	Triglyceride		Diglyceride		Freie Fettsäuren	
	3 °C/0,3[1)]	30 °C/0,7[1)]	3 °C/0,3	30 °C/0,7[1)]	3 °C/0,3	30 °C/0,7[1)]
0	190,5	190,5	12,0	12,0	30,7	30,7
8	189,7	181,9	11,2	14,3	34,9	32,0
36	186,2	121,6	13,5	17,8	36,0	39,6
72	186,0	118,6	14,4	20,2	36,6	43,5

[1)] 0,3 bzw. 0,7 aw; aw = Ps/Po
aw = Wasseraktivität, Ps = Dampfdruck des Wassers in der Umgebungsatmosphäre des Rohstoffs, Po = Dampfdruck des reinen Wassers bei gleicher Temperatur

Abhängig von der Lagerungsdauer und den Lagerungsbedingungen verändert sich der im Korn, primär im Keimling, gespeicherte Fettkomplex. Triglyceride, Dreifachester von Glycerin und Fettsäuren, werden abgebaut, die Anteile an Diglyceriden und Freien Fettsäuren nehmen insbesondere bei hoher Lagertemperatur und Luftfeuchte zu (Tab. 42). Freie Fettsäuren sind Fettsäuremoleküle, die nicht in den Fettkomplex eingebaut oder enzymatisch aus dem Fettkomplex gelöst sind. Zunehmend entstehen im Zuge dieser Prozesse unerwünschte, geruchs- und geschmacksbestimmende Oxidationsprodukte. Parallel findet in der Samenschale ein Chlorophyllabbau statt, die Schale wird braun. Als optisches Indiz für die Frische geschälter Kerne dient daher die hellgrüne Farbe der Samenschale.

Tab. 43: Mögliche Ausbeute an verschiedenen Fraktionen (%, ungeschälte Gesamtkornmasse = 100) bei der Schälung und Vermahlung von Buchweizen

Ganze Kerne	Bruchkerne	Grütze	Mehl	Schalen	Literatur-angabe
10 - 12	–[1)]	60 - 65		~30	THOMAS 1986
65	11	–	0,6	24	VORWERK und STROBEL 1995

[1)] Keine Angabe

Bei der Vermahlung von Buchweizen entstehende Fraktionen faßt die Tabelle 43 zusammen. Die Fraktionsanteile resultieren aus der Rohstoffqualität, dem Vermahlungsverfahren und den erwünschten Produkten (Abb. 9). Zugleich bestimmen die Fraktionsanteile die stoffliche Zusammensetzung der Mehle und der Mahlprodukte.

Abb. 9: Kerne, Bruchkerne, Grütze, Flocken, Mehl des Gewöhnlichen Buchweizens (Vergrößerung 1:1,2)

Früher wurde der Gewöhnliche Buchweizen ungeschält vermahlen und zum Strecken anderer Mehle verwendet. Die Samen von kleinkörnigen Tatarischen Buchweizensorten sind kaum schälbar. Soweit das Korngut für die menschliche Ernährung Verwendung findet, wird es zumeist ungeschält vermahlen. Mehl, das aus ungeschältem Buchweizenkorngut ermahlen wird, ist dunkel und von grau-braunen Stippen durchsetzt. Daraus hergestellte Produkte weisen einen typischen bitter bis schwachsäuerlichen Geschmack auf. Der bittere Geschmack wird in erster Linie von fruchtschalenbürtigen Tanninen, wasserlöslichen, phenolischen Verbindungen hervorgerufen. Die Schalen enthalten außerdem verschiedene Flavonoide, das wichtigste ist das Rutin, sowie den Farbstoff Fagopyrin. In geringen Konzentrationen sind diese Stoffe auch im Kern vorhanden. Die Blätter, die Stengel und die Blüten weisen, abhängig vom Entwicklungsstadium, gegenüber den Körnern vor allem höhere Gehalte an Rutin auf. Das Rutin wird für pharmazeutische Zwecke gewonnen und trägt zum Arzneipflanzencharakter des Buchweizens bei. Vom gezielten medizinischen Einsatz abgesehen, ist der Genuß der sekundären Inhaltsstoffe in niederen Dosen nicht nur unbedenklich, sondern der Gesundheit zuträglich (Tab. 68).

Vereinzelt wird noch heute Mehl verwendet, das aus geschältem Korngut, gemischt mit einem kleinen Zusatz ungeschälten Korngut, Körnern also, die noch von der Frucht- und der Samenschale umgeben sind, gewonnen wird. Zumeist werden jedoch bittere Geschmacksnoten als sensorischer Mangel bezeichnet. Im Mittelpunkt stehen in westlichen Ländern, möglichst helle, fruchtschalenfreie, samenschalen- und aleuronarme Mehle. Geschälten Buchweizen und ungeschälten Tatarenbuchweizen einbezogen, enthalten Mehle etwa zwischen 0,005 und 0,2% Rutin. In Japan werden der Ballaststoffgehalt, der Vitamingehalt und der Rutingehalt von Produkten, in erster

Linie von Nudeln, als wichtige Qualitätskriterien betrachtet. Beim Kochen der Teigwaren wird das Rutin zwar zum Teil aus den Teigwaren extrahiert, das Kochwasser, das den restlichen Rutinanteil enthält, wird aber mit dem Nudelgericht - Soba bezeichnet - serviert. Die Japaner bevorzugen den kontinuierlichen Konsum von Rutin als natürliche Substanz im Lebensmittel gegenüber künstlichen Zusätzen oder pharmazeutischen Rutinpräparaten. Daher ist die Entwicklung neuer Buchweizensorten in Japan u.a. auf einen relativ hohen Rutingehalt im Kern ausgerichtet.

Die Mahlprodukte von Buchweizen enthalten darüber hinaus spezielle lösliche Kohlenhydrate, die interessant erscheinen, da sie offensichtlich zur Widerstandsfähigkeit gegenüber insulinunabhängiger Diabetes beitragen können. Zu diesen Kohlenhydraten gehören das D-Chiro-Inositol sowie mehrere Derivate, die als Fagopyritole zusammengefaßt werden. Die Samenschale, die Aleuronzellen und der Keimling enthalten Fagopyritole in höheren Konzentrationen als der Mehlkörper. Von daher werden die Stoffe im Mahlprozeß vorwiegend in der Kleiefraktion angereichert (Tab. 44).

Tab. 44: Konzentrationen an Fagopyritolen (mg 100 g^{-1} Trockenmasse) in verschiedenen Mahlprodukten von Buchweizenkorngut (STEADMAN and OBENDORF 1998)

Helles Mehl	Dunkles Mehl	Kleie	Grütze
328	643	1 812	476

In den USA laufen Versuche zum Einsatz von Buchweizenkleie bei der Herstellung täglich genossener Brotsorten. Beispielsweise erreichten Weizenbrötchen mit einem Zusatz von 20% Buchweizenkleie zum Weizenmehl durchaus akzeptable Krumen-, Krusten- und Geschmackseigenschaften.

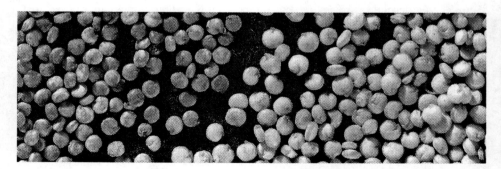

Abb. 10: Korngut der Reismelde. Links: kleinerkörnige Sorte, unbearbeitet. Rechts: großkörnige Sorte, poliert (Vergrößerung ca. 1:3,5)

Auch die Schälung des Kornguts von „bitteren" Reismeldesorten ist auf die weitgehende Entfernung der Fruchtschale ausgerichtet. Über 0,10 - 0,15% hinausgehende Gehalte an Saponinen, triterpenoiden Glycosiden, führen zu einem grasig-bitteren Geschmack. Durch das Abschleifen der Fruchtschale in einem technischen Prozeß ist der Gehalt auf Werte um 0,1% und darunter reduzierbar. Gleichzeitig verschwindet die sortentypische Kornfarbe, das Kornmaterial wird einheitlich hell (Abb. 10). Mit einem zu scharfen Polierprozeß können auch Anteile unter den Schalen liegender Kornkompartimente abgerieben werden. Der Saponingehalt sorgfältig polierten bzw. saponinarmen Kornguts unterschreitet den Gehalt von Bohnen und Linsen, die - wie übrigens auch die Körner vieler anderer Pflanzenarten - ebenfalls solche Substanzen aufweisen. Bei saponinhaltigem Reismeldekorngut liegt die Mehlausbeute, bezogen auf den Ausgangsrohstoff, bei 80%, saponinarmes Korngut ist zu 100% vermahlbar, soweit nicht Körner, die noch von den Perigonblättern umgeben sind, vorliegen. Dies sind unausgereifte Körner, die auszusortieren sind, soweit das Perigon nicht im Schälprozeß beseitigt wird.

Das Korngut von Amarant braucht nicht geschält zu werden. Die ausgereift gedroschenen Körner besitzen keine Fruchtschale. Darüber hinaus sind die Gehalte an sekundären Inhaltsstoffen, u.a. an Saponinen und Tanninen in hellfarbigem Korngut so gering, daß sie nicht geschmacksbeeinträchtigend wirken. Diesbezüglich entfällt daher eine Bearbeitung des Korngutes. Dunkel- und schwarzfarbiges Korngut weist hingegen höhere Gehalte auf und wird daher zumeist abgelehnt.

In den vorliegenden Untersuchungen wurden Buchweizenpartien um die Größenfraktion < 4,0 mm bereinigt. Der Marktfähige Kornertrag wurde in die Fraktionen: 4,0 - 4,5 mm, 4,5 - 5,0 mm, 5,0 - 5,5 mm und > 5,5 mm sortiert und fraktionsweise geschält (Tab. 45). In jeder Korngrößenfraktion führte der Schälvorgang zu vier verschiedenen Schälfraktionen: I = ungeschälte Körner, II = ganze, geschälte Körner, die den unmittelbar Verwertbaren Kornertrag darstellen, III = Bruchkorn, auch als Grütze bezeichnet und IV = der Schalenanteil. Ungeschälte und gebrochene Körner können zu Mehl verarbeitet werden. Trotz der gesonderten Schälvorgänge variierten die Anteile der Schälfraktionen von Korngrößen- zu Korngrößenfraktion deutlich (Tab. 45).

Abb. 11: Verwertbares Korngut. Von links nach rechts: Amarant, Reismelde, Buchweizen und Saatweizen (Vergrößerung ca. 1:1,2)

Die Anteile ungeschälter und gebrochener Körner stiegen mit abnehmender Korngröße. Der Anteil geschälter ganzer Körner, der bei den großen Kornfraktionen um 60% lag, ging bei den kleinen Körnern auf 45% zurück. Kleine Körner erweisen sich als dünnerschalig. Damit wird deutlich, aus welchen Gründen die Rohstoffe aufnehmende Hand, die mit speziellen Sortier- und Schälanlagen arbeitet, größten Wert auf einheitliche, soweit möglich gleichmäßig ausgereifte und sortenreine Partien legt und keine Übergrößen wünscht. Ebenso sorgfältig müssen die Schälaggregate auf die individuellen Eigenschaften der einzelnen Partien eingestellt werden. Selbst in hochmodernen Schälmühlen erfordert das Gewinnen schalenfreier Buchweizenkerne mehrere aufeinanderfolgende Vorgänge der Schälung und der Separierung.

Tab. 45: Anteile der Schälfraktionen I - IV (%, Marktfähiger Kornertrag der jeweiligen Kalibrierungsfraktion = 100) in Abhängigkeit von den Kalibrierungsfraktionen bei Buchweizen (LEE et al. 1996a, verändert)

Schäl-fraktionen[1]	Kalibrierungsfraktionen (Korndurchmesser)			
	> 5,5 mm	5,5 - 5,0 mm	5,0 - 4,5 mm	4,5 - 4,0 mm
I	9,2	13,0	11,2	19,0
II	59,8	61,7	57,8	45,8
III	5,0	2,1	7,2	13,5
IV	26,0	23,2	23,8	21,7

[1] I = ungeschälte Körner; II = ganze, geschälte Körner; III = Bruchkorn (Grütze); IV = Schalen (+ Reste)

Die Aufwuchs- und Abreifebedingungen können die technische und die physiologische Korngutqualität von Buchweizen, aber auch von den anderen Pseudogetreidearten in beträchtlichem Umfang beeinflussen. In den vorliegend untersuchten Partien betrugen die Verwertbaren Kornerträge von Buchweizen 70%, die von Reismelde 88% und die von Amarant 90% des jeweils Geernteten Kornertrages (Tab. 41). Beim Buchweizen resultiert die Differenz aus dem nicht-marktfähigen Kornanteil, sowie dem ungeschälten Kornanteil, dem Bruchkorn und den Schalen. Bei der Reismelde sind ebenfalls eine nicht-marktfähige Kornfraktion und die Schalenmasse beteiligt. Beim Amarant ergibt sich die Differenz zum Geernteten Kornertrag im Wesentlichen aus einem Feinkornanteil < 1,15 mm Korndurchmesser einschließlich der Restverunreinigungen.

Ob allerdings die Feinkornanteile in Reismelde- und Amarantpartien vollständig herausgenommen werden müssen, um Marktfähiges Korngut zu erhalten, erscheint fragwürdig. Importiertem, im Reformhaus dem Endverbraucher angebotenem Korngut wurde Korngut verschiedener Sorten aus eigenen Feldversuchen gegenübergestellt (Tab. 46). Sowohl die importierte und in der BRD vermarktete Reismeldeware als auch die Amarantware enthielt größenordnungsmäßig ähnliche Feinkornanteile wie die Versuchspartien. Zur Vermahlung wird insbesondere zu kleines Amarantkorngut mit

Abb. 12: Verwertbares Korngut. Links: Reismelde, poliert. Rechts: Buchweizenkerne (Vergrößerung ca. 1:2,5)

Tausendkorngewichten < 0,6 - 0,8 g nicht akzeptiert. Hier dürften die jeweiligen Handelsvereinbarungen den Rahmen stecken. Wie weit äußere Qualitätskriterien von Buchweizen-, Reismelde- und Amarantpartien, aufgelistet in der Tabelle 48, eine verbindliche Grundlage für den nationalen und den internationalen Handel mit Korngut darstellen, ist nicht nachvollziehbar. Die Angaben aus verschiedenen Quellen zu den einzelnen Kriterien variieren. Häufig stellen individuelle Vereinbarungen die Basis für die Rohstoffvermarktung dar.

Tab. 46: Sortierung (%, Gesamtkornprobe = 100) des Kornguts von Reismelde- und Amarantsorten aus einem Feldversuch, jeweils verglichen mit importiertem Korngut (AUFHAMMER et al. 1999)

Art	Sorte, Herkunft	Sortierung (%, Gesamtkornprobe = 100) Korndurchmesser		
		> 2,0 mm	1,5 - 2,0 mm	< 1,5 mm
Reismelde (poliert)	Pichaman	7,7	83,9	8,4
	Faro	7,5	83,8	8,7
	Importware[1]	75,0	22,0	3,0
		> 1,25 mm	1,15 - 1,25 mm	< 1,15 mm
Amarant	K 432	7,0	79,5	13,5
	Plainsman	29,7	67,6	2,7
	Importware[1]	26,0	63,0	11,0

[1] Angebot aus dem Reformhaus

Nicht zu unterschätzen sind durch Mikroorganismen verursachte Schäden. Die Mikroflora auf dem Korngut erstreckt sich vorwiegend auf Bakterien und Schimmelpilze sowie in geringerem Umfang auch auf Hefen. Abhängig von den Bedingungen, den Kornguteigenschaften und den Verhältnissen im Lager setzt sich die eine oder die andere Gruppe durch. Unter sehr feuchten Bedingungen, bei relativen Luftfeuchten über 95%, drängen die Bakterien andere Mikroorganismen zurück. Pilze breiten sich bei geringeren relativen Luftfeuchten ab 65% über Sporen und Myzelwachstum rasch aus. Die Bestände werden im Feld bereits mit Mikroorganismen infiziert. Abhängig von den Feuchteverhältnissen im Bestand entwickelt sich eine typische Feldflora. Soweit die Bestände im Abreifeverlauf abtrocknen, nehmen die Populationsdichten ab. Beim Transport und der Einlagerung wird das Korngut in Reinigungsanlagen, auf Transportbändern und in Behältern zusätzlich mit der sog. Lagerflora infiziert. Bedingt durch die reduzierte Wasserverfügbarkeit stirbt die Feldflora fortschreitend ab, die Lagerflora breitet sich aus (s. auch Kap. 3.3.3).

Die neue Flora, vorzugsweise Schimmelpilze, weist in Temperaturbereichen um 30 °C ein Entwicklungsmaximum auf. Feuchtes Korngut ist daher kurzfristig zu kühlen, zu trocknen oder zu konservieren, um eine Gefährdung zu vermeiden. Mikrobielles Wachstum muß unterbunden werden, da mit dem Wachstum Korninhaltsstoffe abgebaut, der Geschmack, der Geruch und das Aussehen des Kornguts verändert und giftige Stoffwechselprodukte - Mykotoxine - gebildet werden können. Zwischenzeitlich sind über 400 verschiedene Toxine bekannt, die auftreten können. In den ersten Monaten nach der Ernte stellt die Anzahl der Pilzkeime auf den Kornoberflächen eine übliche Bewertungsbasis für die Gefahr einer Toxinbildung dar. Der Mikroorganismenbesatz wird im Auftrag von Handelsfirmen an Stichproben von Speziallaboratorien ermittelt.

Tab. 47: Pilzkolonien (Anzahl je Petrischale) aus Sporenabschwemmungen von Reismelde- und Amarantkorngut, geerntet 1998 in Feldversuchen, Standort Ihinger Hof

Pilze (Gattungen)	Reismelde (Mittelwerte über 2 Sorten)	Amarant (Mittelwerte über 2 Sorten)
Fusarium sp.	0	6
Penicillium sp.	105	195
Aspergillus sp.	405	67
Sonstige	573	20

Untersuchungen an Reismelde- und Amarantkorngut aus Feldversuchen, geerntet und aufbereitet an einem südwestdeutschen Standort, weisen auf den Besatzumfang unter den gegebenen Bedingungen hin. Einzelne Proben importierter Ware zeigten, mit den gleichen Methoden untersucht, ein durchaus ebenbürtiges Besatzniveau. Der Besatz stellt zunächst nur ein Gefahrenpotential dar (Tab. 47).

Tab. 48: Allgemeine Angaben zu den äußeren Qualitätskriterien für handelsübliche Marktware von Buchweizen, Reismelde und Amarant (WAHLI 1990, POSCH 1999, KOLKS 1999 und andere Angaben)

Kriterien	Buchweizen	Reismelde Handelsklasse I - III	Amarant
Feuchtigkeitsgehalt (%)	14,5	9 - 12	9 - 12
Eigengewicht (min., kg hl^{-1})	62	S.haltig[3] 68 - 64 S.arm 64 - 60	85 - 81
Bruchkorn (max. %) Kornbesatz (max. %)[1] Schwarzbesatz (max. %)[2] Gesamtbesatz (max. %)	(keine Angabe) kein Besatz mit Unkraut- und Getreidesamen	0,1 - 1,0 0,1 - 1,0 0,3 - 1,0 0,5 - 3,0	1,0
Vom Perigon umgebene Körner (max. %)	–[5]	8	–
Nagerexkremente (%)	0	0,01	0
Sortierung	Übergrößen unerwünscht	< 1,8 mm Korn⌀, max. 6,0 - 12,0	< 1,5 mm Korn⌀, max. 6,0 - 12,0
Verpopungsgrad (mind. %)	–	–	85
Verpopungsfaktor (mind.)	–	–	5,5[4]
Kornfarbe	schwarz	einheitlich rosa, gelb, weiß, poliert: einheitlich weiß	einheitlich rosa, beige, goldgelb, weiß, keine schwarzen Körner
Geruch	Arttypisch-neutraler Geruch; kein muffiger, auf Verderb deutender Geruch.		
Geschmack	Arttypischer Geschmack, kein Gärungs- oder Fremdgeschmack, Saponingehalt < 0,1.		
Gesundes, ausgereiftes Korngut	frei von lebenden Schädlingen einschl. Milben, Mikroorganismenbesatz (Pilze, Bakterien, Hefen) unterhalb geltender Grenzwerte.		
Schadstoffgehalt	Schadstoffgehalte (natürliche Korninhaltsstoffe, Mykotoxine, Schwermetalle, Dünge- und Pflanzenschutzmittelrückstände, Vorratsschutzmittelrückstände) unterhalb geltender Grenzwerte.		

[1] Kornbesatz = Schmachtkorn, angefressene Körner, ausgewachsene Körner
[2] Schwarzbesatz = organische und anorganische Verunreinigungen, Unkrautsamen, verdorbene Körner, tote Insekten
[3] S.haltig = saponinhaltig, S.arm = saponinarm
[4] Beim Popen steigt das Kornvolumen auf das 5,5 - 8,5fache des Ausgangsvolumen
[5] Keine Angabe

Tab. 49: Qualitätsspezifikation für den Import von Reismelde als Korngut und als Mehl (nach Angaben einer Hamburger Handelsfirma)

Anforderungen	
Korngut (verpackt)	**Mehl (verpackt)**
Organoleptische Anforderungen:	**Organoleptische Anforderungen:**
• Kornfarbe: creme	• Kornfarbe: weiß-creme
• Konsistenz: fest	• Konsistenz: Mehl
• Geruch: arttypisch	• Geruch: arttypisch
• Geschmack: arttypisch	• Geschmack: arttypisch
Lager- und Transportbedingungen:	**Lager- und Transportbedingungen:**
• Temperatur, max.: 20 °C	wie Korngut
• Rel. Luftfeuchte, max.: 60%	
Haltbarkeit:	**Toxikologische Anforderungen:**
• Mindestens 12 Monate in ungeöffneten Orginalverpackungen unter entsprechenden Lager- bzw. Transportbedingungen	• Aflatoxine max.: 2ppb für B1 max.: 4 ppb für die Summe aus B1 + B2 + G1 + G2[1]
Chemische Anforderungen:	**Chemische Anforderungen:**
• Wassergehalt, max.: 12%	• Wassergehalt, max.: 10%
	• Säureunlösl. Asche, max.: 0,20%
Mikrobiologische Anforderungen: (Mikroorganismenzahl, max. g^{-1} Korn)	**Mikrobiologische Anforderungen:** (Mikroorganismenzahl max. g^{-1} Mehl)
• Gesamt 1 000 000	• Gesamt 1 000 000
• Coli-Arten 10 000	• Coli-Arten –[2]
• *Escherichia coli* 20	• *Escherichia coli* 200
• *Staphylococcus aureus* 20	• *Staphylococcus aureus* 20
• *Clostridium perfringens* 20	• *Clostridium perfringens* 100
• Hefen 500	• Hefen 200
• Schimmelpilze 500	• Schimmelpilze 1 000
• *Bacillus cereus* 200	• *Bacillus cereus* 200
• Salmonellen in 50 g Korn keine	• Salmonellen in 50 g Mehl keine

[1] B, G = Bezeichnungen verschiedener Toxine
[2] Keine Angabe

Die Gefahr steigt mit ungünstigen Abreife- und Abtrocknungsbedingungen, zunehmender Druschfeuchte der Bestände bei der Ernte und der Zeitdauer bis zur Trocknung auf eine Kornfeuchte zwischen 10 und 15%. Standortabhängig ist damit die Kornfraktion der wärmeanspruchsvollen, teilweise kurztagsempfindlichen Amarantpflanze unter kühleren Langtagsbedingungen in der gemäßigten Klimazone stärker gefährdet als die Kornfraktion einer kürzerlebigen, tagneutralen Buchweizenpflanze. Hinzu kommen allerdings die Abtrocknungseigenschaften der arten- und sortenunterschiedlich aufgebauten Fruchtstände. Betrachtet man die drei Pseudogetreidearten zusammenfassend im Hinblick darauf, verarbeitbares Korngut hochwertiger, äußerer Qualität bereit zu stellen, dann steht der Schälproblematik des Buchweizens auf der einen Seite, die Schädigungs- und Verderbnisgefahr durch Mikroorganismen bei der Reismelde und beim Amarant auf der anderen Seite gegenüber.

Buchweizen aufnehmende Handelsfirmen akzeptieren eine Kornfeuchte von max. 14,5%. Daneben sind neben der Sortenreinheit die technische Reinheit, das Hektolitergewicht, das Tausendkorngewicht und die Sortierung Bewertungskriterien (Tab. 48). Sortengemischte Partien können erhebliche Probleme beim Schälen bereiten. Insbesondere mit Tatarischem Buchweizen verunreinigtes Korngut von Gewöhnlichem Buchweizen ist in der Schälbarkeit beeinträchtigt. Die kleinen Körner des Tatarischen Buchweizens sind kaum schälbar. Kornanteile von Getreidearten sind unerwünscht, da durch Getreidekörner die Glutenfreiheit der Schäl- und Mahlprodukte in Frage gestellt wird. Die Korngröße ist wichtig, aufgrund überproportional großer Schalenanteile sind übergroße Körner aber nicht erwünscht.

Besonderes Augenmerk wird bei Importware aus Übersee, teils auch aus China oder aus Osteuropa auf den Gehalt an Aflatoxinen und Ochratoxinen gelegt. Diese Toxine sind von Lagerpilzen gebildete Stoffwechselprodukte. Das Ochratoxin A wird von dem Pilz *Aspergillus ochraceus* produziert. Generell kann Korngut, auch wenn äußerlich keine Anzeichen vorliegen, mit Toxinen kontaminiert sein. Stichproben werden daher nach vorgeschriebenen Methoden analysiert. Aufgefallen sind Partien und Mahlprodukte mit Aflatoxingehalten, die geltende Grenzwerte für das Toxin B1, bzw. für die Summe aus den Toxinen B1, B2, G1 und G2 überschritten. Der Grenzwert für die Summe beträgt 4 ppb = 4 μg kg^{-1}. Partien, die den Grenzwert überschreiten, werden „gestoßen", d.h. abgelehnt. Die Toxine werden vorwiegend in den peripheren Kornschichten festgestellt. Mit Einschränkungen ist daher auch über die Korngutverarbeitung der Toxingehalt in den Schäl- und Mahlprodukten beeinflußbar.

Soweit Korngut nicht aus überprüfbar ökologischem Anbau stammt, der den Einsatz synthetischer Pflanzenschutzmittel verbietet, werden Stichproben auf Pflanzenschutzmittelrückstände untersucht. Darüber hinaus werden die Stichproben auf Rückstände der giftigen Schwermetalle Blei, Quecksilber, Cadmium und, soweit ein Anlaß besteht, auf Rückstände von Radionukliden überprüft. Grenzwerte für Rückstände gibt die Höchstmengenverordnung vor.

Ein Beispiel für die Anforderungen, die eine Hamburger Handelsfirma beim Import von Reismeldekorngut bzw. -mehl an die Rohstoffe stellt, zeigt die Tabelle 49. Stichproben der Rohstoffe werden von neutralen Laboratorien, den Anforderungen der

Deutschen Lebensmittelgesetzgebung und firmeneigenen Richtlinien folgend, auf mehrere Eigenschaften untersucht. Die herangezogene Firma verlangt die Rohstoffproduktion nach den Richtlinien des ökologischen Landbaus. Das bereits gewaschene bzw. polierte Korngut soll hell - cremefarben sein. Einige dunklere Körner werden geduldet, auf ihren unbedeutenden Einfluß wird verwiesen. Um den Anforderungen sicher gerecht zu werden, wird die importierte Ware in der Firma nochmals maschinell nachgereinigt. Damit verbunden wird die nachgereinigte Ware in kleinere Gebinde marktgerecht endverpackt. Mehle, Flocken und geprüfte Produkte werden in der Firma aus nachgereinigtem Korngut hergestellt. Flockierte Produkte von Reismelde gleichen optisch kleinen Haferflocken. Auch für diese Produkte gelten definierte Qualitätsmaßstäbe.

Handelsfähiges Korngut von Amarant soll keine schwarzen Körner, die aus Einkreuzungen oder von Unkrautamarantarten stammen, enthalten. Diese Forderung beruht in erster Linie auf dem optischen Eindruck, technologisch und ernährungsphysiologisch wesentliche Einflüsse sind nicht zu erwarten. Jedenfalls werden mit schwarzen Körnern „kontaminierte" Partien, soweit sie überhaupt akzeptiert werden, mit Preisabschlägen belegt. Stammen die schwarzen Körner von Unkrautamarantarten, sind diese zwar kleiner als die der Köneramarantarten, die Herausreinigung ist dennoch schwierig und kostet darüber hinaus erhebliche Anteile an hellfarbigem Korngut gleicher Größe. Die Verwendung einwandfreien Saatguts sowie die rechtzeitige Eliminierung von Unkrautamarantpflanzen im Bestand bei der Saatgutproduktion sind unabdingbare produktionstechnische Maßnahmen.

2.1.2 Inhaltsstoffe

Die anteilige Zusammensetzung von Speicherorganen aus verschiedenen Stoffgruppen unterliegt einer erheblichen Variation. Einflüsse unterschiedlicher Aufwuchsbedingungen, der Bodeneigenschaften und der Witterungsverhältnisse ebenso wie der Produktionsintensität, verändern die Quantität und die Anteile eingelagerter Stoffgruppen. Darüber hinaus können sich die Sorten innerhalb der Arten erheblich unterscheiden. Dies berücksichtigend, erscheint eine vergleichende Gegenüberstellung von Korngut verschiedener Pflanzenarten nur dann sinnvoll, wenn die Bestände zumindest unter den gleichen Bedingungen, d.h. in ein- und derselben Vegetationsperiode und auf ein- und demselben Feldschlag, aufwuchsen. Diese Bedingung ist auch bei den nachfolgend präsentierten Daten aus eigenen Feldversuchen nur teilweise erfüllt. Die Pseudogetreidearten und der Hafer - nicht aber der Weizen - erfüllen diese Forderungen.

Andererseits: selbst wenn diese Vorgaben erfüllt sind, kann die Berechtigung, resultierende Daten zu vergleichen, mit dem Argument in Frage gestellt werden, ob es sinnvoll ist, Arten mit differenzierten Wachstumsansprüchen unter gleichen Aufwuchsbedingungen gegenüberzustellen. Der Einbezug von Daten verschiedener Autoren aus der Literatur führt automatisch zu Einflüssen unterschiedlicher Aufwuchsbedingungen, Sorten und Analysenmethoden. Zusammenfassend können die Vergleiche daher nur dazu dienen, auffällige Niveauunterschiede herauszustellen, die Eigenheiten der Artengruppe oder der einzelnen Art sind. Hierzu erscheint die Reduktion auf grobe Richtgrößen und Größenordnungen sinnvoll und vertretbar.

Tab. 50: Gehalte wichtiger Inhaltsstoffgruppen (%, i.T., Größenordnungen) der Körner von Buchweizen, Reismelde und Amarant im Vergleich zu Weizen und Hafer (nach Literaturübersichten von LEE 1995, GLOWIENKE 1997)

Inhaltsstoffe	Buchweizen (geschält)	Reismelde (poliert)	Amarant (unbearbeitet)	Weichweizen (unbearbeitet)	Hafer (entspelzt)
Stärke	63	57	62	68	68
Zucker, lösliche Anteile N-freier Stoffe	11	7	1	11	1
Rohprotein	17	14	17	13	15
Rohfett	3	8	9	2	6
Gesamt-Ballaststoffe	4	11	8	4	8
Mineralstoffe	2	3	3	2	2

Die Pseudogetreidearten sind, wie die Getreidearten, kohlenhydratreiche Körnerfrüchte. Neben geringen Zuckeranteilen ist die Stärke das zentrale Speicherprodukt. Rund zwei Drittel der Korntrockenmasse ist Stärke. Die Pseudogetreidearten erreichen nicht ganz die Stärkegehalte von Weizen und Hafer. Dem Weizen ist das Korngut von Buchweizen und Amarant im Rohproteingehalt, das von Reismelde und Amarant im Rohfett- und im Ballaststoffgehalte überlegen. Allerdings ist der Rohproteingehalt aller Arten durch das Stickstoffangebot regulierbar. Die Schalenschichten, Frucht- und Samenschalen, dürften durchgängig Rohproteinanteile in der Größenordnung von 3 - 5% aufweisen. Die Untersuchung der Buchweizenfruchtschalen ergab einen Gehalt von 4% (Tab. 54). In eigenen Untersuchungen wies die im Zuge des Polierens von Reismeldekorngut abgeriebene Schicht wesentlich höhere Rohproteinkonzentrationen auf (s. Kap. 3.2.1). Vermutlich besagen hohe Proteinkonzentrationen im Abrieb, daß über die Schalen hinaus die eiweißreiche Endospermschicht oder sogar der Keimling miterfaßt wurde.

Der Ballaststoffgehalt des geschälten Buchweizenkornes ist relativ gering, so daß sogar der Weizen unterboten wird. Dies hängt mit den Anteilen und der Zusammensetzung der peripheren Kornschichten zusammen. Verglichen mit dem Korngut von Hafer bleiben die Unterschiede generell geringer (Tab. 50). Schwarzes Amarantkorngut enthält gegenüber hellem - zu Lasten des Stärkegehalts - etwas mehr Rohprotein und Mineralstoffe sowie deutlich mehr Ballaststoffe und Tannine.

Stärke

Die Eigenschaften der Stärken der Körnerfruchtarten unterscheiden sich. Bezogen auf die Form und die Größe der Stärkekörner sowie auf die Anteile der beiden Stärkekomponenten Amylose und Amylopektin differieren sowohl die Stärken der verschiedenen Pseudogetreidearten als auch die Stärken der Pseudogetreide- und der Getreidearten.

Tab. 51: Eigenschaften der Stärke im Korngut von Buchweizen, Reismelde und Amarant im Vergleich zu Weichweizen und Hafer (nach LORENZ 1990, Literaturangaben bei GLOWIENKE 1997 und LI et al. 1997, QIAN and KUHN 1999)

Merkmal	Buchweizen	Reismelde	Amarant	Weichweizen	Hafer
Stärkekornform	rund oder polygonal	polygonal	polygonal (zwölfflächig)	linsenförmig	eckig-abgerundet, z.T. spindelförmig
Stärkekorn∅ (µm)	4	2	2	10	8
Amylosegehalt (%)[1)]	24	11	8	25	23
Amylopektingehalt (%)	76	89	92	75	77
Wasseraufnahme (%)	–[2)]	118	146	89	–
Verkleisterungstemperatur (°C)	69	60	65	65	79

[1)] % i.T., Gesamtstärke = 100
[2)] Keine Angabe

Bei Buchweizen liegt der Amylosegehalt, dem Weizen und dem Hafer ähnlich, um 20%, einzelne Literaturstellen geben bis zu 50% an. Gegenüber der Buchweizenstärke bleiben die Amylosegehalte der Reismelde- und der Amarantstärke jedenfalls wesentlich geringer. Artenverschieden wurden beim Amarant nur minimale Anteile, deutlich < 8%, festgestellt. Der Stärkekorndurchmesser von Buchweizen liegt zwischen 2 und 6 µm. Die Stärkekörner von Reismelde und Amarant sind mit 1 - 3 µm Durchmesser extrem klein. Die Stärken besitzen daher sehr große spezifische Oberflächen, eine Eigenschaft, die technisch, z.B. zur Herstellung von Pudern und Farbstoffträgern, hoch interessant ist. Darüber hinaus besitzen die Stärken, auch die von Buchweizen, ein großes Wasseraufnahme- und Quellvermögen (Tab. 51).

In einem Vergleich von Gewöhnlichem und Tatarischem Buchweizen mit Weichweizen ist das Quellvermögen der Stärken beider Buchweizenarten dem Weichweizen überlegen. Allerdings ist Vorsicht angebracht, da der Weichweizen nur durch 1 Sorte repräsentiert wird (Tab. 52). Das hohe Wasseraufnahme- und Quellvermögen ist angewandt von großer Bedeutung. Beispielsweise können mit einer definierten Rohstoffmenge an Buchweizengrütze, Reismelde- oder Amarantflocken größere Mengen an Brei oder Suppe zubereitet werden als mit einer entsprechenden Menge Weizenrohstoff. Diese Eigenschaften haben darüber hinaus Auswirkungen auf die technologischen Verarbeitungseigenschaften.

Tab. 52: **Stärkeeigenschaften von Gewöhnlichem Buchweizen und von Tataren-buchweizen verglichen mit Weichweizen (LI et al. 1997, verändert)**

Arten	Amylosegehalt (%)[1]	Quellvolumen in Wasser (%)[2]	Verkleisterungs-temperatur (°C)[3]
Gewöhnlicher Buchweizen (Mittelwert - 3 Sorten)	23,7	137	60,3
Tatarenbuchweizen (Mittelwert - 3 Sorten)	24,1	143	63,5
Weichweizen (1 Sorte)	23,8	100	59,2

[1] %, Gesamtstärke = 100
[2] %, Quellvermögen von Weizen = 100
[3] Beginn der Verkleisterung = T_0

Proteine
Die Proteine der Pseudogetreidearten werden, wie die der Getreidearten, nach ihrem Löslichkeitsverhalten klassifiziert. Die Albumine und die Globuline können als Strukturproteine zusammengefaßt werden. Eine weitere Fraktion sind die Prolamine, zu denen die Gliadine gehören, hinzu kommen die Gluteline. Die Backfähigkeit des Weizenmehls resultiert in erheblichem Maße aus der Bildung des Klebers, auch als Gluten bezeichnet. Der Kleberkomplex bildet sich aus den Prolaminen, primär den Gliadinen, und den Gluteninen bei der Teigbereitung.

Die geringe Größenordnung der Gliadinfraktion in den Mehlen der Pseudogetreidearten - auch in Hafermehlen - verhindert die Entwicklung weizenähnlicher, backfähiger Teigstrukturen (Tab. 53). Auch teigrelevante Eigenschaften der Roggenstärke fehlen. Andererseits ermöglicht gerade die Gliadinarmut der Pseudogetreidearten für Zöliakie- und Spruekranke sowie für Allergiker die Nutzung des Kornguts als Nahrungsmittelbasis in Ergänzung zu Mais und Reis. Zöliakiepatienten vertragen das in Weizen-, Dinkel- und Gerstenkörnern, auch das in Roggen- und Haferkörnern im Endosperm gebildete Reserveprotein nicht. Der für solche Patienten „toxische" Faktor ist in der Gliadinfraktion des Weizenklebers bzw. in der korrespondierenden Prolaminfraktion des Reserveproteins anderer Getreidearten enthalten. Die Krankheit resultiert aus einer Beeinträchtigung der absorptiven Darmfunktionen, in der Folge ist die Nährstoffaufnahme gestört. Dies führt zu Mangeleffekten, Gewichtsverlust und Wachstumsstörungen. Produkte aus dem Korngut von Pseudogetreidearten, insbesondere aus den weitgehend gliadinfreien Buchweizen- und Amarantmehlen (Tab. 53) werden hingegen vertragen. Allerdings müssen auch vereinzelte Fälle allergischer Reaktionen gegenüber Produkten aus Buchweizen- oder aus Amarantkorngut genannt werden.

Tab. 53: Proteinfraktionen im Korngut (%, Gesamtprotein = 100)[1] von Buchweizen, Reismelde und Amarant im Vergleich zu Weizen und Hafer (nach Literaturangaben bei LEE 1995, GLOWIENKE 1997, verändert)

Fraktion	Buchweizen	Reismelde	Amarant	Weichweizen	Hafer
Albumine + Globuline	50	60	43	20	65
Gliadine	3	6	2	30	13
Glutenine	25	20	38	35	7
Restproteine	22	14	17	15	15

[1] Größenordnung der möglichen Streuung: ± 20 - 30%

Der Kornaufbau, der Mahlprozeß, die Ausmahlung und entsprechende Fraktionierungsschritte nehmen sowohl auf den Proteingehalt insgesamt als auch auf die Anteile verschiedener Proteine in den Mahlprodukten Einfluß. Die Gewichtsanteile verschiedener Kornbestandteile, deren Proteingehalte und die Zusammensetzung der Proteine im Keimling und in den Speichergeweben differieren ebenso wie die Konzentrationen an anderen Inhaltsstoffen. Analysen der Gewichtsanteile und der Proteinkonzentrationen in den separierten Bestandteilen des Buchweizenkorns zeigen beispielhaft mögliche Unterschiede (Tab. 54).

Tab. 54: Trockenmassen (mg), Proteingehalte (%, Gesamttrockenmasse der jeweiligen Fraktion = 100) und Zusammensetzung der Proteine des Buchweizenkornes bzw. der verschiedenen Kornbestandteile

Literatur	OBENDORF et al. 1993		POMERANZ and ROBBINS 1972	
Fraktion	Trockenmasse		Rohprotein-gehalt (%)	Dominierende Aminosäuren
	abs. (mg)	rel. (%)		
Korn, ungeschält	36	100	13,8	–[1]
Fruchtschale	8	22	4,0	–
Korn, geschält davon:	28	78	16,4	–
Samenschale	4	11	–	–
Endosperm	19	53	10,1	Lysin, Prolin, Alanin, Methionin, Leucin
Keimling	5	14	55,9	Arginin, Serin, Glutamin

[1] Keine Angabe

Während sich bei den Getreidearten, den Mais einbezogen, 10 - 20% des Korneiweißes im Keimling und 80 - 90% im keimlingsfreien Kornkörper finden, sind die Relationen bei den Pseudogetreidearten nahezu umgekehrt. Der Keimling enthält hier ca. 55% des Korneiweißes. Der Mehlkörper, bestehend aus dem Endosperm bzw. aus dem Perisperm und einem Endosperm enthält ca. 35%, der Restanteil befindet sich in den Frucht- und den Samenschalen.

Aus den stofflichen Differenzen und den technischen Variationsmöglichkeiten im Mahlprozeß resultieren Mehle mit unterschiedlichen technologischen und ernährungsphysiologischen Eigenschaften. Helle Buchweizenmehle, die primär aus dem Endosperm bestehen, enthalten gegenüber einem Vollmehl, das den Keimling einbezieht, weniger Protein und weniger Fett. Darüber hinaus unterscheiden sich die Mehle in den Eiweißfraktionen, in der physikalischen Struktur und in den Löslichkeitseigenschaften (Tab. 55). Die Unterschiede von Mehlen im Gehalt an Eiweiß- und Fettkomponenten werden noch größer, wenn weitere Körnerfruchtarten einbezogen werden. Alleine die Gewichtsanteile des eiweiß- und fettreichen Keimlings am Korn belegen dies. Dem Trockenmasseanteil des Keimlings von 14% beim Buchweizen stehen Keimlingsanteile von ~5% beim Weichweizen und von bis zu 60% bei der Reismelde und beim Amarant gegenüber.

Tab. 55: Verteilung der Proteinfraktionen im Buchweizenmehl verglichen mit Weichweizenmehl (FELDHEIM und WISKER 1997, verändert)

Proteingehalt des Mehls (%) und Proteinfraktionen (%, Gesamtprotein = 100)	Buchweizenmehle		Weichweizenmehl
	Vollmehl	Mehle aus Innenschichten	
Gesamtprotein	12,1 (=100%)	4,2 (=100%)	3,7 (=100%)	11,7 (=100%)
Albumine	12	12	11	15
Globuline	65	17	13	7
Prolamine, Gliadine	3	2	3	32
Glutelin	8	5	3	45
Unlösliche Restfraktion	12	64	70	1

Die Aminosäuremuster der Eiweiße im Korngut von Buchweizen, Reismelde und Amarant fallen durch Lysingehalte auf, die nahezu doppelt so hoch sind wie die von Weizen und Hafer (Tab. 56). Darüber hinaus zeichnet sich die Reismelde sowohl unter den Pseudogetreidearten als auch gegenüber den Getreidearten durch einen hohen Isoleucingehalt aus. Bei den Getreidearten, jedenfalls beim Weizen, nimmt im Kornausbildungsverlauf die Glutaminsäurekonzentration zu, während die Lysinkonzentration abnimmt. Dies resultiert aus der Akkumulation der speziellen Reserveproteine im

Endosperm. Demgegenüber verändert sich bei den Pseudogetreidearten - auch beim Hafer - die Zusammensetzung des Proteins nicht entscheidend.

Tab. 56: Anteile essentieller Aminosäuren am Rohprotein (%, Gesamtprotein = 100, Größenordnungen) im Korngut von Buchweizen, Reismelde und Amarant im Vergleich zu Weizen und Hafer (nach JOSHI and RANA 1991, SPORY 1992 und Literaturangaben bei LEE 1995)

Aminosäuren	Buch-weizen	Reis-melde	Amarant	Weich-weizen	Hafer
Isoleucin	3,8	6,4	3,6	4,4	3,9
Leucin	6,4	7,1	5,3	6,8	7,3
Lysin	5,8	6,6	5,2	2,9	3,8
Methionin + Cystein	4,1	4,8	4,4	4,3	5,2
Phenylalanin + Tyrosin	6,9	6,3	6,6	8,8	8,6
Threonin	3,9	4,8	3,4	3,2	3,3
Tryptophan	1,4	1,1	0,9	1,3	1,3
Valin	5,1	4,0	4,2	4,8	5,5

Die Methionin-, Valin- und die Tryptophangehalte im Kornprotein der Pseudogetreidearten sind teilweise etwas geringer als im Kornprotein der gegenübergestellten Getreidearten. Der Eiweißkomplex des Amarantkornguts fällt insbesondere im Leucingehalt ab (Tab. 56). Zweifellos sind über die Kombination der Kornrohstoffe von Getreide- und Pseudogetreidearten Lebensmittel mit höherer biologischer Wertigkeit als mit Rohstoffen aus nur einer der beiden Gruppen herstellbar. Dies gilt z.B. auch für Kombinationen mit Mais und Reis, die im Gehalt an einzelnen essentiellen Aminosäuren stark abfallen.

Die ernährungsphysiologische Bedeutung der Eiweißqualität verschiedener Kornrohstoffe ist in Fütterungsversuchen mit Versuchstieren, Ratten, nachweisbar. Hierzu wurden Weizen-, Hafer- und Maismehle jeweils rein und daneben in Mischung mit steigenden Amarantmehlanteilen verfüttert. Die Tiere erhielten mit jeder der verschiedenen Futterrationen gleiche Mengen an Protein, aber in Abhängigkeit von der Mehlart bzw. der Mehlmischung eine unterschiedliche Proteinqualität. Die Gewichtszunahme der Tiere wurde gemessen und auf die in der Testperiode aufgenommenen Proteinmengen bezogen. Der Quotient wird als Maßzahl für die Effizienz des verabreichten Proteins betrachtet. Allerdings muß berücksichtigt werden, daß sich Mehle, hergestellt aus dem Korngut verschiedener Arten, nicht nur in der Proteinqualität unterscheiden.

Tab. 57: Effekte der Kombination von Amarantmehlen mit Mehlen verschiedener Getreidearten auf die Proteineffizienz des Mischungsprodukts bei Versuchstieren (BRESSANI 1990, verändert)

Eiweißanteil (%)[1] von Amarant bzw. einer Getreideart in der Futterration		Proteineffizienz (PER)[2]		
Amarant	Getreideart	Weizen	Hafer	Mais
0	100	0,93	2,21	1,62
20	80	1,34	2,46	1,91
60	40	2,28	2,81	2,78
100	0	2,71	2,93	2,74

[1] %, Gesamtprotein in der Futterration = 100
[2] PER = Protein Efficiency Ratio, Maß für die Proteinqualität, der Gewichtszuwachs von Versuchstieren (Ratten) im Verlauf einer Testperiode (2 Wochen) wird dividiert durch die in der Testperiode aufgenommene Proteinmenge

Rein verfüttert wies Weizenmehl, also vermutlich das Weizenprotein, die geringste, Haferprotein die größte Effizienz auf (Tab. 57). Die Zumischung von Amaranteiweißanteilen zu Weizeneiweiß verbesserte die Gewichtszunahme der Tiere stärker als die Zumischung gleicher Anteile zu Mais- oder zu Haferprotein. Mischungen aus 60% Amarant und 40% Hafer- oder Maiseiweiß erwiesen sich als nahezu gleichwertig. Weizenprotein darf nur zu 40%, Amarantprotein muß zu 60% in der Futterration vertreten sein, wenn Gewichtszunahmen gleicher Größenordnung wie bei der Verfütterung von reinem Hafermehl angestrebt werden (Tab. 57).

Fette
Fette sind hauptsächlich in den Keimlingen enthalten. Kleinere Anteile werden auch in die Speichergewebe eingelagert. Noch geringer sind die Fettkonzentrationen zumeist in den Schalenschichten. Der Fettkomplex von Buchweizen und Reismelde besteht zu einem sehr hohen Anteil aus ungesättigten Fettsäuren. Wie beim Hafer stehen beim Buchweizen gleichgewichtig die Öl- und die Linolsäure, bei der Reismelde die Linol- und die Linolensäure im Mittelpunkt (Tab. 58). Die mehrfach ungesättigten Fettsäuren machen 56%, die gesättigten machen 12% des Fettkomplexes aus. Patienten, die an Störungen des Fettstoffwechsels leiden, wird eine bevorzugte Aufnahme mehrfach ungesättigter Fettsäuren zu Lasten langkettiger, gesättigter Fettsäuren empfohlen. Letztere heben den Cholesterinspiegel im Blut.

Tab. 58: **Anteile gesättigter und ungesättigter Fettsäuren am Fettkomplex (%, Gesamtfett = 100, Größenordnungen) im Korngut von Buchweizen, Reismelde und Amarant verglichen mit Weizen und Hafer** (nach Literaturangaben bei SPORY 1992, LEE 1995)

Fettsäuren		Buch-weizen	Reis-melde	Amarant	Weich-weizen	Hafer
Palmitinsäure	(C 16:0)	14	11	19	19	19
Stearinsäure	(C 18:0)	2	1	4	2	2
Ölsäure	(C 18:1)	36	22	19	14	35
Linolsäure	(C 18:2)	38	56	50	55	39
Linolensäure	(C 18:3)	3	7	1	4	3
Restfraktion		7	3	7	6	2
Σ ungesättigter Fettsäuren einschließlich Restfraktion[1)]		84	88	77	79	79

[1)] Errechnet

Die Verderbnisproblematik des Fettes im Buchweizenkorn wurde an anderer Stelle bereits erläutert. Trotz der Oxidationsgefahr der mehrfach ungesättigten Linolensäure ist das Fett im Korngut der Reismelde relativ stabil. Dies hängt mit dem hohen Gehalt an Tocopherol zusammen. Diese Substanz, als Vitamin E ernährungsphysiologisch wichtig, verhindert die Oxidation . Den hohen Fettgehalt des Amarantkorns bestreitet zur Hälfte die Linolsäure, weitere je rund 20% tragen die einfach ungesättigte Ölsäure und die gesättigte Palmitinsäure bei. Hieraus erklärt sich der relativ geringere Anteil ungesättigter Fettsäuren am Fettkomplex von Amarant. Mit bis zu 8% ist ein Triterpen-Hydrokarbon, genannt Squalen, am Fettkomplex von Amarant beteiligt. Einzelne Genotypen des Gartenfuchsschwanzes, *A. caudatus*, erreichen einen Squalengehalt von bis zu 11%. An dieser Substanz besteht vorrangig von Seiten der Kosmetikindustrie zur Herstellung von Spezialprodukten Interesse. Darüber hinaus enthält das Fett ca. 0,1% Tocotrienol. Diese Verbindung hemmt die Cholesterolsynthese und trägt damit zur Senkung des Cholesterinspiegels im Blut bei.

Ballaststoffe
Ballaststoffe bestehen aus unverdaulichen Zellulosen, Hemizellulosen, Pektinen und Ligninen. In der Tierernährung werden die Lignine, die Zellulose und andere Polysaccharide unter dem Begriff „Rohfaser" zusammengefaßt. Im Hinblick auf die menschliche Ernährung werden die Ballaststoffe in eine unlösliche und eine lösliche Fraktion unterteilt. Zur unlöslichen Fraktion gehören die Zellulose, Hemizellulosen und Lignine. Zur löslichen Fraktion gehören Polysaccharide - wie die Pektine - sie werden im Dickdarm bakteriell abgebaut. Generell sind Ballaststoffe als Füllstoffe wichtig, sie

dienen der Sättigung und sie regulieren die Magen-Darm-Peristaltik. Ballaststoffe sind außerdem an der Bindung und Ausscheidung von Schadstoffen beteiligt. Hinzu kommen Effekte, die eine Senkung des Cholesterinspiegels im Blut bewirken.

Die Zusammensetzung der Ballaststoffe in den Samen ist artenverschieden. Bekannt sind die wasserlöslichen Polysaccharide des Hafers, die primär aus β-Glucanen bestehen. Die gesundheitsfördernde und verdauungsregulierende Wirkung der β-Glucane wird insbesondere bei Magen-Darmstörungen genutzt. Im Haferkorn sind diese Substanzen in den peripheren Schichten akkumuliert, sie werden im Mahlprozeß in der Haferkleie angereichert. Ähnlich hohe β-Glucangehalte wie der Hafer besitzt unter den Getreidearten die Gerste, der Gehalt des Roggenkorns ist wesentlich geringer, der des Weizenkorns ist minimal. Das Korngut der Pseudogetreidearten besitzt durchgängig nur einen sehr geringen β-Glucangehalt, Hafer und Gerste sind eindeutig überlegen (Tab. 59).

Tab. 59: Beta-Glucangehalte (%, Gesamtkorntrockenmasse = 100, Mittelwerte über je 2 Sorten) im Korngut von Buchweizen, Reismelde und Amarant verglichen mit dem Korngut von Hafer (GLOWIENKE 1997)

Buchweizen	Reismelde	Amarant	Hafer
0,04	0,03	0,03	3,91

Das geschälte Buchweizenkorn ist sowohl den Getreide - als auch den Pseudogetreidearten im Gesamtballaststoffgehalt unterlegen. Hingegen weist das Reismelde- und das Amarantkorn einen hohen Gehalt an Ballaststoffen auf (Tab. 60). Korngut von saponinarmen Reismeldesorten, das nicht geschält zu werden braucht, ist zunächst ballaststoffreicher als geschältes Korngut. Jedoch ist - wie oben erwähnt - über den Mahl- und Sichtungsprozeß der Ballaststoffgehalt der Mahlprodukte ebenso modifizierbar wie der Gehalt an anderen Inhaltsstoffen.

Mineralstoffe
Der Mineralstoffgehalt des Kornguts von Reismelde und Amarant liegt ca. einen Prozentpunkt über dem Mineralstoffgehalt des Buchweizenkornguts. Das Korngut der Getreidearten gleicht im Gesamtgehalt weitgehend dem von Buchweizen. Die Überlegenheit der Reismelde und des Amarants geht insbesondere auf den hohen Kaliumgehalt zurück. Kaliumionen sind im menschlichen Körper u.a. an der Reizleitung und der Blutdruckregulierung beteiligt. Die Bedeutung des Kalziums für den Skelettaufbau braucht nicht näher hervorgehoben werden. Im Kalziumgehalt übertrifft der Amarant die anderen Pseudogetreidearten ebenso wie die Getreidearten. Durchgängig tendiert das Korngut der Pseudogetreidearten, verglichen mit dem von Weizen und Hafer, zu einem höherem Magnesiumgehalt. Eine ausreichende Magnesiumversorgung ist wichtig, da dieses Element im menschlichen Körper verschiedene Enzymsysteme aktiviert.

Magnesiummangel verursacht u.a. Muskelkrämpfe und Herzrhythmusstörungen (Tab. 60).

Tab. 60: Gehalte wichtiger Mengen- und Spurenelemente der Körner (mg 100 g^{-1} Trockenmasse, Größenordnungen) von Buchweizen, Reismelde und Amarant im Vergleich zu Weizen und Hafer (nach KUHN et al. 1996, GLOWIENKE 1997, anderen Autoren und eigenen Untersuchungen)

Mineralstoffe	Buchweizen (geschält)	Reismelde (poliert)	Amarant (unbearbeitet)	Weichweizen (unbearbeitet)	Hafer (entspelzt)
Gehalt an Mengenelementen					
Phosphor	330	412	581	428	555
Kalium	516	783	657	571	467
Kalzium	28	66	178	48	67
Magnesium	240	214	275	173	113
Schwefel	125	137	154	194	146
Natrium	–[1]	16	32	10	32
Gehalt an Spurenelementen					
Mangan	1,9	3,5	3,2	2,4	4,2
Eisen	3,0	4,8	9,0	3,1	3,8
Zink	2,3	1,9	2,2	3,0	2,9
Nickel	0,3	0,3	0,2	0,1	0,4
Kupfer	0,7	0,5	0,5	0,6	0,4
Selen	0,02	0,004	0,2	0,02	0,004

[1] Keine Angabe

Im Hinblick auf die Spurenelemente zeichnet sich das Korngut von Amarant - nicht nur unter den Pseudogetreidearten - durch einen hohen Eisen- und einen hohen Selengehalt aus. Schwarzfarbiges Korngut übertrifft häufig hellfarbiges im Gehalt beider Spurenelemente. Auch das Korngut der Reismelde kann einen sehr hohen Eisengehalt aufweisen. Demgegenüber enthält das Korngut von Buchweizen nicht nur weniger Eisen, sondern auch weniger Mangan als das der anderen Arten. Insbesondere bei fleischarmer Ernährung kann Eisenmangel mit der Folge von Anämie- und Müdigkeitserscheinungen auftreten. Das Mangan ist an vielen zentralen Funktionen, z.B. am Wachstum der Knochen und des Nervensystems beteiligt. Dem Selen dürften entscheidende Funktionen u.a. bei der Etablierung und Regeneration von Gehirnzellen zukommen. Hier kann die Verwendung von amaranthaltigen Lebensmitteln zur Verhinderung von Mangelerscheinungen beitragen.

Mahlprodukte aus Reismeldekorngut enthalten die Fruchtschale oder nur Fruchtschalen- und Samenschalenanteile. Dies hängt einerseits von den Mahl- und Separierungsprozessen, andererseits von der Vorbehandlung des Korngut im Hinblick auf die Reduktion des Saponingehalts ab. Mit einer mechanischen Vorbehandlung wird die saponinhaltige Fruchtschale bitterer Sorten weitgehend entfernt. Die Zusammensetzung der Mahlprodukte verändert sich. Das gilt für den Mineralstoffgehalt, aber auch für andere Substanzen wie die Ballaststoffe und die Proteine. Das Perisperm und der Keimling weisen andere Mineralstoffkonzentrationen auf als die peripheren Kornschichten. Mehl, zu einem hohen Anteil aus der Perispermfraktion ermahlen, enthält weniger Mineralstoffe als ein Vollkornmehl oder die Mühlennachprodukte (Tab. 61). Dies bedeutet auch, Mehl aus poliertem Reismeldekorngut ermahlen, bezieht das gesamte verbliebene Korn ein, ist saponinarm, aber auch ärmer an Ballaststoffen, Mineralstoffen und einzelnen Vitaminen als Mehl aus Korngut, das mit der Fruchtschale verarbeitet wurde. Die Alternativen sind Kornrohstoffe, die einer Wasserextraktion unterzogen wurden oder von saponinarmen Sorten stammen. Besonders große Verluste können beim Polieren von kleinkörnigem Material entstehen, wenn dabei auch Teile des Keimlings abgerieben werden (s. auch Kap. 3.2.1).

Tab. 61: Der Mineralstoffgehalt unterschiedlicher Fraktionen (mg 100 g^{-1} Trockenmasse) von Reismeldekorngut (BALLÓN et al. 1986, verändert)

Mineralstoffe	Korn (ungeschält)	Mehl	Mühlennachprodukte
Phosphor	470	320	670
Kalium	870	470	160
Kalzium	190	150	240
Magnesium	260	160	460
Mangan	1,3	1,2	1,6
Eisen	2,1	1,8	2,6
Zink	0,5	0,5	0,8
Kupfer	0,7	0,6	0,8

Prinzipiell ähnliche Differenzierungen wie bei der Reismelde ergeben sich bei der Vermahlung von Amarantkorngut. Hierzu wurden Mahlverfahren entwickelt mit denen sowohl hoch stärkehaltige Mehle mit einem Proteingehalt von < 10%, als auch hochproteinhaltige Mehle mit Anteilen bis zu 40% gewonnen werden können. Darüber hinaus ist ein Mehl herstellbar, das den größten Teil des Keimlings und damit 75% des Fettgehalts und 40% des Proteingehalts im Korn enthält.

Vitamine

Im Gehalt an Vitaminen zeichnen sich, soweit Angaben vorliegen, in begrenztem Umfang Differenzen zwischen den Pseudogetreidearten auf der einen, und den Getreidearten auf der anderen Seite ab, die nicht überbewertet werden dürfen (Tab. 62). Während das Korngut der Pseudogetreidearten den Vitamin-B1-Gehalt von Weizen und Hafer und den Vitamin-B3-Gehalt von Weizen nicht erreicht, wird im Vitamin-B2-Gehalt mehr oder weniger deutlich eine Überlegenheit erkennbar. Solche Niveauunterschiede zwischen den Pseudogetreide- und den Getreidearten wurden wiederholt festgestellt. Auffällig sind darüber hinaus die relativ hohen Vitamin-C- und die Vitamin-E-Konzentrationen der Pseudogetreidearten. Beide Vitamine sind primär in den Keimlingen enthalten. Gerade bei den Vitaminkonzentrationen dürfen jedoch die Unterschiede zwischen den Arten nicht überbewertet werden. Offensichtlich können die Sorten innerhalb der Arten gravierend - teilweise in der Größenordnung einer Zehnerpotenz - differieren. Darüber hinaus beeinflussen sowohl die Verwendungsweisen, ganze Körner oder Mahlprodukte, als auch die Verarbeitungsverfahren, insbesondere Erhitzungs- und Kochprozesse, den Gehalt der schließlich erzeugten Lebensmittel und Gerichte beträchtlich.

Tab. 62: Gehalte an wichtigen Vitaminen (mg 100 g^{-1} Trockenmasse, Größenordnungen) im Korngut von Buchweizen, Reismelde und Amarant im Vergleich zu Weizen und Hafer (nach STURM 1991, Literaturangaben bei LEE 1995 und anderen Autoren)

Substanz (Vitamin)	Buchweizen	Reismelde	Amarant	Weichweizen	Hafer
β-Carotin (Vorstufe A)	–[1]	0,39	–	0,01	–
Thiamin (B1)	0,33	0,38	0,16	0,45	0,62
Riboflavin (B2)	1,06	0,39	0,27	0,15	0,17
Niacin (B3)	1,80	1,06	1,15	5,13	0,80
Ascorbinsäure (C)	–	4,00	3,57	0,75	–
Tocopherol (E)	4,00	5,37	–	3,10	3,50

[1] Keine Angabe

Antinutritive Inhaltsstoffe

Gleichermaßen wirken sich Erhitzungsprozesse auch auf die antinutritiven Inhaltsstoffe und das schwer nutzbare Phytat aus. Diese Substanzen, Tannine und Saponine, Lektine, Trypsininhibitoren und Phytate sind mit mehr oder weniger großen Differenzen in den Samen aller Arten enthalten (Tab. 63). Vom Phytat abgesehen, enthält das Korngut heute angebauter Zuchtsorten der gängigen Getreidearten antinutritive Substanzen nur in Spuren. Das Gehaltsniveau der Pseudogetreidearten ist zwar, summarisch betrachtet höher, wird aber - ebenso summarisch betrachtet - vom Gehaltsniveau des Kornguts gängiger Leguminosenarten übertroffen.

Die Sorten innerhalb der Arten können sich erheblich unterscheiden. Gleichermaßen differieren die dunkel- und die hellfarbigen Samen verschiedener Amarantarten. Beispielsweise wurden in schwarzen Amarantsamen gegenüber hellfarbigen nicht nur höhere Protein-, Ballast- und Mineralstoffkonzentrationen, sondern auch höhere Tanninkonzentrationen festgestellt. Tannine und andere phenolische Verbindungen wirken antioxitativ und antimikrobiell. Die Substanzen führen aber mit steigender

Tab. 63: Antinutritive Inhaltsstoffe und Phytatgehalte[1] im Korngut von Buchweizen, Reismelde und Amarant im Vergleich zu Weizen und Hafer (nach Literaturangaben bei LEE 1995, GLOWIENKE 1997, verändert)

Substanzen	Buchweizen (ungeschält)	Reismelde (unpoliert)	Amarant (unbearbeitet)	Weichweizen (unbearbeitet)	Hafer (entspelzt)
Tannine	+[2]	(+)	(+)	(–)	(–)
Saponine	(–)	+[3]	(–)	(–)	(–)
Lektine	(–)	(–)	(+)	(–)	(–)
Trypsininhibitoren	+	+	+	(–)	(–)
Phytat	(+)	+	+	+	+

[1] + = erheblicher Gehalt; (+) = geringer Gehalt; (–) = Spuren
[2] Im geschälten Zustand: (–)
[3] Im polierten Zustand: (+) bis (–)

Konzentration zu bitterem oder saurem Geschmack, beeinträchtigen die Funktion proteolytischer Enzyme und reduzieren die Bioverfügbarkeit von Mineralstoffen. Ähnliches gilt für die Saponine. Lektine, auch als Phytohämaglutinine bezeichnet, weil sie in hohen Dosen zur Verklumpung roter Blutzellen führen, sind spezifische Proteine, die Kohlenhydrate binden. Trypsininhibitoren hemmen den enzymatischen Proteinabbau. Der Gehalt an diesen Substanzen wird, teils durch die Schälung des Kornguts, teils durch die Hitzebehandlung im Zuge der Herstellung von Produkten weitgehend reduziert. Zwar treten einzelne Trypsin- und Chymotrypsininhibitoren auch in thermostabilen Formen auf. Nach Back- oder Kochprozessen können in den Produkten jedoch zumeist nur noch sehr geringe Aktivitäten inhibierend wirkender Substanzen festgestellt werden.

Saponine sind hauptsächlich im Reismeldekorn, in sehr viel geringeren Anteilen auch im Amarantkorn enthalten. Ein Beispiel zeigt die Auswirkungen von Wasch- und Hitzebehandlungen auf den Saponingehalt von Reismeldekorngut (Tab. 64).

Durch Wasch- und Hitzebehandlung ist der Saponingehalt der Produkte drastisch herabsetzbar. Durch die Erhitzung bei der Herstellung eines Lebensmittels wird auch der geringe Gehalt süßer Sorten weiter reduziert. Der Saponingehalt eines Nährmittels, das aus bitterem, gewaschenem Korngut hergestellt wurde, war schließlich gleichermaßen minimal wie bei der Verwendung von süßem Korngut (Tab. 64).

Ein weiteres Beispiel zeigt die Auswirkungen des Kochprozesses auf die Trypsininhibitorenaktivität von Amarantkorngut. Amarantkorngut sollte auf seine Eignung als Futtermittel in der Hähnchenaufzucht überprüft werden, vorausgehend wurden im Labor Fütterungsversuche mit Ratten durchgeführt.

Tab. 64: Wasch- und Hitzebehandlungseffekte auf den Saponingehalt von Reismeldekorngut bzw. daraus hergestellter Lebensmittel (GEE et al. 1993)

Produkt	Behandlung[1]	Saponingehalt (%, Produkttrockenmasse = 100)
Reismelde - Korngut	Bittere Sorte, ungewaschen Bittere Sorte, gewaschen Süße Sorte	1,38 0,38 0,14
Aus Korngut über eine Erhitzung hergestelltes Kindernährmittel[2]	Bittere Sorte, ungewaschen Bittere Sorte, gewaschen Süße Sorte	0,39 0,06 0,04

[1] Korngut der bitteren Sorte wurde 5 mal mit Wasser gewaschen
[2] Korngut gemahlen, mit Zuckerlösung versetzt, kurzzeiterhitzt (140 °C), getrocknet (150 °C)

Die Verfütterung von unbehandeltem rohem Korngut zeigte nur geringe Erfolge. Gekocht wies das Amarantkorngut eine wesentlich geringere Trypsininhibitorenaktivität auf als im rohen Zustand. Parallel stiegen die täglichen Gewichtszunahmen und die Endgewichte der Versuchstiere erheblich an (Tab. 65). Darüber hinaus wird deutlich, daß sich das Korngut der verwendeten Amarantsorten sowohl im Gehalt an antinutritiver Aktivität als auch in der Auswirkung auf die Gewichtszunahme der Tiere unterschied.

Tab. 65: Auswirkungen der Hitzebehandlung von Amarantkorngut auf die Trypsininhibitoraktivität (%, Kontrollwertaktivität = 100), die Gewichtszunahme (g Tag^{-1}) und das Endgewicht (g) von Versuchstieren[1] (FADEL et al. 1996)

Amarantsorte[2]	Behandlung des Kornguts	T.-Inhibitoraktivität (%)	Gewichtszuwachs (g Tag^{-1})	Endgewicht (g)
R 158	roh	36,5	1,0 (d)[3]	74 (d)
K 343	roh	55,1	3,3 (c)	106 (c)
477913	roh	44,8	1,3 (d)	81 (d)
R 158	gekocht	10,9	6,4 (a)	146 (a)
K 343	gekocht	14,6	6,6 (a)	154 (a)
477913	gekocht	18,4	4,8 (b)	124 (b)

[1] Versuchstiere: Ratten
[2] R 158 und 477913: *A. cruentus*-Sorten; K 343: *A. hypochondriacus*-Sorte
[3] Mittelwerte mit unterschiedlichen Buchstaben sind bei 5% Grenzwahrscheinlichkeit signifikant verschieden

Phytinsäureverbindungen, Phytate dienen der Pflanze als Phosphor- und Energiespeicher. Diese Speicherstoffe sind hauptsächlich in den Aleuronzellen und/oder im Keimling eingelagert. Für den menschlichen Körper sind Phytate nicht direkt nutzbar, da das Enzym Phytase nicht gebildet wird. Dieser Mangel begrenzt die Verwertbarkeit von Phosphat und von Mineralstoffen, die an die Phytinsäure gebunden sind. Jedoch beeinflußt auch der Phytasegehalt und der Gehalt an Phosphatasen in den Körnern die Verfügbarkeit. Zudem fördern Hitzebehandlungen den Abbau von Phytinsäure.

Spezielle Inhaltsstoffe
Obwohl in den zurückliegenden Kapiteln in verschiedenen Zusammenhängen bereits erwähnt, werden die speziellen Inhaltsstoffe von Buchweizen, Reismelde und Amarant werden in der Tabelle 68 nochmals zusammengefaßt. Teils sind die Stoffe im Korngut in geringerer, teils in höherer Konzentration enthalten als in den vegetativen Pflanzenteilen. Der Gehalt an phenolischen Komponenten liegt in den Schalen des Gewöhnlichen Buchweizens zwischen 0,1 und 0,8%, in den Kernen ist der Gehalt gering. Der Tatarische Buchweizen erreicht in den Schalen einen Gehalt von nahezu 2%, in den Kernen einen Gehalt von 1,5%. Flavonoide, phenolische Säuren und kondensierte Tannine sind wichtige phenolische Gruppen. In geringen Anteilen in den Samen, hier vermehrt in den Schalen, in größeren Anteilen in den Blüten und den Blättern ist das Flavonoid Rutin enthalten. Auch diese spezielle Substanz weist im Tatarischen Buchweizen höhere Konzentrationen auf als im Gewöhnlichen Buchweizen. Außerdem enthalten die Samen, insbesondere die Schalen und die vegetativen Pflanzenteile von Buchweizen Anthozyane, Zyanidine und Pigmente. Das Pigment Fagopyrin ist ein roter, fluoreszierender Farbstoff, der konzentrationsabhängig die Empfindlichkeit der Haut gegenüber Sonnenbestrahlung steigert.

Darüber hinaus enthalten Buchweizenkörner bzw. die daraus hergestellten Mahlprodukte ernährungsphysiologisch bedeutende Stoffgruppen, die bereits genannt, aber noch nicht zusammenhängend dargestellt wurden. Eine Stoffgruppe umfaßt eine Reihe löslicher Kohlenhydrate, deren Wirkungen positiv beurteilt werden. Hierzu gehören das D-Chiro-Inositol sowie die Fagopyritole. Letzere sind α-Galaktosyl-Derivate des D-Chiro-Inositols. Die Stoffe sind im Keimling des Buchweizenkorns in höheren Konzentrationen enthalten als im Mehlkörper (Tab. 66).

Das D-Chiro-Inositol und seine Derivate, insbesondere das quantitativ dominierende Fagopyritol B1, sind vermutlich physiologisch bei der Abwehr insulinunabhängiger Diabetes wirksam. Die Substanzen werden daher als gesundheitlich wertvolle Inhaltsstoffe bezeichnet.
Eine zweite Stoffgruppe umfaßt mehrere Proteine mit unterschiedlichen Molekulargewichten. Diese Verbindungen können bei empfindlichen Personen allergische Reaktionen auslösen. Bisherigen Untersuchungen folgend, sind die Proteine Komponenten der Globulinfraktion (Tab. 67).

Tab. 66: Gehalt an löslichen Kohlenhydraten (mg g^{-1} Trockenmasse) im Buchweizenkorn (OBENDORF 1998, verändert)

Kohlenhydrate Verbindungen	Gehalt (mg g^{-1} Trockenmasse)					
	Keimling			Mehlkörper		
Saccharose	30,5	±	0,5	7,0	±	0,4
D-Chiro-Inositol	0,8	±	0,2	0,2	±	0,0
Fagopyritol A1	2,1	±	0,3	0,4	±	0,1
Fagopyritol B1	41,2	±	3,0	2,8	±	0,4
Fagopyritol A2	0,9	±	0,1	0,2	±	0,0
Fagopyritol B2	1,5	±	0,2	0,4	±	0,0
Fagopyritol B3	0,2	±	0,1	Spuren		
Gesamt	77,2	±	4,2	11,0	±	0,8

Soweit bisher bekannt, tritt die Empfindlichkeit gegenüber diesen Proteinen bei Kindern und Erwachsenen relativ selten auf. Die Auswirkungen erstrecken sich auf Bauchschmerzen, Durchfall und Müdigkeit.

Tab. 67: Bisher bekannte, potentiell allergene Proteine im Buchweizenkorn

Molekulargewichte allergener Proteine	Literaturangabe
8-9 k Da[1)]	YANO et al. 1989
24 k Da	URISU et al. 1994
22, 36, 39-40, 69-70 k Da	NAIR and ADACHI 1998

[1)] Da = Dalton, Kda = Kilo Dalton, Maßzahl für die molekulare Masse

Originär tragen Substanzen wie die Tannine und die Saponine zum Schutz der Pflanze vor biotischen und abiotischen Streß- und Schadeffekten bei. Dies gilt nicht nur für die Mutterpflanze, sondern auch für den Samen als reproduktionsfähigem Organ. Die Substanzen sollen den Keimling im Boden vor dem Angriff bodenbürtiger Schadorganismen schützen. Zweifellos steigt die Schutzwirkung mit der Konzentration dieser speziellen Stoffgruppen. Betrachtet man die Pflanzenteile als eßbare Rohstoffe, so bewirken steigende Konzentrationen dieser Stoffgruppen in zunehmendem Maße antinutritive Effekte, die sich bis zu gravierenden Schädigungen ausweiten können. In geringen Konzentrationen und in begrenzten Mengen genossen, überwiegen ernährungsphysiologisch positive Effekte: dosis venenum facit.

Tab. 68: Zusammenfassung besonderer Inhaltsstoffe von Buchweizen, Reismelde und Amarant mit speziellen Nutz- und Schadwirkungen

Arten	Substanzen	Pflanzenteile	Nutz- und Schadeffekte
Buchweizen	Tannine (Polyphenol) und andere phenolische Verbindungen	Fruchtschalen (0,1-0,8%)	• Schutz des Samens vor biotischen und abiotischen Schadeffekten. • Antimikrobielle, antioxitative Effekte. • Mit Aufnahme steigender Mengen antinutritive Effekte, physiologische Schadeffekte.
	Rutin (Flavoglycosid) und andere Flavonoide	Blüten, Blätter (1-6% i.T.), Samen (0,01-2,9% i.T.)	• Stabilisierung der Blutgefäßelastizität. • Prophylaxe von Arteriosklerose und Blutgerinselbildung. Antibakterielle, antioxitative Effekte. • Mit Aufnahme steigender Mengen antinutritive und schädliche Effekte.
	Fagopyrin (Naphtodien-thron-Derivat)	Vegetative Pflanzenteile, Samen	• Homöopathische Anwendung bei Hautreizungen. • Bei höheren Dosen Zunahme der Hautempfindlichkeit gegen Sonnenbestrahlung - Blasenbildung (Fagopyrismus) bei Menschen und Tieren.
	D-Chiro-Inositol (Kohlenhydrat) und Fagopyritole	Samen	• Reduktion der Symptome von insulinunabhängiger Diabetes.
	Spezielle Proteine (z.T. Globuline)	Samen	• Allergene - Auslösung allergischer Reaktionen.
Reismelde	Saponine (Sapogenol = Kombination aus triterpenoiden Aglyconen)	Fruchtschalen (0,01-4,5% i.T.), Vegetative Pflanzenteile	• Schutz der Pflanze vor Insektenbefall, Vogelfraß. • Beteiligung an der Regulation des Cholesterinspiegels im Blut. • Mit steigender Konzentration bitterer Geschmack, Beeinträchtigung der Membranfunktionen von Schleimhautzellen, Hämolyse roter Blutkörperchen. • Nutzung als technischer Rohstoff.
Amarant	Tannine (Polyphenole)	Samenschalen (0,08-0,4%)	• Schutz des Samens vor biotischen und abiotischen Schadeffekten. • Antimikrobielle, antioxitative Effekte. • Mit steigender Konzentration und Aufnahme antinutritive Effekte, bitterer Geschmack.
	Squalen (Triterpen-Hydrokarbon)	Samen (0,3-0,5% i.T.) bzw. Samenöl (5-8%)	• Beteiligung an der Regulation des Cholesterinspiegels im Blut. • Technischer Rohstoff für Hautkosmetika. • Schmierstoff in der Computerindustrie.
	Tocotrienol (Vitamin E-Isomer)	Samenöl (0,1%)	• Beteiligung an der Regulation des Cholesterinspiegels im Blut.
	Gamma-Linolensäure (Metabolit der Linolensäure)	Samenöl	• Beteiligung an der Verhinderung von Stoffwechselkrankheiten.

Squalen, Tocotrienol, auch die Gamma-Linolensäure, alle drei Substanzen sind im Fettkomplex des Kornguts von Amarant enthalten und können zur Absenkung des Cholesterinspiegels im Blut beitragen. Neue polnische und amerikanische Untersuchungen weisen jedoch darauf hin, daß die Hemmung der Cholesterolsynthese nach dem Genuß von Amarantkorngut offensichtlich nicht allein auf Effekte dieser Substanzen zurückgeht. Vielmehr sind u.a. die Ballaststoffe, insbesondere die wasserlöslichen Fraktionen beteiligt. Dies zeigen Fütterungsversuche mit Versuchstieren. Auf definierter Proteinbasis wurde einer Versuchstiergruppe unbehandeltes, einer anderen entfettetes Amarantkornmaterial verabreicht. Verglichen mit einer Kontrollgruppe wiesen die Versuchstiere - Ratten - beider Fütterungsvarianten nach dreiwöchiger Versuchsdauer eine Absenkung des Cholesterinspiegels im Blutserum um über 30%, und in der Leber um über 40% auf. Dieses Ergebnis hebt den bedeutenden Einfluß der Ballaststoffe hervor.

Tab. 69: Effekte von behandeltem und unbehandeltem Amarantkorngut auf den Leber-Enzymhaushalt 6 Wochen alter Weißer Leghorn-Kücken (QURESHI et al. 1996, verändert)

Futtervarianten	Cholesterol-7a-Hydroxilase-Aktivität	HMG-CoA-Reduktase-Aktivität
(pmol mg^{-1} mikrosomales Protein • min.)		
Mais + Soja (Kontrolle)	820 (b)[1]	431 (a)
Amarantkörner, unbehandelt (Sorte K 343)	902 (a)	424 (a)
Amarant, gemahlen (Sorte K 343)	835 (b)	413 (a)
Amarant, gepopt, gemahlen (Sorte K 343)	902 (a)	409 (a)
Amarant, gemahlen (Sorte AAI-1492)	850 (b)	408 (a)
Amarant, gepopt, gemahlen (Sorte AAI-1492)	920 (a)	401 (b)

[1] Mittelwerte mit unterschiedlichen Buchstaben sind bei 1% Grenzwahrscheinlichkeit signifikant verschieden

In die gleiche Richtung weisen amerikanische Befunde aus Fütterungsversuchen mit Kücken. Die Substanzen im Fettkomplex von Amarant beeinflussen den Enzymhaushalt der Leber. Die Aktivität der Leber-Cholesterol-7a-Hydroxilase, des Enzyms, das den Cholesterolabbau reguliert, lag bei Tieren, die mit Amarant angereichertes Futter erhielten, bis zu 12% über der Enzymaktivität der Kontrollvarianten. Jedoch wurde die

Aktivität einer Leber-Reduktase, die die Cholesterolbiosyntheserate reguliert, nur um 5 - 10% gesenkt. Diese geringe Absenkung weist darauf hin, daß andere Stoffe, z.B. die Ballaststoffe, an der durch die Amarantkost bewirkten Reduktion des Cholesterinspiegels im Blut beteiligt sein müssen (Tab. 69).

Die Linolensäure muß als essentielle Fettsäure, die vom Körper nicht gebildet werden kann, mit der Nahrung aufgenommen werden. Ihre physiologische Funktion erfüllt sie nur dann, wenn sie sukzessive vollständig metabolisiert wird. Zunächst muß die Linolensäure in die γ-Linolensäure umgewandelt werden. Wenn der Körper nicht in der Lage ist, genügend γ-Linolensäure zu produzieren, können Krankheiten entstehen. Beispielsweise sind Ekzeme und Diabetes mit einem unterproportionalen Blutgehalt an γ-Linolensäure und an weiteren Linolensäure-Metaboliten verbunden. Der Gehalt an γ-Linolensäure trägt daher zur Verhinderung von Krankheiten bei.

Zusammengenommen sind dies Hinweise auf ernährungsphysiologische Wirkungen, die häufig Kombinationseffekte verschiedener Substanzgruppen darstellen. Vermutlich treten solche Kombinationseffekte, unterstützt durch aufbereitende und aufschließende Behandlungsmaßnahmen - nicht nur beim Amarant - in vielfachen Variationen auf. Dem steht die Nachfrage nach einer einzigen, isolierten Substanz, z.B. nach Squalen als technischem Rohstoff gegenüber.

2.1.3 Lebensmittel, Gerichte, Rezepte

Aufbereitung

Korngut ist zur weiteren Verwendung bei der Herstellung von Lebensmitteln und Gerichten in verschiedener Weise aufbereitbar. Dabei ist zu berücksichtigen, daß das Korngut der Pseudogetreidearten, insbesondere das von Reismelde und Amarant, einen hohen Fettgehalt aufweist und daß alle Arten große Anteile ungesättigter Fettsäuren besitzen. Sobald die Fette nach Schäl- und/oder Zerkleinerungs- und Mahlprozessen mit Luftsauerstoff in Berührung kommen, besteht Verderbnisgefahr. Entweder müssen daher die Kornmaterialien kurzfristig frisch aufbereitet, oder aufbereitete Produkte unter Luftabschluß kühl gelagert werden.

Die Tabelle 70 faßt wichtige Aufbereitungsvarianten auf zentrale Schritte kurz zusammen. Die Verfahren sind für die einzelnen Arten unterschiedlich bedeutend und geeignet. Dies hängt mit den differenzierten technologischen Eigenschaften der Kornrohstoffe, aber auch mit den Eßgewohnheiten und den Produktvorstellungen einer Bevölkerung zusammen. Zudem sei nochmals auf die Zusatzfunktion des Buchweizen-, Reismelde- und Amarantkornguts hingewiesen. Bezogen auf die Mehrzahl genußfertiger Produkte und Gerichte gilt die Einschränkung der Zusatzfunktion allerdings häufig auch für das Korngut der Getreidearten.

Gequollenes, kaum zerkleinertes Korngut verschiedener Arten wird in geringen Anteilen Brotteigen, z.B. zur Mineral- und Ballaststoffanreicherung, zur Feuchthaltung der Krume und zur Geschmacksbeeinflussung zugesetzt. Darüber hinaus wird gequollenes Korngut zur Herstellung spezieller Süßspeisen verwendet.

Tab. 70: Möglichkeiten der Aufbereitung des Kornguts von Pseudogetreidearten zu unterschiedlichen Ausgangsprodukten für die Herstellung von Lebensmitteln

Ausgangsprodukte	Zentrale Aufbereitungsschritte	Herstellbare Lebensmittel
Körner	• Reinigen, sortieren, ggf. schälen bzw. schleifen bzw. waschen und rücktrocknen. • Einquellen.	Brot Müsli Spez. Süßspeisen Gemüsegerichte „Reis"
Mehle mit unterschiedlicher Struktur, Teilchengröße und stofflicher Zusammensetzung	• Reinigen, sortieren, ggf. schälen bzw. schleifen bzw. waschen und rücktrocknen. • Netzen, abstehen lassen, Oberflächenreinigung. • Mahlen: zerkleinern, trennen, mischen.	Brote Gebäcksorten Kuchen, Kekse Suppen
Speisestärke	• Reinigen, sortieren, ggf. schälen bzw. schleifen bzw. waschen und rücktrocknen. • Netzen, abstehen lassen, Oberflächenreinigung. • Mahlen: zerkleinern, trennen, mischen.	Soßen, Süßspeisen
Schrote mit unterschiedlicher Struktur und Teilchengröße	• Reinigen, sortieren, ggf. schälen bzw. schleifen bzw. waschen und rücktrocknen. • Oberflächenreinigung. • Schroten: anreißen, zerkleinern, ggf. trennen.	Müsli Suppen Brei Gebäck Wurst
Flocken bzw. Schmelzflocken	• Reinigen, sortieren, ggf. schälen bzw. schleifen bzw. waschen und rücktrocknen. • Hydrothermische Behandlung, dämpfen. • Flockieren: walzen, trocknen. • Schmelzflocken: flockieren, anschließend mahlen.	Müsli Suppen Brei Fleischprodukte Nahrungsmittel für Kleinkinder
Gepoptes Kornmaterial (Popkorn)	• Reinigen, sortieren, ggf. schälen bzw. schleifen bzw. waschen und rücktrocknen. • Popen: kurzzeiterhitzen. • Ggf. sortieren.	Müsli Snacks Riegel Gebäcksorten Süßspeisen
Extrudierte Produkte	• Reinigen, sortieren ggf. schälen bzw. schleifen bzw. waschen und rücktrocknen. • Mahlen. • Extrudieren: unter Wasserzusatz bei einem definierten Druck-Temperaturregime aufschäumen.	Spezielle Brot- und Gebäcksorten
Keimlinge, Sprossen	• Reinigen, sortieren. • Weichen. • Ankeimen, begrenztes Wachstum.	Zugabe zu Salaten, Gemüsegerichten, Auflaufgerichten
Malz	• Reinigen, sortieren, ggf. waschen und rücktrocknen. • Weichen und ankeimen. • Trocknen, ggf. darren, schroten.	Gebäcksorten Getränke Schnäpse

Hauptsächlich wird das Korngut zu Mehlen unterschiedlicher Qualität und zu Schroten verarbeitet, die in Mischungen Ausgangsprodukte für Brote und Gebäcke darstellen. Mehr- und Vielkornbrote und Frühstückscerealien, die Kornanteile verschiedener Pseudogetreidearten enthalten, führen auch die amerikanische Produktpalette an.

In Entwicklungsländern, in denen die Bevölkerung unter Eiweißmangel leidet, ist die Zumischung lysinreicher Mehle von Pseudogetreidearten zu lysinarmen Mais- oder Reismehlen von besonderem Interesse. In entwickelten Regionen rücken die ernährungsphysiologischen Effekte der Ballast- und der Mineralstoffe sowie der artspezifischen Inhaltsstoffe in zugemischten Mehlanteilen in den Vordergrund. Biskuit-, Blätter- und andere Kuchenteige können, ähnlich glutenfreien Teigen, mit Hilfe von Backpulver, Eiern oder Emulgatoren optimiert werden. Darüber hinaus können Zusätze löslicher Polyfructane oder unlöslicher Ballaststoffe auf Cellulose-Hemicellulosebasis die ernährungsphysiologisch günstigen Eigenschaften der Gebäcke unterstützen.

Für glutenempfindliche Personengruppen ist die Glutenarmut der Mehle die wichtigste Eigenschaft. Um glutenfreie Brote herzustellen, sind Mischungen aus glutenfreien Mehlen erforderlich. Neben den Pseudogetreidearten kommen der Reis, der Mais und andere Arten wie Hafer, Lein, Hirse, auch Körnerleguminosen in Frage. Der Zusatz von Ei-Eiweiß ist hilfreich.

Flocken, die durch das Quetschen hydrothermisch vorbehandelten Reismelde- oder Amarantkornguts hergestellt werden, sind im Vergleich zu Haferflocken kleiner und rundlich. Mit der Flockierung sind bereits gewisse physikochemische Aufschlußprozesse verbunden. Ähnliches gilt für das Puffen oder Popen von Korngut. Hierzu wird Amarant, auch die Reismelde, weniger der Buchweizen herangezogen. Der Anteil horniger Stärkekomplexe im Mehlkörper ist mitbestimmend für die Verpopungsfähigkeit. Außerdem nimmt die Stabilität der Samenschale und die Festigkeit, mit der die Samenschale mit dem Mehlkörper verwachsen ist, Einfluß darauf, wie rasch und wie weit sich der Korninhalt infolge der Behandlung ausdehnt. Die Eigenschaften sind arten- und sortenverschieden ausgeprägt. Schwarzfarbiges Amarantkorngut erwies sich als weniger geeignet zum Popen als hellfarbiges Korngut. Durch lokale Hitzebehandlung steigt der Wasserdampfpartialdruck, mit der Ausdehnung des Korninhalts und dem Zerreissen der Schalen ist ein Druckabfall verbunden. Neben Aufschlußeffekten treten Rösteffekte auf, die das Produkt geschmacklich positiv beeinflussen. Gepoptes Material wird auch gemahlen vielseitig verwendet.

Die Tabelle 71 zeigt bei Amarantkorngut, daß gängige Aufbereitungsmaßnahmen das Korngut nur unwesentlich in seiner inhaltsstofflichen Zusammensetzung verändern. Bereits die mit dem Popen oder dem Toasten verbundene kurzfristige Hitzezufuhr setzt aber die Wirksamkeit antinutritiver Substanzen herab.

Die Zumischung von Mahlprodukten aus geflockten oder gepopten Kornmaterialien verbessert die Lockerung der Teige und daraus hergestellter Gebäcke. Es sei daran erinnert, daß die Mehle der Pseudogetreidearten weder die durch die Klebereigenschaften bestimmte Backfähigkeit von Weizenmehlen, noch die durch die Stärkeeigenschaften und die Pentosane bestimmte Backfähigkeit von Roggenmehlen für großvolumige Gebäcke wie Brote oder Brötchen aufweisen. Daher werden die Mehle, soweit nicht glutenfreie Gebäcke hergestellt werden sollen, zumeist in Verbindung mit Weizenmehlen verbacken. Jeder zusätzliche Lockerungseffekt durch Vorbehandlungen ist bei höheren Pseudogetreideanteilen vorteilhaft.

Tab. 71: Veränderung der Zusammensetzung des Kornguts (%, Korntrockenmasse = 100) von Amarant, Sorte CAC-064, durch verschiedene Aufbereitungsmaßnahmen (PEDERSEN et al. 1987)

Inhaltsstoffe (%)	Aufbereitungsmaßnahmen			
	unbehandelt	gepopt	geflockt	getoastet
Stärke	65,8	62,7	64,1	61,8
Zucker	2,6	3,1	2,5	2,7
Rohprotein	14,4	14,0	14,0	14,4
Rohfett	10,9	10,2	10,9	10,2
Rohfaser	7,6	8,8	7,5	8,5
Rohasche	2,4	2,5	2,6	2,1
Tannin (%)	0,4	0,3	0,3	0,3
Phytat-P (mg g^{-1})[1]	3,7	4,1	4,0	3,7
Trypsin (U g^{-1})[2]	0,51	0,05	0,31	0,12
Chymotrypsin (U g^{-1})	3,0	2,4	3,3	0,3

[1] mg g^{-1} Korntrockenmasse
[2] U = Einheiten; 1 Einheit ist die Inhibitormenge, die die Aktivität von 1 mg Enzym eliminiert.

Mit dem Mälzen oder mit weiter fortgeschrittenen Keimprozessen ist die Aktivierung amylolytischer, proteolytischer und anderer Enzyme, sowie in der Folge ein Abbau von hochmolekularen Reservestoffen in niedrigermolekulare Baustoffe verbunden. Polysaccharide werden biochemisch in Di- und Monosaccharide, Eiweiße werden in Aminosäuren zerlegt. Dabei verändern sich die Anteile der verschiedenen Aminosäuren. Junge Keimpflanzen, Sprossen genannt, weisen gegenüber den Samen häufig höhere Lysin- und Methioningehalte auf. Der Gehalt an mehrfach ungesättigten Fettsäuren steigt. Mit fortschreitender Keimlingsentwicklung geht auch ein Abbau der sekundären Pflanzeninhaltsstoffe einher. Soweit solche Inhaltsstoffe, wie z.B. die Saponine der Reismelde wasserlöslich sind, werden sie teilweise bereits in der Weiche extrahiert. Insgesamt trägt der Prozeß zur Verbesserung des biologisch-nutritiven Wertes bei. Mit der Ankeimung fällt auch der Phytinsäuregehalt. Durch die Spaltung werden Mineralstoffe frei und für die Ernährung zugänglich. Eine weitere Einwirkungsmöglichkeit für das abbauende Enzym Phytase besteht in der Teigphase. Darauf hingewiesen sei allerdings auch, daß Weich- und Mälzprozesse günstige Keim- und Wachstumsbedingungen für den Pilzbesatz auf dem Korngut bieten (s. Kap. 2.1.2). Malz kann, getrocknet und gemahlen, Brot- und anderen Gebäckteigen bzw. vorgefertigten Mehlmischungen zugesetzt werden. Malzanteile beeinflussen über die ernährungsphysiologischen Werteigenschaften hinaus die physikalischen Teigeigenschaften und die Geschmackscharakteristik der Produkte. Weiter entwickelte „Sprosse" werden in frischem Zustand Salaten oder Gemüsegerichten zugegeben.

Über die Ankeimung von Samen in geeigneten Spurenelementlösungen lassen sich sogar mit Spurenelementen angereicherte Sprossen produzieren. Die Spurenelementkonzentrationen in der Trockenmasse der Sprossen ist um Zehnerpotenzen höher als in den Samen (Tab. 72). Die Veratmung von Kohlenhydraten während des Keimprozesses führt bereits zu einem Konzentrationsanstieg. Hauptursachen sind aber die Adsorption, die Diffusion durch die Schalen sowie die Aufnahme über die Keimwurzeln. Hier kommen Artunterschiede, z.B. in der Samenkorngröße, zum Tragen. Kleine Samen bieten große Oberflächen je Gewichtseinheit Trockenmasse. Von daher sind Reismelde- und vermutlich gleichermaßen die hier nicht einbezogenen Amarantsamen für diese Verfahren von Vorteil.

Ein Verfahren zur Herstellung lockerer Gebäckarten ist die Extrudierung. Hierunter wird das Aufschäumen von Mahlprodukten mit Wasser unter einem definierten Temperatur- und Druckregime verstanden. Nicht jedes Korngut eignet sich gleichermaßen. Entscheidend sind die Eiweißeigenschaften, der Pentosangehalt, auch der Fettgehalt des Rohguts. Mit dem Korngut von Pseudogetreidearten wurden bisher nur Versuche durchgeführt, sehr gut geeignet für die Herstellung extrudierter Produkte ist Buchweizen.

Tab. 72: Spurenelement-Konzentrationen (mg kg^{-1} Trockenmasse) von Gewöhnlichem Buchweizen und von Reismelde verglichen mit Weizen in Samen bzw. in Sprossen drei Tage nach Keimungsbeginn in einer Spurenelementlösung (LINTSCHINGER et al. 1997)

Element	Konzentration der Lösung (mg Element l^{-1})[1]	Buchweizen		Reismelde		Weizen	
		Samen	Sprossen	Samen	Sprossen	Samen	Sprossen
		(mg kg^{-1} TM)[2]		(mg kg^{-1} TM)		(mg kg^{-1} TM)	
Zn	50	25,80	247,0	27,10	419,0	28,60	155,0
Fe	50	67,00	280,0	84,30	375,0	53,20	146,0
Cu	25	7,29	71,3	5,88	123,0	4,68	44,4
Sr	25	0,47	181,0	3,16	252,0	1,93	107,0
Li	25	0,19	164,0	5,55	244,0	0,50	64,3
Se	5	0,30	14,7	< 0,30	18,5	< 0,30	5,4
Mo	5	0,73	17,0	0,52	15,7	1,08	6,3
Cr	5	0,95	11,9	0,82	12,8	0,63	4,6
V	5	0,27	11,4	0,44	13,0	0,53	6,0
Co	5	0,07	18,2	0,05	26,3	0,04	9,8
As	5	< 0,30	9,6	< 0,30	10,8	< 0,30	4,5

[1] l = Liter
[2] TM = Trockenmasse

Traditionelle Gerichte

Das Korngut der Pseudogetreidearten wurde und wird in den Herkunftsländern zur Herstellung traditioneller Produkte und Gerichte verwendet. Einige Beispiele enthält die Tabelle 73.

Tab. 73: Traditionelle Gerichte, hergestellt unter Verwendung von Buchweizen-, Reismelde- oder Amarantkorngut

Korngut	Bezeichnung	Region	Beschreibung	Literaturangabe
Buchweizen	Soba	Japan	Teigwaren (Nudeln)	STURM 1991
	Crépes	Frankreich	Eierpfannkuchen	
	Panhas	Deutschland	Grützwurst (Grütze + Fleisch, Blut + Gewürze)	FELDHEIM und WISKER 1997
	Kasha	Rußland	Brei (Vollkornmehl)	
	Chillare	Indien	Ungesäuerte Brotart	JOSHI and RANA 1995
Reismelde	Crispina	Bolivien	Grobes Fladenbrot	WEBER 1978
	Quinoa-Milch	Bolivien	Getränk aus Keimlingen	DOSER 1986
	Pesque	Ecuador	Reismelde mit Wasser, Milch + Käse gedünstet	VOB 1990
	Mucuna	Peru	Knödelartiges Gericht	
	Pito	Peru	Getränk aus geröstetem Mehl + Wasser	
Amarant	Kheer	Indien	Süßer Brei (gepopte Körner)	JOSHI and RANA 1991
	Chapatti	Himalaya	Fladenbrot (Mehlmischung mit Hirse, Mais)	
	Sattoo	Nepal	Suppe	TEUTONICO and KNORR 1985
	Alegria	Mexiko	Konfekt (gepopte Körner)	

Der Buchweizen wurde früher in Deutschland mit regionalen Schwerpunkten insbesondere zur Bereitung einer Pfannkuchenart, für Brei und zur Herstellung von Wurst verwendet. Auch in anderen Ländern werden aus Buchweizenmehl oder Mehlmischungen Pfannkuchen gebacken. Die Crépes aus der Bretagne basierten ursprünglich auf Buchweizenmehl. Blini, ein russisches Nationalgericht, sind überwiegend aus Buchweizenmehl unter Hefezusatz gebackene Pfannkuchen. Breiformen aus Mehl oder Grütze angerührt, süß oder gesalzen gegessen, sind in Osteuropa verbreitet und heute auch in den USA gefragt. Einer früher bekannten deutschen Wurstspezialität wurde neben Blut, Fleisch und Gewürzen auch Buchweizengrütze zugesetzt. In Japan wird Buchweizen reisähnlich gekocht, oder zu Nudeln verarbeitet als Beilage zu Fleisch- oder Gemüsegerichten verzehrt. Verbreitet war und ist darüber hinaus die Verwendung von Buchweizenmehl zur Brotherstellung. In Regionen Österreichs und in Südtirol wurden und werden Mischbrote mit bis zu 50% Buchweizenmehl, sowie spezielle Buchweizenkuchen und -torten gebacken.

Reismelde- und Amarantkorngut wurde in den Ländern Südamerikas und in Regionen Indiens in mehr oder weniger großem Umfang in die tägliche Nahrung einbezogen. Nachdem viele Einflüsse, auch das Streben nach einem gehobenen sozialen Status, die Verwendung dieser Arten zugunsten der Getreidearten zurückdrängte, werden sie heute wieder verstärkt zur Zubereitung traditioneller Speisen und Produkte verwendet. Hierzu gehören Fladenbrotsorten, die zumeist aus Mehlmischungen hergestellt werden, sowie suppenartige Gerichte und Getränke (Tab. 73). Auch gepopte Produkte, bzw. aus gepoptem Korngut hergestellte Produkte, Süßspeisen und Konfekt mit Honig oder Zucker und Gewürzen zubereitet, sind seit langem bekannt.

In einzelnen Provinzen Chinas wird insbesondere dem Tatarenbuchweizen erneut Bedeutung zugemessen. Der Tatarenbuchweizen stellt dort ein traditionelles Grundnahrungsmittel dar, dem spezielle gesundheitsfördernde und medizinische Wirkungen nachgesagt werden. Das Korngut wird zur Zubereitung von Brot- und Gebäcksorten, sowie von verschiedenen Gerichten genutzt. Hierzu gehören auch Gerichte, die bei kultisch-religiösen Veranstaltungen gegessen werden. Zudem ist der Tatarenbuchweizen dort ein zentraler Rohstoff für die industrielle Herstellung von Lebensmitteln (Tab. 74). Mit Anteilen anderer Rohstoffe verschnitten, werden Teigwaren, Instantpulver und selbst Getränke produziert und vermarktet.

Tab. 74: Aus dem Korngut von Tatarenbuchweizen industriell hergestellte Produkte in der Liangshan-Provinz in China (ZHAO et al. 1998)

Produkte	Zutaten
Teigwaren, Nudeln	Tatarenbuchweizenmehl, Weizenmehl, Salz.
Instant-Pulver	Tatarenbuchweizenmehl, Milchpulver, Erdnußpulver.
Waffeln	Tatarenbuchweizenmehl, Zucker.
Soßen, Würzen	Tatarenbuchweizen, Gerste, Weizenkleie.
Wein	Tatarenbuchweizenmehl, Gerste, Mungbohnen, Nackthafer.

Aktuelle Rezepturen
Bei der Verwendung von Mehlen zur Herstellung von voluminösem Gebäck, Brot oder Brötchen, kann die Mehlmischung bis zu 40% Mehl von Buchweizen oder von Amarant enthalten. Der größere Teil der Mehlmischung ist Brotgetreidemehl, also Mehl von Backweizen, Dinkel oder Backroggen. Brote mit bis zu 10% saponinarmem

Reismeldemehl erreichen bezüglich der Volumenausbeute, der Struktur und des Geschmacks eine gute Qualität. Mit zunehmenden Anteilen sinkt die Volumenausbeute und die Krumenstruktur der Brote wird gröber (Tab. 75). Während sich bis zu Anteilen von 10%, bei Kleingebäck bis zu 20%, der Geschmack durchaus positiv entwickelt, wird bereits bei Anteilen von 30% ein grasig - bitterer Nachgeschmack festgestellt. Vermutlich ist der geringe Amylosegehalt der Amarant- und der Reismeldestärke (Tab. 51) eine der Ursachen für das abweichende Verhalten der Brote im Hinblick auf die Volumenausbeute und die Krumentextur.

Die Kleber- oder Gluteneigenschaften des Weizenanteils bzw. die Eigenschaften der Stärke und der Pentosane des Roggenanteils in Mehlmischungen sichern das Aufgehen des Teiges, sein Gas- und Formhaltevermögen und damit die Bildung einer lockeren Krume im Backprozeß. Je nach den Anteilen und der Qualität der Mehle wird zur Lockerung Hefe hinzugefügt. Die Teigbereitung läßt eine Vielzahl von Varianten zu, die prinzipiell von der herkömmlichen Brot- und Brötchenherstellung bekannt sind. Brote, insbesondere Vollkornbrote bzw. -teige können mit Anteilen ganzer, vorgekochter, gequollener Körner verschiedener Pseudogetreidearten zubereitet werden. Hierbei steigt die Teigausbeute.

Tab. 75: Backergebnisse mit Weizenmehl der Type 550 in Mischung mit zunehmenden Anteilen von Reismelde- bzw. Amarantmehl (BRÜMMER und MORGENSTERN 1992, verändert)

Teig- bzw. Brotmerkmale	Mehlanteile (%) von Pseudogetreidearten				
	0	10	20	30	40
	Reismelde				
Teigausbeute (ml)	160,0	161,0	161,0	161,0	161,0
Brotvolumenausbeute (ml)	660	570	520	390	340
Krumenbeschaffenheit	zart	zart	fast zart	etwas grob	grob
Krumenfarbe	normal	gelblich	gelblich	gelblich	gelblich
Schneidbarkeit	gut	gut	gut	gut	gut
	Amarant				
Teigausbeute (ml)	160,0	160,0	160,0	160,0	160,0
Brotvolumenausbeute (ml)	660	590	510	385	315
Krumenbeschaffenheit	zart	zart	fast zart	etwas grob	grob
Krumenfarbe	normal	gelblich	gelblich	gelblich	gelblich
Schneidbarkeit	gut	gut	——— beeinträchtigt ———		

Gepoptes Material wird gemahlen verwendet, es trägt sowohl zur Lockerung des Gebäcks als auch zur geschmacklichen Variation bei. Neben Mehlbroten werden Schrot- und Vollkornbrote hergestellt. Wie Mohn- oder Sesamsamen sind, gegebenenfalls in Mischung mit diesen, geschälte Buchweizenkerne, saponinarme Reismeldesamen und Amarantsamen zum Bestreuen von Brötchen zur optischen und geschmacklichen Differenzierung einsetzbar. Zu diesem Zweck könnte schwarzkörniger Amarant, auch und gerade aufgrund seines abweichenden Geschmacks, verwendet werden.

Für glutenempfindliche Personen werden Mehle von Getreidearten mit weitestgehend glutenfreien Körnern, also Reis-, Mais- und Hirsemehle in Mischung mit Mehlen von Pseudogetreidearten herangezogen. Hier entstehen Fladenbrote, je nach weiteren Mischungsbestandteilen mit leicht feuchter oder trockener Krume. Abhängig von den Anteilen und den Eigenschaften der Mehle, der Zugabe von Gewürzen und anderen Zutaten, sowie von den Teigbereitungs- und Backverfahren sind Brote herstellbar, die unterschiedliche Formen und Farben, Krusten- und Krumenstrukturen und unterschiedliche Genuß- und Geschmackseigenschaften besitzen. Hier sei nur auf gemahlene, geschrotete, gepopte und unzerkleinerte Anteile mehrerer Pseudogetreide- und Getreidearten in einem Brot verwiesen. Die Akzeptanz wird von den Eßgewohnheiten, der Suche nach alternativen Geschmacksvarianten und der Nachfrage nach Nahrungsmitteln mit speziellen ernährungsphysiologischen Eigenschaften bestimmt. Im Prinzip gilt das Gleiche für die Verwendung zu verschiedenen Gerichten, Beilagen, Süßspeisen und Kuchen.

Die nachfolgenden Tabellen (Tab. 76, 77, 78a, 78b) zeigen wenige Beispiele für den Einbezug des Kornguts von Buchweizen, Reismelde oder Amarant. Auch hier sind in unterschiedlichem Maße andere Zutaten, wie z.B. verschiedene Gemüsearten und Gewürze geschmacks- und genußbestimmend. Zum Teil werden Kartoffeln, andere Gemüse- oder Getreidearten durch Kornmaterial oder Mahlprodukte von Pseudogetreidearten mit geschmacksdifferenzierenden Effekten ersetzt oder „gestreckt", teils werden aber auch durchaus eigenständige Gerichte hergestellt. Für die Zubereitung warmer Hauptgerichte, Aufläufe oder Gemüsepfannen, stellt häufig vorgekochtes, gequollenes Korngut die Basis dar. Als Frühstückscerealien sind gemahlene, geschrotete, gepopte oder geröstete Körner von Buchweizen, Reismelde und Amarant für unterschiedliche Müsliformen und Mischungen geeignet. Auf die Verwendung vornehmlich von Buchweizengrütze, Reismelde- und Amarantflocken, eventuell gemischt mit Cerealien wie z.B. Haferflocken, zur Bereitung von Brei wurde an anderer Stelle bereits hingewiesen.

Sowohl das Korngut von Buchweizen, als auch das von Reismelde und Amarant ist für die Herstellung von Teigwaren aufbereitbar. Die Teige werden entweder mit Anteilen von ca. 80% Hartweizen hergestellt. Oder die Teige werden unter Zusatz von Eiern und Hydrokolloiden gebunden. Bittere Geschmackstendenzen von Reismeldeteigwaren verlieren sich beim Kochen. Die Farbe und andere Eigenschaften der Teigwaren werden u.a. vom Grad der Schalenseparierung im Mahlprozeß bestimmt.

Tab. 76: Buchweizen - Ausgewählte Rezepte

Bezeichnung	Zutaten	Zubereitung
Gerichte		
Buchweizen-kern-Risotto (IGV 1995)	300 g Buchweizenkerne 50 g Zwiebeln 40 g Sojaöl 0,6 l Hühnerbrühe 20 g Butter 20 g geriebener Parmesan Salz, Muskat	• Zwiebeln in Würfel schneiden, in Öl anschwitzen bis sie glasig sind. • Dann gewaschene Buchweizenkerne mit anschwitzen, mit Hühnerbrühe auffüllen, bei mittlerer Hitze in Bratröhre 15 min. garen. • Butter und Käse unter die Buchweizenkerne ziehen, mit Gewürzen abschmecken.
Buchweizen-Kartoffelklöße (IGV 1995)	500 g gekochte, mehlige Kartoffeln 125 g Buchweizenmehl, hell 50 g mageren Speck 2 Eier 0,1 l lauwarme Milch Salz, Pfeffer, Muskat, gehackte Petersilie	• Heiße Kartoffeln durch Presse drücken, in diese Masse glasig geröstete Speckwürfel, Buchweizenmehl, Milch und Petersilie zugeben. • Gewürze einstreuen und Masse zu Teig verarbeiten, diesen ~30 min. quellen lassen. • 8 Klöse formen und in leicht gesalzenem Wasser garen.
Gebäck		
Buchweizen-Linzer Torte (IVG 1995)	150 g Reismehl 150 g Buchweizenmehl 250 g Walnüsse, gemahlen 120 g Butter 200 g Honig 2 EL Milch 1 TL Zimt 1 Prise Nelken, gemahlen 1 TL Backpuler 200 g Kirschmarmelade Eigelb zum Bestreichen	• Alle Zutaten, Marmelade ausgenommen, zu einem Knetteig verarbeiten. Teig in Frischhaltefolie 30 min. im Kühlschrank ruhen lassen. • Mit dem ausgewalzten Teig eine gefettete Springform auslegen und einen Rand drücken. Marmelade aufstreichen. • Aus restlichem Teig Streifen schneiden, Gitter über die Marmelade legen und mit Eigelb bestreichen. Bei 220 °C ca. 25 min. backen.
Buchweizen-Käsegebäck (IGV 1995)	120 g Reismehl 80 g Buchweizenmehl 80 g Butter 4-6 EL Wasser 100 g Käse, gerieben 1/2 TL Salz 1 Prise Paprika, Curry gemahlener Kümmel	• Alle Zutaten zu einem Teig kneten, zur Rolle formen, zugedeckt ca. 1 Stunde kühl stellen. • Von der Rolle dünne Scheiben abschneiden und auf ein gefettetes Backblech legen. Ggf. mit Kümmel, Sesam bestreuen. • Bei 200 °C ca. 10 - 15 min. backen.

Korngut 119

Tab. 77: Reismelde - Ausgewählte Rezepte

Bezeichnung	Zutaten	Zubereitung
Gerichte		
Fisch-Gemüse-Auflauf mit Reismelde (WORLÉE 1999)	350 g Möhren 2 Zwiebeln 1 Knoblauchzehe 1/2 l Gemüsebrühe 200 g Reismeldekorn 200 g Créme fraiche 3 EL Zitronensaft 500 g Rotbarschfilet Pfeffer, Koriander, Piment	• Möhren, Zwiebeln, Knoblauch kleinschneiden, in heißem Öl glasig dünsten, mit Wasser ablöschen, salzen, 10 min. schmoren lassen. • Gemüsebrühe kochen, Reismelde zugeben, bei kleiner Hitze 15 min. garen, Gemüse und Créme fraiche zugeben, mischen, Zitronensaft zugeben, würzen, Mischung in feuerfeste Form geben. • Fisch in Stücke schneiden, auf Gemüse legen, zugedeckte Form bei 200 °C ca. 30 min. backen.
Kartoffeln mit grüner Reismeldesoße (POSCH 1997)	2 Tassen Reismeldekorn 50 g geriebener Käse 1 Bund Spinat 5 EL Öl 2 Zwiebeln 2 Eier, hartgekocht 4-5 Kartoffeln Paprikapulver, Salz, Pfeffer, Knoblauchzehen, Oliven, grüner Salat	• Reismelde in Wasser garen, Kartoffeln, Spinat ebenfalls weichkochen, Knoblauch, Zwiebeln und Paprika anrösten. • Spinat mit Käse pürieren, Reismelde dazugeben, mischen, würzen, kochen lassen. • Salatblätter in einer Schüssel auslegen, Kartoffeln darauf legen, mit grüner Soße bedecken. Mit Scheiben der hartgekochten Eier und Oliven garnieren.
Gebäck		
Reismelde-Pfannkuchen (WORLÉE 1999)	4 Eier 100 g Reismeldemehl 100 g Weizenmehl 1/2 TL Salz 350 ml Milch 250 ml Mineralwasser	• Eier und Mehle verquirlen, Salz und Milch zugeben und zu einem glatten Teig verrühren. • Mineralwasser zugeben, zu dünnem Teig verrühren, 30 min. quellen lassen. • Pfannkuchen in heißem Öl beidseitig goldbraun braten.
Biskuitmasse aus Reismelde und Buchweizen (KUHN 1996)	50 g Reismeldemehl 50 g Buchweizenmehl 20 g Stärke 135 g Zucker 150 g Vollei 45 g Wasser 3,7 g Backpulver 18 g Aufschlagemulgator	• Alle Zutaten vermischen, mit Rührgerät/Schneebesen - Stufe 3 ca. 4-5 min. verquirlen. • Teig in Formen oder Stahlzylinder, unten auf Backpapier aufsitzend, füllen. • Bei 200 °C ca. 25 min. backen.

Tab. 78a: Amarant - Ausgewählte Rezepte für Gerichte und Gebäck

Bezeichnung	Zutaten	Zubereitung
Gerichte		
Amarant-creme-Suppe (MOHR-LÜLLMANN 1994)	200 g Mehl aus Amarantpopkorn 1 l Gemüsebrühe 1 Stange Lauch 1 Zwiebel 40 g Butter 100 g Sahne 1-2 EL Amarantmehl zum Andicken Pfeffer, Muskatnuß, geriebener Käse, Schnittlauch	• Amarantmehl in Gemüsebrühe zum Kochen bringen, ca. 20 min. auf kleiner Stufe köcheln lassen. • Lauch, Zwiebeln kleinschneiden, in Butter andünsten, zum Amarant geben, weitere 10 min. garen lassen. • Mit Gewürzen abschmecken, mit Mehl ggf. etwas andicken, mit geriebenem Käse und Schnittlauch garnieren.
Amarantpuffer (MOHR-LÜLLMANN 1994)	180 g Amarantmehl 1 TL Meersalz 25 g Butter 1 Zwiebel heißes Wasser, Öl	• Zwiebeln klein schneiden, in Butter glasig dünsten. • Amarantmehl mit Salz mischen, Zwiebeln dazugeben. • Teig eßlöffelweise in Pfanne mit heißem Öl ausbacken.
Gebäck		
Inkakuchen (ALLOS 1994)	125 g Amarant-Popkorn 125 g Weizenmehl 60 g Butter 120 g Honig 2 Eier 150 ml Milch 50-75 g gehackte Haselnüsse 1 Prise Meersalz 1½ TL Weinsteinbackpulver 1 Prise Bourbon-Vanille, abgeriebene Zitronenschale	• Butter und Honig schaumig schlagen, Eier und Zitronenschale unterrühren. • Amarant mit Weizenmehl, Meersalz, Backpulver, Vanille mischen, unter Milchzugabe verrühren, Haselnüsse zugeben. • Teig in gefettete Kastenform geben, bei 180 °C im Backofen ca. 45 min. backen. Anschließend Kuchen stürzen und auskühlen lassen.
Teegebäck (POSCH 1997)	1,5 Tasse feines Amarantmehl 1 Ei 0,5 Tasse Joghurt 2 EL Sonnenblumenöl 2 EL Honig 0,25 TL Salz 0,25 TL Weinsteinbackpulver	• Honig, Salz, Ei, Öl und Joghurt schaumig rühren. • Backpulver zufügen, gut mischen und langsam das Amarantmehl unterrühren. • Teig in kleine eingefettete Backförmchen geben und 20-25 min. bei 175 °C backen.

Tab. 78b: Amarant - Ausgewählte Rezepte für Fleischprodukte

Bezeichnung	Zutaten	Zubereitung
Fleischgerichte		
Bratlinge (BÄR 1998)	200 g Bärnkrafft-Amarant-Grünkernmischung 200 g frisches Gemüse (z.B. Zwiebel, Möhre, Paprika) 200 ml Wasser 300 g Hackfleisch oder Wurstbrät	• Gemischtes Gemüse grob raffeln, Wasser und die Amarant-Grünkernmischung zugeben, durchmischen. Anschließend Hackfleisch oder Wurstbrät zugeben und durchmischen. • Mischung ca. 15 min. köcheln lassen, Bratlinge formen. • Bratlinge in der Pfanne braten
Frikadellen (BÄR 1999)	167 g Gewürzte, kernige Bärnkrafft-Amarant-Vollkornflocken 166 ml kaltes Wasser 667 g Hackfleisch oder Wurstbrät	• Amarant-Vollkornflocken mit Wasser vermischen, anschließend ca. 5 min. quellen lassen. • Gequollene Amarantvollkornflocken mit Hackfleisch oder Wurstbrät vermengen. • Frikadellen formen und in der Pfanne braten.
Bratwurstgehäck mit Amarant (FISCHER und BÄR 1999)	423 g Schweinefleisch (Schulter) 228 g Schweinebacken 169 g Amarant-Vollkornflocken (Sorte Pastewny II) 163 ml Wasser 14 g Kochsalz 3 g Gewüzre (schwarzer Pfeffer, Majoran, Piment, Kardamon)	• Amarantvollkornflocken mit Wasser vermischen, anschließend 5 min. quellen lassen. • Gequollene Amarantvollkornflocken mit Schweinehackfleisch vermischen, Salz und Gewürze zufügen und vermengen. • Fertige Masse in Dosen füllen, Dosen auf eine Kerntemperatur von 105 °C erhitzen.

Die kommerzielle Produktion von Keimlingen setzt Korngut mit hoher Keimfähigkeit voraus. Aus vielen Gründen ist diese Voraussetzung nicht immer erfüllt. Amarantkeimlinge werden nach 72 Stunden „geerntet", wenn sich die Keimblätter entfaltet haben. Sortentypisch sind die Blätter in frühen Stadien rot oder grün gefärbt. Die Keimlinge sind z.B. für gemischte Salate geeignet. Später verfärben sich die Blätter. Ein unerwünschter Nachgeschmack der Keimlinge nimmt mit jedem weiteren Wachstumstag zu, daher muß frühestmöglich geerntet werden. Verständlich ist allerdings, daß die kleinen Keimpflanzen, entstanden aus sehr kleinen Samen, nur bedingt nur Nutzung geeignet sind. Sorten, die große Samen ausbilden, deren Keimpflanzen nachgeschmacksfrei sind, wären hier erwünscht.

Das Ziel besteht letztlich nicht darin, ungewohnte Genuß- und Geschmackseigenschaften des Kornguts von Pseudogetreidearten bzw. daraus hergestellter Produkte möglichst durch andere Zutaten zu überdecken. Vielmehr sind Gerichte und Produkte zu entwickeln, die entweder arttypische Geschmackseigenschaften als Alternativen deutlich werden lassen, oder die diese Geschmackselemente mit anderen zu neuen Geschmacksrichtungen kombinieren.

Entwicklung neuer Produkte
Früher bekannte Wurstprodukte, die Buchweizengrütze enthielten, wurden bereits genannt. Neuerdings wird versucht, Korngut von Amarant oder Reismelde in Anteilen bei der Verarbeitung von Fleisch zuzusetzen. Für Neuentwicklungen wird Amarantkorngut bevorzugt, da weder eine Schäl- noch eine Saponinproblematik vorliegt.

Amarantflocken werden in Wasser angequollen und nach definierter Quellzeit in Größenordnungen von 10 - 20% einer Hackfleisch- oder Wurstbrätmasse zugesetzt. Hieraus werden Produkte wie Brat- oder Brühwurst, Frikadellen oder Fleischkäse hergestellt (Tab. 78b). Die Zusätze werten das Fleischprodukt ernährungsphysiologisch auf. Mit den Amarantflocken werden Ballast- und Mineralstoffe zu Lasten des Fettgehaltes des Endprodukts zugefügt. Ballaststoffe sind in der reinen Fleischmasse nicht enthalten. Die Kalzium- und die Magnesiumgehalte von Rind- und Schweinefleisch sind sehr gering, die Kornmasse weist je Gewichtseinheit wesentlich höhere Konzentrationen auf, auch ihr Eisengehalt ist wesentlich höher als der von Fleisch. Die ernährungsphysiologische Bedeutung der Zusätze hängt von den integrierbaren Mengen ab, hier sind technologische und geschmacksvariierende Effekte zu berücksichtigen. Die gequollene Kornmasse kann technologisch interessante Bindungseigenschaften entwickeln, die sich durchaus positiv auf die genannten Endprodukte auswirken. Mit ansteigendem Amarantanteil verändern sich auch die Farb- und die Geschmackseigenschaften. Insbesondere der Zusatz schwarzer Amarantkörner führt natürlich zu „anderen" Produkten. Wie weit solche Varianten nachgefragt werden, ist zu prüfen.

Darüber hinaus wurden mit gepoptem Amarant verschiedene Konfektarten, z.B. Schoko-Amarantwürfel mit unterschiedlichen Schokoladenanteilen und Geschmacksrichtungen entwickelt. In Kombination mit Hartweizengries werden Amarantnudeln in variierenden Formen hergestellt. Aus gequollenem Amarant und verschiedenen Gemüse- und Getreidearten kombinierte Brotaufstrichvarianten sind fettarme, mineral- und ballaststoffreiche Aufstrichalternativen.

Futtermittel für Haustiere
Das Korngut von Pseudogetreidearten kann als Bestandteil spezieller Futtermittel für Haustiere, Hunde, Katzen und Vögel herangezogen werden. Neben anderen Rohstoffen und Fleischanteilen werden Körner verschiedener Arten industriell zu Fertigprodukten verarbeitet. Die Zusammensetzung wird auf den Bedarf der Tierarten ausgerichtet. Wie bei der Herstellung von Lebensmitteln werden die Rohstoffe nach ernährungsphysiologisch wertgebenden und wertmindernden Inhaltsstoffen bewertet. Da Produkte für diese Haustierarten generell ein wachsendes, hochpreisiges Marktsegment darstellen, bieten sich möglicherweise auch hier entwicklungsfähige Absatzchancen für das Korngut von Pseudogetreidearten.

2.1.4 Andere Produkte

Über die Nutzung der Kornfraktion hinaus sind, wie bereits erwähnt, teils aus generativen, teils aus vegetativen Pflanzenteilen von Buchweizen, Reismelde und Amarant Substanzen für pharmazeutisch-medizinische Zwecke, für kosmetische oder für technische Zwecke gewinnbar. Über eine kommerzielle Gewinnung relevanter Inhaltsstoffe ist wenig bekannt. Die Potentiale werden - nach gegenwärtigem Kenntnisstand - kurz zusammengefaßt.

Buchweizen
Heil- und Arzneimittel
Als therapeutisch einsetzbare Substanz steht das Rutin im Mittelpunkt (Tab. 79). Das Rutin wurde ursprünglich als Vitamin P bezeichnet, ist aber für die normale Funktion der Kapillargefäße nicht essentiell. In abgestimmten, teils homöopathischen Dosierungen soll die Substanz z.B. bei der Stabilisierung brüchiger Blutgefäße, zur Brandprophylaxe nach Erfrierungen und bei der Behandlung der Retinopathie, einer Augen-

Tab. 79: Beispiele zur Verwendung vegetativer Pflanzenteile von Buchweizen bzw. des Inhaltsstoffes Rutin für medizinische Zwecke

Medizin, Substanz	Symptome - Prophylaxe - Behandlung	Literaturangabe
Rutin, aus vegetativen Pflanzenteilen extrahiert	• Prophylaxe gegen Brand bei Erfrierungen. • Reduktion der Brüchigkeit, Stabilisierung der Permeabilität und Verbesserung der Elastizität der Kapillargefäße. • Prophylaxe gegen Arteriosklerose und Blutgerinselbildung. • Prophylaxe gegen Strahlenschäden in extremen Höhenlagen und gegen Schäden infolge von Bestrahlungen. • Behandlung von rheumatischer Arthritis und rheumatischem Fieber. • Behandlung der Augenerkrankung „Retinopathie" bei Diabetikern.	JOSHI and RANA 1995 BOWEN and CUBBIN 1993
Buchweizenblätter oder Blattextrakt	• Behandlung der Augenerkrankung „Retinopathie" bei Diabetikern.	ARCHIMOVICZ-CYRYLOWSKA et al. 1996
Qinchuanke (Medizinische Zubereitung - China)	• Behandlung einer Atemwegserkrankung, hervorgerufen durch *Mycoplasma gallisepticum*, bei Kücken.	LUO et al. 1996

krankheit von Diabetikern, wirksam sein. Außerdem wird das Rutin für pharmazeutische Produkte verwendet, die Schäden infolge radioaktiver Bestrahlungen von Krebspatienten mildern soll. Vermutlich ist das Rutin auch einer der wirksamen Bestandteile einer Medizin mit der Bezeichnung „Qinchuanke", die in China traditionell zur Therapie chronischer Atemwegserkrankungen von Kücken eingesetzt wird (Tab. 79). Zur Zubereitung der Medizin wird, neben anderen Pflanzenarten, der Wilde Buchweizen, *Fagopyrum cymosum*, der im Rutingehalt anderen Buchweizenarten überlegen ist, verwendet.

Die Blätter der Buchweizenpflanze weisen den vergleichsweise höchsten Rutingehalt auf. Der Gehalt nimmt über junge Blätter zu den älteren Blättern und den Internodien ab (Tab. 80). Darüber hinaus ist Rutin in den Kornschalen enthalten, dessen Bedeutung wurde an anderer Stelle bereits erörtert. Generell variiert der Rutingehalt der Pflanzenteile von Sorte zu Sorte erheblich. Die Sortenunterschiede interagieren zudem mit den Saatterminen und den Aufwuchsbedingungen. Um Verluste gering zu halten, müssen die Pflanzen bzw. die frischen Pflanzenteile rasch getrocknet werden. Die Extraktion von Rutin erfolgt mit 70 - 85%igem Alkohol. In den 50er Jahren wurde Buchweizen in den USA zur Rutingewinnung angebaut. Jedoch wurde die Produktion durch andere Pflanzenarten mit deutlich höherem Rutingehalt verdrängt. Heute werden auch semisynthetische Rutinderivate in die Herstellung von Präparaten einbezogen. Die Diskussion über nachweisbare Wirkungen und die gezielte Einsetzbarkeit der Substanz hält an.

Tab. 80: Entwicklung des Protein- und des Rutingehalts in der Sproßmasse von Buchweizen (CHOI et al. 1992)

Tage nach der Aussaat	Proteingehalt (%, Gesamttrockenmasse = 100)	Rutingehalt (mg 100 g^{-1} Trockenmasse)
20	21,5	53,9
25	18,0	53,8
30	17,2	31,7

Reismelde
Pflegemittel und Kosmetika
In Bolivien wurde ein Verfahren zur Gewinnung der Saponine aus dem Korngut der Reismelde als definiertes Produkt entwickelt. Ansätze zur produktorientierten Verwertung oder zur pharmazeutischen Nutzung der Saponine gelangten bisher nicht wesentlich über das Versuchsstadium hinaus. Dies gilt auch für die Verwendung als natürliches Pflanzenschutzmittel. Zur Herstellung von Kosmetika, Shampoos, Rasiercremes und Lotionen finden die Saponine begrenzt industrielle Verwendung.

Technische Produkte
Eine größere Chance wird der Verwendung der extrem kleinkörnigen, hochviskosen Stärke aus dem Korngut - der Reismeldestärke ebenso wie der Amarantstärke - als technischem Rohstoff eingeräumt. Die Stärken können als Farbstoffträger für Beschichtungen, als Füllmassen bei der Herstellung biologisch abbaubarer Kunststoffartikel und als Wirkstoffträger für pharmazeutische oder kosmetische Puder eingesetzt werden. Auch die Verwendung der abgetrockneten blattfreien Stengelmassen der Reismelde - die Blätter fallen im Reifeverlauf weitestgehend ab - entweder als Rohstoff für die Papierherstellung oder als Brennstoff wird erwogen. Allerdings setzt die Konkurrenz anderer pflanzlicher Rohstoffe mit vergleichbaren oder besseren Verarbeitungseigenschaften Grenzen.

Amarant
Heil- und Arzneimittel
Pflanzenteile von Amarant werden nach unterschiedlicher Bearbeitung als Heilmittel oder zur Herstellung von Arzneimitteln verwendet (Tab. 81). In indischen Bergregionen wird Korngut von Amarant im rohen oder im abgekochten Zustand traditionell zur Bekämpfung von Krankheiten bei Menschen und Tieren, insbesondere zur Fiebersenkung, eingesetzt.

Mit modernen Verfahren wird Squalen aus dem Fettkomplex des Korngutes extrahiert und zu Arzneimitteln oder technischen Produkten verarbeitet (s. Tab. 68). In neueren Untersuchungen wurden cytotoxische Effekte squalenfreier Kornextrakte auf Zellkulturen von Darmkrebs festgestellt. Welche wirksamen Verbindungen die Extrakte enthalten ist nicht bekannt. Auch die Blattextrakte von Amarant enthalten neben anderen Substanzen in geringen Anteilen Rutin. Offensichtlich liegt ein medizinisches Potential vor, das aber erst systematisch analysiert und bewertet werden müßte.

Tab. 81: Beispiele zur Verwendung von Amarant-Pflanzenteilen bzw. von Extrakten für medizinische Zwecke

Pflanzenteile, Substanz	Symptome - Prophylaxe - Behandlung	Literaturangabe
Blattextrakte	• Behandlung des Anjeszky-Virus beim Schwein. • Behandlung des Durchfall-Virus beim Rind.	KOSEKI et al. 1990
Rutin aus Blüten- und Blattextrakten	• Prophylaxe u.a. gegen Arteriosklerose.	KHAZIEV et al. 1992
Squalenfreie Kornextrakte	• Darmkrebs	LEE et al. 1996b

Die Unkenntnis der wirksamen Substanzen und Konzentrationen in Verbindung mit der Variabilität von Pflanzenextrakten in Abhängigkeit von der Sorte, den Aufwuchsbedingungen, dem Entwicklungsstadium und den Pflanzenteilen ist zweifellos eine fragwürdige Basis für die gezielte Verwendung als Arzneimittel.

Die Gewinnung von Squalen zur Verarbeitung in Arzneimitteln und Kosmetika einerseits und die Verwendungsmöglichkeiten als technischer Rohstoff andererseits wurde bereits erwähnt. Als Hautschutz- und Pflegemittel ist Squalen in Seifen und Gesichtscremes enthalten. Darüber hinaus wird ein Öl mit einem Gehalt von 8% Squalen zur Hautkosmetik angeboten, dem antibakterielle und heilungsfördernde Effekte bei Hautverletzungen zugeschrieben werden. Die Rentabilität einer gesonderten Ausbeute der Gamma-Linolensäure zur Produktion eines speziellen Arzneimittels, wie bei der Missouri-Nachtkerze geschehen, erscheint fragwürdig.

Technische Produkte
Die Kornstärke und die trockenen Stengelmassen von Amarant besitzen prinzipiell das gleiche Nutzungspotential wie die entsprechenden Fraktionen der Reismelde.

Farbstoffe
Amarantarten bilden in den Blättern, Stengeln und den Blütenständen orangefarbene, rote und violette Pigmente. Arten-, vermutlich auch sortenverschieden können maximale Pigmentkonzentrationen in den Blättern bereits in 25 - 30 Tage alten Pflanzen akkumuliert werden. Gefördert wird die Pigmentsynthese durch hohe Einstrahlungsintensitäten. Natürliche Pflanzenfarbstoffe sind fünf verschiedenen Pigmenttypen, den Betazyaninen-, den Anthozyaninen, den Karotinoiden, den Chlorophyllen oder den Curcurminen zuzuordnen. Die Farbstoffe, die aus den Amarantarten *A. tricolor* und *A. caudatus* isoliert wurden, sind Betacyanine und werden als Amarantin und Isoamarantin bezeichnet. In südamerikanischen Regionen wurden und werden diese Farbstoffe

Tab. 82: Verwendung aus Amarant gewonnener Farbstoffe

Pigmente	Verwendung der Pigmente	Probleme	Literaturangabe
Amarantin, Isoamarantin	Traditionell: • Färben von Teigen, Gebäcken, Getränken. • Schminke. Aktuell: • Färben von Joghurt, Eiscreme, Pudding, Gefrierprodukten. • Färben von Fleischprodukten.	Instabilität der Pigmente i.A.v.: • Lichtzutritt • Sauerstoff • pH-Wert • Temperatur Ökonomik der Pigmentgewinnung	TAYLOR 1984 SHEN and SUN HWANG 1985 HUANG and ELBE 1986 FREUND et al. 1988 LEHMANN, J.W. 1990

zum Färben von Lebensmitteln, Teigen, Gebäcken und Getränken verwendet. Außerdem dienen die Farbstoffe dort als Schminke bei traditionellen Zeremonien.

Die Farbstoffe eignen sich auch für die Behandlung heute hergestellter Lebensmittel (Tab. 82). Ein Problem stellt die Instabilität der Farben dar. Am ersten kommt die Verwendung für kurzlebige, luft- und lichtdicht verpackte oder gefrorene Produkte in Frage. Mit abnehmender Produkt- und Lagerungstemperatur und der Verhinderung von Licht- und Sauerstoffzutritt steigt die Stabilität.

2.1.5 Zusammenfassung

Die Körner von Buchweizen, Reismelde und Amarant unterscheiden sich in der Größe, dem Aufbau sowie in den Anteilen wertgebender und wertmindernder Inhaltsstoffe. Gleichermaßen bestehen Unterschiede zwischen den Pseudogetreidearten auf der einen und den Getreidearten, z.b. Weizen und Hafer, auf der anderen Seite. Spezifische Korneigenschaften erfordern individuelle Aufbereitungsverfahren zur Gewinnung verwertbarer und/oder genußfähiger Grundstoffe. Ernährungsphysiologisch sind insbesondere der Eiweißgehalt und die -qualität verbunden mit der Glutenarmut, der Fettkomplex sowie der Mineral- und der Ballaststoffgehalt der Kornrohstoffe von Bedeutung. Der Verarbeitung des Kornguts zu traditionellen Gebäcken und Gerichten in verschiedenen Regionen der Welt stehen moderne Zubereitungsformen und industriell herstellbare Produkte gegenüber. Das Korngut kann unzerkleinert gekocht, gemahlen, geflockt, gepopt, gekeimt oder gemälzt verarbeitet werden. Soweit Backerzeugnisse nicht glutenfrei sein müssen, werden Mehle, Schrote und ganze Körner von Pseudogetreidearten mit Getreiderohstoffen zu backfähigen Teigen kombiniert. Darüber hinaus bieten sich vielfältige Zubereitungsvarianten zusammen mit Obst- und Gemüsearten an. Auch zur Aufwertung von Fleisch- und Wurstprodukten ist das Kornmaterial geeignet. Darüber hinaus können sowohl aus dem Korngut, als auch aus den vegetativen Pflanzenteilen sekundäre Inhaltsstoffe für die Herstellung pharmazeutischer, kosmetischer und technischer Produkte gewonnen werden.

2.1.6 Literatur

Zitierte Literatur

ALLOS (1994): Amaranth: Neue Aussichten für eine alte Wunderpflanze. Firma Allos, 49457 Mariendrebber.
ARCHIMOVICZ-CYRYLOWSKA, B., ADAMEK, B., DROZDZIK, M., SAMOCHOWIEC, L. and J. WOJCICKI (1996): Clinical effect of buckwheat herb, Ruseus extract and troxerntin on retinopathy and lipids in diabetic patients. Phytotherapy Research 10, 659-662.
AUFHAMMER, W., KÜBLER, E. und J.H. LEE (1999): Äußere und innere Kornqualität der Pseudocerealien Buchweizen (*Fagopyrum esculentum* Moench), Reismelde (*Chenopodium quinoa* Willd.) und Amarant (*Amaranthus hypochondriacus* L. x *A. hybridus* L.) in Abhängigkeit vom Anbauverfahren. Die Bodenkultur 50, 11-24.
BÄR, H. (1998): Lebensmittel mit Amarant. Informationsblatt, H. Bär, 91580 Petersaurach, Flurstr. 6.

BÄR, H. (1999): Fleischwaren mit Amarant. Informationsblatt, H. Bär, 91580 Petersaurach, Flurstr. 6.
BALLÓN, E., JOHNSON, D. and J.F. MCCAMANT (1986): Adaptacion de la quinua en el estado de Colorado, in Quinot Congresso International de Sistemas Agropecuarios Andinos, 135-142.
BOWEN, I.H. and I.J. CUBBIN (1993): *Fagopyrum esculentum* Moench (Buckwheat): in vitro culture and the production of rutin. In: BAJAJ, Y.P.S. (ed.): Biotechnology in agriculture and forestry 24, 202-217. Medicinal and aromatic plants V, Springer Verlag, Berlin, Heidelberg, New York.
BRESSANI, R. (1990): Effects of processing on the nutritional qualities and functional properties of amaranth. Proc. 4th Nation. Amaranth Symp., Minneapolis, Minnesota-USA, 55-74.
BRÜMMER, J.-M. und G. MORGENSTERN (1992): Backeigenschaften der Pseudocerealien Amarant und Quinoa. Getreide, Mehl und Brot 46, 78-84.
CHOI, B.H., PARK, K.Y. and R.K. PARK (1992): Buckwheat genetic resources in Korea. In: IBPGR (ed.): Buckwheat genetic resources in East Asia, 45-52. Intern. Crop Network Ser. 6.
DOSER, H. (1986): Anbau von Quinoa (*Chenopodium quinoa*) in Peru und Bolivien. Diplomarbeit, Universität Gießen.
FADEL, J.G., POND, W.G., HARROLD, R.L. CALVERT, C.C. and B.A. LEWIS (1996): Nutritive value of three amaranth grains fed either processed or raw to growing rats. Can. J. of Animal Sci. 76, 253-257.
FELDHEIM, W. und E. WISKER (1997): Die Verwendung von Buchweizen (*Fagopyrum* ssp.) in der menschlichen Ernährung. Deutsche Lebensmittel-Rundschau 93, 49-52.
FISCHER, A. und H. BÄR (1999): Rezeptur und Analyse von Bratwurstgehäck. Institut für Lebensmitteltechnologie - Fachgebiet Fleischtechnologie, Universität Hohenheim.
FREUND, P.R., WASHAM, C.J. and M. MAGGION (1988): Natural colour for use in foods. Cereal Foods World 33, 553-559.
GEE, J.M., PRICE, K.R., RIDONT, C.L., WORTLEY, G.M, HURRELL, R.F. and I.T. JOHNSON (1993): Saponins of Quinoa (*Chenopodium quinoa*): Effects of processing on their abundance in quinoa products and their biological effects on intestinal mucosal tissue. J. Sci. Food Agric. 63, 201-209.
GLOWIENKE, S. (1997): Zusammensetzung der Pseudogetreidearten Amarant, Buchweizen und Reismelde im Vergleich zu den Getreidearten, insbesondere Hafer in Abhängigkeit von Anbauverfahren und technologischen Maßnahmen. Dissertation, Universität Hohenheim.
HONERMEIER, B., WEBERS, V. und R. SCHNEEWEIß (1998): Zur Verarbeitungsqualität des Buchweizens (*Fagopyrum esculentum* Moench.). - 2. Mitteilung: Einfluß von Sorte und Aussaattermin auf äußere Qualitätsmerkmale und Schäleigenschaften des Ernteguts. Getreide, Mehl und Brot 52, 41-47.
HUANG, A.S. and J.H. V. ELBE (1986): Stability comparison of two betacyanine pigments - amaranthine und betanine. J. Food Sci. 51, 670-674.
IGV - Institut für Getreideverarbeitung (1995): Brandenburger Spezialitäten - Kochen und Backen mit Buchweizen. 26 S.
JOSHI, B.D. and R.S. RANA (1991): Grain amaranths, the future food crop. National Bureau of Plant Genetic Resources, Shimla Sci., Monogr. No. 171004.
JOSHI, B.D. and R.S. RANA (1995): Buckwheat (*Fagopyrum esculentum*). In: WILLIAMS, J.T. (ed.): Cereals and pseudocereals, 85-127. Chapman and Hall, London.
KELI, Y. (1991): Genetic resources of buckwheat (*Fagopyrum*) in China. In: IBPGR (ed.): Buckwheat genetic resources in East Asia, 3-18. Intern. Crop Network Ser. 6, 3-18
KHAZIEV, R.S., GARUSOV, A.V. and E.N. OFITSEROV (1992): Rutin content in *Amaranthus cruentus* L. growing in Tatarstan. Rastitel`nye-Resursy 28, 63-66.
KOLKS, W. (1999): Schriftliche Mitteilung.
KOSEKI, I, SIMONI, I.C., NAKAMURA, J.T., NORONKA, A.B. and S.S. COSTA (1990): Antiviral activity of plant extracts against aphthovirus, pseudoarabies virus and pest virus in cell cultures. Microbios-Letters 44/173, 19-30.

KUHN, M. (1996): Rezepturen für Biskuitmasse. Institut für Lebensmitteltechnologie - Fachgebiet Getreidetechnologie. Universität Hohenheim.

KUHN, M., WAGNER, S., AUFHAMMER, W., LEE, J.H., KÜBLER, E. und H. SCHREIBER (1996): Einfluß pflanzenbaulicher Maßnahmen auf die Mineralstoffgehalte von Amarant, Buchweizen, Reismelde und Hafer. Deutsche Lebensmittel-Rundschau 92, 147-152.

LEE, J.H. (1995): Ertrag und Kornqualität der Pseudogetreidearten Buchweizen (*Fagopyrum esculentum* Moench), Reismelde (*Chenopodium quinoa* Willd.) und Amarant (*Amaranthus hypochondriacus* L. x *A. hybridus* L.) im Vergleich zur Getreideart Hafer (*Avena sativa* L.) in Abhängigkeit vom Anbauverfahren. Dissertation, Universität Hohenheim.

LEE, J.H., AUFHAMMER, W. und E. KÜBLER (1996a): Gebildete, geerntete und verwertbare Kornerträge der Pseudocerealien Buchweizen (*Fagopyrum esculentum* Moench.), Reismelde (*Chenopodium quinoa* Willd.) und Amarant (*Amaranthus hypochondriacus* L. x *A. hybridus* L.) in Abhängigkeit von pflanzenbaulichen Maßnahmen. Die Bodenkultur 47, 5-14.

LEE, J.H., MOON, H.I., LEE, J.I. KANG, C.W. and S.T. LEE (1996b): Isolation and identification of squalene and antineoplastic activity of its residue extract in amaranth. Korean J. Crop Sci. 41, 450-455.

LEHMANN, J.W. (1990): Pigments of grain and feral amaranths. Legacy - The Official Newsletter of the Amaranth-Institute III, 3-4, 8.

LI, W., LIN, R. and H. CORKE (1997): Physicochemical properties of common and tartary buckwheat starch. Cereal Chem. 74, 79-82.

LINTSCHINGER, J., FUCHS, N., MOSER, H., JÄGER, R., HLEBERINA, T., MARKOLIN, G. AND W. GÖSSLER (1997): Uptake of various trace elements during germination of wheat, buckwheat and quinoa. Plant Foods Hum. Nutr. 50, 223-237.

LORENZ, K. (1990): Quinoa (*Chenopodium quinoa*) starch - physico-chemical properties and functional characteristics. Starch/Stärke 42, 81-86.

LUO, Z.M., LI, H.X., LIN, N.F. and L. YAO (1996): Therapeutic effectiveness of a Chinese traditional medicine Qinchuanke for treatment of chronic respiratory disease of chickens. Chinese J. Veterinary Medicine 22, 42-43.

MOHR-LÜLLMANN, R. (1994): Amaranth - Körner einer alten Kulturpflanze. Deutscher Landwirtschaftsverlag, Berlin GmbH.

NAIR, A. and T. ADACHI (1998): Characterization of allergenic proteins in common buckwheat (*Fagopyrum esculentum* Moench.). In: CAMPBELL, C. and R. PRZYBYLSKI (eds.): Adv. in Buckwheat Res., Winnipeg, Manitoba-Canada, IV-16-20.

OBENDORF, R.L. (1998): Buckwheat fagopyritols. In: CAMPBELL, C. and R. PRZYBYLSKI (eds.): Adv. in Buckwheat Res., Winnipeg, Manitoba-Canada, III-65-71.

OBENDORF, R.L., HORBOWICZ, M. and D.P. TAYLOR (1993): Structure and chemical composition of developing buckwheat seed. In: JANICK, J. and J.E. SIMON (eds.): New Crops, 224-250. J. Wiley and Sons, Inc., New York, Chichester, Brisbane, Toronto, Singapore.

PEDERSEN, B., KALINOWSKI, L.S. and B.O. EGGUM (1987): The nutritive value of amaranth grain (*Amaranthus caudatus*). 1. Protein and minerals of raw and processed grain. Plant Foods Hum. Nutr. 36, 309-324.

POMERANZ, Y. and G.S. ROBBINS (1972): Amino acid composition of buckwheat. J. Agric. Food Chem. 20, 270-274.

POSCH, L. (1997): Life-Power, Kochen mit Amaranth und Quinoa, 2.

POSCH, L. (1999): Schriftliche Mitteilung.

PRZYBYLSKI, R., ESKIN, N.A.M., MALCOLMSON, L.M., RYLAND, D. and G. MAZZA (1998): Formation of off-flavour components during storage of buckwheat. In: CAMPBELL, C. and R. PRZYBYLSKI (eds.): Adv. in Buckwheat Res., Winnipeg, Manitoba-Canada, III-7-10.

QIAN, J.Y. and M. KUHN (1999): Characterization of *Amaranthus cruentus* and *Chenopodium quinoa* Starch. Starch/Stärke 51, 116-120.

QURESHI, A.A., LEHMAN, J.W. and D.M. PETERSON (1996): Amaranth and its oil inhibit cholesterol biosynthesis in 6-week old female chickens. J. Nutrition 126, 1972-1978.
SHEN, H.G. and L. SUN HWANG (1985): Red pigment of amaranth. II. Effect of some preharvest treatments on pigment retention. Cited from Chemic. Abstract 104: 147338.
SPORY, K. (1992): Reismelde (*Chenopodium quinoa* Willdenow) - Bedeutung, Verbreitung, Anbau und Anbauwürdigkeit. Diplomarbeit, Universität Hohenheim.
STEADMAN, K.J. and R.L. OBENDORF (1998): The use of buckwheat bran milling fraction in bread. In: CAMPBELL, C. and R. PRZYBYLSKI (eds.): Adv. in Buckwheat Res., Winnipeg, Manitoba-Canada, III-21-26.
STURM, W. (1991): Buchweizen - ein wiederentdecktes Getreide. AID-Verbraucherdienst 36(10), 207-213.
TAYLOR, A.J. (1984): Natural colours in food. In: WALFORD, J. (ed.): Development of food colours, 159-206. Elsevier, Applied Sci. Publ. NY.
TEUTONICO, R.A. and D. KNORR (1985): Amaranth: compositions, properties and applications of a rediscovered food crop. Food Techn. 39, 449-460.
THOMAS, B. (1986): Vollkorn bietet mehr. Diaita-Verlag, Hamburg.
URISU, A., KONDO, Y., MORITA, Y., WADA, E., TSURUTA, M., YASAKI, T., YAMADA, K., KUZUYA, H., SUZUKI, M., TITANI, K. and K. KUROSAWA (1994): Identification of a major allergen of buckwheat seeds by immunoblotting methods. Allerg. Clin. Immunol. 6, 151-155.
VORWERK, K. und V. STROBEL (1995): Schälen von Spelzgetreide. Getreide, Mehl und Brot 46, 231-234.
VOß, C. (1990): Quinoa. Ernährungsumschau 1.
WAHLI, C. (1990): Quinua - hacia su cultivo comercial. In: LATINRECO S.A. (ed.): Imprenta Mariscal, Quito-Ecuador. ISBN: 9978-9901-3-5.
WEBER, E.J. (1978): The Inca's ancient answer to food shortage. Nature 272, 486.
WORLÉE, E.H. (1992): Quinoa - Unterlagen.
YANO, M.R., NAKAMURA, R., HAYAKAWA, S. and S. TORN (1989): Purification and poperties of allergenic proteins in buckwheat seed. Agric. Biol. Chem. 53, 2387-2392.
ZHAO, Z.C., ZHOU, M.D., LUO, D.Z., LI, F.L. and J.X. CAO (1998): Ethnobotanical investigation of tatary buckwheat in China. In: CAMPBELL, C. and R. PRZYBYLSKI (eds.): Adv. in Buckwheat Res., Winnipeg, Manitoba-Canada, I-57-64.

Weiterführende Literatur

BHARDWAJ, S.J., PURI, S. and L.J. SRIVASTAVA (1984): Time of sowing and plucking of leaves in relation to foliage yield and rutin content in *Fagopyrum esculentum* Moench. Himachal J. Agric. Res. 10, 15-17.
DISNEY, K. (1995): Amaranth sprouts at Disney Farms. Legacy - The Official Newsletter of the Amaranth-Institute VIII/1, 9-10.
EIMER, M. und D. V. HÖRSTEN (1999): Schäden durch Mikroorganismen. Landtechnik 54, 100-101.
HALÁSOVÁ, G., DODOK, L. and J. HUSKA (1999): Studies on the characterisation of *Amaranthus cruentus* starch. In: HUSKA, J. (ed.): Proc. 4th Europ. Symp. of Amaranth, Nitra 1999, 98-103.
HORBOWICZ, M., BRENAC, P. and R.L. OBENDORF (1998): Fagopyritol B1, O-α-D-galactopyranosyl-(1→2)-D-chiro-inositol, a galactosyl cyclitol in maturing buckwheat seeds associated with desiccation tolerance. Planta 205, 1-11.
KOMEICHI, M., HONDA, Y. and H. HAYASHI (1991): Genetic resources of buckwheat in Japan. In: IBPGR (ed.): Buckwheat genetic resources in East Asia, 19-31. Intern. Crop Network Ser. 6.

KONODO, Y., URISU, A., TOKUDA, R., ANDO, H., ISHIDA, N. and T. YASUDA (1998): Identification of IgE-binding epitopes of buckwheat major allergen, BW-24 K Da with peptide mapping. In: CAMPBELL, C. and R. PRZYBYLSKI (eds.): Adv. in Buckwheat Res., Winnipeg, Manitoba-Canada, IV-1-5.

KUHN, M. (1999): Pseudocerealien - eine Herausforderung für künftige Forschung und Produktentwicklung. Getreide, Mehl und Brot 53, 8-11.

KUHN, M. (1998): Increasing the utilisation of sorghum, buckwheat, grain amaranth and quinoa for improved nutrition. Selected papers from the International Association for Cereal Science and Technology. 16th ICC Cereals Conference, Vienna, Austria.

LORENZ, K. and L. COULTER (1991): Quinoa flour in baked products. Plant Foods for Human Nutrition 41, 213-223.

OHSAWA, P. and T. TSUTSUMI (1995): Inter-varietal variations of rutin content in common buckwheat flour (*Fagopyrum esculentum* Moench). Euphytica 86, 183-189.

POSCH, L. (1996): Life-Power, Kochen mit Amaranth und Quinoa, 1.

RAVINDRAN, V., HOOD, R.L., GILL, R.J., KNEALE, C.R. and W.L. BRYDEN (1996): Nutritional evaluation of grain amaranth (*Amaranthus hypochondriacus*) in broiler diets. Animal Food Sci. Technol. 63, 323-331.

ROHRLICH, M. und G. BRÜCKER (1966): Das Getreide, 4, 2. Auflage. Verlag P. Parey, Berlin.

WAGENBRETH, D., HAGELS, H., SCHILCHER, H. and F. PANK (1996): Characterization of buckwheat cultivars and gene bank material for rutin content and growth parameters. Beiträge zur Züchtungsforschung d. Bundesanstalt für Züchtungsforschung an Kulturpflanzen 2, 95-98.

WILLIAMS, J.T. and D. BRENNER (1995): Grain amaranth (*Amaranthus* species). In: WILLIAMS, J.T. (ed.): Cereals and pseudocereals, 129-186. Chapman and Hall, London.

2.2 Vegetative Massen

Der Nutzung vegetativer Pflanzenteile kommt für die menschliche Ernährung eine geringere Bedeutung zu als der Nutzung der Körner. Junge Buchweizensprossen oder -blätter werden nur sporadisch gegessen. Reismelde- und insbesondere Amarantblätter werden regional in stärkerem Maße als Gemüse verwendet. Ähnlich differenziert werden die Sproßmassen in der Tierfütterung genutzt. Sproßmassen von Amarant, auch von Reismelde, können grün, siliert oder auch getrocknet in Anteilen den Futterrationen für Haustierarten zugesetzt werden.

Für die Produktion von Grünmassen sind zwar Körnertypen verwendbar, man spricht von Doppelnutzung, besser geeignet sind jedoch ausgesprochene „Gemüsetypen". Damit sind Arten, Unterarten und Sortentypen gemeint, die, verglichen mit den Körnertypen, teilweise gegenteilige Eigenschaften besitzen. Große Wuchshöhen sowie eine ausgeprägte und anhaltende Verzweigungsneigung sind hier durchaus gefragte Merkmale. Insbesondere in Regionen, in denen über die Vegetationsperiode hinweg von Hand Blätter zur Gemüsebereitung geerntet werden, sind spätreifende Pflanzen, die sich kontinuierlich verzweigen, von Vorteil. Gleichermaßen kann das Nachtriebsvermögen von Beständen nach frühen Futterschnitten eine interessante Eigenschaft darstellen.

Da hier die Körnernutzung der Pseudogetreidearten im Mittelpunkt steht, werden die Bereiche der Gemüse- und der Futternutzung nur kurz und zusammenfassend umrissen. Gemüsetypen werden hierbei nicht gesondert berücksichtigt. Hinzu kommt jedoch die Nutzung vegetativer Massen in Form von Beständen zur Bodenbedeckung und zur biologischen Bodenbearbeitung.

2.2.1 Trockenmasseproduktion und Inhaltsstoffe

Die Bestände der drei Pseudogetreidearten unterscheiden sich in der anfänglichen Blattentwicklung, dem Bodenbedeckungsverlauf und der resultierenden Produktion vegetativer Trockenmasse deutlich. In erster Linie gehen diese Differenzen auf die Keimlingsgrößen und die verfügbaren Reservestoffmengen im Samen, Eigenschaften, die in den Tausendkorngewichten zum Ausdruck kommen (s. Tab. 37), zurück. Artenverschiedene Ansprüche an die Aufwuchsbedingungen, etwa das Temperaturniveau und das Wasserangebot, spielen dann eine untergeordnete Rolle, wenn der Saattermin auch die gegenüber der Reismelde wesentlich höheren Wärmeansprüche von Buchweizen und Amarant erfüllt. Beispielsweise ist dies auf einem Standort in Südwestdeutschland nach einer Aussaat im August, einem Termin für die Aussaat von Zwischenfrüchten, der Fall. Damit wird die artspezifisch unterschiedliche Anfangsentwicklung deutlich (Tab. 83).

Tab. 83: Die Blattflächenentwicklung und der Verlauf der Sproßtrockenmasseproduktion von Buchweizen, Reismelde und Amarant (Mittelwerte über die Versuchsjahre 1994, 1995) bei gleichzeitiger Aussaat zu einem Zwischenfrucht-Aussaattermin (KALBHENN und AUFHAMMER, nicht publiziert)

Arten (Aussaattermine 27.07.1994 27.07.1995)	Blattflächenindex[1] Tage nach der Aussaat				Sproßtrockenmasse (dt ha^{-1}) Tage nach der Aussaat			
	20	40	60	80	20	40	60	80
Buchweizen	4,1	4,5	4,6	2,5	13,9	27,3	31,2	44,0
Reismelde	3,3	4,0	5,1	4,0	10,4	19,2	35,2	48,8
Amarant	2,9	4,2	5,8	4,0	9,3	20,8	37,7	41,6
GD 5%[2]	0,2	0,2	0,3	0,3	1,3	1,9	n.s.[3]	2,5

[1] m² Blattfläche m^{-2} Bodenfläche
[2] GD 5% = Grenzdifferenz bei 5% Grenzwahrscheinlichkeit
[3] n.s. = nicht signifikant

Die Blattflächenindices signalisieren die, verglichen mit der Reismelde und dem Amarant, wesentlich raschere Blattflächenentwicklung des Buchweizens. Auch nach 40 Tagen wurden die Blattflächen des Buchweizens von den anderen Arten noch nicht erreicht. Dem entsprechen die produzierten Sproßtrockenmassen. In der Eignung zu rascher Grünmasseproduktion - für welche Zwecke auch immer - unterscheiden sich die Arten damit beachtlich.

Ohne Frage verändert sich mit dem Zuwachs im Entwicklungsverlauf auch die biologische Wertigkeit der Sproßmassen. Während der Rohprotein- und der Mineralstoffgehalt, in späteren Abschnitten auch der Wassergehalt fallen, verholzen ältere Pflanzenteile, insbesondere die Stengel zunehmend. Mit steigendem Rohfasergehalt nimmt die Verdaulichkeit ab. Im Hinblick auf die Qualität der Grünmassen müssen neben dem artenverschiedenen Entwicklungsverlauf die Erntezeitpunkte berücksichtigt werden. Die Schnitt- bzw. die Erntezeitpunkte beeinflussen sowohl die erntbare Quantität als auch die ernährungsphysiologische Qualität der Sproßmassen entscheidend. Darüber hinaus hängt das Wiederaustriebsvermögen und damit die weitere Nutzbarkeit der Bestände mit dem Zustand der Pflanzen bei und nach einem Schnitt zusammen. Der Futterwert verholzter Ernteteste, einschließlich der Fruchtschalen, die nach dem Schälprozeß, ist sehr gering (Tab. 84).

Tab. 84: Inhaltsstoffe der Sproßfrischmasse und der Fruchtschalen von Buchweizen (%, Frischmasse = 100) (BECKER-DILLINGEN 1927, 1929)

Inhaltsstoffe (%)	Sproßmasse-grün (Blühbeginn)	Sproßmasse-trocken (Heu, Vollblüte)	Fruchtschalen (nach Drusch)
Wasser	83,7	15,2	10,7
Trockenmasse	16,3	84,8	89,3
Rohnährstoffe			
Protein	2,5	10,5	4,6
Fett	0,6	2,1	1,7
NfE[1]	7,8	35,6	35,4
Faser	4,3	31,4	43,5
Mineralstoffe	1,1	5,2	4,0
Verdauliche Nährstoffe			
Protein	1,6	6,2	2,1
Fett	0,3	1,0	0,5
NfE	5,2	22,2	14,8
Faser	2,5	17,3	13,1
Mineralstoffe	–[2]	–	–

[1] N-freie Extraktstoffe
[2] Keine Angabe

Während die Sproßmasse von Buchweizen bei Blühbeginn nicht ganz 85% Wasser enthält und kurzfristig verwertet werden muß, weist die getrocknete Sproßmasse rund 85% Trockensubstanz auf und ist lagerfähig. Die Sproßmassen bestehen hauptsächlich aus Stickstofffreien Extraktstoffen, d.h. aus verschiedenen Zuckerarten und Stärke, aus Rohfaser-, Rohprotein- und Mineralstofffraktionen. In sehr kleinen Anteilen kommen organische Säuren, Pigmente, antinutritive Substanzen und Vitamine hinzu.

Tab. 85: Zusammensetzung der Sproßtrockenmassen (%, Sproßtrockenmasse = 100) der Reismelde in Abhängigkeit vom Entwicklungsstadium (RITTER 1986)

Inhaltsstoffe (%)	Entwicklungsstadien			
	Blühbeginn	Milchreife	Teigreife	Vollreife
Rohprotein	20,0	15,8	12,7	11,3
Rohfett	1,5	1,6	1,9	1,2
NfE	31,7	33,9	38,4	32,2
Rohfaser	28,5	31,2	32,3	43,6
Mineralstoffe	18,3	17,5	14,7	11,7

Die qualitativen Veränderungen der Sproßtrockenmasse in der Kornausbildungs- und Reifeperiode werden am Beispiel der Reismelde ersichtlich (Tab. 85). Gleichzeitig wird erkennbar, welche Bedeutung dem Erntetermin bezüglich der Eigenschaften der Sproßmassen zukommt. Nutzungsorientiert kann allerdings nicht nur die Qualität in Betracht gezogen werden, vielmehr ist angewandt auch immer der Trockenmasseertrag ha^{-1} ein wichtiger Faktor. Die Art der Verwertung erfordert daher angepaßte Kompromisse.

Die Blattfraktion alleine, als Salat- oder Kochgemüse geerntet, weist einen höheren Wasser-, bzw. einen noch geringeren Trockensubstanzgehalt als die Gesamtsproßmasse auf (Tab. 86).

Tab. 86: Inhaltsstoffe von Reismeldeblättern, verglichen mit Spinat- und Kopfsalatblättern (%, Frischmasse = 100)

Inhaltsstoffe (%)	Reismelde (RITTER 1986)	Spinat	Kopfsalat
		(SOUCI et al. 1989)	
Wasser	88,9	91,6	95,0
Trockenmasse	11,1	8,4	5,0
Rohprotein	3,1	2,5	1,2
Rohfett	0,3	0,3	0,2
Rohfaser	1,1	1,8	1,6
Mineralstoffe	1,8	1,5	0,7
Stärke	0,36	0,13	0,41
Saccharose	0,13	0,12	0,56
Glucose	0,07	0,20	0,10
Fructose	0,06	0,09	0,02
Vitamin C	0,108	0,052	0,013
Restfraktion	4,1	1,7	0,2

Ein Vergleich von Reismeldeblättern mit bekannten Blattgemüsearten zeigt bei der Reismelde einen Trockensubstanzgehalt von 11%, bei Spinat von ca. 8% und bei Kopfsalat von 5%. Entsprechend gering sind die Anteile der Inhaltsstoffgruppen in der Frischmasse. In der Trockenmasse erreichen die Blätter der Pseudogetreidearten ebenso wie die anderer Gemüsearten ohne weiteres Rohproteingehalte von 25 - 30%. Zu berücksichtigen ist, daß die Werte sowohl mit den Art- und den Sorteneigenschaften, als auch mit dem artenüblichen Erntetermin und den Aufwuchsbedingungen zusammenhängen. Häufig werden in der Literatur Blattmassen oder andere Pflanzenteile von verschiedenen Arten gegenübergestellt, ohne die Vergleichbarkeit anzusprechen. Dabei ist bekannt, daß die genannten Einflußfaktoren die Unterschiede zwischen den Arten erheblich variieren bzw. nivellieren können. Von daher sind auch die nachfolgenden Gegenüberstellungen mit Vorsicht zu bewerten.

Im vorliegenden Vergleich: Reismelde - Spinat - Kopfsalat werden die Reismeldeblätter durch überlegene Rohprotein- und Mineralstoffgehalte einerseits, sowie durch geringe Zuckergehalte andererseits charakterisiert (Tab. 87). In den Anteilen verschiedener Mengen- und Spurenelemente spiegeln die Blätter der Reismelde im Prinzip die relevanten Kornguteigenschaften wieder. Eine gleichgerichtete Korrelation gilt für die hier nicht dargestellten Amarantblätter. Reismeldeblätter enthalten relativ viel Vitamin A und Vitamin E. Bei Amarantblättern ist neben dem Vitamin A-Gehalt ein hoher Vitamin C-Gehalt hervorzuheben.

Tab. 87: Gehalte verschiedener Mineralstoffe in Reismeldeblättern verglichen mit Spinat- und Kopfsalatblättern (mg 100 g^{-1} Frischmasse)

Mineralstoffe (mg 100 g^{-1})	Reismelde (RITTER 1986)	Spinat	Kopfsalat
		(SOUCI et al. 1989)	
Mengenelemente			
Phosphor	53	55	33
Kalium	801	633	224
Kalzium	236	126	37
Magnesium	177	58	11
Natrium	289	65	10
Spurenelemente			
Mangan	0,57	0,76	0,35
Eisen	1,18	4,10	1,10
Zink	0,59[1)]	0,50	0,22
Kupfer	0,14	0,12	0,05

[1)] nach KOZIOL 1992

Das Potential an antinutritiven Substanzen in den vegetativen Sproßteilen wurde im Zusammenhang mit den Anteilen im Korngut bereits berührt. Beim Buchweizen sind der Rutin- und der Fagopyringehalt gesondert zu nennen. Die Saponine der Reismelde werden in den Blättern erst in späteren Entwicklungsstadien zunehmend gebildet, erreichen aber auch dann nicht das Gehaltsniveau des Kornguts (s. Tab. 25). Die Konzentrationen weiterer antinutritiver Substanzen sind vergleichbar mit anderen Gemüsearten. Der Nitratgehalt der Blätter variiert in erheblichem Maße in Abhängigkeit von der Höhe und der Form des Stickstoffangebots sowie von den Saat- und den Ernteterminen. Zum Ausmaß der Effekte dieser Faktoren gibt das Beispiel der Reismeldeblätter einen Anhaltspunkt. Gleichermaßen vermehrfacht sich mit steigendem Stickstoffangebot in erster Linie der Nitratgehalt der Amarantblätter, der Protein-Stickstoffgehalt steigt nur relativ langsam, der Ascorbinsäuregehalt fällt. Die stoffliche Zusammensetzung der vegetativen Pflanzenteile hängt nicht nur von den genannten

Faktoren ab, auch die Tageszeit, zu der geerntet wird nimmt Einfluß. So übertrifft der Gehalt an Vitamin C, Ascorbinsäure, morgens geernteter Amarantblätter den Gehalt mittags oder nachmittags geernteter Blätter bei weitem.

Tab. 88: Die Variation des Nitratgehaltes in den Blättern der Reismelde und die Reaktion des Nitrat-, des Protein-N- und des Ascorbinsäuregehalts in den Blättern von Amarant auf steigende Stickstoffdüngergaben

	Reismelde (RITTER 1986)		
N-Gaben (kg N ha^{-1})	NO$_3$-Gehalt[1] (mg kg^{-1})	Vegetationsdauer (Tage)	NO$_3$-Gehalt (mg kg^{-1})
0	3 499	28	1 855
100 (NO$_3$)	9 865	42	1 596
100 (NH$_4$)	15 631	57	4 171
GD 5%[2]	2 022	GD 5%	n.s.
	Amarant[2] (MAKUS 1990)		
N-Gaben (kg N ha^{-1})	NO$_3$-Gehalt (mg kg^{-1})	Protein-N-Gehalt (%)	Ascorbinsäure-Gehalt (mg g^{-1})
0	324	2,99	135
67	717	3,36	61
134	1 005	3,43	40
202	1 793	3,68	20
269	2 488	3,83	31
GD 5%	405	0,33	49

[1] Angaben i.T.
[2] GD 5% = Grenzdifferenz bei 5% Grenzwahrscheinlichkeit

Soweit die Grünmassen gekocht werden, entzieht das Kochwasser den größeren Teil der Nitrate und der Saponine. Von den Hitzeeffekten auf antinutritive Substanzen abgesehen (s. Kap. 2.1.3), wird im Kochprozeß zugleich der Anteil wasserlöslicher Oxalate aus den Blattmassen extrahiert. Der Nitrat- und der Oxalatgehalt sind in den Blättern höher als in anderen Pflanzenteilen. Abhängig von den mit der Nahrung aufgenommenen Mengen sind Nitrate und Oxalate, Oxalate sind die Salze der Oxalsäure, insbesondere für Kleinkinder gesundheitsschädlich. Ein hoher Nitratgehalt ist kritisch, da das Nitrat bei der Zubereitung oder beim Verzehr des Gemüses durch Reduktion in das toxische Nitrit umgewandelt werden kann. Hohe Nitritkonzentrationen formen das Hämoglobin im Blut um zu Methämoglobin. Außerdem führen Verbindungen mit Aminen zu potentiell kancerogenen Nitrosaminen.

Die Oxalsäure und ihre Salze können bereits in der Pflanze oder erst im Verdauungstrakt mit Mineralstoffen wasserunlösliche Verbindungen bilden. Die Aufnahme größerer Oxalsäuremengen führt zu giftigen Wirkungen. Die Entstehung unlöslicher Verbindungen bedeutet, die gebundenen Mineralstoffe sind physiologisch nicht verfügbar. Allerdings sind Kaliumoxalate und der größere Teil der Magnesiumoxalate wasserlöslich, sie werden dem Kochgemüse mit dem Kochwasser weitgehend entzogen. Die wasserunlösliche Fraktion stellt antinutritives Oxalat dar, dies besteht primär aus Kalziumoxalaten. Generell ist damit die Problematik antinutritiver Substanzen in grünen Pflanzenteilen größer, wenn die Massen frisch genossen werden. Im gekochten Zustand bleiben die Oxalatanteile normalerweise auf einem unbedenklichen Niveau. Dies gilt für die Reismelde und den Amarant in gleicher Weise wie für bekannte Gemüsearten.

Schließlich ist bei der Produktion von Grünmassen für die menschliche oder die tierische Ernährung die Krankheitsanfälligkeit der Sorten zu berücksichtigen. Der Blattbefall mit pilzlichen Krankheitserregern, z.B. mit falschem Mehltau, *Peronospora* sp., führt nicht nur zu vorzeitigem Blattfall und damit zu quantitativem Verlust, sondern infolge von chlorotischen Verfärbungen und Rückständen von Pilzmyzel und pilzlichen Stoffwechselprodukten zu Qualitätsverlusten. Insbesondere der Buchweizen und die Reismelde werden von falschen Mehltaupilzen befallen. Andere Erreger verschiedener Blattfleckenkrankheiten kommen hinzu. Die Erreger von *Botrytis* sp. und *Alternaria* sp. befallen auch den Amarant. Unter Bedingungen, die den Pilzbefall fördern, kommt der Sortenresistenz eine entscheidende Rolle zu. Pflanzenschutzmittel zur Bekämpfung pilzlicher und tierischer Schaderreger können beim Anbau der Pseudogetreidearten aus mehreren Gründen nur mit Einschränkungen eingesetzt werden. Ein Grund ist die häufige Forderung des Anbaus nach den Richtlinien des ökologischen Landbaus. Die Richtlinien verbieten den Einsatz synthetischer Pflanzenschutzmittel. Von der Frage der amtlichen Zulassung oder einem Einsatzverbot abgesehen, sind Behandlungen mit Pflanzenschutzmitteln im Zusammenhang mit der Nutzung grüner Blattmassen generell fragwürdig.

2.2.2 Blattmasse als Gemüse

Buchweizen
Die junge Sproßmasse bzw. die Blätter von Buchweizen werden im asiatischen Raum als Gemüse verwendet (Tab. 89).

Insbesondere in alpinen Hochlagen der Himalaya-Region, in denen der Buchweizen aufgrund seiner kurzen Vegetationszeit eine zentrale Nutzpflanze darstellt, liegen traditionelle Erfahrungen zum Genuß grüner Pflanzenteile vor. Diese Erfahrungen beziehen die Schutzfunktionen des Rutins gegenüber extremer Einstrahlung ein. Schon aufgrund der geringen Anbaualternativen ist die lokale Bevölkerung im Himalaya auf eine Mehrfachnutzung der Bestände, die Verwendung von Blattanteilen, die Nutzung der Blütenstände als Bienenweide zur Honigproduktion und den Gewinn der Kornfraktion angewiesen.

Tab. 89: Nutzung der Sproßmasse von Buchweizenbeständen als Gemüserohstoff

Alter, Stadium der Pflanzen	Land, Region	Literaturangabe
20 - 30 Tage alte Pflanzen	Korea	CHOI et al. 1992
Keimpflanzen	Japan	NAMAI 1992 CAMPBELL 1997

Reismelde

Die Gemüsenutzung verschiedener *Chenopodiaceen*, z.B. von Spinat und Mangold ist weit verbreitet. Die verwandte Reismelde kann als Frisch- oder Kochgemüse, auch gemischt mit anderen Arten, den Amarant eingeschlossen, verwendet werden. In den Heimatländern Peru und Bolivien sind dies traditionelle Nutzungsformen. Insbesondere junge Blätter sind sortenverschieden von einem Flaum überzogen, der aus sogenannten Blasenhaaren besteht. Häufig ist der Überzug auf der Blattunterseite stärker ausgeprägt als auf der Blattoberseite. Sortentypisch enthalten die Blasenhaare rötliche bis violette Pigmente, die dem Blatt eine charakteristische Färbung verleihen. Für Rohkostsalate sind verschiedenfarbige Blätter gegebenenfalls eine interessante Komponente. Vorrangig als Kochgemüse, dem Spinat auch in den Geschmackseigenschaften vergleichbar, bei manchen Bewertungen sogar überlegen beurteilt, eignet sich die Blattmasse sehr gut. Hingewiesen wird auf den milden, nussigen Geschmack. Darüber hinaus wird die größere „Ergiebigkeit" positiv bewertet. Die Ergiebigkeit hängt mit der Konsistenz und dem Zusammenfallen der Blätter im gekochten Zustand zusammen.

Amarant

Die Eigenschaften junger Amarantpflanzen bzw. der Blattmassen von Amarant zur Verwendung als Gemüse gleichen weitgehend den Eigenschaften der Reismelde. Bevorzugt werden die Blätter oder junge Sproßabschnitte als Kochgemüse und für Suppen verwendet. Wie bei der Reismelde kann das Kochwasser mehrfach gewechselt werden. Mit dem Kochprozeß gehen bis zu 90% des Vitamin C-Gehalts verloren. Wesentlich geringer sind diese Verluste, wenn die frische Blattmasse nur gedämpft wird. Allerdings bleiben dann auch Nitrate und Oxalate größtenteils im Gemüse. Hinsichtlich des Geschmacks und der Struktur im gekochten Zustand wird Amarant - ebenso wie die Reismelde - häufiger besser beurteilt als Spinat. In frischem Zustand gelten arten- und sortenverschiedene Blattfarben in frühen Entwicklungsstadien als interessantes Element in gemischten Rohkostsalaten.

Zu den Ansprüchen an den Gemüserohstoff gehört auch die Zartheit der genutzten Pflanzenteile. Kontinuierliche Blatternten von Hand im Entwicklungsverlauf der Pflanzen, in Gebieten Indiens und Afrikas, in denen Amarantarten traditionell als Gemüsepflanzen genutzt werden, ein praktiziertes Verfahren, ermöglichen die Selektion von Blättern erwünschter Qualität. Gleichzeitig kann über den Verbleib relevanter Assimilationsflächen an der Pflanze das Weiterentwicklungsvermögen besser berücksichtigt werden, als mit einem Schnitt.

Mit einer Schnittnutzung werden Sproßabschnitte geerntet. Die Höhe der Schnittebene über der Pflanzenbasis bestimmt den geernteten und den verbleibenden Sproßanteil. Abhängig von den Eigenschaften der Sproßmassen sind diese als Gemüse oder als Futtermittel verwendbar. Ein erster Schnitt kann bereits bei ca. 20 cm Wuchshöhe erfolgen, in einem Entwicklungsstadium, in dem das Gewichtsverhältnis Blatt:Stengel möglichst über 1 liegt. Hier kommen u.a. spezifische Arten- und Sorteneigenschaften wie die Blattflächengröße und der Stengeldurchmesser zum Tragen. Diese Eigenschaften sind auch produktionstechnisch, z.B. über die Bestandesdichte beeinflußbar. Frühe Ernteschnitte bedeuten andererseits relativ geringe Erträge. Das Wiederaustriebs- und Verzweigungspotential ist daher eine weitere wichtige Eigenschaft. Das Wiederaustriebsvermögen hängt u.a. auch von der Höhe und damit dem Ertrag des ersten, bzw. des jeweils vorausgehenden Schnittes ab. Untersuchungen zeigen, daß die Amarantpflanze, abhängig von der Art, der Sorte und den Aufwuchsbedingungen ein erhebliches Wiederaustriebsvermögen besitzt und mehrere Grünmassenschnitte ermöglicht (Tab. 90).

Tab. 90: Merkmale des auf die Schnittebene folgenden Triebes bei der Amarantpflanze in Abhängigkeit von der Amarantart und dem entfernten Sproßanteil (entfernter Sproßanteil in % der Wuchshöhe, Wuchshöhe zum Schnittzeitpunkt: 35 cm) (MORENO et al. 1999)

Merkmale	*Amaranthus cruentus*			*Amaranthus hypochondriacus*		
	Entfernter Sproßanteil					
	0%[1]	10%	40%	0%	10%	40%
Anzahl Blätter	24 (a)[2]	261 (b)	277 (b)	32 (a)	219 (b)	314 (c)
Anzahl sekundärer Seitenzweige	0 (a)	16 (b)	36 (c)	0 (a)	51 (b)	48 (b)

[1] Unbehandelte Variante, kein Schnitt
[2] Mittelwerte mit unterschiedlichen Buchstaben sind bei 5% Grenzwahrscheinlichkeit signifikant verschieden

Schnittversuche mit zwei verschiedenen Arten lassen ein erhebliches Nachtriebsvermögen von Amarant, festgestellt in der physiologischen Reife 70 Tage nach dem Schnitt, erkennen. Unmittelbar nach dem Schnitt erfolgte eine Stickstoffdüngung. Verbunden mit dem Austrieb sekundärer Seitenzweige wurde anschließend von beiden

Amarantarten zahlreiche Blätter entwickelt. Die späterreife *A. hypochondriacus*-Sorte besaß ein noch stärker ausgeprägtes Potential als die *A. cruentus*-Sorte. Teilweise unterschieden sich die Sproßtrockenmassen der geschnittenen Varianten bei Vollreife nicht von den Kontrollvarianten. Unter diesen Bedingungen wäre eine frühe Gemüsenutzung ohne entscheidende Verluste mit einem späteren Futterschnitt kombinierbar.

2.2.3 Sproßmasse als Futtermittel

Prinzipiell sind die Bestände von Buchweizen, Reismelde und Amarant im Entwicklungsverlauf bis zum Blühbeginn geeignet, Frischfuttermassen zu liefern. Die Schnittzeitpunkte sind - wie auch bei anderen Futterpflanzenbeständen - Kompromisse zwischen dem Ertrag, der Qualität und dem Nachtriebsvermögen der geschnittenen Bestände. Zudem sind Reinbestände nicht immer die beste Voraussetzung für die Produktion von Futtermassen.

Buchweizen
Um die Verwendbarkeit von Buchweizen zur Gewinnung von Futtermassen kurz zu

Tab. 91: Eignung von Buchweizen zur Futterproduktion (nach BECKER-DILLINGEN 1927)

- Der Buchweizen, insbesondere der Tatarische Buchweizen liefert innerhalb von 6 bis 8 Wochen ein mähbares Futter und eignet sich von daher als anspruchslose Stoppelsaat im Herbst zur raschen Grünfutterproduktion.

- Im Frühjahrsanbau kommt der Buchweizen nur auf leichten Böden, die für andere Futterpflanzen ungeeignet sind, zur Futtergewinnung in Frage. Da der Wiederaustrieb nach dem Schnitt, abhängig vom Termin, nur relativ geringe Massen liefert, sind ggf. gestaffelte Saattermine sinnvoll. Allerdings kann der Buchweizen aufgrund seiner Frostempfindlichkeit und entsprechend später Saattermine kein frühes Grünfutter liefern. Buchweizen wird grün verfüttert, Heu wird selten gewonnen.

- Zu berücksichtigen ist, daß Buchweizen rein nicht gerne gefressen wird und Verdauungsstörungen hervorrufen kann. Der Futterwert ist nicht sehr hoch, Saatgut ist ein Kostenfaktor. Mischungen mit anderen Arten sind daher aus mehreren Gründen vorteilhaft.

- Mischungspartner für eine Stoppelsaat sind beispielsweise Winterroggen (*Secale cereale*) oder Weißer Senf (*Sinapis alba*). Für eine Frühjahrsaussaat kommen Weißer Senf und/oder Seradella (*Ornithopus sativus*) in Frage. Die Seradella kann vor dem Buchweizen ausgesät werden, der Buchweizen folgt, sobald keine Frostgefahr mehr besteht. Der Schnittermin richtet sich nach dem Senf. Der Senf muß vor der Blüte geschnitten werden, mit dem Blühbeginn verholzen die Stengel von Senf. Der Futterwert von Buchweizen nimmt ab Blühbeginn langsamer ab als der Futterwert von Senf.

umreißen, wird am besten auf Erfahrungen aus früheren Zeiträumen zurückgegriffen, in denen diese Art als Futterpflanze in Konkurrenz mit anderen Arten auch in Deutschland eine gewisse Bedeutung hatte (Tab. 91).

Diese Gesichtspunkte wären nach wie vor relevant. Allerdings hat der Buchweizen bei den heutigen Ansprüchen an die Futterqualität in intensiven Landnutzungs- und Tierhaltungssystemen Mitteleuropas und der Konkurrenz anderer leistungsfähiger Arten als Futterpflanze keine Bedeutung. Allenfalls wird er als einer von mehreren Mischungspartnern für die Erstellung von Zwischenfruchtbeständen herangezogen.

Reismelde und Amarant
Die Sproßmassen beider Arten können grün, siliert oder getrocknet als Grundfutter oder Grundfutteranteil für Wiederkäuer verwendet werden. Die Proteingehalte und die Energie- und Mineralstoffkonzentrationen sind verschiedenen anderen Futterpflanzenarten zumindest vergleichbar. Einmal aufgelaufen, produzieren beide Arten unter warmen Bedingungen zügig Futtermassen, wenn auch die Anfangsentwicklung aufgrund der sehr kleinen Keimpflanzen zunächst langsamer fortschreitet als beim Buchweizen. Für eine Aussaat im Frühjahr kommt nur die Reismelde in Frage. Die wesentlich geringeren Temperaturansprüche, verbunden mit einer begrenzten Frosttoleranz, geben ihr gegenüber dem Amarant eindeutig den Vorzug. Für eine Futterproduktion früh im Jahr ist der Amarant in gemäßigten Zonen noch weniger geeignet als der Buchweizen.

Aus den Grünmassen können differenzierte Proteinkonzentrate gewonnen werden. Je nach Herstellung sind die Produkte in Mangelsituationen als Zusätze für die menschliche Ernährung, oder aber als Futterkomponenten verwendbar. Bei der Herstellung werden im Verlauf der Extraktions-, Erhitzungs- und Koagulationsprozesse die Gehalte an antinutritiven Substanzen, die Nitrat- und die Oxalatgehalte einbezogen, reduziert. Darüber hinaus sind die Grünmassen zu Pellets, die in der Tierfütterung eingesetzt werden, verarbeitbar. Auch bei diesem Verarbeitungsverfahren reduzieren Hitzebehandlungen die physiologischen Effekte antinutritiver Substanzen, in der Folge steigt der Ausnutzungsgrad des Proteins. Allerdings ist die Herstellung der genannten Produkte bisher ökonomisch nicht tragfähig.

Der Buchweizen, die Reismelde und der Amarant besitzen ein unterschiedlich ausgeprägtes Wiederaustriebsvermögen. Verbunden mit der Verwendung von Sproßabschnitten als Gemüserohstoff wurde diese Eigenschaft beim Amarant im vorausgehenden Abschnitt bereits einbezogen. In Schnittversuchen zur Futtermasseproduktion von Reismeldebeständen konnten auf einen frühen ersten Schnitt folgend, zwei weitere Schnitte geerntet werden. Hierbei stehen die Zeitpunkte des Futterbedarfs und die Futterqualität im Vordergrund. Die Sproßtrockenmassen ha^{-1}, die nur bei Vollreife geschnittene Bestände lieferten, wurden in der Summe der drei Schnitte nicht erreicht. Insbesondere ein 10 - 15 cm über der Bodenoberfläche geführter, erster Schnitt reduzierte das nachfolgende Trockenmasseproduktionsvermögen von Reismeldebeständen gegenüber einer Schnitthöhe von 20 - 25 cm erheblich (Tab. 92).

Vegetative Massen 143

Tab. 92: Sproßtrockenmasseerträge (dt ha^{-1}) von Reismeldebeständen in Abhängigkeit von der Schnitthäufigkeit und der Schnitthöhe (RITTER 1986)

Schnitthöhe über dem Boden (cm)[1]	1. Schnitt (05.07.)	2. Schnitt (15.08.)	3. Schnitt (16.11.)	Gesamt (1. + 2. + 3. Schnitt)
Variante 1	15,6	40,2	38,3	94,1
Variante 2	19,3	25,4	24,1	68,8
Variante 3	–[2]	–	–	154,6
GD 5%[3]	n.v.[4]	n.v.	n.v.	7,3

[1]
Schnitthöhe (cm)	1. Schnitt	2. Schnitt	3. Schnitt
Variante 1	20 - 25	30 - 35	3 - 5
Variante 2	10 - 15	20 - 25	3 - 5
Variante 3	Einmaliger Schnitt bei Vollreife am 13.11.		

[2] Keine Angabe
[3] GD 5% = Grenzdifferenz bei 5% Grenzwahrscheinlichkeit
[4] n.v. = nicht verrechnet

Das Wiederaustriebspotential wird, nach der Eliminierung der Haupttriebdominanz durch einen Schnitt, von der Anzahl verbliebener, blattachselständiger Seitenknospen bestimmt. Je tiefer geschnitten wird, desto weniger Seitenzweige können entwickelt werden. Desto geringer sind darüber hinaus die Restassimilationsflächen und die Assimilatemengen, die aus den Internodien remobilisiert werden können. Ein rascher Neuaustrieb als Basis für eine Fortsetzung der Trockenmasseproduktion bedingt in ausreichendem Maße remobilisierbare Stoffreserven und grüne Assimilationsflächen, aber auch aufnehmbare Nährstoffe und zwar insbesondere Stickstoff. Die Zeitpunkte, die Anzahl und die Tiefe der Schnitte beeinflussen daher die Produktion von Futtermassen genauso wie die Wachstumsbedingungen, die Niederschläge und eine eventuelle Stickstoffdüngergabe nach einem Schnitt eingeschlossen.

2.2.4 Zwischenfruchtbestände

Als Zwischenfruchtbestände sind Pseudogetreidearten in der Lage, durch die Produktion von Sproß- und Wurzelmassen unterschiedliche Ziele zu erfüllen. Damit kann eine Nutzung der Sproßmassen zu Futterzwecken verbunden sein, dieses Ziel steht jedoch hier nicht im Mittelpunkt (Tab. 93).

Die Schaderregerbekämpfung ausgenommen, können sowohl Buchweizen- als auch Reismelde- und Amarantbestände, sobald sie geschlossen sind, die produktionstechnischen Ziele gleichermaßen erfüllen. Eine nematoden-bekämpfende Wirkung ist nur beim Buchweizen und nur gegenüber dem Rübennematoden, *Heterodera* sp., nicht gegenüber anderen Nematodenarten nachgewiesen. Die Anfälligkeit von Buchweizen, Reismelde und Amarant gegenüber Nematoden wird an späterer Stelle näher erörtert

(s. Kap. 3.2.3). Für alle drei Pseudogetreidearten bieten Zwischenfruchtsaattermine günstige Keim- und Wachstumstemperaturen. Alle drei Pseudogetreidearten sind zweikeimblättrig und in der Lage, aufgrund einer waagrechten Blatthaltung rasch den Boden zu bedecken. Besonders ausgeprägt ist diese Eigenschaft vom Entwicklungsbeginn an beim Gewöhnlichen Buchweizen.

Tab. 93: Produktionstechnische Ziele von Zwischenfruchtbeständen

- **Bodenschutz**:
  Bodenbedeckung mit lebender oder abgestorbener Pflanzenmasse zum Schutz vor Evaporation, Verschlämmung und Erosion.
- **Bodenbearbeitung:**
  Bodendurchwurzelung mit Pfahl- und Feinwurzelsystemen mit dem Ziel biologischer Bodenlockerung.
- **Nährstoffsicherung:**
  Bodendurchwurzelung und damit Aufnahme auswaschbarer Nährstoffe, insbesondere von Nitrat und Einmischung organischer Substanz in Form von Feinwurzelmassen.
- **Unkrautbekämpfung:**
  Bekämpfung von Unkraut und von unerwünscht aufgelaufenen Kulturpflanzen durch Unterdrückung und ggf. mehrfachen Schnitt von Futtermassen.
- **Schaderregerbekämpfung:**
  Bodendurchwurzelung mit Arten, die auf bodenbürtige Schaderreger (z.B. Nematoden) einer nachfolgenden Kulturpflanzenart eine bekämpfende Wirkung ausüben.

Darüber hinaus unterscheiden sich die Arten im Hinblick auf die produktionstechnischen Ziele in einigen Eigenschaften (Tab. 94). Aufgrund kleiner Samen kann der Tatarenbuchweizen für die Erstellung von Zwischenfruchtbeständen besser geeignet sein als der Gewöhnliche Buchweizen. Die noch wesentlich kleineren Reismelde- und insbesondere die Amarantsamen bedeuten noch geringere Keimwasseransprüche und Saatgutkosten. Der Keimwasserbedarf kann zu einem Zwischenfruchtsaattermin der zentrale Punkt bezüglich einer zügigen Bestandesetablierung sein. Buchweizen keimt auch unter relativ trockenen Bedingungen rasch. Die Samen sind offensichtlich in der Lage, auch bei geringem Bodenkontakt und aus der Luftfeuchte ausreichend Wasser zur Keimung zu akkumulieren. Eine Samenbildung der Zwischenfruchtbestände ist nicht erwünscht. Keimfähige Samen können, als „Unkraut" in den Folgefrüchten auflaufend, Probleme bereiten. Die Wahl kurztagsempfindlicher Sorten (s. Kap. 1.3.2) ist hier eine wirksame Vorsichtsmaßnahme.

Tab. 94: **Vorteilhafte- und nachteilige Eigenschaften von Buchweizen, Reismelde und Amarant zur Etablierung von Zwischenfruchtbeständen**

Arten	Vorteilhafte Eigenschaften	Nachteilige Eigenschaften
Buchweizen	• Trotz relativ hoher Tausendkorngewichte geringer Keimwasserbedarf → rascher Feldaufgang. • Zügige Blattflächen- und Wurzelentwicklung → Bodenbedeckung, Bodendurchwurzelung. • Sicheres Abfrieren bei Frost → vollständig tote Mulchdecke.	• Hohe Empfindlichkeit gegenüber Bodenverdichtungen → Wachstumsdepressionen, Lücken. • Saatgutkosten. • Vorzeitiger Rückgang der Trockenmasseproduktion bei abfallenden Temperaturen.
Reismelde	• Geringes Tausendkorngewicht, von daher geringer Keimwasserbedarf → rascher Feldaufgang. • Geringer Saatgutaufwand. • Begrenzte Frostresistenz → längerfristig aufstehender, ggf. wachsender Bestand.	• Kleine Keimpflanzen → vgl. mit Buchweizen langsamere Blattflächenentwicklung und Bodendurchwurzelung. • Begrenzte Frostresistenz → erst bei anhaltend tiefem Temperaturniveau sicheres Abfrieren.
Amarant	• Sehr geringer Keimwasserbedarf → rascher Feldaufgang. • Mit zunehmender Laubblattentwicklung auch bei knappem Wasserangebot rasche Blattflächen- und Wurzelentwicklung → Bodenbedeckung, -durchwurzelung. • Sicheres Abfrieren bei Frost → vollständig tote Mulchdecke.	• Sehr kleine Keimpflanzen → vgl. mit Buchweizen und Reismelde, anfangs sehr kleine Blattflächenindices. • Sehr hohe Empfindlichkeit gegenüber Bodenoberflächenverschlämmung → lückige, ungleichmäßig entwickelte Bestände.

Über das für die Keimung notwendige Wasser hinaus kann das Wasserangebot die Trockenmasseproduktion und damit die Funktion von Zwischenfruchtbeständen beschränken. Soweit die übrigen Wachstumsbedingungen günstig sind, ist die C4-Pflanze Amarant in der Lage, je Liter transpirierten Wassers wesentlich größere Trockenmassen zu produzieren als die C3-Pflanzen Buchweizen und Reismelde (Tab. 95).

146 Nutzung

Tab. 95: Die Transpirationseffizienz (g Sproßtrockenmasse l^{-1} transpiriertes Wasser) von Buchweizen-, Reismelde- und Amarantbeständen, Standort Ihinger Hof (KALBHENN und AUFHAMMER, nicht publiziert)

Zeitspanne nach der Aussaat[1] (Tage)	Buchweizen	Reismelde	Amarant	GD 5%[3]
0 - 20	8,1	7,8	15,0	2,1
20 - 40	12,6	13,8	23,7	4,5
40 - 60	10,2	12,3	30,6	9,6
60 - 80	–[2]	6,6	9,0	n.s.[4]

[1] Aussaat in beiden Jahren 27.07.
[2] Bereits erfroren
[3] GD 5% = Grenzdifferenz bei 5% Grenzwahrscheinlichkeit
[4] n.s. = nicht signifikant

Bezogen auf den Bedarf an Transpirationswasser zur Produktion einer Gewichtseinheit Trockenmasse gehen Amarantbestände sehr viel sparsamer mit dem verfügbarem Wasser um als Reismelde- und Buchweizenbestände. Geht man jedoch vom Wasserangebot aus und bezieht die evaporierten Wassermengen ein, verändern sich die Relationen zwischen den Arten (Tab. 96).

Tab. 96: Die Wassernutzungseffizienz (g Sproßtrockenmasse l^{-1} evapotranspiriertes Wasser) von Buchweizen-, Reismelde- und Amarantzwischenfruchtbeständen, Standort Ihinger Hof (KALBHENN und AUFHAMMER, nicht publiziert)

Zeitspanne nach der Aussaat[1] (Tage)	Buchweizen	Reismelde	Amarant	GD 5%[3]
0 - 20	3,1	2,1	2,2	0,3
20 - 40	4,6	3,0	3,8	0,4
40 - 60	3,6	3,7	4,8	0,4
60 - 80	–[2]	2,8	3,4	0,3

[1] Aussaat in beiden Jahren 27.07.
[2] Bereits erfroren
[3] GD 5% = Grenzdifferenz bei 5% Grenzwahrscheinlichkeit

Aufgrund sehr kleiner Keimpflanzen mit geringer Ausgangsassimilationsfläche dauert die Zeitspanne bei der Reismelde und beim Amarant bis zur vollständigen Bodenbedeckung länger als beim Buchweizen. Offene Bodenflächen bedeuten unproduktiven Wasserverlust durch Evaporation. Unter Einbezug der Evaporation bleibt daher der Wasserverbrauch von Buchweizenbeständen in der Etablierungsphase zunächst erheblich geringer als z.B. der Wasserverbrauch von Amarant. In der Wassernutzungseffizienz, d.h. in der produzierten Sproßtrockenmasse je Liter verbrauchten Wassers, erwies sich daher der Buchweizenbestand bis ca. 40 Tage nach der Aussaat Ende Juli dem Reismelde- und dem Amarantbestand überlegen (Tab. 96).

Mit der Geschwindigkeit und der Dauer der Bodenbedeckung sind direkt oder indirekt weitere Funktionen wie die Nährstoffsicherung, die Unkrautunterdrückung und eine biologische Bodenbearbeitung verbunden. Nicht nur zur Optimierung der Futterqualität sondern auch zur Kombination der vorteilhaften und zur Kompensation kritischer Eigenschaften verschiedener Arten unter Aufgangs- und Aufwuchsbedingungen, die zumeist nur teilweise für die einzelne Art günstig sind, erfüllen Mischbestände die Ziele sicherer als Reinbestände. Als Komponenten kommen hierfür selbstverständlich nicht nur die Pseudogetreidearten, sondern auch mehrere andere Arten in Frage.

Der Buchweizen wird auch als Dekontaminationspflanze für Flächen, die mit Schwermetallen angereichert sind, diskutiert. Der Buchweizen besitzt mit Sortenunterschieden ein überdurchschnittliches Aneignungsvermögen für Kadmium, wird aber von anderen Arten, z.B. der Ampferart *Rumex patientia* übertroffen. Zu Dekontamination sind Sorten prädestiniert, die Schwermetalle nicht nur aufnehmen, sondern auch zum größten Teil in den Sproß, bevorzugt in die vegetative Sproßmasse, translozieren. Erst mit der Translokation und der Abfuhr der Sproßmasse wird ein Dekontaminierungseffekt erreicht. Auch der Amarant erscheint hierfür geeignet. Amarant ist in der Lage, verglichen mit Gerste und Mais, das 3 - 4fache an Zink, Kupfer und Mangan und das 2fache an Chrom und Blei aus kontaminierten Böden in die Sproßmasse aufzunehmen.

2.2.5 Zusammenfassung

Generell sind die Blätter oder in frühen Entwicklungsstadien der gesamte Sproß der Pseudogetreidearten als Gemüse nutzbar. Grün, getrocknet oder siliert können die Sproßmassen in Futterrationen einbezogen werden. Als Zwischenfruchtbestände angebaut, dienen die Sproß- und die Wurzelmassen diversen produktionstechnischen und ökologischen Zielen. In Relation zur Bedeutung der Kornfraktionen spielt die Nutzung der vegetativen Massen jedoch eine nachgeordnete Rolle. Der Trockensubstanzgehalt, das Blatt:Stengelverhältnis, die inhaltsstoffliche Zusammensetzung und die biologische Wertigkeit der vegetativen Pflanzenteile verändern sich mit dem Massezuwachs im Entwicklungsverlauf der Bestände. Verwertungsorientiert werden daher die Qualitätseigenschaften der Rohmassen von der Art und der Sorte, den Aufwuchsbedingungen, aber auch entscheidend vom Erntetermin bestimmt. Zusammenfassend ist der Buchweizen als Gemüse- oder als Futterpflanze weniger geeignet, die Reismelde und insbesondere der Amarant besitzen diesbezüglich ein größeres Nutzungspotential. Unter vergleichbaren Aufwuchsbedingungen ist der Gehalt der Sproßmassen der beiden zuletzt genannten Arten an wertmindernden Inhaltsstoffen nicht höher als der Gehalt der Sproßmassen herkömmlicher Gemüse- und Futterpflanzen. Hinsichtlich der wertgebenden Inhaltsstoffe werden herkömmlich verwendete Arten zumindest erreicht, teils sogar übertroffen.

2.2.6 Literatur

Zitierte Literatur

BECKER-DILLINGEN, J. (1927): Handbuch des Getreidebaus. Verlag P. Parey, Berlin.
BECKER-DILLINGEN, J. (1929): Handbuch des Hülsenfruchtanbaus und Futterbaus. Verlag P. Parey, Berlin.
CAMPBELL, C.G. (1997): Buckwheat (*Fagopyrum esculentum* Moench). International Plant Genetic Resources Institute (IPGRI). Promoting the conservation and use of underutilized and neglected crops 19.
CHOI, B.H., PARK, K.Y. and R.K. PARK (1992): Buckwheat genetic resources in Korea. In: IBPGR (ed.): Buckwheat genetic resources in East Asia, 45-52. Intern. Crop Network Ser. 6.
KALBHENN, M. und W. AUFHAMMER (nicht publiziert): Vergleichende Untersuchungen zur Wassernutzung der Pseudogetreidearten Buchweizen, Reismelde und Amarant.
KOZIOL, M.J. (1992): Chemical composition and nutritional evaluation of quinoa (*Chenopodium quinoa* Willd.). J. Food Composition and Analysis 5, 35-68.
MAKUS, D.J. (1990): Composition and nutritive value of vegetable amaranth as affected by stage of growth, environment and method of preparation. In: Proc. 4th Nation. Amaranth Symp., Minneapolis, Minnesota-USA, 35-46.
MORENO, D.M., NUNÉZ-FARFÁN, J., TERRAZAS, T., DEL MAR RUIZ, L.P., TRINIDA-SANTOS, A., TREJO, C.L. and A. LARQUE-SAAVEDRA (1999): Plastic responses to clipping in two species of *Amaranthus* from the Sierra Norte de Pueblo, Mexico. Genetic Resources and Crop Evolution 46, 225-234.
NAMAI, H. (1992): Strategies for sustainable conservation and efficient utilisation of buckwheat genetic resources in the world. In: IBPGR (ed.): Buckwheat genetic resources in East Asia, 93-104. Intern. Crop Network Ser. 6.
RITTER, E. (1986): Anbau und Verwendungsmöglichkeiten von *Chenopodium quinoa* Willd. in Deutschland. Dissertation, Universität Bonn.
SOUCI, S.W., FACHMANN, W. und H. KRAUT (1989): Die Zusammensetzung der Lebensmittel. Nährwerttabellen 1989-1990. Wiss. Verlagsgesellschaft Stuttgart.

Weiterführende Literatur

AUFHAMMER, W. (1999): Mischanbau von Getreide- und anderen Körnerfruchtarten. Verlag E. Ulmer, Stuttgart.
CARLSSON, R. (1989): Green biomass of native plants and new cultivated crops for multiple use. In: WICKENS, G.E. (ed.): New Crops for Food and Industry, 101-107. Chapman and Hall, London.
JAHNKE, H. (1992): Quinoa - Wiederentdeckung einer alten Kulturpflanze in Deutschland. Garten Organisch 1, 16-18.
MARQUARD, R., GAUDCHAU, M. und H. BÖHM (1995): Untersuchungen zur Schwermetalldekontamination belasteter Böden durch Anbau von Akkumulatorpflanzen. VDLUFA - Schriftenreihe 40, 319-322.

MARQUARD, R., GAUDCHAU, M. und M. SCHNEIDER (1995): Untersuchungen zur Kadmium-Aufnahme und -Akkumulation bei Arznei- und Ölpflanzen, 137-153. In: FRIEDT, W. und R. MARQUARD (Hrsg.): Gießener Beiträge aus Pflanzenbau und -züchtung.

TEUTONICO, R.A. and D. KNORR (1985): Amaranth: composition, properties and applications of a rediscovered food crop. Food Technology 39, 49-60.

TÓTH, J., TOMÁS, J. and A. VOLLMANOVÁ (1999): Verification of amaranth suitability for metallic soil decontamination. In: HUSKA, J. (ed.): Proc. 4th Europ. Symp. of Amaranth, Nitra 1999, 66-71.

WESCHE-EBELING, P., MAITI, R., GARCIA-DIAZ, G., GONZALEZ, D.I. and F. SOSA-ALVARADO (1995): Contributions to the botany and nutritional value of some wild *Amaranthus* species (*Amaranthaceae*) of Nuevo Leon, Mexiko. Economic Botany 49, 423-430.

2.3 Bestände und Einzelpflanzen

Die Pseudogetreidearten werden zur Gewinnung von Trockenmassen feldmäßig angebaut. Alle drei Arten, der Buchweizen, die Reismelde und der Amarant sind dikotyle Arten, die - im Gegensatz zu den monokotylen Getreidearten - attraktive, farbige Blütenstände entwickeln. Aus dieser Eigenschaft resultieren „Nutzeffekte", die nur insofern etwas mit dem Produktionsziel zu tun haben, als dieses zumindest die Blühperiode einschließen muß. Bestände, die die Blüte nicht erreichen, sind hier nur marginal von Interesse.

2.3.1 Bestände als Landschaftselemente

Größerflächig blühende Bestände sind Strukturelemente von Agrarlandschaften. Zu unterschiedlichen Jahreszeiten blühende Flächen verschiedener Arten können regional zur Charakterisierung von Landschaften beitragen. Die Produktion von pflanzlichen Rohstoffen im weitesten Sinne ist zwar die originäre und die zentrale, aber nicht die alleinige Funktion einer Agrarlandschaft. Die angebauten Arten, die Ausdehnung der Flächen und ihre Eigenschaften und Auswirkungen, ihre Farben und Gerüche und davon angezogene Insekten sind Komponenten der Erholungsfunktion und des Freizeitwertes einer Landschaft. Offene Bereiche, die Sicht und Aussicht bieten, abwechslungsreich genutzte, teils blühende Flächen, Baum- und Buschinseln mit schattigen Bereichen, Wege, Park- und Rastplätze sind Elemente, die Wanderer, Spaziergänger und Radfahrer einladen. Blühende Pflanzen, Wild- oder Kulturpflanzen, sind zugleich eine Lebensgrundlage für viele Insektenarten, die ihrerseits ein Teil der Vielfalt und des Abwechslungsreichtums einer Agrarlandschaft sind.

Für jede Pflanzenart, die zur Körnernutzung angebaut wird, ist die Blüte, verbunden mit dem Bestäubungs- und dem Befruchtungsprozeß die Voraussetzung für die Ausbildung von Samen. Die Samen sind generative, reproduktionsfähige Speicherorgane, die zugleich den nutzbaren Rohstoff darstellen. Großflächig angebaute, dikotyle Körnerfruchtarten, die durch ihre Blüte mehr oder weniger auffallen, umfassen eiweißreiche Körnerfruchtarten wie z.B. die Ackerbohne, die Erbse, vereinzelt die Lupine und fettreiche Körnerfruchtarten wie den Raps, den Lein und die Sonnenblume.

Bei den größerflächig angebauten Körnerleguminosen dominieren weißblühende Sorten. Rapsbestände blühen bereits im Frühjahr über Zeiträume von 2 - 3 Wochen hinweg durchgängig leuchtend gelb. Später fallen kurz aber eindrucksvoll blau blühende Leinbestände in einer Agrarlandschaft auf. Auch weiß-rosa blühende Sorten kommen vor. In wärmeren Regionen folgen im Sommer die Sonnenblumenbestände, die erst nach mehreren Wochen die goldgelben Zugenblüten abwerfen und damit ihren „Blumen"-Charakter verlieren. Häufig erreichen auch Pflanzenarten, die mit verschiedenen Zielen als Zwischenfrüchte angebaut werden, die Blühphase. Unter anderem treten gelb blühende Senf-, weiß-violettblau blühende Ölrettich- und blau-violett blühende Phaceliabestände oder Mischbestände aus diesen und anderen Arten bis in den Herbst hinein auf.

Auch die Getreidearten, die heute in geeigneten Lagen die größten Flächenanteile einnehmen blühen selbstverständlich. Die Blütenstände, die Ähren bzw. die Rispen dieser monokotylen Kulturgrasarten werden von optisch unscheinbaren Blütchen gebildet, farbige Blütenblätter, gefärbte Achsen, usw. fehlen. Die Bestäubung der Blütchen verlangt keinen Insektenbesuch. Nur die männlichen Blütenstände des Maises, die endständigen Rispen, lassen etwas stärker auffallend die Blühphase dieser Getreideart erkennen.

Die Pseudogetreidearten, der Buchweizen, die Reismelde und der Amarant entwickeln leuchtend farbig abgestufte Blüten- und Fruchtstände. Gemeinsam sind diese Arten gekennzeichnet durch relativ lange Perioden, in denen die farbigen Blüten- bzw. Fruchtstände in der Fläche wirkungsvolle Landschaftselemente darstellen. Genotypisch bieten alle drei Arten darüber hinaus ein breites Potential an unterschiedlichen Farben und Fruchtstandsstrukturen.

Der Gewöhnliche Buchweizen ist mit weiß und rosa blühenden Sorten vertreten. Die grünlichen Blüten des Tatarenbuchweizens sind weniger auffällig. Vom Gewöhnlichen Buchweizen sind darüber hinaus aus chinesischen Landsorten Genotypen bekannt, die bis in rote Blütenfarben hinein reichen (s. Kap. 1.3.1). Die Art enthält also ein Blütenfarbenpotential, das sich von weiß über rosa bis ins Rote hinein erstreckt. Die anhaltende Blühperiode von Buchweizenbeständen resultiert aus der ausgeprägten und anhaltenden Verzweigungsneigung der meisten Sorten, einer Eigenschaft, die eher eine Wildpflanzen- als eine Kulturpflanzeneigenschaft ist. (s. Kap. 1.3.2). Darüber hinaus können selbst die tiefroten Stoppeln abgeernteter Buchweizenflächen zur Charakteristik einer Landschaft beitragen.

Die Reismelde und der Amarant entwickeln über die Formen und die Farben der Blüten- und späteren Fruchtstände sehr verschiedene Pflanzentypen. Größerflächig angebaut, können eindrucksvolle Elemente einer Agrarlandschaft entstehen (s. Kap. 1.3.2). Dies gilt beim Amarant umso mehr, als die hochwüchsigen Bestände relativ spät zu blühen beginnen und bis in den Herbst in Zeiträume hinein abreifen, in denen außer Mais und Sonnenblumen keine Körnerfruchtarten mehr auf den Feldern stehen. Sortentypisch kann die Reismelde weiß-, grün-, leuchtend organge- oder rotfarbige Fruchtstände unterschiedlichen Types ausbilden. Auch die Stengel sind, während die Blätter bereits abfallen, noch länger gelblich, rötlich oder tief rot gefärbt. Ein ähnlich breites Variationspotential besitzt der Amarant über die Arten, über Artkreuzungen und Sorten. Ockerfarbene, leuchtend rot oder nahezu dunkelviolett gefärbte Fruchtstände werden ausgebildet. Nicht ohne Grund ist der Gartenfuchsschwanz als Zierpflanze in Mitteleuropa seit langem verbreitet, während der Amarant als „Nutzpflanze" im engeren Sinne weitestgehend unbekannt ist.

Zusammenfassend böten Bestände der verschiedenen Pseudogetreidearten, auch in Kombinationen mit blühenden Zwischenfruchtbeständen anderer Arten, insbesondere in späteren Vegetationszeitabschnitten attraktive Elemente einer vielfältigen Agrarlandschaft.

2.3.2 Bestände als Lebensräume für die Fauna

Blühende Buchweizenbestände sind Teil der Nahrungsgrundlage von Honigbienen. Diese tragen zur Bestäubung der Blüten bei. Die Bestände bieten Kleinwild und Vögeln Schutz und Futter. Sowohl die Grünmassen als auch die Körner werden gefressen. Einerseits verschwanden in den zurückliegenden Jahrzehnten blühende Ackerunkräuter und ebenso blühende Kräuter in Grünlandbeständen weitgehend, andererseits nahmen jedoch die Raps- und die Sonnenblumenflächen, die Bienenweiden bieten, zu. Für stillgelegte Ackerflächen wird die Anlage von Mischbeständen aus blühenden Arten wie Phacelia, Malve, Sonnenblume und auch Buchweizen empfohlen. Diese Blütenpflanzen sichern den Bienen und anderen Insekten, die auf Blütenstaub und Nektar angewiesen sind, eine Nahrungsbasis. Darunter sind solche, die als Gegenspieler verschiedener Schadinsekten von Kulturpflanzen Nützlingscharakter besitzen. Zu den Besuchern blühender Buchweizenbestände zählen, neben der Honigbiene, die Hummeln, ebenso Schwebfliegen und verschiedene andere Hautflüglerarten.

Der Bienenbesuch von Reismelde- und Amarantbeständen ist mit dem Besuch von Buchweizenbeständen nicht vergleichbar. Gelegentlich werden die Blütenstände von Bienen und anderen Insekten aufgesucht, ihre Funktion als Bestäuber ist wenig relevant, da diese Arten Windbestäuber sind. Allerdings werden die Blütenstände der Reismelde und des Amarants von Wanzenarten, *Lygus* sp., besucht, genauer gesagt befallen. Diese Insekten sind in der Lage, erhebliche Kornertrags- und Kornqualitätsschäden anzurichten. Hierauf wird an späterer Stelle näher eingegangen (s. Kap. 3.2.3).

Die Pseudogetreidearten können in Mischbestände, die zur Wildäsung ausgesät werden, einbezogen werden. Mischbestände, die u.a. Sonnenblumen und/oder Topinambur, Reismelde und Amarant, Lupinen und Buchweizen enthalten, sind vorstellbar. Einzelne Vogelarten befressen im Herbst die Fruchtstände der Reismelde- und der Amarantpflanzen. Der Fruchtstandsaufbau ist ein Kriterium für das Landevermögen der Tiere. Locker strukturierte Fruchtstände eignen sich offensichtlich weniger - bzw. sind weniger fraßgefährdet, als kompakte Fruchtstände. Zusätzlich werden die ausgefallenen, auf der Bodenoberfläche liegenden Körner aufgesammelt. Von daher kommt sogar der Ausfallneigung der drei Pseudogetreidearten ökologisch ein „nützlicher" Effekt zu.

Aus früheren Jahren, in denen auf dem Marchfeld um Wien, einem niederschlagsarmen Gebiet, größerflächig kurzlebige Buchweizenbestände angebaut wurden, waren die roten Stoppelflächen im Herbst als Aufenthaltsbereiche von Wildgänsen ein Kennzeichen der Landschaft. Diese und andere Vogelarten, natürlich auch Feldmäuse usw. suchen die ausgefallenen Körner. Die Grünmassen der Reismeldebestände sind sowieso relativ saponinarm. Aber auch der Saponingehalt des Korngutes saponinreicher Sorten hält nicht alle Vogelarten gleichermaßen ab. Unter anderem sind Rebhühner und Fasanen durchaus an diesem Korngut interessiert. Saponinarme Sorten leiden aber im allgemeinen wesentlich stärker unter Vogelfraß als Sorten mit saponinreichem Korngut.

2.3.3 Zierpflanzen - Gebinde, Sträuße

Weniger der Buchweizen als vielmehr die Reismelde und der Amarant dienen als Einzelpflanzen oder in kleinen Gruppen als Zierpflanzen in Gärten. In der Wuchshöhe, den Farben und den Formen der großen Blüten- bzw. Fruchtstände sowie in den Blatt- und Stengelfarben unterschiedliche Sorten und die lange Blüh- und Abreifedauer tragen zum Zierpflanzencharakter bei. Die Blütenstände sind daher auch für attraktive Sommer- und Herbststräuße, für Dekorationen und Arrangements geeignet.

2.3.4 Zusammenfassung

Pflanzenbaulich genutzte Flächen sind Strukturelemente von Agrarlandschaften. Generell verändert sich der Charakter der einzelnen Flächen und damit der Landschaft mit der Entwicklung der aufstehenden Bestände im Vegetationszeitverlauf. Mit dem Rückgang blühender Wildpflanzen, d.h. blühender Unkrautarten in Kulturpflanzenbeständen gewinnen farbig blühende Kulturpflanzenbestände an Bedeutung. Grundsätzlich enststehen Agrarlandschaften aus dem Bedarf an pflanzlichen Rohstoffen. Darüber hinaus dienen sie aber auch der Erholung und der Freizeitgestaltung und sollten einer vielfältigen Fauna Aufenthaltsmöglichkeiten und Nahrungsbasis bieten. Aufgrund anhaltender Blühperioden und attraktiver Blüten- und Fruchtstände können sowohl Buchweizen- als auch Reismelde- und Amarantbestände als Strukturelemente Beiträge zu diesen Landschaftsfunktionen leisten. Außerdem sind insbesondere Reismelde- und Amarantpflanzen für gärtnerische Verwendungszwecke geeignet.

2.3.5 Literatur

Weiterführende Literatur

BECK, W. (1991): Über den Pollen- und Nektarwert von Phacelia, Malve, Sonnenblume und Buchweizen. Bienenpflege 1991, 227-280.

BECKER-DILLINGEN, J. (1927): Handbuch des Getreidebaus. Verlag P. Parey, Berlin.

CAMPBELL, C.G. (1997): Buckwheat (*Fagopyrum esculentum* Moench). International Plant Genetic Resources Institute (IPGRI). Promoting the conservation and use of underutilized and neglected crops 19.

MINISTERIUM FÜR LÄNDLICHEN RAUM, ERNÄHRUNG, LANDWIRTSCHAFT UND FORSTEN - BADEN WÜRTTEMBERG (1988): Stilllegung von Ackerflächen. MLR-11-88.

WANG, R. and CH. LI (1998): Insect polinators and yield of common buckwheat. In: CAMPBELL, C. and R. PRZYBYLSKI (eds.): Adv. in Buckwheat Res., Winnipeg, Manitoba-Canada, VII-25-28.

3 Anbau

Dieser Abschnitt ist auf den Anbau der Pseudogetreidearten unter gemäßigten Klimaverhältnissen ausgerichtet. Schwerpunktmäßig werden zur Darstellung der Probleme im Rahmen von Anbauverfahren Ergebnisse aus Feldversuchen, die auf zwei südwestdeutschen Standorten durchgeführt wurden, herangezogen. Der eine der beiden Standorte, die Versuchsstation für Pflanzenbau und Pflanzenschutz, Ihinger Hof, der Universität Hohenheim liegt 20 km westlich von Stuttgart. Der andere Standort umfaßt Versuchsflächen der Landesanstalt für Pflanzenbau - Baden-Württemberg in Forchheim im Rheintal. In Forchheim wurden nur die Reismelde und der Amarant in Feldversuchen angebaut (Tab. 97).

Tab. 97: Kenndaten der Standorte Ihinger Hof und Forchheim

Kenngrößen	Ihinger Hof	Forchheim
Höhenlage über NN	450 - 508 m	117 m
Mittlere Jahrestemperatur (langjähriges Mittel)	7,9 °C	10,1 °C
Jahresniederschlag (langjähriges Mittel)	687 mm	742 mm
Bodentypen	schwere, tonreiche Keuperböden, teils mit Lößauflage	leichtere, lehmige Sandböden

Die Aufwuchsbedingungen der Standorte unterscheiden sich insbesondere hinsichtlich des Temperaturniveaus und der Bodenverhältnisse. Auf dem Standort Ihinger Hof bestimmt der Tongehalt, in Forchheim der Sandgehalt die Struktureigenschaften, die Erwärmbarkeit und das Wasserhaltevermögen der Böden. Obwohl Forchheim im Jahresmittel deutlich wärmer ist als der Standort Ihinger Hof, vertreten beide Standorte eher die kühl-feuchten Regionen gemäßigter Klimazonen.

Aus artspezifisch unterschiedlichen Gründen kann der Standort Ihinger Hof sowohl für den Buchweizen, als auch für die Reismelde und den Amarant als Grenzstandort betrachtet werden. Diese Grenzstandortbedingungen tragen dazu bei, produktionstechnisch und ökologisch kritische Bereiche im Entwicklungsverlauf der Bestände besonders deutlich werden zu lassen. Vordringliche Probleme sind auf diesem Standort einerseits die Erstellung definierter Ausgangsbestände, andererseits deren Abreife. Der Amarantanbau bringt die größten, der Buchweizenanbau bringt, jedenfalls hinsichtlich der Erstellung von Ausgangsbeständen, die geringsten Probleme mit sich. Auf den sandigen Böden des wärmeren Standorts Forchheim tritt der rasche Auflauf angepaßter Unkrautarten in den Vordergrund. Zudem kann akuter Wassermangel bereits in der Keim- und der Auflaufphase eine Beregnung als Voraussetzung für die Etablierung gleichmäßiger Reismelde- und Amarantbestände notwendig machen.

Über die Ergebnisse aus Feldversuchen von diesen beiden Standorten hinaus werden, soweit greifbar, Befunde zur Produktionstechnik aus anderen Regionen gemäßigter Klimazonen herangezogen. Speziell zum Anbau von Körneramarant werden auch Angaben und Erfahrungen aus den USA berücksichtigt. In den relevanten Gebieten Nordamerikas herrschen kontinentale Klimaverhältnisse. Teilweise erfordern Trockenperioden auch dort eine Beregnung.

Generell sind Ergebnisse zum Entwicklungs- und Leistungsverhalten von Pflanzenbeständen und zu den Auswirkungen produktionstechnischer Maßnahmen nur mit Einschränkungen von einem Standort auf den anderen übertragbar. Im Mittelpunkt stehen deshalb die prinzipiellen Zusammenhänge, die an Beispielen dargestellt werden. Mit den Leistungserwartungen steigen die produktionstechnischen Anforderungen. Standortdefizite, bezogen auf die Ansprüche der einzelnen Kulturpflanzenart, sind produktionstechnisch häufig nur teilweise korrigierbar. Agronomische Defizite einer Pflanzenart bezogen auf die aktuelle Produktionstechnik müssen über die Wahl der Sorte bzw. über eine züchterische Anpassung reduziert werden. Die Anpassung der Aufwuchsbedingungen an die Pflanze und die Anpassung der Pflanze an die Aufwuchsbedingungen, letztlich zwei Seiten ein- und derselben Münze, stecken bei den Pseudogetreidearten noch in den Anfängen. Dies gilt jedenfalls dann, wenn eine moderne, produktionszielorientierte Anbautechnik und die Anforderungen an die Eigenschaften einer Kulturpflanze zugrunde gelegt werden.

3.1 Erstellung von Beständen

Die Erstellung von Ausgangsbeständen, die das Potential zur Entwicklung gleichwertiger Einzelpflanzen und zum raschen Bestandesschluß besitzen, ist ein entscheidender Prozeß in jedem Anbauverfahren. Werden in lückigen oder ungleichmäßig entwickelten Beständen angebotene Wachstumsfaktoren teilflächenweise unvollständig oder gar nicht genutzt, bzw. - wie Nitrat-Stickstoff - ausgetragen, kann dies ökonomische Verluste und häufig zugleich ökologische Belastung bedeuten. Mit dem Oberflächenabfluß oder dem Wind ausgetragene Bodenteile infolge fehlender Bodenbedeckung und Kornverluste durch Ausfall infolge ungleichmäßiger Abreife sind Beispiele. Wie an anderer Stelle bereits erwähnt, können die - im Gegensatz zum Buchweizen - sehr kleinen Keimpflanzen der Reismelde und insbesondere des Amarants, verbunden mit relativ geringen Pflanzenzahlen m^{-2}, den Bestandesschluß erheblich verzögern und so kritische Situationen provozieren.

Saattermin- und produktionszielabhängig begrenzen unter gemäßigten Bedingungen die Temperaturen im Vegetationszeitverlauf sowohl die anfängliche Bestandesetablierung als auch die schließliche Bestandesabreife. Trocken- bzw. Feuchteperioden können hinzukommen. Diese Probleme betreffen gegebenenfalls den Buchweizen und den Amarant stärker als die Reismelde. Aus der Interaktion zwischen dem Angebot und dem Anspruch an Wachstumsfaktoren resultieren die nutzbaren Vegetationszeitabschnitte, mithin die Anbauwürdigkeit einer Art und sinnvolle Saattermine.

3.1.1 Standorts- und Wachstumsansprüche

Sowohl die genotypische Variabilität des Buchweizens, als auch die der Reismelde und des Amarants umfaßt neben kurztagsempfindlichen nahezu tagneutrale Genotypen, die mit einer Vegetationszeit von 60 - 70 Tagen zwischen der Keimung und der Reife auskommen (s. Kap. 1.3.2). Solche Typen sind aufgrund ihres geringen Kornertragspotentials für den Anbau nicht geeignet, stellen aber eine genetische Ressource zur Entwicklung von Sorten mit reduziertem Vegetationszeitanspruch dar.

Die amerikanischen Sorten der zur Körnerproduktion geeigneten Amarantart *A. hypochondriacus*, Plainsman und K 432, sind teilweise kurztagsempfindlich und brauchen im Verbund mit dem relativ hohen Temperaturanspruch der C4-Pflanze unter Langtagsbedingungen auf dem Standort Ihinger Hof mit 140 - 150 Tagen bis zur Druschfähigkeit der Bestände eine zu lange Vegetationszeitspanne. Selbst nach dieser Zeitspanne ist es möglich, daß mit Kornfeuchten > 25% nur der Grenzbereich der Druschfähigkeit erreicht wird (Tab. 98). In Jahren mit warmen Sommer- und Spätsommerabschnitten gehen die Zeitspannen auf etwa 130 Tage und die Kornfeuchten beim Drusch auf 20 - 25% zurück.

Die hier verwendeten Reismeldesorten des Sea-Level-Typs, Faro und Pichaman, bzw. Faro und Cochabamba, brauchen im Mittel im mehrjährigen Vergleich ähnliche Vegetationszeiträume bis zur Druschreife wie die o.g. Amarantsorten, errei-

Tab. 98: Vegetationsdauer (Tage, Aussaat-Druschreife) von Buchweizen, Reismelde und Amarant in Abhängigkeit von den Jahren (Mittelwerte über je 2 Sorten), Standort Ihinger Hof (LEE 1995, KRUSE 1996)

Versuchsjahr	Buchweizen	Reismelde	Amarant
1992	116	147	149[1]
1993	93	134	141[1]
1994	99	160	144[1]
1995	109	147	130

[1] Kornwassergehalt beim Drusch 25 - 30%

reichen um 20%. Zudem kann die Reismelde aufgrund geringerer Mindestkeimtemperaturen und einer begrenzten Frosttoleranz früher gesät werden als der Amarant. Auf dem gleichen Standort kommen die Buchweizensorten Hruszowska und Prego im Mittel mit 30 - 40 Tagen weniger als die Reismelde und der Amarant aus. Damit wird der Vegetationszeitbedarf der Arten unter den benannten Aufwuchsbedingungen quantifiziert. Zugleich werden die Vegetationszeitdifferenzen zwischen den Arten und die Interaktion zwischen den Arten und den Jahren mit Größenordnungen von 20 bis 25 Tagen dokumentiert. Zur groben Orientierung faßt die Tabelle 99 vereinfacht die Ansprüche der Pseudogetreidearten an die Aufwuchsbedingungen zusammen.

Die Geschwindigkeit, mit der die Pflanze aus der vegetativen in die generative Phase übergeht und damit der Vegetationszeitbedarf bis zur Körnerreife, resultieren aus Interaktionen zwischen der Tageslängen- und der Temperaturempfindlichkeit des Genotyps in frühen Entwicklungsabschnitten (s. Kap. 1.3.2). Über die entwicklungsrelevanten Effekte hinaus beeinflußt die Temperatur als Wachstumsfaktor Prozesse wie die Trockenmasseproduktions- und die -verlagerungsraten oder die Wasserabgaberaten im Reifeverlauf entscheidend. Optimale Keim- und Wachstumstemperaturen und hohe Temperaturen während der Kornausbildungsperiode sind wirksame Regulatoren der Zeitspanne zwischen Aussaat und Druschreife. Hinzu kommen die Effekte einer mehr oder weniger begrenzten, oder aber einer kontinuierlichen Wasser- und Nährstoffnachlieferung. Angewandt ist der Vegetationszeitbedarf eines Bestandes das Resultat der Effekte von Interaktionen zwischen entwicklungs- und wachstumsrelevanten Umweltfaktoren und dem Genotyp.

Alle drei Pseudogetreidearten sind in der Abreifeperiode und danach windempfindlich. Die Lagerneigung steigt in späteren Entwicklungsabschnitten mit der Wuchshöhe, dem Verzweigungsgrad und der Stengelbasisvermorschung. Außerdem kann durch die Windbewegung der Bestände der Ausfall reifer Körner erheblich zunehmen. Der instabile Kornsitz und die sukzessive Abreife sind die prinzipiellen Ursachen. Besonders groß ist die Gefahr nach einem Frühfrost. Ein Ansatz zur Minderung von Windeffekten sind Mantelsaaten mit höherwüchsigen Arten, Sonnenblumen oder Mais, die als Windbarrieren die Bestandesbewegung reduzieren können.

Tab. 99: Ansprüche von Buchweizen, Reismelde und Amarant an ausgewählte Standort- und Umweltfaktoren unter gemäßigten Klimabedingungen (Größenordnungen)

Standort- und Umweltfaktoren	Buchweizen	Reismelde	Amarant
Vegetationsdauer			
• Zeitraum Aussaat-Reife (Tage)	105	140	150
• Photoperiodische Reaktion[1]	TN, (KT)	TN, (KT)	TN, (KT)
• Photosynthesesystem	C3	C3	C4
Temperatur			
• Mindestkeimtemperatur (°C)	7	5	12
• Frostresistenz bis (°C)	+2	-4	0
• Mindestwachstumstemperatur (°C)[2]	10	8	15
Wind			
• Empfindlichkeit gegenüber einer Austrocknung der oberen Bodenschicht nach der Saat	±	±	++
• Lagerneigung	±	±	±
• Kornausfall während der Abreife	++	++	++
Wasser			
• Transpirationskoeffizient[3]	540	400	230
• Nutzungsgrad gespeicherter Winterfeuchte[4]	±	±	−
• Empfindlichkeit gegenüber Trockenperioden[4]	±	±	−
Boden			
• Eignung für leichte, sandige Böden[4]	+	±	+
• Eignung für schwere, tonreiche Böden[4]	−	±	−
• Optimaler pH-Wert	~7,0	~6,5	~6,0

[1] LT = Langtagsempfindlich; TN = Tagneutral; KT = Kurztagsempfindlich
[2] Trockenmassezuwachs
[3] Wasserverbrauch, Liter kg^{-1} Trockenmase
[4] ++ sehr hoch; + hoch; ± mittel; − gering

Buchweizen

Auf leichten Böden mit begrenztem Wasser- und Nährstoffangebot beträgt die Vegetationszeit von Buchweizensorten des Sommertyps 90 - 110 Tage. Niedrige Temperaturen nach einer Aussaat im April und/oder anhaltende Stickstoffnachlieferung, verbunden mit kühlen Abreifetemperaturen im Sommer verlängern jedoch den Zeitraum ohne weiteres auf 120 Tage und darüber hinaus. Zwischenfruchtsaattermine können die Dauer auf deutlich unter 100 Tage herabsetzen, insbesondere wenn Frost die Vegetationszeit beendet, bevor die natürlichen Verlagerungs- und Wasserabgabeprozesse abgeschlossen sind (Tab. 100).

Tab. 100: Vegetationsdauer (Tage, Aussaat - Druschreife) von Gewöhnlichem Buchweizen in Abhängigkeit von den Jahren und den Saatterminen (Mittelwerte über 5 Sorten)[1], Standort Ihinger Hof (AUFHAMMER et al. 1994b)

Saattermine 1990	Aussaat-Druschreife (Tage)	Saattermine 1991	Aussaat-Druschreife (Tage)
10.04.	150	22.05.	121
30.04.	137	08.07.	96
14.05.	124	13.08.	78[2]
01.06.	110		

[1] Sorten des Sommertyps
[2] Vorausgehende Frosteinwirkung

Die Pseudogetreidearten verlangen durchgängig zur Keimung relativ hohe Temperaturen (Tab. 99). Frühe, den Sommergetreidearten vergleichbare Saattermine sind schon von daher irrelevant. Außerdem ist die Frostempfindlichkeit zu berücksichtigen. Spätfröste im Frühjahr sind in der Lage, in frühen Entwicklungsabschnitten arten- und sortenverschieden erhebliche Schäden anzurichten. Frühfröste im Herbst können aber das Erreichen der Druschfähigkeit der Bestände beschleunigen. Beim Gewöhnlichen Buchweizen treten bereits ab +2 °C Kälteschäden auf, die Blattspreiten werden gelb. Die abgestorbenen Blattflächenanteile lassen besonders empfindliche und weniger empfindliche Sorten erkennen (Tab. 101). Nach der Aussaat Mitte Mai 1990 befanden sich die Pflanzen bei Frosteinbruch erst im 2-Blattstadium. Offensichtlich besitzt die Buchweizenpflanze in diesem Stadium eine gewisse Frostresistenz, die mit fortschreitender Entwicklung rasch abnimmt. Im Zweiblattstadium wurden bei allen 5 Sorten nur minimale Blattschäden festgestellt.

Der Tatarenbuchweizen verträgt Temperaturen bis etwa -2 °C, er wird daher in spätfrostgefährdeten Höhenlagen traditionell Buchweizen-anbauender Regionen der Welt bevorzugt. Bei Wassermangel und niedrigen Luftfeuchten reagiert Buchweizen in der Blühperiode aber auch auf hohe Temperaturen und trockenen Wind sehr empfindlich. Temperaturen über 30 °C können den Kornansatz erheblich beeinträchtigen.

Da der Buchweizen primär auf leichten Böden lockerer Struktur angebaut wird, kann dort das Wasser - abhängig vom Niederschlagsaufkommen - durchaus zum ertragsbegrenzenden Faktor werden. In trockenen Höhenlagen Nepals beispielsweise werden Buchweizenbestände bewässert. Der Buchweizen ist keine Pflanze für trockene Bedingungen, er besitzt nur eine begrenzte Trockenheitstoleranz, extremer Wassermangel während der Blüte und der Kornausbildung bewirkt deutliche Kornertragsdepressionen. Abgesehen von der Tatsache, daß auch sandige Böden dichtlagern können, insbesondere wenn sie in nassem Zustand befahren werden, ist die Anbaueignung grundwasserferner Sandböden höchst fragwürdig. Andererseits hört die Buchweizenpflanze auf tätigen Böden mit anhaltender Wasser- und Stickstoffnachlieferung lange nicht auf, sich zu verzweigen und zu blühen. Das Problem der Abreife und der Abtrocknung der Bestände wird dadurch zusätzlich verschärft.

Tab. 101: Frostschäden (% abgestorbene Blattfläche, Gesamtblattfläche = 100) an Beständen von Gewöhnlichem Buchweizen in Abhängigkeit von den Saatterminen und den Sorten, Standort Ihinger Hof (AUFHAMMER et al. 1994b)

Saattermine	Alex	Hruszowska	Emka	Kyjevska	Pohankov
10.04.1990	74	55	9	41	44
30.04.1990	77	77	20	49	54
14.05.1990	4	5	3	2	3

Da die Pfahlwurzel der Buchweizenpflanze nicht in der Lage ist, Bodenverdichtungen zu durchdringen, reagieren die Bestände sehr empfindlich auf Strukturschäden. Bei Bearbeitungsfehlern und in Fahrspuren bleiben das Wurzel- und das Sproßwachstum zurück, die Bestände schließen unvollständig, eine Verunkrautung ist vorprogrammiert, Ertragseinbußen folgen. Schwere Ton- und Mergelböden sind für den Buchweizenanbau ebenso wie ausgesprochen kalkreiche Böden ungeeignete Standorte. Zwar liegt das pH-Wert-Optimum im Neutralbereich, Buchweizen kommt jedoch mit ansauren bis sauren Bedingungen sehr viel besser zurecht als mit kalkreichen Böden.

Reismelde
Abhängig von der Herkunft aus sehr unterschiedlichen Höhenlagen (s. Kap. 1.3.1) bewegen sich die Vegetationszeiträume von Reismeldesorten zwischen 120 und 210 Tagen. Die interagierenden Einflüsse der verschiedenen Umweltfaktoren variieren jedoch die effektiven Zeitspannen zwischen dem Keimbeginn und der Druschreife erheblich. Dies zeigen Mittelwerte aus Feldversuchen mit ein- und denselben Sorten im Vergleich mehrerer Jahre (Tab. 102).

Tab. 102: Vegetationsdauer (Tage, Aussaat - Druschreife) von Reismeldebeständen in Abhängigkeit von den Jahren, den Standorten und den Saatterminen (Mittelwerte über 3 Sorten)

Jahre	Standorte	Früher Saattermin	Vegetationsdauer	Später Saattermin	Vegetationsdauer
1996	Ihinger Hof	26.04.	140	22.05.	127
1997	Ihinger Hof	05.05.	132	24.05.	126
1998	Ihinger Hof	08.05.	124	20.05.	121
	Forchheim	23.04.	109	12.05.	97

Am Beispiel der Vegetationszeitspannen in einem der drei Versuchsjahre wird deutlich, in welchem Ausmaß diese Zeiträume durch das sortenspezifische Verhalten weiter differenziert werden. Die frühreife Sorte Tango unterschied sich 1997 von der spätreifen Sorte Faro bei gleichen Saatterminen im Zeitbedarf bis zur Druschfähigkeit um 15 Tage. Die Verschiebung der Aussaat von Anfang auf Ende Mai verkürzte die Vegetationsdauer in diesem Jahr um 4 bis 9 Tage (Tab. 103).

Soweit die Reismelde in unterschiedlichen Regionen Südamerikas und anderen Erdteilen angebaut wird, umfassen die Standorte auch witterungsbezogen sehr rauhe Verhältnisse mit Kälte- und Trockenstreßperioden. Die Frostresistenz reicht bis etwa -4 °C, einzelne Sorten überstehen Fröste bis zu -8 °C. Vermutlich ist auch bei dieser Art die Frostempfindlichkeit vom Entwicklungsstadium abhängig.

Tab. 103: Vegetationsdauer (Tage, Aussaat-Druschreife) von Reismeldebeständen in Abhängigkeit von den Sorten und den Saatterminen im Jahr 1997, Standort Ihinger Hof

Sorten[1]	Früher Saattermin	Vegetationsdauer	Später Saattermin	Vegetationsdauer
Tango	05.05.1997	127	24.05.1997	118
407		127		123
Faro		142		138

[1] Sortenbeschreibung s.. Kap. 1.3.2

Aufgelaufene Bestände entwickeln sich anfänglich langsam, setzen aber auch unter feucht-kühlen, unwirtlichen Frühjahrsbedingungen - im Gegensatz zu den beiden anderen Arten - das Wachstum kontinuierlich fort. Ein tiefreichendes, stark verzweigtes Wurzelsystem sowie die transpirationsmindernden Blasenhaare auf den Blattspreiten tragen zu einer begrenzten Trockenstreßtoleranz bei. Hinzu kommt in späteren Abschnitten der apikal rasch fortschreitende Abwurf der relativ kleinen Blätter. Staunässe verträgt die Reismelde nicht. Auf Bodenverdichtungen reagiert die Reismelde mit Wachstumsdepressionen, wenn auch nicht so eklatant wie der Buchweizen. In Interaktion mit angepaßten Landsorten sind Böden mit pH-Werten, die den extremen Bereich von pH 4,5 bis pH 8,5 abdecken, nutzbar.

Tab. 104: Sproßfrischmassen (g Gefäß$^{-1}$) der vollreifen Reismeldesorte Sajama in Abhängigkeit von der Bodenart und dem pH-Wert (RITTER 1986)

Bodenart	pH-Wert			
	4	6	7	8
Sandboden	86	180	112	93
Lehmboden	61	200	171	112

Zwar weisen Ergebnisse von Gefäßversuchen mit der Sorte Sajama darauf hin, daß ein Unter- bzw. ein Überschreiten des Optimumbereiches um pH 6 die Stoffproduktion deutlich beeinträchtigt (Tab. 104). Dies schließt aber wesentlich geringere Reaktionen angepaßter Landsorten nicht aus.

In den Hochländern Südamerikas bringen Landsorten selbst auf steinigflachgründigen Böden noch geringe Erträge. Ähnliches gilt für die Nutzung versalzter Böden. Andererseits beanspruchen leistungsstärkere Sorten bessere Bodenqualitäten und ein angehobenes Wasser- und Nährstoffangebot. Solche Bestände sind in der Lage, erhebliche Kali-, Kalk- und Stickstoffmengen aufzunehmen und zur Trockenmasse- bzw. zur Kornmasseproduktion zu nutzen.

Amarant
Zur Körnerproduktion werden Zuchtsorten des Hybridfuchsschwanzes, *A. hypochondriacus*, und des Rispenfuchsschwanzes, *A. cruentus*, bevorzugt. Die Genotypen von *A. hypochondriacus* sind stärker kurztagsempfindlich als *A. cruentus*-Genotypen. Anbauwürdige Sorten sollten auch im Langtag Vegetationszeiträume von 120 - 130 Tagen zwischen der Aussaat und der Druschreife nicht überschreiten, da hohe Mindestkeimtemperaturen und die Frostempfindlichkeit nur relativ späte Saattermine erlauben. Eine rasche Bodenerwärmung ist ein wichtiger Standortfaktor. An sich ist der Amarant eine Pflanze semiarider Bedingungen. Neben entsprechenden Wachstumstemperaturen sind warme, trockene Abreifebedingungen, die den Druschtermin mitbestimmen, erforderlich. Verkürzt: Je später im Frühjahr der Standort die Aussaat erlaubt, desto kritischer wird die Ausreife und die Abtrocknung der Bestände im Herbst.

Zugleich steigt im Herbst die Gefahr der Kornverluste verursacht durch den Wind. Um solche Verluste zu reduzieren, dreschen amerikanische Landwirte die Amarantbestände so früh wie möglich. Obwohl erst mit etwa 15% Kornfeuchte ideale

Mähdruscheigenschaften erreicht sind, wird auch dort bereits mit 23 - 25% Kornfeuchte gedroschen.

Tab. 105: Vegetationsdauer (Tage, Aussaat - Druschreife) von Amarantbeständen in Abhängigkeit von den Jahren, den Standorten und den Saatterminen (Mittelwerte über 3 Sorten)

Jahre	Standorte	Früher Saattermin	Vegetationsdauer	Später Saattermin	Vegetationsdauer
1996	Ihinger Hof	26.04.	151	22.05.	130
1997	Ihinger Hof	05.05.	134	24.05.	133
1998	Ihinger Hof	08.05.	119	20.05.	114
1998	Forchheim	23.04.	109	12.05.	97

Die Variation der Vegetationsdauer von Körneramarantbeständen durch Jahreseffekte wurde durch den Saattermin auf dem südwestdeutschen Standort Ihinger Hof beträchtlich erweitert. Vergröbert betrug der Jahreseffekt über die Jahre 1996 - 1998 zwischen 3 und 32 Tage, der Saattermineffekt betrug zwischen 1 und über 20 Tage (Tab. 105). Eine mehrwöchige Hitzeperiode beschleunigte die Abreife der Bestände im Sommer 1998 gravierend. Die abgetrockneten Bestände konnten bis Mitte September gedroschen werden. Noch kürzere Vegetationszeitspannen ergaben sich 1998 auf dem wärmeren Standort Forchheim im Rheintal.

Als C4-Pflanze verbraucht Amarant zur Produktion einer Einheit Trockenmasse weniger Wasser als der Buchweizen oder die Reismelde (Tab. 99). Von daher ist der Amarant trockenheitsresistent. Mit zunehmendem Wasserangebot produzieren Amarantbestände, abhängig von der Bestandesdichte und der sortenspezifischen Wuchshöhe erhebliche Wurzel-, Blatt- und Stengelmassen ha^{-1}. Ein zu hohes Wasserangebot während der vegetativen Entwicklung führt zu unerwünscht starker Verzweigung, zunehmender Wuchshöhe und späterer Lagerneigung. Besonders ungünstig kann sich ein hohes Niederschlagsaufkommen auch während der Anfangsentwicklung auswirken, wenn der Boden verschlämmt und verkrustet. Die Körneramarantarten verlangen zur Erstellung leistungsfähiger Ausgangsbestände stabil strukturierte, drainierte Böden. Im Zweifelsfall sind leichtere Böden, eine ausreichende Wasser- und Nährstoffversorgung vorausgesetzt, eher geeignet als zu schwere und zu langsam erwärmbare Böden. Unter Einbezug einer breiten Arten- und Sortenvariabilität wächst Amarant - ähnlich der Reismelde - auf Böden unterschiedlicher Qualität. Sowohl ansaure als auch alkalische Böden sind mit angepaßten Sorten und angepaßter Ertragserwartung nutzbar.

3.1.2 Fruchtfolge und Bodenbearbeitung

Im Gegensatz zu den monokotylen Getreidearten, die heute in engen Aufeinanderfolgen angebaut werden, sind die Pseudogetreidearten dikotyle Arten. Fruchtfolgetechnisch gehören sie daher, auf die Gefährdung durch Schaderreger bezogen, nicht zur Gruppe der Getreidearten. Dies schließt nicht aus, daß einzelne Schaderreger die eine und die andere Gruppe befallen. Alleine aufgrund der späten Frühjahrssaattermine, insbesondere von Buchweizen und Amarant, ist die Verunkrautungsproblematik nicht identisch mit der in den Beständen kleinkörniger Sommergetreidearten, sondern eher dem Mais vergleichbar. Aufgrund der Unterschiede gegenüber den Getreidearten in der Gefährdung durch biotische Konkurrenten und Schaderreger sollten die Pseudogetreidearten daher sinnvoll in getreidereiche Fruchtfolgen integrierbar sein. Die Anforderungen der Pseudogetreidearten an den vorfrucht- und bodenbearbeitungsbedingten Zustand der Flächen unterscheiden sich eher graduell als grundsätzlich (Tab. 106).

Tab. 106: Vorfrucht- und bodenbearbeitungsrelevante Anforderungen der Pseudogetreidearten

Forderungen	Begründung
• Lockere, stabile Bodenstruktur, keine Oberflächenverschlämmung, keine Bodenverdichtung.	• Empfindlichkeit der Keimlinge gegenüber verschlämmten, austrocknenden Oberbodenschichten (Buchweizen < Reismelde < Amarant)[1]. • Empfindlichkeit des Wurzelsystems gegenüber Verdichtungen (Reismelde < Amarant < Buchweizen)[1].
• Unkrautfreie Ausgangsflächen. Weitgehende Reduktion des Unkrautsamenpotentials vor der Aussaat.	• Empfindlichkeit gegenüber Unkrautkonkurrenz aufgrund langsamer Anfangsentwicklung (Buchweizen < Reismelde < Amarant)[1]. • Später Bestandesschluß = späte Realisierung eines Eigenunterdrückungsvermögens, bei Reismelde und Amarant.
• Schaderregerfreie Ausgangsflächen, Beseitigung bzw. weitgehender Abbau befallener Erntereste.	• Gefährdung durch verschiedene Schädlinge, ggf. durch Nematoden. • Gefährdung durch pilzliche Erreger von Stengel-, Fuß- und Wurzelkrankheiten.
• Keine Rückstände, die zu unkontrollierbarer Stickstoffnachlieferung führen.	• Ausgeprägt-anhaltendes Verzweigungs- und Blühpotential (Reismelde < Amarant < Buchweizen)[1]. • Problematik der gleichmäßigen Abreife und Minimierung von Ausfallverlusten.

[1] Zunehmende Ausprägung

Vorfrüchte beeinflussen mit der folgenden Bodenbearbeitung die Unterboden- und die Oberflächenstruktur. Das Verunkrautungspotential der Flächen spielt nicht nur im Hinblick auf einen späten Bestandesschluß eine Rolle. Für keine der drei Pseudogetreidearten sind Herbizide amtlich zugelassen. Vorfrüchte und Ernteeste von Vorfrüchten können mit Schaderregern, die auch die Pseudogetreidearten befallen, kontaminiert sein. Hierzu zählen sowohl Erreger von Wurzel- und Stengelkrankheiten als auch einzelne Schädlinge und Nematodenarten. Vorfruchtrückstände, die zu einer unkontrollierbaren Stickstoffnachlieferung führen sind im Hinblick auf die generelle Abreifeproblematik unerwünscht.

Buchweizen
Der Buchweizen kann nahezu auf jede Vorfrucht folgen, soweit nicht einzelne Schaderreger, wie z.B. das Stockälchen (*Ditylenchus dipsaci*) stärker vertreten sind. Dieser Punkt wird an späterer Stelle (s. Kap. 3.2.3) näher behandelt. Die Selbstverträglichkeit der Pflanze ist umstritten, eine extensive Monokultur über einige Jahre ist jedoch vorstellbar. Wesentliche Anforderungen sind, im Verbund mit Bodenbearbeitungsmaßnahmen, eine Bodenlockerung, eine geringe Verunkrautungsgefährdung während der Anfangsentwicklung und eine, vor allem in späteren Entwicklungsabschnitten, abnehmende Stickstoffnachlieferung. Als geeignete Vorfrüchte gelten Getreidearten. Der Anbau als Hauptfrucht ermöglicht aufgrund relativ später Aussaattermine vorausgehend den Unkrautauflauf fördernde und unkrautbekämpfende Bodenbearbeitungsmaßnahmen.

Unter günstigen Standortbedingungen kann der Buchweizen gegebenenfalls mit kurzlebigen Sorten nach früh räumenden Vorfrüchten als Zweitfrucht zur Körnernutzung folgen. Von der Sorte, dem Saattermin und der Stickstoffdüngung bereits auf eine Zweitfrucht ausgerichtete Wintergersten-, Winterraps- oder Frühkartoffelbestände sind mögliche Alternativen. Der Buchweizenanbau als Zwischenfrucht mit unterschiedlichen Produktionszielen ist hier nicht gemeint. Ökonomisch könnte der Anbau als Zweitfrucht interessanter sein als der Anbau als erste Hauptfrucht. Zu berücksichtigen ist der Wasserbedarf von Buchweizenbeständen. Der Buchweizen ist, daran sei erinnert, keine trockenheitsresistente Pflanze. Eine wassersparende Bodenbearbeitung zur Aussaat unmittelbar nach der Vorfruchternte steht beim Anbau als Zweitfrucht im Mittelpunkt. Mit einer geeigneten Saattechnik kann eventuell auf eine ganzflächige Bearbeitung verzichtet werden.

Bereits bei der Bodenbearbeitung zur Vorfrucht muß der Empfindlichkeit des Buchweizens gegenüber Bodenverdichtungen Rechnung getragen werden. Ungeeignete Vorfrüchte sind generell Grünbrachen und Leguminosenbestände. Ein hohes Verunkrautungsrisiko und eine unerwünscht anhaltende Stickstoffnachlieferung gefährden die Bestandesetablierung und die Abreife. Eine tiefe Bodendurchwurzelung und der Rückfluß relativ großer Nährstoffmengen mit den Ernteresten machen den Buchweizen - und die beiden anderen Arten - zu guten Vorfrüchten (s. Kap. 3.2.1). Auf den Buchweizen als Hauptfrucht kann eine Wintergetreideart folgen. Ob dies nach der Stellung als Zweitfrucht noch möglich ist, erscheint fragwürdig, hängt aber von der

Situation am Standort ab. Bezogen auf die Vorwinterentwicklung wäre ein Winterweizen die bevorzugte Folgefrucht. Jedoch stellt sich die Frage, ob auf Standorten, die sich für den Buchweizenanbau eignen, die Bodenqualität für den Weizen ausreicht. Vorstellbar ist die Aussaat einer spätsaatverträglichen Wintertriticalesorte.

Kornausfall vor und bei der Ernte bedeutet nicht nur Ertragsverlust, sondern auch „Verunkrautungsgefahr" in den Folgefrüchten. Kornausfall tritt bei den zur Zeit bekannten Sorten des Gewöhnlichen Buchweizens in jedem Fall in mehr oder weniger großem Umfang auf. Soweit es sich um ausgereifte, keimfähige Körner handelt, ist die Keimruhe ein entscheidender Faktor. Die Keimruhedauer hängt von der Sorte, den Abreifebedingungen und dem anschließenden Temperaturniveau ab. Bei den bisher verfügbaren Sorten wurde auf südwestdeutschen Standorten eine Keimruhe von maximal 2 - 3 Wochen beobachtet. In lagernden, oder auf Schwad gelegten Beständen kann Auswuchs auftreten, ein Hinweis auf die begrenzte Keimruhe. In indischen Untersuchungen wurden jedoch sowohl vom Gewöhnlichen als auch vom Tatarischen Buchweizen Genotypen mit einer erheblich längeren Keimruhe gefunden. Selbst bei einem Temperaturniveau von 25 °C dauerte die Keimruhe geernteter oder ausgefallener Samen bis zu 70 Tage, Temperaturen um 3 °C verlängerten die Keimruhe auf bis zu 6 Monate.

Soweit ausgefallene Körner von Sorten mit relativ geringer Keimruhe bodenoberflächennah verbleiben, ist die Verunkrautungsproblematik gering, da sie, ein ausreichendes Temperaturangebot vorausgesetzt, kurzfristig auflaufen und mit einer nachfolgenden Bodenbearbeitung beseitigt werden können. Etwa in einem bereits ausgesäten Winterweizen sorgt auch die Frostempfindlichkeit für die Eliminierung des Buchweizens. Werden die ausgefallenen Körner vor dem Auflaufen „vergraben", ist natürlich auch ein späterer Auflauf in den Folgefrüchten möglich. Soweit monokotyle Arten, also Getreidearten folgen, sind die dikotylen Buchweizenpflanzen zusammen mit anderen dikotylen Unkrautarten mit geeigneten Herbiziden zu bekämpfen.

Reismelde und Amarant
Aufgrund des Vegetationszeitbedarfs kommt ein Anbau als Zweitfrucht zur Körnernutzung weder für die Reismelde noch für den Amarant in Frage. Die Spektren geeigneter und kritischer Vorfrüchte entsprechen prinzipiell den Vorfrüchten des Buchweizens. Vorfrüchte, die eine nicht kontrollierbare Stickstoffnachlieferung nach sich ziehen, gefährden die standorts- und sortenabhängig sowieso problematische Abreife der Bestände zusätzlich.

Wie der Buchweizen sollen auch die Reismelde und der Amarant selbstverträglich sein und in Monokultur angebaut werden können. In Fruchtfolgeuntersuchungen in Missouri-USA bewirkte vierjährige Amarantmonokultur keine Akkumulation von Krankheiten und Schädlingen. Langjährige Untersuchungen sind für keine der drei Pseudogetreidearten bekannt. Die Selbstverträglichkeit einer Art hängt nicht nur von der Anfälligkeit gegenüber Schaderregern ab. Vielmehr üben auch die Standortbedingungen und die Anbauintensität Einflüsse aus. Ein erfolgreicher, mehrfach aufeinanderfolgender Anbau ist in einer Einführungsphase vorstellbar. Eine längerfristige Monokultur ist vielleicht beim kurzlebigen Buchweizen möglich. Vorausgesetzt die Böden sind frei von Stengelälchen, *Ditylenchus* sp. (s. Kap. 3.2.3). Die Ernterückstandsmengen von Reismelde-, insbesondere von Amarantbeständen übertreffen die von Buchweizen deutlich. Zudem fallen die Reismelde- und die Amarantrückstände erst relativ spät an. Auf Ernterückständen können Schaderreger überdauern. Außerdem haben Monokulturen die Akkumulation artspezifischer Unkrautarten zur Folge, deren Bekämpfung erhebliche Probleme aufwerfen kann. Hier sei nur auf die Unkraut-Amarantarten hingewiesen.

Eine tieflockernde Grundbodenbearbeitung, gegebenenfalls durch eine Pflugfurche im Herbst, ist für die Erstellung im Wurzel- und im Sproßbereich gleichmäßig entwickelter, auf hohe Kornerträge ausgerichteter Bestände erforderlich. Im Zuge weiterer Bearbeitungsmaßnahmen zur Unkrautbekämpfung oder zur Saatbettbereitung müssen Fahrspuren und andere Verdichtungen unbedingt unterbleiben. Die sehr kleinen, gegenüber dem Buchweizen noch wesentlich empfindlicheren Reismelde- und Amarantkeimpflanzen sind erst vom Bestandesschluß ab in der Lage, aufkommendes Unkraut zu unterdrücken. Bis dieser Zustand erreicht ist, können jedoch, abhängig von den Witterungsbedingungen nach der Saat, beachtliche Zeitspannen vergehen.

Ein hoher Feldaufgang, eine Voraussetzung für einen zügigen, vollständigen Bestandesschluß, hängt entscheidend von der Bodenstruktur des Saatbetts ab. Mit Blick auf die Kleinkörnigkeit des Saatguts, der Reismelde und insbesondere des Amarants, darf auf strukturlabilen, zur Verschlämmung neigenden Böden keinesfalls ein zu feines Saatbett hergerichtet werden. Ein gröberer, eventuell zur Saat nicht mehr bearbeiteter Boden ist gegenüber einer gartenmäßig feinen, bei Niederschlägen aber verfließenden Oberflächenstruktur die bessere Alternative, auch wenn hier eine „sichtbare" Diskrepanz zwischen dem Saatbettzustand und der Saatgutfeinheit besteht. Die Amarantsamen laufen auch auf gröberen Böden und durch eine nicht zu dichte Mulchschicht auf. Verschlämmende, anschließend austrocknende und verkrustende Oberflächen werden von den Keimpflanzen - von Bodenrissen abgesehen - nicht durchdrungen.

Der Kornausfall vor oder beim Drusch von Reismelde- und Amarantbeständen kann zu einem „Unkraut"-Problem in der Folgefrucht führen, soweit die ausgefallenen Körner aufgrund einer Keimruhe nach dem Drusch nicht mehr auflaufen. Die bisher in Feldversuche einbezogenen Reismeldesorten weisen - ähnlich dem Buchweizen - eine geringe Keimruhe auf. Schon beim Drusch sind aus vorausgehend ausgefallenen Körnern entstandene Keimpflanzen zu beobachten. Fraglos nehmen aber bei allen drei Pseudogetreidearten, ebenso wie bei anderen Arten, die gleichen Komponenten Einfluß auf die Keimbereitschaft und die Keimung ausgefallener Körner, die sortentypische Keimruhe, die Frühreife, die Ausreifebedingungen und die Bedingungen nach dem Ausfall (Tab. 107).

168 Anbau

Tab. 107: Die Keimfähigkeit (%, Gesamtsamenzahl Petrischale^{-1} = 100) des Kornguts unterschiedlicher Reismelde- und Amarantsorten 7 Tage nach Beginn der Keimprüfung (Drusch: Ende September - Anfang Oktober 1999, Standort Ihinger Hof, Keimprüfung Ende Oktober 1999)

Art	Sorte	Reife	Keimfähigkeit (%)
Reismelde	Tango	frühreif	83,5
	Faro	spätreif	37,7
Amarant	Pastewny 2	frühreif	13,9
	K 432	spätreif	0,7

Späte Reife- und Druschtermine verzögern bei Amarantbeständen den Keimruheabbau, das Temperaturniveau fällt ggf. rasch, eine Keimung erfolgt daher auch dann nicht mehr, wenn die Keimruhe abgebaut sein sollte. Darüber hinaus gelangen die kleinen Körner leicht in Bodenspalten und -risse und können hier überdauern. Soweit ausgefallene Körner auf diese Weise oder durch eine Bodenbearbeitung in tiefere Bodenschichten verlagert und mit späteren Bearbeitungsmaßnahmen wieder in oberflächennahe Schichten transportiert werden, gehören sie in einer Folgefrucht zum „Unkraut"-Samenpotential. Mehrfach wurde in Folgefrüchten in der nächsten Vegetationsperiode auflaufender Amarant beobachtet. Soweit die Ausfallkörner noch vor Winter keimen, wird die Problematik durch den Frost beseitigt.

Allelopathische Effekte auf Folgefrüchte werden den Vorfruchtwirkungen zugerechnet. Im Verlauf von 10 Jahren wurden ein Mal nach der Reismelde Auswirkungen auf den folgenden Weizen beobachtet, die als allelopathische Effekte bezeichnet werden könnten. Im Gegensatz zu den Teilstücken, auf denen vorausgehend Buchweizen- und Amarantbestände reiften, lief der Sommerweizen nach der Reismelde zögerlich und ungleichmäßig auf. Beim Amarant, ebenso beim Buchweizen nimmt auch die Fachliteratur an, daß keine allelopathischen Effekte auftreten. Die Beobachtung nach der Vorfrucht Reismelde ist eine Einzelbeobachtung, die Ursachen des Effektes auf den Weizen sind nicht bekannt. Gezielte Untersuchungen zur Frage allelopathischer Wirkungen fehlen bei allen drei Arten.

Schließlich werden die Pseudogetreidearten auch in Mischung mit anderen Arten zur Körnerproduktion angebaut. Im reihen- oder im streifenweisen Wechsel sind beispielsweise die Reismelde oder der Amarant mit Mais kombinierbar. Ohne hier auf die besonderen Ziele des Mischanbaus und die Kombinationseignung im Sinne der Mischungseignung verschiedener Arten einzugehen, setzt der gemeinsame Mähdrusch aber die weitgehend gemeinsame Abreife voraus. Im Streifenanbau, z.B. Mais und Amarant im Wechsel zur Reduzierung von Windbelastung, können die Arten gesondert gedroschen werden. Im Hinblick auf die Stickstoffversorgung werden auch Kombinationen mit Körnerleguminosen bei angepaßten Reihen- oder Streifenabständen realisiert. Weisen die Mischungspartner sehr verschiedene Wuchshöhen auf, kann ebenfalls, soweit maschinell geerntet wird, der getrennte Drusch sinnvoll sein. In diesem Fall erfolgt die Separierung in der Vertikalen. Die hochwüchsige Art, die Reismelde oder der Amarant, wird in angepaßter Schnitthöhe zuerst, der niedrigwüchsige Mischungspartner wird nachfolgend gedroschen. Natürlich müssen die Reifetermine der kombinierten Arten entsprechend aufeinander abgestimmt sein.

3.1.3 Aussaat und Bestandesetablierung

Saatbettqualität und Saattiefe

Mit der Bodenbearbeitung wurde die Saatbettproblematik bereits berührt. Diese resultiert aus mehreren Forderungen, die hauptsächlich die Reismelde und in noch stärkerem Maße den Amarant betreffen. Der zentrale Punkt ist die Korngröße. Während der Buchweizen im Mittel ein Tausendkorngewicht von 25 g aufweist, liegt das Tausendkorngewicht der Reismelde bei 3 g, das des Amarants aber unter 1 g. Alle drei Arten keimen epigäisch, dies erfordert, insbesondere in Kombination mit der Kleinkörnigkeit der Reismelde und des Amarants, eine flache Saatgutablage. Beim Amarant sind dies Ablagehorizonte von nur 1 - 2 cm Tiefe. Da die obere Bodenschicht, abhängig vom Witterungsverlauf, rasch austrocknen kann, gegebenenfalls genügt schon eine kontinuierliche Windbewegung, erhebt sich die Frage nach der sicheren Keimwasserversorgung. Auch der Buchweizen, vorrangig aber die Reismelde und insbesondere der Amarant sind gegenüber austrocknender, verhärtender Oberflächenverschlämmung höchst empfindlich. Zudem wird bei suboptimalen Keimtemperaturen die Keimfähigkeit durch Faktoren beeinträchtigt, die bei angehobenem Temperaturniveau effektlos sind. Ein Faktor ist das Samenalter in Abhängigkeit vom Reifeverlauf (Tab. 107, 108). Die Lichtempfindlichkeit, eine Eigentümlichkeit des Amarants kann noch bei 13 °C wirksam werden. Der Keimfähigkeitsabfall bei 35 °C im Dunkeln geht vermutlich

Tab. 108: Keimfähigkeit (%, Gesamtsamenzahl Petrischale^{-1} = 100) von Reismelde in Abhängigkeit von Keimtemperatur und Samenalter und von Amarant in Abhängigkeit von Keimtemperatur und Lichtangebot

Reismelde (JACOBSEN et al. 1999)				Amarant (AUFHAMMER et al. 1998)		
Samenerntetermine	Keimtemperatur (°C)			Licht (L)-Angebot	Keimtemperatur (°C)	
	6	10	20		13	35
Anfang September	5	85	95	Permanent Licht	7,0	89,3
Mitte September	22	87	97	Kurze L.-Periode	56,0	88,0
Anfang Oktober	45	95	99	Permanent Dunkel	74,8	74,8
F-Test	***[1]			GD 5%[2]	7,7	

[1] Signifikanz bei 0,1% Grenzwahrscheinlichkeit
[2] GD 5% = Grenzdifferenz bei 5% Grenzwahrscheinlichkeit

auch auf eine stärkere Verpilzung zurück (Tab. 108). Bei niedrigen Bodentemperaturen sind Amarantsamen auch gegenüber einer Behandlung mit Pflanzenschutzmitteln empfindlich (Tab. 109).

Tab. 109: Keimfähigkeit (%, Gesamtsamenzahl Petrischale^{-1} = 100) von Amarant, (Mittelwerte über zwei Sorten) in Abhängigkeit von der Keimtemperatur und der Samenbehandlung mit Pflanzenschutzmitteln (AUFHAMMER et al. 1998)

Pflanzenschutz- mittelbehandlung	Keimtemperatur (°C)		
	7	13	35
Unbehandelt	11,5	56,0	85,5
Gaucho[1]	4,8	50,5	85,8
Euparen[2]	6,5	65,5	91,7
GD 5%[3]	7,3		

[1] Wirkstoff Imidachloprid
[2] Wirkstoff Dichlofluamid
[3] GD 5% = Grenzdifferenz bei 5% Grenzwahrscheinlichkeit

Angewandt erscheint ein Saatgutschutz gegenüber Pilz- und Insektenbefall erforderlich, beide Schaderregergruppen beeinträchtigen den Feldaufgang. Umso wichtiger sind Bodentemperaturen, die eine rasche und gleichmäßige Keimung sichern. Zusammenfassend: um Beeinträchtigungen der Keimung und des Feldaufgangs, auch durch Verschlämmungseffekte nach der Saat zu minimieren, verlangt die Reismelde Bodentemperaturen gegen 10 °C, der Amarant von 15 °C.

Die Auswirkungen verschlämmender Bodenoberflächen auf den Feldaufgang von Buchweizen, Reismelde und Amarant zeigen die folgenden Ergebnisse (Tab. 110). Die Reismelde wurde aufgrund ihrer Frostunempfindlichkeit bereits im April gesät. Die Aussaat von Buchweizen und von Amarant erfolgte in der ersten Maidekade zum gleichen Termin.

Tab. 110: Feldaufgang (%, Saatdichte = 100) von Buchweizen, Reismelde und Amarant (Mittelwerte über je 2 Sorten) in Abhängigkeit von den Jahren, Standort Ihinger Hof (LEE 1995)

Arten	Feldaufgang (%), 1992	Feldaufgang (%), 1993
Buchweizen	96	96
Reismelde	29	73[1]
Amarant	20	16[1]

[1] 1993: Verwendung von pilliertem Saatgut

Der Unempfindlichkeit des Buchweizens steht die von der Reismelde zum Amarant zunehmende Schwierigkeit gegenüber, in der obersten Bodenschicht gleichmäßige Keimbedingungen sicher zu stellen. In den Perioden nach der Aussaat im April bzw. im Mai 1992 fielen kaum Niederschläge, die obere Bodenschicht trocknete aus. In 3 - 4 cm Tiefe, dem Ablagehorizont des Buchweizens, reichte die Bodenfeuchte für eine gleichmäßige Keimwasserversorgung der Samen aus. Allerdings ist der Keimwasserbedarf des Buchweizens gering. Den nur 1 - 2 cm tief abgelegten Reismelde- und Amarantsamen fehlte hingegen das zur Keimung nötige Wasser weitgehend, das Ergebnis sind sehr niedrige Feldaufgänge. Im Folgejahr wurde pilliertes Reismelde- und

Tab. 111: Verfahrensvarianten zur Saatbettbereitung für nordamerikanische Amarantanbaugebiete (SOOBY et al. 1998, verändert)

Verfahren	Ziele und Probleme
Pflügen (Till)	
Bearbeitung der Getreidestoppel im Herbst mit Scheiben- oder Streichblechpflügen. Sekundärbearbeitung im Frühjahr mit flacharbeitenden Pflügen oder Grubbern. Saatbettbereitung mit Kombinationen aus Kultivatoren und Packern.	• Einarbeitung und Rotte von Getreidestoppeln und Ernteresten. • Bekämpfung von Unkraut und Ausfallgetreide. • Sicherung einer flachen Saatgutablage in intensivem Kontakt zu feuchter Bodenschicht mit kapillarem Wasseranschluß. • Problem: Wasserverluste, Verschlämmung.
Pfluglos (No-Till)	
Aussaat mit Fräsdrillmaschinen zwischenreihig in Weizen-, Hafer- oder Luzernestoppeln.	• Vermeidung von Wasserverlusten in ariden Gebieten. • Schutz der Amarantkeimpflanzen vor Winderosion, -austrocknung und Wassererosion. • Problem: Ablagepräzision, Kontakt Samen - Boden. • Problem: Verunkrautung, Akkumulation von Schädlingen, die Amarantkeimlinge befressen.
Kammpflügen (Ridge-Till)	
Pflugbearbeitung im Herbst. Einsatz von Häufelpflügen zur Errichtung 10 - 15 cm hoher Kämme im Frühjahr. Amarant-Aussaat in die Kämme. Zwischenreihig erfolgt eine mechanische Unkrautbekämpfung.	• Für unzureichend drainierte Böden und Flächen mit Furchenbewässerung geeignet. • Raschere Bodenerwärmung, evtl. verbunden mit günstigen Bodenfeuchteverhältnissen. • Problem: früher Unkrautauflauf. • Problem: Spezielle Geräte- und Bearbeitungstechnik.

Amarantsaatgut verwendet. Stärkere Niederschläge nach der Aussaat im Mai führten zur Oberflächenverschlämmung. Während der Feldaufgang des - gegenüber dem Amarant - rascher keimenden Buchweizens unbeeinträchtigt blieb, reagierten die kleinen Amarantkeimlinge höchst empfindlich. Im übrigen sind auch aufgelaufene Amarantpflänzchen sehr empfindlich gegenüber einer Austrocknung durch Wärme und Wind.

Die Konsequenz sehr niedrigen Feldaufgangs ist eine ungleichmäßige Pflanzenverteilung mit der Folge einer ebenso ungleichmäßigen Einzelpflanzenentwicklung. Unzureichende Bodenfeuchte führt darüber hinaus zu ungleichzeitigem Aufgang. Einzelne Pflanzen laufen auf, andere folgen nach einem Niederschlag sehr viel später. In der Entwicklung weit fortgeschrittene und weit zurückgebliebene Pflanzen ergeben keine leistungsfähigen Bestände. Auf diese Probleme der Bestandesetablierung, die zusammengenommen beim Amarant noch größer sind als bei der Reismelde, weisen auch amerikanische Untersuchungen und Empfehlungen zur Saatbettbereitung hin (Tab. 111).

Die Variation der Verfahrensansätze zeigt, daß die Saatbettbereitung für das kleinkörnige, empfindliche Amarantsaatgut keine fixierbare Maßnahmenfolge sein kann, wenn bezüglich der Pflanzenzahl m^{-2} und der Pflanzenverteilung unter unterschiedlichen Bedingungen definierte Ausgangsbestände etabliert werden sollen. Definierte Ausgangsbestände sind eine Voraussetzung für die Erntbarkeit hoher, qualitativ einwandfreier Kornerträge. Zwar gilt für das kleinkörnige Saatgut der Reismelde und des Amarants eine zu grobe Bodenoberflächenstruktur als ungeeignet, da die Kontaktmöglichkeiten zwischen Boden und Samen gering, die Samenbedeckung mit Boden unsicher und die Ablagetiefe variabel ist. Gleichzeitig ist aber das feinere Saatbett nur dann wirklich die bessere Alternative, wenn die Krümelung so stabil und das Wasserinfiltrationsvermögen des Bodens so günstig ist, daß nach Niederschlägen eine Verschlämmung weitestgehend unterbleibt. Auf sehr schluffreichen Böden ist diese Voraussetzung zumeist nicht gegeben. Schon auf die Dichtlagerung reagiert der Amarant mit einer Abnahme des Feldaufgangs deutlicher als die Reismelde. Trocknet die Deckschicht anschließend aus und verkrustet, laufen von beiden Arten nur noch wenige

Tab. 112: Einfluß der Struktur der oberen Bodenschicht (lehmiger Ton) auf den Feldaufgang (%, Saatdichte = 100, Mittelwerte über je 2 Sorten) von Reismelde und Amarant (AUFHAMMER et al. 1994a)

Bodenstruktur	Feldaufgang (%)	
	Reismelde	**Amarant**
Verkrustet	8,6 (a)[1]	6,3 (a)
Verdichtet	42,0 (b)	58,3 (b)
Unbehandelt	46,8 (b)	77,8 (c)

[1] Mittelwerte mit verschiedenen Buchstaben sind bei 5% Grenzwahrscheinlichkeit signifikant verschieden

Pflanzen auf (Tab. 112). In Relation zu diesen beiden Arten sind die Ansprüche des Buchweizens an die Saatbettqualität geringer und daher leichter erfüllbar.

Zur Etablierung definierter Bestände erscheint auf leicht verkrustenden Böden eine dünne, gleichmäßige Auflage aus abgefrorenem und/oder teilverrottetem Pflanzenmulch ein geeigneter Lösungsansatz. Beispielsweise sind nicht zu massenwüchsige, vor Winter abgeschlegelte Zwischenfruchtbestände aus Senf oder Phacelia als Mulchauflage geeignet (Tab. 115). Vor der Aussaat muß die Altverunkrautung mit einem Totalherbizid beseitigt werden. Eine präzise Saatgutablage auf einen einheitlichen Ablagehorizont mit fixierten Abständen in der Reihe ist nur mit einer pneumatischen Einzelkornsämaschine, die Scheiben für so feinkörniges Saatgut besitzt, möglich. Hier kommen Gemüsesämaschinen in Frage. Seitliche Andruckrollen müssen den Kontakt Boden - Samen sichern. Unmittelbar über dem Samen verbleibt die Deckschicht locker, um die Verkrustung zu vermeiden. Zur Mulchsaat ist darüber hinaus die Ausrüstung mit Fräswerkzeugen erforderlich, die im unmittelbaren Saatgutablagebereich voraus die Mulchschicht durchschneiden. Entscheidend ist die Verwendung von hoch keimfähigem Saatgut. Der Reihenabstand wird von der vorgesehenen Pflanzenzahl m^{-2}, verbunden mit der Notwendigkeit, zwischenreihig zu bearbeiten, bestimmt.

Tab. 113: Anforderungen an das Saatverfahren von Reismelde und Amarant auf Böden, die zur Oberflächenverschlämmung neigen

Maßnahmenfolge	Ziele
Tieflockernde Grundbodenbearbeitung nach der Vorfruchternte. ↓	• Beseitigung von Bodenverdichtungen.
Bereitstellung einer dünnen, gleichmäßigen Bodenauflage von über Winter abgefrorenem bzw. teil-verrottetem Pflanzenmulch. ↓	• Bodenschutz vor Strukturzerstörung, Verschlämmung und Austrocknung. • Unkrautunterdrückung.
Beseitigung der Altverunkrautung durch die Applikation eines Totalherbizids vor der Saat. ↓	• Unterbindung von Wasserverbrauch und Konkurrenz um Wachstumsfaktoren. • Beseitigung von Störfaktoren bei der Aussaat.
Aussaat mit pneumatischer Einzelkornsämaschine mit entsprechenden Säscheiben und Schlitz-Fräseinrichtung unter Verwendung von kalibriertem, hochkeimfähigem Saatgut.	• Präzise Einzelkornablage und -einbettung. • Hoher - sehr hoher Feldaufgang. • Etablierung von Beständen mit definierter Pflanzenzahl m^{-2} und gleichmäßiger Einzelpflanzenverteilung.

Wenn auch mit dem Mulch eine Isolierschicht aufgelegt wird, die die notwendige Bodenerwärmung verzögert, kann doch mit diesem Verfahren dem unvorhersehbaren Witterungsverlauf Rechnung getragen und die Zeitspanne zwischen der Aussaat und dem Bestandesschluß überbrückt werden. Schließlich muß akzeptiert werden, daß zur Bestandesetablierung so empfindlicher Arten, wie sie die Reismelde und der Amarant darstellen, nicht alle Böden gleichermaßen geeignet sind.

Saattermine und Saatdichten
Der Saattermin darf ebensowenig isoliert betrachtet und fixiert werden wie die Saatbettbereitung, die Saatdichte oder die Sortenwahl. In der Etablierung von Ausgangsbeständen interagieren diese und weitere produktionstechnische Maßnahmen untereinander und mit dem Standort. Somit ist der Saattermin ein Faktor in einer aufeinander abzustimmenden Kombination mehrerer Faktoren zur Etablierung eines Ausgangsbestandes (Tab. 114).

Tab. 114: Saattermin-bestimmende Komponenten beim Anbau von Pseudogetreidearten zur Körnernutzung

Saattermin - bestimmende Komponenten	→	Ziele
• Anbau als Erst- oder als Zweitfrucht - Bodenzustand nach der Vorfruchternte. • Befahrbarkeit und Bearbeitbarkeit der Flächen ohne die Gefahr von Bodenstrukturschäden. • Maßnahmen zur Unkrautbekämpfung vor der Saat.	→	Etablierung gleichmäßig schließender und den Boden durchwurzelnder Ausgangsbestände.
• Mindest- bzw. Optimumskeim- und Wachstumstemperaturen von Art und Sorte. • Kälte- und Frostresistenz von Art und Sorte • Photoperiodische Empfindlichkeit von Art und Sorte.	→	Rascher, schadeinwirkungsfreier Entwicklungs- und Kornertragsbildungsverlauf der Bestände.
• Am Standort zu erwartende Witterungsbedingungen während des Kornausbildungs- und Abreifeverlaufs. • Zu erwartende Witterungsbedingungen während der Druschperiode. • Nachernte- und Fruchtfolgemaßnahmen.	→	Günstiger Kornausbildungs- und Abreifeverlauf der Bestände, geeignete Bedingungen für den Drusch und für Nachterntemaßnahmen.

Essentielle, den Saattermin bestimmende Faktoren sind artspezifische Mindestkeim- und Wachstumstemperaturen sowie ein ausreichendes Wasser- und Sauerstoffangebot. Wann diese Bedingungen gemeinsam vorliegen bzw. bereitstellbar sind, hängt vom

Boden und dem aktuellen Witterungsverlauf ab. Ein entscheidender Punkt ist die Befahrbarkeit und die Bearbeitbarkeit der Flächen. Das Befahren zu nasser Flächen führt zu Strukturschäden, das Bearbeiten zur Austrocknung neigende Böden provoziert zusätzlichen Wasserverlust. Die Forderung, auf jeden Fall Unterbodenverdichtungen zu vermeiden, der kombinierte Temperatur-, Wasser- und Sauerstoffbedarf des Saatguts sowie die technischen Bedingungen für eine möglichst exakte Saatgutablage können zweifellos eine Verschiebung der Aussaat über an sich angepaßte Termine hinaus erzwingen. Andererseits dürfen aktuell günstige Bearbeitungsbedingungen in frühen Frühjahrwochen nicht dazu verleiten, über ungewöhnlich zeitige Saattermine die Gefahren von Kälte- und Spätfrostperioden zu unterschätzen.

Niedrige Bodentemperaturen verzögern den Keimbeginn, verlangsamen den Keimprozeß und verschieben den Feldaufgang. Zumeist wird in der Folge der Feldaufgang reduziert. Die Keimpflanzen laufen, ebenso wie bei unzureichendem Wasserangebot, zu unterschiedlichen Zeitpunkten auf. Keineswegs ist davon auszugehen, daß sich im Bereich minimaler Keimtemperaturen alle keimfähigen Samen gleich verhalten. Vielmehr variieren die Individuen einer Saatgutpartie, trotz Sortierung, hinsichtlich ihres physiologischen Zustands und Reaktionsverhaltens erheblich. Dies hängt mit dem unterschiedlichen Ausbildungsverlauf der Samen in verschiedenen Fruchtstandspositionen zusammen. Wie die Licht- und die Wirkstoffempfindlichkeit kommt auch diese Empfindlichkeit bei niedrigen, nicht aber bei optimalen Keimtemperaturen zum Tragen. Dies zeigt als Beispiel eine Untersuchung bei der temperaturanspruchsvollsten Pseudogetreideart, dem Amarant (Tab. 115). Wie weit das Verhalten der Sorte K 432 auf andere Sorten übertragen werden darf, wurde jedoch nicht geprüft.

Tab. 115: Keimfähigkeit (%, Gesamtsamenzahl Petrischale^{-1} = 100) 14 Tage nach Beginn der Keimfähigkeitsprüfung in Abhängigkeit von den Erntejahren und den Keimtemperaturen bei Amarant (*A. hypochondriacus*, Sorte K 432) (AUFHAMMER et al. 1998)

Erntejahr der Samen	Keimtemperatur (°C)					
	7	10	13	16	19	35
1992	3,2	18,9	28,0	43,0	55,7	45,1
1994	17,8	49,3	73,5	87,1	90,3	92,4
GD 5%[1)]	8,4					

[1)] GD 5% = Grenzdifferenz bei 5% Grenzwahrscheinlichkeit

Wie viele der Samen, die bei niedrigen Temperaturen nicht keimen, späterhin noch auflaufen, wenn die Bodentemperaturen ansteigen, ist fragwürdig. Umso günstiger erweisen sich solche Zeitspannen für den konkurrenzfreien Aufgang von Unkrautarten.

Mit frühen Saatterminen, die einen raschen Kulturpflanzenauflauf in Frage stellen, steigt - neben der Spätfrostgefahr - die Verunkrautungsgefahr und, da der Boden langfristig unbedeckt bleibt, die Verschlämmungsgefahr. Andererseits kommt eine Verschiebung der Saattermine über Mitte Mai hinaus allenfalls beim Buchweizen in Frage.

Für den Amarantanbau im Osten Österreichs wird der Zeitraum Anfang bis Mitte Mai zur Aussaat empfohlen. Maßgebend ist, daß keine Spätfröste mehr zu erwarten sind. Im mittleren Westen Nordamerikas werden jedoch die Saattermine von Körneramarant teilweise bis in die erste Juniwoche hinein verschoben. Ähnliches ist bei der Reismelde vorstellbar. Mit dieser Maßnahme sollen die hitze- und trockenheitsempfindlichen Blüh- und Kornausbildungsperioden möglichst hinter die dort häufig heißen und trockenen Augustwochen verlegt werden. Ähnlich dem Buchweizen beeinträchtigen zu hohe Temperaturen den Kornansatz von Amarant und verkürzen die Kornausbildungsperiode zu Lasten der Quantität und der Qualität der Kornfraktion. Eine solche Verschiebung der Saattermine erscheint nur in Gebieten sinnvoll, in denen nach dem Abblühen der Bestände noch ausreichend lange und günstige Ausreife-, Abtrocknungs- und Druschperioden folgen. Hier können Frühfröste im Herbst nützlich sein. Zweifellos sichert das Temperaturniveau nach einer Juniaussaat - eine ausreichende Bodenfeuchte - oder eine Beregnung - vorausgesetzt - bereits innerhalb von 4 - 5 Tagen einen hohen Feldaufgang und nachfolgend einen raschen Bestandesschluß. In welchem Ausmaß die Entwicklung der Blüten, d.h. die Differenzierung von Kornertragspotential, die dann in die heiße Augustperiode fällt, von Reduktionsprozessen begleitet wird, ist eine andere Frage.

Abhängig von der Tageslängen- und der Temperaturempfindlichkeit des Genotyps auf der einen, dem Tageslängen- und dem Temperaturverlauf am Standort auf der anderen Seite, bietet der Saattermin über die Differenzierung der Bedingungen in den aufeinanderfolgenden Entwicklungs- und Wachstumsabschnitten unterschiedliche Grundlagen für die Trockenmasseproduktion und -verteilung von Beständen. Die Auswirkungen art- und standortspezifisch relativ früher oder verzögerter Saattermine, sowie später, gegebenenfalls für einen Zweitfruchtanbau relevanter Termine, wird an einem Beispiel von Buchweizensorten des Sommertyps in der Tabelle 116 dargestellt. Da hier mit den Saatterminen die Jahre variieren, ist die durchgängige Betrachtung der Saattermineffekte an sich nicht korrekt, die prinzipiellen Auswirkungen sind jedoch erkennbar.

Die Verlegung des Saattermins bis in den Juni hinein und darüber hinaus verkürzte die Zeitspanne bis zum Feldaufgang. Aufgrund kurzfristiger Kühle- oder Trockenperioden verlief die Verkürzung von 18 bis auf 4 Tage nicht in kontinuierlicher Abfolge. Der Folgeabschnitt bis zum Blühbeginn blieb, von sehr späten Terminen abgesehen, mit rund 30 Tagen saatterminunabhängig. Die Verkürzung nach der Aussaat im Juli oder im August weist auf die Effekte eines wesentlich höheren Temperaturniveaus hin. Die Sorten sind weitgehend tagneutral, ein begrenzter Einfluß kürzerer Tage ist jedoch nicht von der Hand zu weisen. Der Zeitraum vom Blühbeginn bis zum Drusch blieb umso kürzer, je später gesät wurde. Allerdings reifte weder die vegetative noch die generative Fraktion der im Juli und im August 1991 gesäten Bestände vollständig ab. Frosteffekte ermöglichten schließlich den Drusch.

Mit den frühen Saatterminen wurden weder die höchsten Blatt-, Stengel- und Wurzelmassen noch die größten Kornmassen produziert. Die unproduktiven Abschnitte zwischen Aussaat und Aufgang und die fragwürdige Qualität dieser Ausgangsbestände wurden durch längere Blüh- und Kornausbildungsperioden nicht kompensiert. Mitte Mai gesäte Bestände produzierten um 38 dt ha^{-1} Kornmasse. Die produzierten Kornmassen wurden an Pflanzenstichproben, die vor dem Drusch entnommen wurden, bestimmt. Von den knapp 40 dt ha^{-1} konnten nur 20 dt ha^{-1} gedroschen werden.

Tab. 116: Entwicklungsverlauf (Tage), Trockenmasseerträge (dt ha^{-1}) und Kornertragsanteile (%) von Gewöhnlichem Buchweizen (Mittelwerte über 5 Sorten) in Abhängigkeit vom Versuchsjahr und dem Saattermin, Standort Ihinger Hof (AUFHAMMER et al. 1994b, verändert)

Merkmale	Saattermine 1990					Saattermine 1991			
	10.04.	30.04.	14.05.	01.06.	GD 5%[1]	22.05.	08.07.	13.08.	GD 5%
Entwicklungsverlauf (Tage)									
A-F[2]	18	7	4	9	n.v.[6]	9	13	6	n.v.
F-B	28	28	31	28	n.v.	31	21	16	n.v.
B-R	104	102	89	73	n.v.	81	62	56	n.v.
A-R	150	137	124	110	n.v.	121	96	78	n.v.
Trockenmasseerträge (dt ha^{-1})									
GT[3]	29,9	53,9	78,8	66,4	9,9	72,2	70,5	48,1	9,1
VT	17,5	28,2	40,6	39,0	5,8	49,8	51,4	45,6	n.s.[7]
PK	12,4	25,7	38,2	27,4	5,8	22,4	19,1	2,5	2,5
GK	6,6	14,9	19,9	14,9	2,5	10,8	6,6	0,8	1,0
KV	5,8	10,8	18,3	12,5	n.v.	11,6	12,5	1,7	n.v.
Kornertragsanteile (%)									
EI-P[4]	41,5	47,7	48,5	41,3	n.v.	31,0	27,1	5,2	n.v.
EI-G	22,1	27,6	25,2	22,4	n.v.	14,9	9,4	1,6	n.v.
KV[5]	46,8	42,0	47,9	45,6	n.v.	51,8	65,4	68,0	n.v.

[1] GD 5% = Grenzdifferenz bei 5% Grenzwahrscheinlichkeit
[2] A = Aussaat, F = Feldaufgang, B = Blühbeginn, R = Reife
[3] GT = Gesamttrockenmasse einschl. Wurzel, VT = vegetative Trockenmasse, PK = produzierter Kornertrag, GK = geernteter Kornertrag, KV = Kornverlust
[4] EI-P = Ernteindex in %, Basis: produzierter Kornertrag, EI-G = Ernteindex in %, Basis: geernteter Kornertrag
[5] KV = Kornverlust, %, produzierter Kornertrag = 100
[6] n.v. = nicht verrechnet
[7] n.s. = nicht signifikant

Dieses Kornertragsniveau erreichten weder früher noch später gesäte Bestände. Abgesehen von der Abtrocknungsproblematik blieb bei später gesäten Beständen die Periode zwischen dem Blühbeginn und der Reife mit ca. 60 - 70 Tagen zu kurz. Mit der produzierten Kornfraktion von rund 40 dt ha^{-1} wurde ein Ernteindex von annähernd 50 erreicht. Dieser sehr hohe Index kann als Hinweis auf das Kornertragspotential verstanden werden, das u.a. aus den anhaltenden Verzweigungs- und Blühphasen resultiert. Dem hohen Index stehen aber große Verluste gegenüber. Unter Berücksichtigung der voll ausgebildet und ausgereift erntbaren Kornmasse ergeben sich wesentlich kleinere Ernteindices. Erhebliche Anteile nutzbarer Kornmasse gehen durch den Ausfall überreifer Körner vor und beim Drusch verloren. Beteiligt sind allerdings auch Fraktionen unvollständig ausgereifter, größtenteils nicht nutzbarer Körner. Der Trend zu steigenden Verlustanteilen infolge fortschreitend späterer Aussaat weist darauf hin, daß bei den spät gesäten Beständen unreife Kornfraktionen überwogen (Tab. 116).

Zusammenfassend wird die Verlusthöhe durch die Abreifebedingungen, die Zeitspanne zwischen der beginnenden Reife und dem Drusch, aber auch durch das Ernteverfahren und die Druschtechnik bestimmt. Der Vergleich verschiedener Ernteverfahren läßt den Einfluß des Ernteverfahrens auf die Kornverluste erkennen (Tab. 117).

Tab. 117: Einflüsse des Ernteverfahrens auf die Kornertragsverluste (%)[1] von Buchweizenbeständen (HONERMEIER 1994)

Ernteverfahren	Kornertragsverlust (%)[1]	Tausendkorngewichtsverlust (%)[1]
Mähdrusch ohne Vorbehandlung	21	4
Schwaddrusch	59	8
Mähdrusch nach Frosteinwirkung	49	9

[1] Verlust gegenüber dem Kornertrag bzw. dem Tausendkorngewicht bei Mähdrusch nach Sikkation

Nach einer Sikkation, d.h. einer rechtzeitigen und vollständigen Abtötung der vegetativen Pflanzenteile mit einem Wirkstoff, könnten die Bestände - vermutlich nicht verlustfrei - aber doch mit relativ geringen Kornverlusten gedroschen werden. Mit einem Schnitt der Bestände und der Ablage im Schwad vor dem Drusch steigen die Ausfallverluste erheblich. Ähnlich hohe Verlustraten entstehen, wenn bis zu Frosteintritt oder nach einer Frosteinwirkung bis zum Drusch eine längere Zeitspanne verstreicht. Mit dem Kornausfall nimmt nicht nur die Quantität, sondern auch die Qualität der geernteten Kornmassen ab. Primär fallen die vollreifen, das sind die großen, vollausgebildeten Körner aus, daher geht das Tausendkorngewicht der erdroschenen Kornfraktion zurück. Die Ausfallproblematik, hier beim Buchweizen näher quantifiziert, kennzeichnet nicht nur die Bestände dieser Art. Die Reismelde- und die Amarantbestände weisen vergleichbare Verlustraten auf (Tab. 118).

Im Verlauf längerer Vegetationszeiträume bilden die wuchshöheren Reismelde- und Amarantbestände größere Trockenmassen ha^{-1} als die Buchweizenbestände. In zwei aufeinanderfolgenden Versuchsjahren produzierten die Amarantbestände zwischen 135 und 140 dt ha^{-1} Trockenmasse, rund drei Viertel hiervon in Form vegetativer Masse und ein Viertel in Form von Kornmasse. Die Anteile der geernteten Kornerträge blieben unter 20%. In der Trockenmasseproduktion ha^{-1} übertraf der Körneramarant die Reismelde und den Buchweizen. In der relativen Trockenmasseverteilung zugunsten der Kornfraktion war der Amarant, unter den gegebenen Aufwuchsbedingungen, den anderen Pseudogetreidearten unterlegen.

Tab. 118: Sproßtrockenmasseerträge (dt ha^{-1}), Ernteindices und Kornertragsverluste (%) von Buchweizen, Reismelde und Amarant (Mittelwerte über je 2 Sorten) in Abhängigkeit von den Jahren, Standort Ihinger Hof (AUFHAMMER et al. 1995)

Merkmale	1992				1993			
	Buch-weizen	Reis-melde	Ama-rant	GD 5%[5]	Buch-weizen	Reis-melde	Ama-rant	GD 5%
Trockenmasse (dt ha^{-1})[1]	83,9	100,2	143,5	13,6	84,4	111,6	136,0	11,5
Ernteindex-P[2]	0,33	0,33	0,26	0,02	0,28	0,36	0,26	0,03
Ernteindex-G[3]	0,25	0,25	0,18	0,05	0,25	0,30	0,19	0,03
Kornverluste[4] (%)	23,7	23,5	33,1	n.v.[6]	14,4	16,9	23,6	n.v.

[1] Sproßtrockenmasse
[2] P = Basis: produzierter Kornertrag
[3] G = Basis: geernteter Kornertrag
[4] %, produzierter Kornertrag = 100
[5] GD 5% = Grenzdifferenz bei 5% Grenzwahrscheinlichkeit
[6] n.v. = nicht verrechnet

Nicht erntbare und unvollständig ausgebildete Kornmasseanteile in Größenordnungen von 15 bis 30% (Tab. 118), beim Buchweizen bis nahezu 50% (Tab. 116), können nicht als Kenndaten leistungsfähiger Kulturpflanzenbestände bezeichnet werden. Bei leistungsfähigen Getreidebeständen liegen die Verlustraten normalerweise bei 1 - 3%. Die anhaltende Verzweigung verbunden mit langen Blühperioden und einer ungleichmäßigen Abreife sowie der instabile Kornsitz, Eigenschaften also, die Merkmale von Wildpflanzen darstellen, sind Ursachen der ungünstigen Kenndaten der Pseudogetreidearten. Diese für Kulturpflanzenbestände negativen Eigenschaften können nur in engen Grenzen durch produktionstechnische Maßnahmen verändert werden. Vielmehr müßten durch eine züchterische Anpassung die Voraussetzungen für eine produktionstechnisch effiziente Nutzung des Kornertragspotentials der Pflanzen geschaffen werden. Die Zuchtziele definieren daher sowohl beim Buchweizen, als auch bei der Reismelde und beim Amarant relevante Veränderungen (s. Kap. 1.3.2).

Eine essentielle Maßnahme der Bestandesetablierung ist die Fixierung der Saatdichte. Die Saatdichte beeinflußt die Entwicklung, die Eigenschaften und das Verhalten der Einzelpflanzen (Tab. 119). Die Saatdichte, die Anzahl ausgesäter keimfähiger Körner m^{-2}, wird hier als Basis der Bestandesdichte, d.h. der Pflanzenzahl m^{-2} betrachtet, ohne nochmals auf die Beteiligung des Feldaufgangs einzugehen.

Tab. 119: Morphologische und entwicklungsphysiologische Veränderungen von Pseudogetreidebeständen in Reaktion auf zunehmende Bestandesdichten

Morphologische Veränderungen	Entwicklungsphysiologische Veränderungen
• Reduktion der Wuchshöhe und der Verzweigung.	• Veränderung der Dauer aufeinanderfolgender Entwicklungsabschnitte.
• Reduktion des Stengeldurchmessers, der Blattspreitenflächen, der Infloreszenzgrößen und des Durchmessers der Infloreszenzachsen.	• Beschleunigung der Seneszenz, der Abreife und der Abtrocknung vegetativer Pflanzenteile und der Infloreszenz.
• Abnahme bzw. Variation sortenspezifischer Farbintensitäten der vegetativen Pflanzenteile und der Infloreszenzen.	• Reduktion der Entwicklungs- und Abreifedifferenzen zwischen den Samen in verschiedenen Positionen innerhalb einer Infloreszenz und zwischen den Infloreszenzen.

Im Rahmen artspezifischer Bestandesdichtegrenzen ist der nutzbare Anteil des Kornertragspotentials eines Bestandes mit Ertragsstrukturen, die zwischen geringen Pflanzenzahlen m^{-2} verbunden mit potentiell hohen Einzelpflanzenerträgen und hohen Pflanzenzahlen m^{-2} verbunden mit geringen Einzelpflanzenerträgen variieren, realisierbar. Mit der Ertragsstruktur ändern sich die agronomischen Eigenschaften von Beständen. Steigende Dichten modifizieren die Einzelpflanzen morphologisch, entwicklungsphysiologisch und in der Konsequenz auch leistungsmäßig (Tab. 119). Vermutlich aufgrund zunehmenden Konkurrenzdrucks um Nährstoffe, insbesondere um Stickstoff, eventuell auch um Wasser, nehmen die Wuchshöhe und die Verzweigung ab. Im Gegensatz zu den Getreidearten treten offensichtlich bei der Reismelde und beim Amarant die Internodien-verlängernden Effekte abnehmender Lichtintensität und veränderter Lichtqualität gegenüber den Auswirkungen der Konkurrenz zurück. Mit steigenden Bestandesdichten abnehmende Stickstoffkonzentrationen in der Korn- und der Strohmasse von Amarantbeständen verweisen hierauf (s. Kap. 3.2.1). Bei der Reismelde kann sich die Farbintensität der Infloreszenzen auffällig verändern. Die Sorte 407 entwickelte im dünnen Bestand mit ca. 30 - 50 Pflanzen m^{-2} große, dunkelrotviolett gefärbte Fruchtstände. Bei hohen Bestandesdichten mit 100 Pflanzen m^{-2} und darüber blieben die Fruchtstände kleiner und wurden leuchtend rot.

Tab. 120: Die Dauer (Tage) aufeinanderfolgender Entwicklungsabschnitte von Buchweizen-, Reismelde- und Amarantbeständen (Mittelwerte über 4 Sorten) in Abhängigkeit von der Saatdichte im Jahr 1996, Standort Ihinger Hof

Entwicklungsab-schnitte	Saat- bzw. Bestandesdichten[1]			
	1	2	3	GD 5%[2]
Tage von:	Buchweizen			
Saat - Aufgang	11,5	11,2	10,3	0,22
Aufgang - Blüte	32,5	32,1	31,6	n.s.[3]
Blüte - Reife	76,5	74,9	76,0	n.s.
Tage von:	Reismelde			
Saat - Aufgang	9,9	9,0	8,3	0,42
Aufgang - Blüte	39,0	39,8	40,4	0,47
Blüte - Reife	75,4	74,8	75,1	n.s.
Tage von:	Amarant			
Saat - Aufgang	15,9	14,1	13,3	0,78
Aufgang - Blüte	54,0	55,5	56,2	0,60
Blüte - Reife	62,6	63,0	62,2	n.s.

[1] Mittlere Bestandesdichten (Pflanzenzahlen m^{-2}, Werte gerundet)

Arten	1	2	3
Buchweizen	50	100	150
Reismelde	35	70	105
Amarant	20	40	60

[2] GD 5% = Grenzdifferenz bei 5% Grenzwahrscheinlichkeit
[3] n.s. = nicht signifikant

Zunehmende Pflanzenzahlen m^{-2} verändern die Dauer der aufeinanderfolgenden Entwicklungsabschnitte. Ein Beispiel für die Größenordnungen zeigt die Tabelle 120. Insbesondere die Reismelde- und die Amarantbestände laufen rascher auf, wenn sich die kleinen Keimlinge in der Reihe beim Durchbrechen der Deckschicht wechselseitig unterstützen. Die dichteren Bestände neigten im vorliegenden Beispiel allerdings dazu, etwas später zu blühen als dünne Bestände unter den gleichen Aufwuchsbedingungen. Die Zeitspanne vom Blühbeginn bis zu Reife änderte sich nicht erkennbar. Die gesamte Vegetationszeit zwischen der Aussaat und der Reife wurde um 0,5 - 2,5 Tage reduziert.

Agronomisch resultiert die Fixierung der Saatdichte aus mehreren Forderungen, die großenteils zusammenhängen (Tab. 121). Die einzelnen Positionen besitzen nicht bei jeder Art die gleiche Bedeutung. Die Nutzung des Kornertragspotentials eines Standorts einerseits, der Pflanzenart andererseits, ist jedoch eine gemeinsame Bestimmungsgröße. Ohne Zweifel ist die Standfestigkeit eine zentrale Bestandeseigenschaft. Im Gegensatz zu den Getreidearten sind bei keiner der drei Pseudogetreidearten dünne Bestände von vornherein standfester als dichte. Im dünnen Bestand werden insbesondere die Reismelde- und die Amarantpflanzen länger, die Pflanzen verzweigen sich stärker und bilden an den Haupt- und Seitenachsen größere Infloreszenzen aus als im dichten Bestand mit stärkerer zwischen- und innerpflanzlicher Konkurrenz um Wachstumsfaktoren. Die Architektur dünner Bestände fördert mit dem zunehmenden Gewicht der Seitenachsen und der endständigen Infloreszenzen, vorrangig bei Wind- und Niederschlagsbelastung, die Lagerneigung. Die Buchweizenpflanzen fallen um, die Reismelde- und die Amarantpflanzen knicken um.

Tab. 121: Komponenten und Ziele, die beim Anbau von Pseudogetreidearten zur Körnernutzung die Saat- bzw. die Bestandesdichten (Anzahl keimfähiger Körner m^{-2} bzw. Pflanzenzahl m^{-2}) bestimmen

Komponenten	Ziele
Bestandesaufbau	
• Wechselseitige Unterstützung der Keimlinge beim Durchbrechen der Bodenoberfläche. • Rascher Bestandesschluß zur Bodenbedeckung und Unkrautunterdrückung. • Rasche Bodendurchwurzelung zur Nutzung und Sicherung verlagerbarer Nährstoffe, insbesondere von Nitrat-Stickstoff.	→ Etablierung gleichmäßig schließender und den Boden durchwurzelnder Ausgangsbestände.
Bestandesentwicklung	
• Nutzung des Flächenertragspotentials von Standort, Art und Sorte. • Standraumbedarf der Einzelpflanze bei morphologischer Reife bezogen auf die Optimierung des Flächenertrages. • Standraumbedarf der Einzelpflanze bezogen auf die Standfestigkeit.	→ Rascher Entwicklungsverlauf der Bestände.
Kornertragsbildung	
• Reduktion der Verzweigung zur Verkürzung der Blüh- und der Reifeperiode. • Begrenzung der Infloreszenzgrößen der Einzelpflanzen zur Vereinheitlichung der Kornausreife. • Beschleunigung des Abtrocknungsprozesses vegetativer Sproßmassen zur Optimierung der Druschfähigkeit.	→ Günstiger Kornausbildungs- und Abreifeverlauf der Bestände, geeignete Bedingungen für den Drusch und für Nacherntemaßnahmen.

Bereits in frühen Entwicklungsabschnitten beeinflußt die Pflanzenzahl m^{-2} die agronomisch und die ökologisch relevanten Bestandeseigenschaften. Der Vorteil wechselseitiger Aufgangsunterstützung hoher Keimpflanzendichten schließt nicht automatisch einen hohen Feldaufgang ein. Der Feldaufgang, d.h. die Relation zwischen der aufgelaufenen Pflanzenzahl m^{-2} und der ausgesäten Anzahl keimfähiger Körner m^{-2}, wird durch die wechselseitige Konkurrenz auflaufender Keimpflanzen mitbestimmt. Hohe Saatdichten reduzieren daher häufig auch den Feldaufgang.

Tab. 122: Variation des Feldaufgangs (%, Saatdichte = 100) von Reismeldebeständen in Abhängigkeit von der Saatdichte, dem Jahr und dem Standort

Jahre	Standorte (Dänemark bzw. Deutschland)	Zunehmende Saatdichten[1]			Literaturangabe
		1	2	3	
1988	Roskilde	51	40	33	JACOBSEN et al. 1994
	Tastrup	33	15	9	
1989	Tastrup	100	62	36	
1996	Ihinger Hof	37	34	21	Eigene Untersuchungen
1997	Ihinger Hof	50	21	12	
1998	Ihinger Hof	74	56	41	
1998	Forchheim	85	53	42	

[1] Saatdichten 1 - 3: Standorte Roskilde und Tastrup: 230 - 1 200 keimfähige Körner m^{-2}
Standorte Ihinger Hof und Forchheim: 100 - 1 000 keimfähige Körner m^{-2};

Am Beispiel unterschiedlich dicht gesäter Reismeldebestände wird dies deutlich. Durchgängig fällt mit zunehmender Saatdichte der Feldaufgang, wenn die Reihenweite unverändert bleibt (Tab. 122). Dieser Effekt ist von anderen Arten bekannt. Ein zusätzlicher Punkt ist hier das generell niedrige Feldaufgangsniveau einbezüglich der jahres- und standortbedingt großen Variation. Wie an anderer Stelle bereits erwähnt, bedeutet ein niedriger Feldaufgang eine ungleichmäßige Verteilung und in der Folge eine variierende Entwicklung der Einzelpflanzen. Allerdings nimmt bei sehr hohen Saatdichten, die durch Konkurrenzeffekte während der Anfangsentwicklung zu reduziertem Feldaufgang führen, die Bedeutung der Verteilungsungenauigkeit ab. Jedenfalls kann der beabsichtigte Konkurrenzdruck hoher Saatdichten infolge des reduzierten Feldaufgangs im weiteren Entwicklungsverlauf der Bestände nicht in vollem Umfang zum Tragen kommen.

Wichtig ist zunächst eine rasche Zunahme der Blattflächenindices zur Aufnahme eingestrahlter Energie, zur Bodenbedeckung und zur Unterdrückung des Unkrauts. Mit dem Bestandesschluß geht die flächendeckende Bodendurchwurzelung einher. Je schneller diese Prozesse verlaufen, desto rascher werden verlagerungsgefährdete

Nährstoffe wie Nitrat-N aufgenommen. Die späten Saattermine der Pseudogetreidearten können auf besseren Böden, abhängig von der Feldschlagsvorgeschichte, die Akkumulation beträchtlicher Nitrat-Stickstoffmengen provozieren. Die Temperaturgrenzen der Mineralisierungsprozesse liegen deutlich unter den Mindestkeim- und -wachstumstemperaturen der Pseudogetreidearten, vorrangig natürlich des Amarants.

Tab. 123: Sproßtrockenmasseerträge[1] (dt ha^{-1}), Ernteindices und Kornertragsverluste (%) von Buchweizen, Reismelde und Amarant (Mittelwerte über je 4 Sorten) in Abhängigkeit von den Saat- bzw. den Bestandesdichten im Jahr 1997, Standort Ihinger Hof

Merkmale	Saatdichten bzw. Bestandesdichten[2]			
	1	2	3	GD 5%[5]
Buchweizen				
Trockenmasse[1] (dt ha^{-1})	84,1	88,0	80,5	n.s.[6]
Ernteindex-P[3]	0,33	0,32	0,30	n.v.[7]
Ernteindex-G[3]	0,28	0,27	0,27	n.v.
Kornverlust (%)[4]	16,0	13,3	8,3	n.v.
Reismelde				
Trockenmasse (dt ha^{-1})	89,3	92,7	96,6	n.s.
Ernteindex-P	0,38	0,36	0,36	n.v.
Ernteindex-G	0,34	0,32	0,29	n.v.
Kornverlust (%)	10,3	10,5	18,2	n.v.
Amarant				
Trockenmasse (dt ha^{-1})	65,3	78,0	106,7	9,7
Ernteindex-P	0,29	0,30	0,27	n.v.
Ernteindex-G	0,27	0,28	0,20	n.v.
Kornverlust (%)	6,4	4,3	26,5	n.v.

[1] Sproßtrockenmasse
[2] Mittlere Bestandesdichten (Pflanzenzahlen m^{-2}, Werte gerundet)

Arten	1	2	3
Buchweizen	50	100	150
Reismelde	50	90	230
Amarant	10	20	60

[3] P = Basis: produzierter Kornertrag; G = Basis: geernteter Kornertrag
[4] %, Produzierter Kornertrag = 100
[5] GD 5% = Grenzdifferenz bei 5% Grenzwahrscheinlichkeit
[6] n.s. = nicht signifikant
[7] n.v. = nicht verrechnet

Generell bestimmen die Saatdichten bzw. die Pflanzenzahlen m^{-2} die Konkurrenzverhältnisse im Bestand nicht nur während der Anfangsentwicklung. Über den zwischen- und den innerpflanzlichen Konkurrenzdruck ist die Bestandesarchitektur begrenzt regulierbar. Zugleich wird, wenn auch nur in geringem Umfang, die Trockenmasseverteilung beeinflußt. Der Konkurrenzdruck steigt mit zunehmender Individuenzahl m^{-2} progressiv im fortschreitenden Entwicklungs- und Wachstumsverlauf der Bestände. Agronomisch erwünschte Konkurrenzeffekte sind wenige Seitenzweige Pflanze^{-1}, nicht zu kräftige Stengel und geringe Wuchshöhen. Diese Eigenschaften können die Abreife beschleunigen, die Druschfähigkeit begünstigen und die Kornverluste verringern.

Zu berücksichtigen ist allerdings, daß überzogene Konkurrenzeffekte in zu dichten Beständen zu Lasten der Kornfraktion gehen. Zwar beginnt die Anlage von Kornertragspotential früh, die Fixierung des ausbildbaren Anteils erfolgt jedoch erst in späten Schoßabschnitten und endet zunächst mit dem Befruchtungsprozeß. Auch die anschließende Reservestoffproduktion und -translokation unterliegt dem zwischen- und innerpflanzlichen Konkurrenzdruck. Kleinblättrige Pflanzen, die sich massiv wechselseitig beschatten, produzieren weniger Assimilate. Dünne, kürzere Internodien speichern geringere Mengen remobilisierbarer Assimilate als die kräftig entwickelten Pflanzen in dünnen Beständen. Auf den Flächenertrag bezogen stellt sich die Frage, bis zu welcher Pflanzenzahl m^{-2} die Defizite der Einzelpflanzen durch eine größere Pflanzenzahl kompensiert werden?

Tab. 124: Kornerträge (Drusch, dt ha^{-1}) von Reismeldebeständen (Sorte KVL 8401)[1] in Dänemark in Abhängigkeit von den Jahren, den Standorten und den Bestandesdichten (JACOBSEN et al. 1994)

Jahre, Standorte und Bestandesdichten (Dänemark)					
1988, Roskilde		1988, Tastrup		1989, Tastrup	
Bestandes-dichte (Pflanzen m^{-2})	Kornertrag (dt ha^{-1})	Bestandes-dichte (Pflanzen m^{-2})	Kornertrag (dt ha^{-1})	Bestandes-dichte (Pflanzen m^{-2})	Kornertrag (dt ha^{-1})
122	25,3	80	21,5	238	26,3
289	28,3	106	23,0	443	23,5
395	29,4	108	22,5	426	22,4
S.E.[2]	0,5	n.v.[3]	0,8	n.v.	0,7

[1] Sorte KVL 8401 = Selektion aus der chilenischen Sorte Baer (Sea-Level-Typ)
[2] S.E. = Standardfehler
[3] n.v. = nicht verrechnet

In der Tabelle 123 zeigt zunächst ein Beispiel die Auswirkungen ansteigenden Konkurrenzdrucks auf das Trockenmasseverteilungsmuster. Mit zunehmendem Konkurrenzdruck ging zwar der Trockenmasseanteil, der in die Kornfraktion investiert wurde, tendenziell zurück. Zugleich stiegen jedoch die produzierten Trockenmassen ha^{-1}, z.B. beim Amarant von 65,3 auf 106,7 dt ha^{-1} an (Tab. 123). Der dünne Amarantbestand produzierte somit knapp 19, der dichte aber knapp 29 dt Kornmasse ha^{-1}. Hohe Kornertragsverluste im dichten Bestand verhinderten allerdings die vollständige Erntbarkeit (Tab. 123. 125). Abnehmende Verlustraten weisen beim Buchweizen auf eine gleichmäßigere Abreife hin. Die hohen Kornverluste vor und beim Drusch dichter Reismelde- und Amarantbestände hängen möglicherweise mit zu späten Druschterminen zusammen.

Die per Mähdrusch erntbaren Kornerträge führen verschiedene Auswirkungen der Bestandesdichten zusammen (Tab. 124, 125). In dänischen Feldversuchen wurde mit einem für Reismeldebestände sehr hohen Bestandesdichtenniveau, zwischen 80 und > 400 Pflanzen m^{-2}, gearbeitet (Tab. 124). Die Dichteabstufungen resultieren aus der Problematik, den Feldaufgang genau einzukalkulieren. Zunehmende Dichten führten, in Interaktion mit den Jahren und den Standorten, teils zu einem Kornertragsanstieg, teils zu einem Rückgang um bis zu 3 dt ha^{-1} (Tab. 124).

Tab. 125: Kornerträge (Drusch, dt ha^{-1}) von Buchweizen, Reismelde und Amarant (Mittelwerte aus je 3 Sorten) auf südwestdeutschen Standorten in Abhängigkeit von den Jahren und den Bestandesdichten

Jahre	Standorte	Arten	Kornerträge (dt ha^{-1}) Saat- bzw. Bestandesdichte[1]			
			1	2	3	GD 5%[3]
1996	Ihinger Hof	Buchweizen	19,1	21,2	21,3	1,0
		Reismelde	47,4	50,5	52,7	2,8
		Amarant	18,4	20,5	21,2	1,6
1997	Ihinger Hof	Buchweizen	23,6	24,1	22,1	n.s.[4]
		Reismelde	30,3	29,7	28,3	n.s.
		Amarant	17,6	22,1	21,3	3,0
1998	Ihinger Hof	Buchweizen	–[2]	–	–	–
		Reismelde	31,3	30,8	23,0	3,1
		Amarant	17,5	20,3	14,7	2,6
	Forchheim	Buchweizen	–[2]	–	–	–
		Reismelde	18,9	20,1	20,4	n.s.
		Amarant	18,2	18,6	17,0	n.s.

[1] Bestandesdichten (= Pflanzenzahlen m^{-2}) 1 = 10 - 50; 2 = 50 - 100; 3 = 60 - 150 Pflanzen m^{-2}
[2] Kein Buchweizenanbau
[3] GD 5% = Grenzdifferenz bei 5% Grenzwahrscheinlichkeit
[4] n.s. = nicht signifikant

Die Ergebnisse der Feldversuche mit Buchweizen, Reismelde und Amarant auf Standorten Südwestdeutschlands (Tab. 125) weisen in die gleiche Richtung. Ein Anstieg von niedrigen zu mittleren Bestandesdichten mit 60 - 70 Pflanzen m^{-2} führte häufig zu einem Kornertragsanstieg in der Größenordnung von 10%. Abgesehen von der artenspezifischen Ertragsfähigkeit erfolgte der Anstieg auch bei ein und derselben Art jahresabhängig auf sehr unterschiedlichem Niveau. Mit hohen Dichten von deutlich über 100 Pflanzen m^{-2} wurde der Konkurrenzdruck teilweise zu Lasten der Kornerträge ha^{-1} überzogen.

Zweifellos kommen negative Auswirkungen des Wildpflanzencharakters in dichten Beständen weniger zum Tragen als in dünnen. In Grenzen ist die Verteilung der Trockenmassen zugunsten der Kornfraktion verschiebbar. Über kürzeren Wuchs und dünnere Stengel steigt die Druschfähigkeit. Mit steigender Bestandesdichte nehmen aber auch die ertragsdepressiven Effekte einer feldaufgangsbedingt ungleichmäßigen Pflanzenverteilung ab. Zusammen genommen ist die Saatdichte ein zentrales produktionstechnisches Element zur Regulation der Bestandesentwicklung im Hinblick auf das Produktionsziel Kornertrag ha^{-1}. Das Potential dieses Elements ist aber nur in dem Maße nutzbar, in dem ein hoher Feldaufgang gesichert ist, die Interaktionen der Art bzw. der Sorte mit den Standortfaktoren - z.B. dem Wasserangebot - bekannt sind und rechtzeitig gedroschen wird.

Saatgutqualität und Sortenwahl
Der Saatgutqualität kommt im Hinblick auf den Feldaufgang und auf die Empfindlichkeit der Keimpflanzen, insbesondere bei kleinkörnigen Arten große Bedeutung zu. Eine hohe Keimfähigkeit und eine hohe Triebkraft setzen die rasche Lufttrocknung des Korngurts nach dem Drusch bis auf Kornfeuchten um 10 - 15%, die sorgfältige Reinigung und Sortierung, sowie die trockene Lagerung voraus. Die Problematik der Saatgutaufbereitung darf keinesfalls unterschätzt werden. Reismelde- und Amarantbestände sind mit Kornfeuchten bis zu 30% mähdruschfähig. Erzwungenermaßen wird manchmal mit dieser Feuchte gedroschen. In Kombination mit der Kleinkörnigkeit bedeutet dies einen hohen Verunreinigungsgrad mit feuchten, vegetativen Bestandteilen. Kleinkörniges Material lagert sehr dicht, der Luftdurchsatz im Lager kann gering und ungleichmäßig bleiben. Auf unzureichend und/oder ungleichmäßig zurückgetrocknetem Korngut breiten sich rasch Lagerpilze aus. Diese beeinträchtigen sowohl die Keimfähigkeit und die Triebkraft als auch die Verwertbarkeit als Rohstoff für die Herstellung von Lebensmitteln.

Die Saatgutherkunft ist wichtig, da die Arten nicht dem Saatgutverkehrsgesetz unterliegen. Die Produktion von Saatgut, das die zentralen Qualitätsanforderungen: Sortenreinheit, minimaler Besatz, gesund, hohe Keimfähigkeit erfüllt, erfordert fachliche Kompetenz. Nicht jede Handelsfirma liefert sortenreines Buchweizensaatgut. Auf die Problematik, die aus der Verunreinigung des Saatguts von Gewöhnlichem Buchweizen mit Tatarischem Buchweizen resultiert, wurde an anderer Stelle bereits hingewiesen. Besonders kritisch sind schwarze Samen im Amarantsaatgut. Zwar ist Amarant ein Selbstbefruchter, jedoch werden unterschiedliche Einkreuzungsraten genannt

(s. Kap. 1.3.2.). Die Nachbarschaft anderer, ggf. schwarzsamiger Sorten mit gleicher Blühperiode, oder der Besatz mit Unkrautamarantarten führen zu Einkreuzungen.

Die Produktion von Saatgut setzt die Beachtung wichtiger Maßnahmen voraus (Tab. 126). Unabdingbar sind Mindestabstände zwischen verschiedenen Sorten und oder Trennstreifen mit hochwüchsigen Arten, z.B. Mais. Darüber hinaus müssen die Bestände unkrautfrei bleiben. Schwarze Samen im Saatgut einer hellfarbigen Sorte sind Kreuzungsprodukte zwischen einer hell- und einer schwarzsamigen Kulturamarantsorte, einer Kulturamarantsorte und einer Unkrautamarantart oder Unkrautamarantsamen. Die Aussaat solcher Samen bedeutet die Kontamination des erzeugten Kornguts mit schwarzen Samen, da die schwarze Färbung dominant vererbt wird. Soweit diese Samen deutlich kleiner sind, können sie, wenn auch mit gleichzeitigem Verlust an hellfarbigem Korngut, herausgereinigt werden. Bei ähnlichen Korngrößen ist dies nahezu unmöglich. Eine weitere Gefahr ist die Verunreinigung des Saatguts mit sortenfremden Samen beim Drusch. Die penible Reinigung des Mähdreschers sowie der Transportorgane nach dem vorausgehenden Drusch einer anderen Sorte ist eine Maßnahme, die gerade bei kleinkörnigem Material sehr zeitaufwendig ist.

Tab. 126: Wichtige Maßnahmen bei der Produktion von Amarantsaatgut (WEBER 1987)

- Rechtzeitige und vollständige Beseitigung von Unkraut-Amarantbesatz in den Beständen vor Blühbeginn.
- Mindestabstände und Isolierstreifen zwischen den Beständen verschiedener Amarantsorten.
- Gründliche Reinigung des Mähdreschers und der Saatguttransportorgane vor dem Drusch von Saatgut einer anderen Sorte.

Auf eine Saatgutbehandlung mit fungiziden und insektiziden Wirkstoffen zu verzichten, erscheint, selbst in Anbetracht der stabilen Fruchtschale des Buchweizens, der saponinhaltigen Fruchtschale der Reismelde und der Wirkstoffempfindlichkeit des Amarants bei suboptimalen Keimtemperaturen riskant. Witterungsbedingt unvorhersehbar lange Zeitspannen zwischen der Aussaat und dem Aufgang bzw. dem Beginn zügigen Wachstums können Schaderregern Zugriff bieten. Die Bedeutung jeder Einzelpflanze für die Bestandesetablierung und die Anfälligkeit der kleinen Reismelde- und Amarantkeimpflanzen stehen außer Frage. Bereits bei der Saatgutaufbereitung, aber auch bei der Saatgutbehandlung ist zu berücksichtigen, daß die Keimlinge der Reismelde- und der Amarantsamen, im Gegensatz zum geschützten Buchweizenkeimling, aufgrund ihrer ringförmig - oberflächennahen Lage leicht mechanisch beschädigt werden können (s. Kap. 1.3.1). Solche Schäden beeinträchtigen die Keimfähigkeit und/oder die Triebkraft des Saatgutes und konterkarrieren die Absicht der Maßnahme. Nach amerikanischen Erfahrungen kann Amarant, trotz seiner Kleinkörnigkeit bereits beim Drusch mechanisch beschädigt und in der Keimfähigkeit beeinträchtigt werden. Mähgedroschenes Korngut keimte, relevanten Untersuchungen zufolge, deutlich schlechter als das Korngut aus handgeernteten Fruchtständen.

Zur Sortenwahl werden im vorliegenden Rahmen nur grundsätzliche Überlegungen zusammengefaßt. Von regionalen Ausnahmen abgesehen, existieren bei keiner der drei Arten systematische Sortenprüfungen (siehe Kap. 1.3.2). Zunächst vermitteln an sehr unterschiedlichen Standorten in gemäßigten Zonen durchgeführte Feldversuche einen Eindruck zur Variation des Kornertrags ausgewählter Sortenspektren von jeweils einer der drei Arten. Zu berücksichtigen ist, daß die Kornerträge immer das Resultat von Interaktionen zwischen den Eigenschaften der Art bzw. der Sorte und den Aufwuchsbedingungen sind. Dominierende Standortseigenschaften geben allerdings das Kornertragsniveau des gesamten Sortiments einer Art von vorne herein vor.

Tab. 127: Kornerträge (dt ha^{-1}) verschiedener Buchweizen-, Reismelde- und Amarantsorten, angebaut in unterschiedlichen Regionen gemäßigter Klimazonen

Buchweizen (HONERMEIER 1999)		Reismelde (RISI and GALWEY 1991)		Amarant (SOOBY et al. 1998)	
Deutschland[1] (Brandenburg)		England[2] (Cambridgeshire)		USA[3] (Nord-Dakota)	
Sorte	Kornertrag (dt ha^{-1})	Sorte	Kornertrag (dt ha^{-1})	Sorte	Kornertrag (dt ha^{-1})
Gewöhnlicher Buchweizen[5]		**Altiplano-Typ**[5]		**Roter Hybridfuchsschwanz**[5]	
Hruszowska	10,3	Chewecca	32,7	Plainsman	11,8
Alex	11,7	LAR Puno 13	32,5	D 70-1	11,5
Prego	8,2	Kanccolla	29,8	D 136-1	2,4
Tatarischer Buchweizen[5]		Tahuaco 1	26,4	K 432	11,8
		Blanca de Juli	19,2	K 433	11,7
Tardo	10,4	Sajama	19,8	K 593	12,0
Max	8,0	**Valley-Typ**		**Rispenfuchsschwanz**[5]	
Lifago	14,4	UNC 20	5,4		
		Amarilla de Marangani	43,1	Amont	19,6
				K 266	14,8
		Sea-Level-Typ		K 283	14,9
		Baer	51,4	K 436	11,7
		Faro	47,0	A 200 D	10,0
Schwankungsbreite[4]	2,9 - 23,9	S.E.$_{\text{Diff.}}$[6]	6,9	Schwankungsbreite[4]	1,1 - 26,7

[1] Mittelwerte aus 1-jährig - 3-ortigen Feldversuchen
[2] Mittelwerte aus 2-jährig - 2-ortigen Feldversuchen
[3] Mittelwerte aus 3-4-jährigen, teils mehrortigen Feldversuchen
[4] Schwankungsbreite über alle Versuche
[5] Gewöhnlicher Buchweizen (*F. esculentum*), Tatarischer Buchweizen (*F. tataricum*), Reismelde-Typen s. Kap. 1.3.2, Roter Hybridfuchsschwanz (*A. hypochondriacus*), Rispenfuchsschwanz (*A. cruentus*)
[6] S.E.$_{\text{Diff.}}$ = Standardfehler der Differenz

Die Übersicht (Tab. 127) zeigt die Variation durch Mähdrusch gewonnener Kornerträge aus einem Buchweizensortiment angebaut in Ostdeutschland, einem Reismeldesortiment angebaut in Mittelengland und einem Amarantsortiment angebaut in Nord-Dakota, USA. Die Kornerträge sind durchgängig Mittelwerte über mehrere Jahre und/oder Standorte, nur die angegebenen Schwankungsbreiten berücksichtigen einzelne Ergebnisse. Maßgebend für die Prüfung von Buchweizensorten auf ostdeutschen Standorten Brandenburgs waren u.a. die sandigen Böden. Das maritime Klima Englands läßt dort die Reismelde anbauwürdig erscheinen. Das kontinentale Temperaturniveau in den zentralen Regionen Nordamerikas kommt m.E. den Ansprüchen der Amarantarten entgegen. Sowohl auf den leichten Böden Ostdeutschlands, als auch in den teils sehr warmen Sommermonaten Zentralamerikas kann Wasserknappheit einen Streßfaktor darstellen. Zwar beschleunigt ein nachlassendes Wasserangebot die Abreife, dies kann aber in erheblichem Maße zu Lasten der Kornerträge gehen.

Die Kornerträge der Buchweizensorten variierten über die Arten und Standorte hinweg zwischen 4 und 24 dt ha^{-1}. Die Kornerträge der Amarantsorten lagen in Nord-Dakota zwischen 10 und 15 dt ha^{-1}, nur die späterreife Sorte Amont erreichte im Mittel knapp 20 dt ha^{-1}. In einzelnen Versuchen des gesamten Prüfungsprogramms lieferte die Sorte Amont auch bis zu 27 dt ha^{-1}. Mit Kornerträgen von 20 - 50 dt ha^{-1} bewegten sich die Reismeldesorten in England auf einem insgesamt deutlich höheren Niveau. Die kühlfeuchte Witterung unterstützte dort zwar die Kornausbildung, trug aber zusammen mit den Langtagsbedingungen dazu bei, daß kurztagsempfindliche Sorten spät in die generative Phase übergingen. Damit wurden teilweise Vegetationszeiträume von 200 Tagen und darüber bis zur Druschfähigkeit beansprucht.

Diese Beispiele zeigen zusammenfassend: unabhängig vom generellen Leistungsniveau variiert die genotypische Reaktion innerhalb der Arten in einem enormen Ausmaß. Vermutlich ist die extreme Variation auch durch produktionstechnisch verursachte Effekte verzerrt. Beispielsweise wurde auf die vielfältigen Einflüsse geringen Feldaufgangs hingewiesen. Die Variation besagt aber auch, daß entsprechende Kombinationen zwischen der Sorte, dem Standort und der Produktionstechnik den Drusch von 24 dt ha^{-1} Buchweizen-, von 51 dt ha^{-1} Reismelde- und von 27 dt ha^{-1} Amarantkorngut erlaubten. Mit geeigneten Kombinationen aus der Sorte, dem Standort und der Produktionstechnik ist das Ertragspotential der Pseudogetreidearten also deutlich höher ausschöpfbar als dies summarische Angaben und Mittelwerte vermuten lassen. Solide Informationen zur standortbezogenen Sorteneignung verlangen allerdings mehrjährig-mehrortige Leistungsprüfungen generell standortangepaßter Sorten einer Art. Im Hinblick auf die Kornertragserwartung müßten solche Prüfungen auch die Anbauintensität einbeziehen.

In der Tabelle 128 werden mit kornertragsrelevanten Kenngrößen je 4 Sorten von Buchweizen, Reismelde und Amarant vergleichend gegenübergestellt. Die Größen umfassen den Vegetationszeitbedarf, die Trockenmasseproduktion und die -verteilung sowie die Kornverluste vor und beim Drusch. Alle Bestände wuchsen in der Vegetationsperiode 1997 auf dem südwestdeutschen Standort Ihinger Hof im Verbund einer Feldversuchsanlage auf. Im Gegensatz zur vorausgehenden Präsentation in der Tabelle

127 resultieren die vorliegenden Daten also aus gemeinsam auf ein- und demselben Standort aufgewachsenen Beständen.

Tab. 128: Vegetationsdauer (Tage, Aussaat-Reife) Sproß- und Korntrockenmassen (dt ha^{-1}), Ernteindices und Kornverluste (%, produzierte Korntrockenmasse = 100) von Buchweizen, Reismelde und Amarant in Abhängigkeit von je vier Sorten[2] im Jahr 1997, Standort Ihinger Hof

Merkmale	Buchweizen				
	La Harpe	Astra	Lileja	Hrus-zowska	GD 5%[5]
Vegetationsdauer (Tage)	122	111	111	111	n.v.[6]
Trockenmasse[1] (dt ha^{-1})	89,3	71,8	80,4	95,4	7,3
Kornmasse (Drusch, dt ha^{-1})	29,2	16,6	23,4	24,1	2,8
Ernteindex-P[3]	0,37	0,26	0,32	0,31	n.v.
Ernteindex-G[3]	0,33	0,23	0,29	0,25	n.v.
Kornverlust (%)[4]	10,8	11,2	10,7	18,5	n.v.
Merkmale	**Reismelde**				
	Faro	Temuco	407	Tango	GD 5%
Vegetationsdauer (Tage)	140	140	125	122	n.v.
Trockenmasse (dt ha^{-1})	112,5	89,1	93,7	76,4	7,8
Kornmasse (Drusch, dt ha^{-1})	32,6	27,8	28,9	28,1	2,1
Ernteindex-P	0,32	0,34	0,35	0,47	n.v.
Ernteindex-G	0,29	0,31	0,31	0,37	n.v.
Kornverlust (%)	10,8	9,4	11,3	20,9	n.v.
Merkmale	**Amarant**				
	Plainsman	K 432	MT 3	Pastewny	GD 5%
Vegetationsdauer (Tage)	137	137	137	125	n.v.
Trockenmasse (dt ha^{-1})	90,5	76,6	78,7	87,6	8,3
Kornmasse (Drusch, dt ha^{-1})	21,1	21,5	16,2	22,5	2,2
Ernteindex-P	0,26	0,28	0,31	0,29	n.v.
Ernteindex-G	0,23	0,26	0,20	0,28	n.v.
Kornverlust (%)	1,1	10,2	32,8	10,4	n.v.

[1] Sproßtrockenmasse
[2] Sortenherkunft s. Kap. 1.3.2
[3] P = Basis: produzierter Kornertrag; G = Basis: geernteter Kornertrag
[4] %, produzierter Kornertrag = 100
[5] GD 5% = Grenzdifferenz bei 5% Grenzwahrscheinlichkeit
[6] n.v. = nicht verrechnet

Die Sorten wurden aus Vorprüfungen einer jeweils größeren Sortenzahl auf dem gleichen Standort ausgewählt. Die Sorten erwiesen sich in der Frühreife und im Kornertragspotential den ausgeschiedenen Sorten zumindest ebenbürtig, oder aber überlegen. Der Buchweizen wird von drei osteuropäischen Sorten und der französischen Sorte La Harpe repräsentiert. Die verbreitete polnische Sorte Hruszowska ist etwas früher reif als die beiden russischen Sorten Astra und Lileja. Die Reismelde wird von zwei südamerikanischen Sorten und den früherreifen, in den USA entwickelten Sorten 407 und Tango vertreten. Der Amarant umfaßt die relativ frühreife, aber schwarzkörnige *A. hybridus*-Sorte Pastewny 2 aus Rußland, zwei hellkörnige *A. hypochondriacus*-Sorten, Plainsman und K 432, sowie die ebenfalls hellkörnige *A. cruentus*-Sorte MT 3 aus den USA. Die Amarantsorte Pastewny 2 ist aufgrund der schwarzen Kornfarbe nicht für die Körnerproduktion gefragt. Jedoch ist diese Amarantsorte - ebenso wie die Reismeldesorte Tango - mit Abstand früher reif als die anderen Sorten der verfügbaren Sortimente (s. auch Kap. 1.3.2). Die wenigen Sorten und die Gegenüberstellung einjähriger Daten von nur einem Standort können selbstverständlich nur als „Momentaufnahme" zur Variation der drei Arten durch ausgewählte Sorten gewertet werden.

Innerhalb der Arten differierten die Sorten um 10 - 20 Tage im Vegetationszeitbedarf von der Aussaat bis zur Reife. Dies sind zweifellos erhebliche Differenzen. Mit der Vegetationszeit zeigte sich die insgesamt produzierte Sproßtrockenmasse tendenziell enger als die mähgedroschene Kornfraktion korreliert. Zum Teil reichten die früherreifen Sorten über höhere Ernteindices im Kornertrag an die späterreifen Sorten heran. Jedoch wurden bei den früherreifen Sorten, der Buchweizensorte Hruszowska und der Reismeldesorte Tango und der Amarantsorte MT 3 höhere Kornverluste als bei den späterreifen Sorten festgestellt. Eine Entschärfung der Abreifeproblematik durch die Entwicklung frühreifer Sorten erscheint daher möglich, ohne von vorneherein auf realisierbares Kornertragspotential verzichten zu müssen. Bei der Reismelde, auch beim Amarant, wird dies mit den vorliegenden Sortenausschnitten deutlicher als beim Buchweizen.

Vermutlich wurde der Trend zu den hohen Kornverlusten früherreifer Sorten durch relativ zu späte Druschtermine mitverursacht. Soweit die Witterungsverhältnisse dies erlauben, ist die Optimierung des Druschtermins im Hinblick auf das Reifestadium eines Bestandes eine zentrale Maßnahme zur Minimierung von Verlusten. Auf die Möglichkeit, mit modernen, technisch adaptierten Mähdreschern bereits bei Kornfeuchten von 30% und darüber zu dreschen, wurde an anderer Stelle hingewiesen. Bei allen verfügbaren Sorten der drei Arten läßt der Kornsitz im reifen Zustand zu wünschen übrig. Züchterische Vorstellungen zur Verbesserung dieser agronomisch essentiellen Eigenschaft existieren (s. Kap. 1.3.2).

Schließlich erweitert der Einbezug einer breiteren genotypischen Variation der kritischen Gattung Amarant in eine zweijährige Leistungsprüfung die Information zum Eignungspotential dieser Gattung als Körnerfrucht. Als Kriterien gelten die gedroschenen Kornerträge und die Ernteindices. Die Arten *A. cruentus* und *A. hybridus* werden durch mehrere Sorten, die Art *A. caudatus* durch zwei, die Art *A. hypochondriacus* durch eine Sorte vertreten. Die Arten werden mit unterschiedlichen Sortenzahlen nur ausschnittweise und ungleichwertig repräsentiert. Auch zwei im Witterungsverlauf unterschiedliche Prüfjahre können die Genotyp x Umweltinteraktionen nur ansatzweise aufzeigen. Trotz dieser Einschränkungen skizzieren die Daten die artenspezifischen Grenzen und Möglichkeiten (Tab. 129).

Tab. 129: Kornerträge (Drusch, dt ha^{-1}) und Ernteindices von unterschiedlichen Amarantarten und -sorten in Abhängigkeit von den Versuchsjahren, Standort Ihinger Hof (KAUL et al. 1996)

Arten, Sorten[1]	Kornertrag (dt ha^{-1})		Ernteindex	
	1994	1995	1994	1995
A. hypochondriacus[2]				
K 432	28,1	20,1	23,9	23,1
A. cruentus				
K 266	20,4	6,2	30,7	21,0
MT 3	29,6	8,8	26,0	23,9
Nu World	24,8	9,5	26,9	21,8
A 10	23,4	9,1	29,1	18,9
Suvarna	18,6	8,8	21,0	13,0
Villarica	22,6	10,6	22,3	16,7
Puerto M.	24,4	8,4	22,7	13,0
Anden	25,5	9,0	21,8	16,0
A. caudatus[3]				
C 4	12,0	8,0	16,8	13,0
C 6	23,0	3,6	21,0	10,1
A. hybridus				
Pastewny 1	19,3	17,5	16,8	23,9
Pastewny 2	21,2	12,4	21,0	23,9
Turkiestan	14,2	14,2	23,9	21,0
Ural	18,2	10,9	16,8	23,1
GD 5%[4]	4,0		8,0	

[1] Herkunft der Sorten s. Tab. 33
[2] K 432 = Sorte, die aus der Einkreuzung eines *A. hybridus*-Genotyps in einen *A. hypochondriacus*-Genotyp entstanden ist
[3] *A. caudatus* = Chinesische Sorte
[4] GD 5% = Grenzdifferenz bei 5% Grenzwahrscheinlichkeit

Erkennbar wird, daß die Kornerträge der früherreifen *A. hybridus*-Sorten unter den ungünstigen, kühl-feuchten Witterungsbedingungen des Jahres 1995 gegenüber dem Vorjahr, das trocken-warme Perioden kennzeichneten, weniger stark abfielen als die der *A. cruentus*-Sorten. Die Ernteindices der *A. hybridus*-Sorten veränderten sich nicht, die der *A. cruentus*-Sorten fielen durchgängig um 20 - 40%. Die *A. hybridus*-Sorten sind zwar aufgrund der schwarzen Körner nicht gefragt, sie weisen aber, bedingt durch ihre Frühreife, agronomische Vorzüge auf, die zur Kornertragsstabilität beitragen. Die *A. cruentus*-Sorten sind photoperiodisch wenig empfindlich und damit an Langtagsbedingungen angepaßt. Dies alleine sichert aber offensichtlich noch nicht die Ertragsstabilität unter kühlen Aufwuchsbedingungen. Darüber hinaus erscheint die Nutzung der Art *A. hybridus* als Kreuzungspartner zur agronomischen Anpassung der gefragten hellkörnigen Amarantarten an kürzere und kühlere Vegetationszeiträume sehr sinnvoll. Ein Beispiel hierfür sind die Sorten Plainsman und K 432, die aus einer Kreuzung von *A. hypochondriacus*-Genotypen mit *A. hybridus*-Genotypen entstanden sind.

3.1.4 Qualität von Ausgangsbeständen

Viele Mängel, die in einem Bestand im Laufe seiner Entwicklung an Bedeutung gewinnen, gehen auf die Qualität des Ausgangsbestandes zurück. Mit Mängeln sind Bestandeseigenschaften gemeint, die die Realisierung des nutzbaren Kornertragspotentials, resultierend aus der Art, der Sorte und den Aufwuchsbedingungen in Frage stellen. Im Einzelnen wurden diese Eigenschaften zurückliegend dargestellt und abgeleitet. Die nachfolgende Tabelle faßt wesentliche Punkte und mögliche Gegenmaßnahmen im Überblick zusammen (Tab. 130).

Zweifellos sind mit minderwertigem Saatgut von vorneherein keine einwandfreien Ausgangsbestände etablierbar. Das Gleiche gilt hinsichtlich eines ungeeigneten Saatbettzustandes in Abhängigkeit von den Bodeneigenschaften. Eine präzise Einzelkornablage, bei der die abgelegten Samen sowohl in der Tiefe als auch in den Abständen in der Reihe weniger variieren, ist nur mit hochkeimfähigem Saatgut sinnvoll. Saatgut mit geringer Keimfähigkeit und/oder Triebkraft ist auch dann nur mit Einschränkungen zu verwenden, wenn die Saatgutmenge m^{-2} auf die gewünschte Anzahl keimfähiger Körner m^{-2} korrigiert wird. Begründung: ebenso wie ein niedriger Feldaufgang, beeinträchtigt eine geringe Keimfähigkeit die Pflanzenverteilung. Mit der Berücksichtigung größerer Keimfähigkeits- oder erwarteter Feldaufgangsdefizite in der Anzahl ausgesäter, keimfähiger Körner m^{-2} sind die Auswirkungen auf die Pflanzenzahl m^{-2} weitgehend kompensierbar, nur begrenzt können die Effekte auf die Pflanzenverteilung korrigiert werden.

Gleichermaßen wichtig ist die Keimwasserversorgung. Zwar benötigen die kleinen Reismelde- und die noch kleineren Amarantkörner nur eine geringe Wassermenge Korn^{-1}. Problematisch ist jedoch der Kontakt zwischen den Samen und feuchteren Bodenpartikeln, der dann entscheidend ist, wenn nach der Saat keine Niederschläge fallen und der Bodenwassergehalt knapp ist. Zur Steigerung des Kontaktes ganzflächig zu walzen, ist auf schluffreichen Böden, die zum Verschlämmen neigen, riskant.

Auch andere Bestandesmängel, die teilweise erst später voll zum Tragen kommen, gehen auf den Zeitraum vor und bei der Bestandesetablierung oder auf frühe

Entwicklungsabschnitte zurück. Die Auswirkungen von Bodenverdichtungen und Unkrautkonkurrenz sind Beispiele. Die angeführten Gegenmaßnahmen zur Begrenzung von Bestandesschäden können die produktionstechnischen Kontrollmöglichkeiten nur auszugsweise ansprechen. Wesentlich sind die aktuellen Bedingungen vor Ort, auf die die Maßnahmen ausgerichtet und abgestimmt werden müssen.

Tab. 130: Mögliche Ursachen unzureichender Qualität der Ausgangsbestände von Buchweizen, Reismelde und Amarant

Ursachen	Artspezifische Bedeutung	Gegenmaßnahmen
Geringe Saatgutqualität: beeinträchtigte Keimfähigkeit, unzureichende Triebkraft und Reinheit	Buchweizen, Reismelde, Amarant	• Sorgfältige Reinigung, Belüftung, Trocknung und Lagerung von mähgedroschenem Korngut. • Vorsichtige Saatgutbeizung
Starke Variation der Ablagetiefe und des Ablageabstandes in der Reihe - problematische Saatbettqualität, ungeeignete Saattechnik	Buchweizen < Reismelde < Amarant	• Sorgfältige Saatbettbereitung unter Berücksichtigung der Bodenqualität und der artspezifischen Ablagetiefe. • Präzise Einzelkornablage mit angepaßter Sätechnik.
Unsichere Keimwasserversorgung durch unzureichenden Kontakt Samen-Boden	Buchweizen < Reismelde < Amarant	• Einsatz geeigneter Druckrollen bei der Saatgutablage. • Verdunstungshemmende Mulchauflage - Mulchsaat.
Trockenheit, absoluter Keimwassermangel	Amarant < Reismelde < Buchweizen	• Verschiebung der Aussaat. • Evtl. Beregnung.
Oberflächenverschlämmung und -verkrustung vor und während des Aufgangs	Buchweizen < Reismelde < Amarant	• Reduzierte Bearbeitung schluffreicher Böden vor der Saat, kein Walzenstrich nach der Saat. • Auflage von Pflanzenmulch. • Mulchsaat mit angepaßter Saattechnik.
Fahrspuren und andere Bodenverdichtungen	Reismelde, Amarant < Buchweizen	• Beseitigung von Bodenverdichtungen durch tieflockernde Primärbearbeitung. • Befahren und Bearbeiten der Flächen nur in abgetrocknetem Zustand.

3.1.5 Zusammenfassung

Bei der Etablierung von Ausgangsbeständen mit definierten Pflanzenzahlen m^{-2} und gleichmäßigen Standräumen Pflanze^{-1} als Basis für einen lückenlosen Bestandesschluß, sowie für die Produktion und die Erntbarkeit hoher Kornerträge ha^{-1}, sind die besonderen Eigenschaften der Arten zu berücksichtigen. Die Kleinkörnigkeit und der Vegetationszeitbedarf der Reismelde und des Amarants berühren ebenso wie der Wärmeanspruch und die Kälteempfindlichkeit von Buchweizen und Amarant, die Etablierung leistungsfähiger Bestände entscheidend. Ein ausreichend hoher Feldaufgang, der beim Buchweizen normalerweise kein Problem darstellt, ist bei der Reismelde und zuvorderst beim Amarant nur erreichbar, wenn - von den Bodeneigenschaften ausgehend - die Saatbettbereitung, der Saattermin, die Saattechnik und die Saatdichte sorgfältig aufeinander abgestimmt werden. Trotz der Kleinkörnigkeit darf auf unbedeckten, zur Verschlämmung neigenden Böden kein zu feines Saatbett bereitet werden. Um Beeinträchtigungen der Keimung und des Feldaufgangs zu minimieren, verlangt die Reismelde Bodentemperaturen um 10 °C, der Amarant um 15 °C. Günstige Keimbedingungen vorausgesetzt, erreichen Buchweizenbestände in 100 Tagen, Reismelde- und Amarantbestände in 120 - 130 Tagen die Druschreife. Auf der Basis der derzeit verfügbaren Sorten führen geringe Saatdichten mit 20 - 50 keimfähigen Körnern m^{-2} häufig zu agronomisch fragwürdigen Bestandesstrukturen. Angehobene Saatdichten unterstützen bei der Reismelde und beim Amarant den Feldaufgang und vergleichmäßigen - den Buchweizen eingeschlossen - die Abreife. Neben der Kornqualität sind die Frühreife, der stabile Kornsitz und hohe Ernteindices zentrale Eigenschaften anbauwürdiger Sorten. Eine zielgerichtete Sortenentwicklung könnte die Leistungsfähigkeit der Pseudogetreidearten entscheidend anheben. Über die Nutzung der Variabilität in und zwischen den Amarantarten sollte auch diese Körnerfruchtart besser an kühlere Standorte angepaßt werden.

3.1.6 Literatur

Zitierte Literatur

AUFHAMMER, W., CZUCZOROVA, D., KAUL, H.-P. and M. KRUSE (1998): Germination of grain amaranth (*Amaranthus hypochondriacus* x *A. hybridus*): effects of seed quality, temperature, light and pesticides. Eur. J. Agron. 8, 127-135.

AUFHAMMER, W., KAUL, H.-P., KRUSE, M., LEE, J.H. and D. SCHWESIG (1994a): Effects of sowing depth and soil conditions on seedling emergence of amarant and quinoa. Eur. J. Agron. 3, 205-210.

AUFHAMMER, W., LEE, J.H., KÜBLER, E., KUHN, M. und S. WAGNER (1995): Anbau und Nutzung der Pseudocerealien Buchweizen (*Fagopyrum esculentum* Moench), Reismelde (*Chenopodium quinoa* Willd.) und Amarant (*Amaranthus* ssp. L.) als Körnerfruchtarten. Die Bodenkultur 46, 125-140.

AUFHAMMER, W., ESSWEIN, H. und E. KÜBLER (1994b): Zur Entwicklung und Nutzbarkeit des Kornertragspotentials von Buchweizen (*Fagopyrum esculentum*). Die Bodenkultur 45, 37-47.

HONERMEIER, B. (1994): Buchweizen - Empfehlungen zum Anbau. Lehr- und Versuchsanstalt für Integrierten Pflanzenbau e.V. Güterfelde und Deutscher Buchweizenverein Cottbus e.V.

HONERMEIER, B. (1999): Mehrortige Buchweizensortenversuche in Brandenburg 1993, Schriftliche Mitteilung.

JACOBSEN, S.E., JØRGENSEN, J. and O. STØLEN (1994): Cultivation of quinoa (*Chenopodium quinoa*) under temperate climatic conditions in Denmark. J. Agric. Sci. (Camb.) 122, 47-52.

JACOBSEN, S.E., JØRNSGARD, B., CHRISTIANSEN, J.L. and O. STØLEN (1999): Effect of harvest time, drying technique, temperature and light on the germination of quinoa (*Chenopodium quinoa*). Seed Sci. & Technol. 27, 937-944.

KAUL, H.-P., AUFHAMMER, W., LAIBLE, B., NALBORCZYK, E., PIROG, S. and K. WASIAK (1996): The suitability of amaranth genotypes for grain and fodder use in Central Europe. Die Bodenkultur 47, 173-181.

KRUSE, M. (1996): Vergleichende Untersuchungen zur Licht- und Stickstoffnutzung von Amarant-, Reismelde- und Buchweizenbeständen. Dissertation, Universität Hohenheim, Cuvillier-Verlag Göttingen.

LEE, J.H. (1995): Ertrag und Kornqualität der Pseudogetreidearten Buchweizen (*Fagopyrum esculentum* Moench), Reismelde (*Chenopodium quinoa* Willd.) und Amarant (*Amaranthus hypochondriacus* L. x *A. hybridus* L.) im Vergleich zur Getreideart Hafer (*Avena sativa* L.) in Abhängigkeit vom Anbauverfahren. Dissertation, Universität Hohenheim.

RISI, J. and N.W. GALWEY (1991): Genotype x environment interaction in the Andean grain crop quinoa (*Chenopodium quinoa*) in temperate environments. Plant Breeding 107, 141-147.

RITTER, E. (1986): Anbau und Verwendungsmöglichkeiten von *Chenopodium quinoa* Willd. in Deutschland. Dissertation, Universität Bonn.

SOOBY, J., MYERS, R., BALTENSPERGER, D., BRENNER, D., WILSON, R. and CH. BLOCK (1998): Field preparation and planting. In: Amaranth - Production Manual for the Central United States. University of Nebraska Cooperative Extension EC 98, 6-9.

WEBER, E. (1987): Amaranth - Grain production guide. Rodale Research Center, Kutztown PA-USA and American Amaranth Institut, Bricelyn MN-USA.

Weiterführende Literatur

AUFHAMMER, W. (1999): Mischanbau von Getreide- und anderen Körnerfruchtarten. Verlag E. Ulmer, Stuttgart.

BANIYA, B.K., DONGOL, D.M.S., UPADHYAY, S.R. and N.R. DHUNGEL (1998): Traditional methods of buckwheat cultivation in Nepal. In: CAMPBELL, C. and R. PRZYBYLSKI (eds.): Adv. in Buckwheat Res., Winnipeg, Manitoba-Canada, I-20-25.

HONERMEIER, B., WEBERS, V. und R. SCHNEEWEIß (1997): Zur Verarbeitungsqualität des Buchweizens (*Fagopyrum esculentum* Moench.). - 1. Mitteilung: Ergebnisse aus deutschem Praxisanbau. Getreide, Mehl und Brot 51, 278-281.

JOHNSON, D.L. and S.M. WARD (1991): Quinoa. In: JANICK, J. and J.E. SIMON (eds.): New Crops, 222-227. J. Wiley and Sons, Inc., New York, Chichester, Brisbane, Toronto, Singapore.

JOSHI, B.D. and R.S. RANA (1992): Genetic resources of buckwheat in India. In: IBPGR (ed.): Buckwheat genetic resources in East Asia, 55-73. Intern. Crop Network Ser. 6.

MLAKAR, S.G. and F. BAVEC (1999): Environmental impact on emergence of seedlings of amaranth. In: HUSKA, J. (ed.): Proc. 4th Europ. Symp. of Amaranth, Nitra 1999, 32-34.

MARTYNENKO, G.E. (1998): Determinamt buckwheat forms. In: CAMPBELL, C. and R. PRZYBYLSKI (eds.): Adv. in Buckwheat Res., Winnipeg, Manitoba-Canada, I-193-201.

WAHLI, C. (1990): Quinua - hacia su cultivo comercial. In: LATINRECO S.A. (ed.): Imprenta Mariscal, Quito-Ecuador. ISBN: 9978-9901-3-5.

3.2 Behandlung von Beständen

Die Behandlung von Beständen ist im weitesten Sinne darauf ausgerichtet, unzureichend verfügbare Wachstumsfaktoren zu ergänzen sowie die Effekte von Streß- und Schadfaktoren zu minimieren. Nährstoff-, Wasser- und Luftdefizite im Boden sind mit Einschränkungen produktionstechnisch reduzierbar. Abiotischen Streßeffekten durch Kälte, Hitze und Wind muß bereits bei der Etablierung der Bestände Rechnung getragen werden. Gegen biotische Streß- und Schadeffekte, die Konkurrenz unerwünschter Pflanzenarten, die Ausbreitung pilzlicher und tierischer Schaderreger, ist teils vor der Bestandesetablierung vorbeugend, teils während der Bestandesentwicklung kontrollierend und bekämpfend vorzugehen.

Die Behandlung von Beständen ist an technische Voraussetzungen gebunden. Darüber hinaus wirken Behandlungen, d.h. Bodenbearbeitungs-, Düngungs- und Pflanzenschutzmaßnahmen auf Bestände nur dann effizient, wenn eine Pflanze wie die andere auf eine Maßnahme zielkonform reagiert. Ob Arten und Sorten, die in erheblichem Maße Wildpflanzencharakter besitzen, für alle Maßnahmen ein geeignetes Reaktionspotential darstellen, darf in Frage gestellt werden.

3.2.1 Nährstoffaufnahme und Düngung

Nährstoffakkumulation
Die Nährstoffmengen, die ein Bestand im Verlauf seiner Entwicklung aufnimmt und in der Trockenmasse akkumuliert, resultieren nur zum Teil aus dem artspezifischen Nährstoffaneignungspotential. Beteiligt ist das Nährstoffangebot in pflanzenaufnehmbarer Form und ebenso das Angebot an anderen Wachstumsfaktoren. Trotz der Interaktionen zwischen diesen Komplexen zeichnen sich artenspezifische Relationen im Nährstoffbedarf, der Nährstoffaufnahme und der Nährstoffverteilung ab. Hierfür stellen die nachfolgend auf der Basis realistischer Trockenmasseerträge kalkulierten Größenordnungen Beispiele dar (Tab. 133). Das Nährstoffgehaltsniveau kann ebenso wie das Ertragsniveau einer ganz erheblichen Variation unterliegen. Im Prinzip wurde hierauf schon bei der Darstellung der Mineralstoffgehalte der Korn- und der Blattfraktion hingewiesen.

Tab. 131: **Stickstoffgehalt (%, Sproßtrockenmasse = 100) verschiedener Ernterest-Fraktionen von Reismelde und Amarant im Jahr 1997, Standort Ihinger Hof (Mittelwerte über je 4 Sorten)**

Art	N-Gehalt (%) Stengel- und Restblattmasse	N-Gehalt (%) Fruchtstandsachsen	N-Gehalt (%) Abgeriebene Fruchtschale
Reismelde	0,57	1,88	3,89
Amarant	0,77	2,23	–

Die in der Tabelle 133 herangezogenen Trockenmasseerträge basieren auf der Sproßmasse und schließen den Bestandesabfall sowie die Kornverluste im Entwicklungs- und Abreifeverlauf ein. Zu den Wurzelmassen fehlen konkrete Daten. Wollte man die Wurzelmassen einbeziehen, müßten die angegebenen Gesamttrockenmassen vermutlich artenverschieden um 15 - 30 dt ha^{-1} angehoben werden. Mit dieser Einschränkung produziert ein Buchweizenbestand auf einem südwestdeutschen Standort im Mittel um 68, ein Reismeldebestand um 103 und ein Amarantbestand um 132 dt Trockenmasse ha^{-1}. Die Massen und die Relationen zwischen den Kornmasse- und den vegetativen Massefraktionen erklären teilweise die Differenzen zwischen den Arten hinsichtlich der aufgenommenen Nährstoffmengen. Während das Korn:Stroh-Verhältnis beim Buchweizen- und beim Reismeldebestand über 1:2 hinausgeht, überschreitet der Amarantbestand sogar das Verhältnis von 1:3 (Tab. 133). Die Bestände der Pseudogetreidearten zeigen damit ein wesentlich weiteres, für den Nährstoffbedarf relevantes Korn:Stroh-Verhältnis als leistungsfähige Sorten der Getreidearten. Das Korn:Stroh-Verhältnis intensiv angebauter Weizenbestände liegt heute bei nahezu 1:1.

Generell unterscheiden sich die Nährstoffkonzentrationen der abgereiften „Stroh"-Fraktionen erheblich. Aus den sukzessive absterbenden, vegetativen Pflanzenteilen werden die remobilisierbaren Stickstoffverbindungen exportiert und in die generativen Speicherorgane verlagert. Andere Nährstoffe, wie das Kalium und das Kalzium verbleiben in großen Anteilen in den vegetativen Fraktionen, dem Stengel, den Blättern und in den Fruchtstandsachsen. Die Fraktionen differieren in ihren Anteilen an der vegetativen Sproßmasse, aber ebenso in ihren Stickstoffkonzentrationen, erheblich. Die Stickstoffkonzentrationen bestimmen das C:N-Verhältnis und damit die Mineralisierbarkeit der Trockenmassen, soweit sie auf dem Feld zurückbleiben, entscheidend.

Tab. 132: Der Stickstoffgehalt (%, Sproßtrockenmasse = 100) des Kornertrags und verschiedener Ernterest-Fraktionen von Amarant in Abhängigkeit von der Bestandesdichte im Jahr 1997, Standort Ihinger Hof (Mittelwerte über 4 Sorten)

Bestandesdichte (Pflanzen m^{-2})	N-Gehalt (%) Kornmasse	N-Gehalt (%) Stengel- und Restblattmasse	N-Gehalt (%) Fruchtstandsachsen
20	2,71	0,96	2,63
40	2,57	0,74	2,12
60	2,44	0,60	1,95
GD 5%[1]	0,12	0,20	0,29

[1] GD 5% = Grenzdifferenz bei 5% Grenzwahrscheinlichkeit

Ausgewählte Beispiele vermitteln zunächst einen Eindruck zu den Differenzen verschiedener Trockenmassefraktionen im Stickstoffgehalt (Tab. 131, 132). Der Kornabrieb, der beim Polieren von saponinreichem Reismeldekorngut anfällt, stellt eine spezielle Restfraktion dar. Das Material kann als Rohstoff für die Saponingewinnung verwendet, oder als Restmasse auf das Feld zurückgeführt werden. Mit fast 4% besitzt diese Fraktion einen sehr hohen Stickstoffgehalt (Tab. 131). Normalerweise liegt der Rohprotein-, nicht der Stickstoffgehalt, von Samenschalen in dieser Größenordnung. Vermutlich enthält der Abrieb daher hier nicht nur die Schalenschicht, sondern auch Anteile des Endospermgewebes, oder sogar des Keimlings. Damit werden die Auswirkungen einer scharfen Polierbehandlung sichtbar.

Tab. 133: Sproßtrockenmasseerträge (dt ha^{-1}) und Nährstoffaufnahme (kg ha^{-1}) von Buchweizen, Reismelde und Amarant (Größenordnungen)

Merkmale Nährstoffe	Buchweizen		Reismelde		Amarant	
	Korn	Stroh[1)]	Korn	Stroh	Korn	Stroh
Trockenmassen[2)] (dt ha^{-1})	20,3	47,3	31,9	70,3	30,0	101,8
Korn:Stroh-Verhältnis	1 :	2,3	1 :	2,2	1 :	3,4
Nährstoffgehalt[3)] (%)						
Stickstoff	2,72	1,20	2,24	1,00	2,72	1,20
Phosphor	0,33	0,61	0,41	0,20	0,58	0,48
Kalium	0,52	2,80	0,78	2,50	0,66	4,50
Kalzium	0,03	1,10	0,07	0,75	0,18	1,10
Nährstoffaufnahme[4)] (kg ha^{-1})						
Stickstoff	55,2	56,7	71,5	70,8	81,6	122,2
Phosphor	6,7	28,8	13,1	14,2	17,4	48,9
Kalium	10,6	132,4	24,9	177,0	19,8	458,1
Kalzium	0,6	52,0	2,2	53,1	5,4	112,0
Sproßtrockenmassen (dt ha^{-1}) und Nährstoffaufnahme in die Sproßtrockenmasse (kg ha^{-1})	67,6		102,7		131,8	
Stickstoff	111,9		142,3		203,8	
Phosphor	35,5		27,3		66,3	
Kalium	143,0		201,9		477,9	
Kalzium	52,6		55,3		117,4	

[1)] Stroh = vegetative Sproßtrockenmasse
[2)] Sproßtrockenmasseerträge = Mittelwerte über 4-jährige Versuchsergebnisse (1992 - 1995) auf dem Standort Ihinger Hof
[3)] Mittelwerte aus zahlreichen Analysen, Nährstoffgehalte im Korn aus Tab. 60
[4)] Nährstoffaufnahme in die o.g. Korn- bzw. Strohtrockenmassen

Die Anteile der Fruchtstandsachsen an der Sproßmasse sind zwar gering, der Stickstoffgehalt ist jedoch rund dreimal so hoch wie der in der Stengel- einschließlich der

Restblattmasse. Die Stickstoffkonzentrationen der abgestorbenen, teils abgeworfenen Blattmassen übertreffen zumeist die Stickstoffkonzentrationen der blattlosen Nodien- und Internodienfraktion. Die Konkurrenz um Stickstoffverbindungen und die Rückverteilung innerhalb der Pflanze werden überlagert von der Konkurrenz zwischen den Pflanzen eines Bestandes. Beim Amarant trat dieser Effekt beispielhaft hervor. Mit zunehmender Pflanzenzahl m^{-2} fielen die Stickstoffkonzentrationen der vegetativen Fraktionen ebenso wie die der Kornfraktionen (Tab. 132). Die Stickstoffanteile resultieren aus dem aufnehmbaren Stickstoffangebot m^{-2} und der Verteilung des aufgenommenen Stickstoffs auf dichtebedingt zunehmende Trockenmassen m^{-2}.

Ausgehend von den in der Tabelle 133 zugrundegelegten Sproßmassen und mittleren Nährstoffkonzentrationen als Kalkulationsbasis akkumulieren die Bestände bis zur Reife zwischen 110 und 200 kg N ha^{-1} sowie zwischen 35 und 65 kg P und bis zu 117 kg Ca ha^{-1}. Auffällig sind die hohen Kaliummengen, die sich zwischen 140 und 480 kg ha^{-1} bewegen. Nahezu durchgängig verbleibt der größere Teil der aufgenommenen Nährstoffe in den Ernteresten. Bei den Amarantbeständen gilt dies auch für den Stickstoff. Die Verteilungsmuster und die Konzentrationen sind teilweise als Auswirkungen des Wildpflanzencharakters bzw. der begrenzten Anpassung an die Nutzung der Kornfraktion zu erklären. Die Akkumulation solcher Nährstoffmengen setzt einen entsprechenden Versorgungszustand des Bodens voraus. Andererseits geben die kalkulierten Größenordnungen einen Hinweis auf die Nährstoffmengen und die Mengenrelationen, die die Bestände zur Bildung der zugrundegelegten Trockenmassen benötigen. Ein gewisser Luxuskonsum, insbesondere an Kalium ist nicht auszuschließen. Dies ungeachtet ist davon auszugehen, daß ein geringeres Nährstoffangebot unter sonst gleichen Bedingungen entweder geringere Trockenmassenerträge ha^{-1} und/oder geringere Mineralstoffkonzentrationen in den Trockenmassen zur Folge hat.

Nährstoffaufnahmeverlauf
Bereits die in der Sproßtrockenmasse akkumulierten Nährstoffmengen weisen auf Unterschiede zwischen den Arten im Aneignungsvermögen hin (Tab. 136). Der

Tab. 134: Ursachen des Phosphor-Aneignungsvermögens von Buchweizen (AMANN and AMBERGER 1989)

- Differenzierung eines Wurzelsystems von beachtlicher Länge mit großer Wurzeloberfläche in Relation zum Wurzelgewicht.
- Entwicklung einer hohen Phosphor-Speicherkapazität in der Wurzel.
- Freisetzung von Eisenphosphat lösenden Substanzen bei Phosphormangel.
- Regulierung der Relation zwischen der Phosphoraufnahme und der Wurzelmassenzunahme, insbesondere bei geringem Phosphorangebot.
- Die Entwicklung einer hohen Phosphataseaktivität in der Rhizosphäre und die Fähigkeit, Phosphor aus organischen Substanzen zu nutzen.

Buchweizen ist offensichtlich in der Lage, Phosphorquellen intensiv zu nutzen Darüber hinaus ist bekannt, daß der Buchweizen, aber auch der Amarant, befähigt sind, in überdurchschnittlichem Ausmaß Schwermetalle aufzunehmen (s. Kap. 2.2.5). Die Reismelde und der Amarant nehmen Kalium in relativ großen Mengen auf. Wie die Überprüfung verschiedener Amarantarten und -sorten zeigte, ist das Kalium-Aufnahmevermögen eng mit den Wurzelexudatmengen korreliert. Große Anteile der Wurzelexudate sind Oxalsäuren.

Das Phosphoraufnahmevermögen von Buchweizen geht auf mehrere Eigenschaften des Wurzelsystems zurück (Tab. 134). Zum einen ist eine intensive Verzweigung, die zu einer großen Oberfläche je Gewichtseinheit Wurzelmasse und damit zu einem ausgeprägten Bodenkontakt führt, beteiligt. Zum anderen entwickelt die Wurzel mit Hilfe ihrer Exudate in der Rhizosphäre spezielle Strategien der Phosphorlösung und der Phosphoraufnahme. In der Konsequenz ist der Buchweizen dem Weizen in der Phosphor-Aufnahmeeffizienz überlegen. Der größte Teil des aufgenommenen Phosphors bleibt aber in der vegetativen Sproßmasse, nur ein kleiner Teil wird in die Kornfraktion verlagert. In der Phosphor-Translokationseffizienz ist der Buchweizen dem Weizen, der über 70% des aufgenommenen Phosphors in der Kornfraktion speichert, eindeutig unterlegen. In der Stickstoffaufnahmeeffizienz zeichnete sich in den vor-

Tab. 135: Stickstoff- und Phosphoraufnahmeeffizienz (%, gedüngte Nährstoffmenge ha^{-1} = 100) und Verteilung der aufgenommenen Phosphormenge (%, Phosphormenge in der Stroh- + Kornmasse = 100) von Buchweizen im Vergleich zu Weizen (GOOS et al. 1998, verändert)

N-Gaben (kg N ha^{-1})	N-Aufnahmeeffizienz (%)	
	Buchweizen	Weizen
0	–[1]	–
45	30	52
90	36	47
P-Gaben (kg P ha^{-1})	P-Aufnahmeeffizienz (%)	
	Buchweizen	Weizen
0	–	–
10	17	4
20	16	6
P-Verteilung (%)	Buchweizen	Weizen
Spross	100	100
Korn	28	72
Stroh	72	28

[1] Keine Angabe

liegenden Untersuchungen die Überlegenheit des Weizenbestandes gegenüber dem Buchweizenbestand ab (Tab. 135).

Weitere Untersuchungen zur Verlagerung von Nährstoffen im Kornausbildungsverlauf der Buchweizenpflanze deuten darauf hin, daß der Translokationsumfang mit dem Wachstums- und Verzweigungsverhalten der Pflanze zusammenhängt. Während aus den vegetativen Sproßteilen des Gewöhnlichen Buchweizens um 20% der zu Beginn der Kornausbildung enthaltenen Stickstoff- und Phosphormengen bis zur Reife in die Körner transloziert wurden, konnten bei den wilden Arten *F. ancestralis* und *F. homotropicum* keine Verlagerungshinweise gefunden werden. Gleichermaßen zeichnete sich bei neueren Sorten des Gewöhnlichen Buchweizens mit reduziertem Verzweigungspotential oder mit determiniertem Wuchs, verglichen mit einer Sorte herkömmlichen Wuchstyps und ausgeprägter Verzweigung, die Translokation größerer Nährstoffanteile ab (Tab. 136).

Auf dem Weg von der Wild- zur angepaßten Kulturpflanze wirkt sich die Veränderung der Sink-Aktivitäten innerhalb einer Buchweizenpflanze zugunsten generativer Speicherorgane auch auf die Nährstoffverteilungsprozesse aus. Steigende Sinkeffekte relativ größerer Kornfraktionen und zurückgehende Sinkeigenschaften vegetativer Organe ermöglichen die Nutzung größerer Anteile aufgenommener Nährstoffe mit der Kornfraktion. Das Nährstoffverteilungsprinzip des herkömmlichen Buchweizenwuchstyps könnte in ähnlicher Weise auch für die Reismelde und den Amarant zutreffen. Beide Arten weisen ein gleichermaßen weites Korn:Stroh-Verhältnis auf wie der Buchweizen (Tab. 133).

Tab. 136: Translokation von Nährstoffanteilen (%, in der vegetativen Sproßmasse enthaltene Nährstoffmenge = 100) aus vegetativen Sproßteilen in die Kornfraktion verschiedener Buchweizensorten (LAKHANOV and LENKOVA 1998, verändert)

Buchweizensorten (Wuchstyp)	Nährstofftranslokation (%)		
	N	P	K
Bogatyr (herkömmlicher Wuchstyp)	11,8	3,3	0
Ballada (begrenztes Verzweigungspotential)	23,3	17,5	5,6
Dozdik (determinierter Wuchstyp)	25,9	26,6	0
D-15 (determinierter Halbzwergtyp)	20,3	36,9	0,8

Der Stickstoff besitzt im Verlauf der Entwicklungs- und der Wachstumsprozesse zentrale Funktionen. Die Stickstoffaufnahme und im Verbund die Aufnahme anderer Nährstoffe hängen eng mit der Bodendurchwurzelung zusammen. Der Beginn der Wurzelentwicklung ist an Bodentemperaturen, die den artspezifischen Keimtemperaturen entsprechen, gebunden. Über den Saattermin wird versucht, die notwendigen Bodentemperaturen sicher zu stellen. Anfänglich basiert das Wachstum erster Wurzeln und Blätter auf der Größe des Keimlings und auf den remobilisierbaren Stoffreserven im Speichergewebe. Sukzessive sind die ersten Assimilationsflächen beteiligt. Sowohl die photosynthetische Aktivität der Assimilationsflächen als auch die physiologische Aktivität der Wurzel werden vom umgebenden Temperaturniveau mitbestimmt. Auf den Bestand bzw. die Bodenflächeneinheit bezogen kommt in frühen Abschnitten bis zum Bestandesschluß auch der Pflanzenzahl m^{-2} eine relevante Bedeutung für die Geschwindigkeit und die Intensität der Bodendurchwurzelung zu.

Tab. 137: Der Stickstoffaufnahmeverlauf in die Sproß- und die Wurzelmasse sowie der N_{min}-Gehalt im Boden (0 - 90 cm) von im Frühjahr gesäten Buchweizen-, Reismelde- und Amarantbeständen (Mittelwerte über 2 Jahre und 2 Sorten Art^{-1}, keine Stickstoffdüngung), Standort Ihinger Hof (KRUSE 1996a)

Entwicklungsverlauf	N-Aufnahme (kg N ha^{-1}), N_{min}-Gehalt/Boden (kg N ha^{-1}), Tage nach der Aussaat[1]								
	Buchweizen			Reismelde			Amarant		
Entwicklungsstadien bzw. -abschnitte	N-Aufnahme	N_{min}/ Boden	Tage nach Saat	N-Aufnahme	N_{min}/ Boden	Tage nach Saat	N-Aufnahme	N_{min}/ Boden	Tage nach Saat
4-6-Blattstadium	4,8	58,5	62	0,6	57,4	62	0,6	90,3	89
Schieben der Infloreszenz	27,8	47,2	79	53,8	35,9	96	68,7	32,7	114
Kornansatz, -ausbildung	69,0	30,4	103	104,6	25,9	131	144,0	13,2	142
Reifeverlauf	70,1	24,9	126	123,2	20,9	155	173,8	17,4	169
Vollreife, Ernte	78,5	20,4	149	125,1	33,9	197	171,3	16,7	196[2]

[1] Saattermine: Buchweizen, Reismelde: dritte Aprildekade, Amarant: zweite Maidekade
[2] Amarant: Drusch mit ca. 30% Kornfeuchte, keine vollständige Abreife

In der Tabelle 137 wird der Entwicklungs- und der Stickstoffaufnahmeverlauf von Buchweizen, Reismelde und Amarant verglichen. Hierbei wurde der Wurzelmasseanteil, der durch einfache Auswaschung bestimmbar ist, einbezogen. Die Amarantbestände benötigten, obwohl später gesät, nahezu 30 Tage länger als die Buchweizen- und die Reismeldebestände, um 4 - 6 Laubblätter und ein entsprechendes Wurzelsystem auszubilden. Bis zu diesem Zeitpunkt blieb die Stickstoffaufnahme der Amarantbestände minimal. Die Mineralisationsprozesse im Boden akkumulierten bis dahin 90 kg NO_3-N ha^{-1}. Das Knospenstadium erreichte der Buchweizen rund 80 Tage nach der

Aussaat, der Bestand nahm in diesem Zeitraum nur knapp 30 kg N ha^{-1} auf. Um ein annähernd vergleichbares Entwicklungsstadium zu erreichen, benötigten der Reismeldebestand 96 Tage, der Amarantbestand 114 Tage. In diesen Zeiträumen wurden von der Reismelde 54 kg, vom Amarant knapp 70 kg N ha^{-1} aufgenommen (Tab. 137).

Mit fortschreitender Entwicklung eignete sich der Amarantbestand, verbunden mit zunehmend überlegener Trockenmasseproduktion mehr Stickstoff an als der Buchweizen- und der Reismeldebestand. Die überlegene Stickstoffaufnahme des Amarantbestandes spiegelt sich im zurückgehenden Boden-N$_{min}$-Gehalt wider. Der Buchweizen nahm im Verlauf von etwa 125 Tagen zwischen 70 und 80 kg N ha^{-1} auf. Der Reismeldebestand akkumulierte in 155 Tagen rund 125, der Amarantbestand in 170 Tagen rund 175 kg N ha^{-1}. Zwar sind die Arten nur mit Einschränkungen vergleichbar, der Zusammenhang zwischen der Stickstoffaufnahme und dem Entwicklungs-, Bestandesbildungs- und Trockenmasseproduktionsverlauf der Bestände wird jedoch deutlich.

Die Stickstoffaufnahme, gleichermaßen die Aufnahme anderer Makro- und Mikronährstoffe sind für die Etablierung funktionstüchtiger Trockenmasseproduktionssysteme eine essentielle Voraussetzung. Mit den Wachstums- und Entwicklungsprozessen werden agronomische Eigenschaften wie die Standfestigkeit und die Abreifedauer beeinflußt. Darüber hinaus ist Nitratstickstoff im Boden ein verlagerbarer Nährstoff und damit ein ökonomisch und ökologisch kritischer Faktor.

Verglichen mit der Reismelde können Buchweizen- und Amarantbestände aufgrund von Kälteempfindlichkeit und Wärmebedarf erst spät im Frühjahr ausgesät werden. Der vorausgehend im Boden akkumulierte Nitrat-N ist auswaschungsgefährdet. In abnehmendem Maße gilt dies auch in der Zeitspanne zwischen der Aussaat und dem Bestandesschluß. Zwischen dem Saattermin und dem Bestandesschluß liegt beim Amarant eine größere Zeitspanne als beim Buchweizen. Dies weitet die Gefahr von Stickstoffverlusten bei Niederschlagsereignissen, aus. Bei allen drei Arten, insbesondere bei hochwüchsigen Sorten, bedeutet eine hohe Stickstoffaufnahme während der Internodienstreckung spätere Lagergefahr. Stickstoff verlängert die Entwicklungsabschnitte und fördert die Verzweigung. Spät wirksamer Stickstoff verzögert die arten- und sortenspezifisch sowieso kritische Abreife. Die Höhe und die Verteilung des Stickstoffangebots haben daher eine zentrale Bedeutung für das Produktionsziel.

Düngung

Im extensiven Anbau werden Buchweizen-, Reismelde- und Amarantbestände häufig nicht, bzw. nur über den Verbleib oder die Zufuhr organischer Reststoffe gedüngt. Hier begrenzt zumeist der Stickstoff die Trockenmasseproduktion und den Kornertrag. Mit steigendem Stickstoffangebot wird auch das Angebot an anderen Makro- und Mikronährstoffen ertragsbestimmend. Abhängig vom Phosphor- und Kaliumversorgungszustand der Böden treten Reaktionen auf eine ansteigende Phosphor- und Kaliumzufuhr auf, wenn hohe Stickstoffdüngergaben das Massenwachstum anregen. Arten wie die Reismelde und der Amarant, die wesentlich größere Trockenmassen zu produzieren in der Lage sind und hierzu erheblich höhere Nährstoffmengen aufnehmen als der Buchweizen, stehen hier im Vordergrund. Hinzu kommen das spezielle Phosphor-Aneignungsvermögen des Buchweizens sowie der hohe Kaliumbedarf der Reismelde und des Amarants. Die Effekte der Interaktionen zwischen einem steigenden Stickstoffangebot und einem steigenden Phosphor- bzw. Kaliumangebot auf die Sproßmassen von Reismeldebeständen geben hierfür ein Beispiel (Tab. 138).

Bei einer Grunddüngung von 150 kg P_2O_5 ha^{-1} bewirkte ein steigendes Stickstoffangebot einen Ertragsanstieg auf rund 180 dt ha^{-1} Sproßfrischmasse bei Blühbeginn. Belief sich die Grunddüngung auf 230 kg P_2O_5 ha^{-1}, wurden bereits mit der mittleren Stickstoffgabe rund 180 dt Sproßfrischmasse ha^{-1} erzeugt. Eine weitere Stickstoffgabe von 50 kg N ha^{-1} setzte der Reismeldebestand, vermutlich aufgrund von Phosphormangel, nicht mehr in Sproßmasse um. Nach Blühende traten die Effekte der Interaktionen zwischen dem Stickstoff- und dem Kaliumangebot in den Vordergrund. Im Gegensatz zur Reaktion bei begrenzter Kaliumversorgung stieg der Frischmasseertrag ha^{-1} bei hohem Kaliumangebot mit zunehmender Stickstoffzufuhr kontinuierlich an (Tab. 138). Ein zunehmendes Stickstoffangebot ist also nur insoweit ertragsrelevant, als in Relation dazu auch das Angebot an anderen Nährstoffen ansteigt.

Tab. 138: Die Sproßfrischmasseerträge (dt ha^{-1}) von Reismelde, Sorte Sajama, in Abhängigkeit von der Interaktion zwischen der Stickstoff- und Phosphordüngung[1] bzw. der Stickstoff und Kaliumdüngung[1] im Jahr 1984 (RITTER 1986)

Sproßfrischmassen kurz vor Blühbeginn (dt ha^{-1})			Sproßfrischmassen nach Blühende (dt ha^{-1})		
N	P1	P2	N	K1	K2
N1	130,0	152,8	N1	337,8	316,4
N2	152,6	187,7	N2	375,7	397,2
N3	178,9	176,3	N3	379,8	458,6
F-Test[2] N • P	*		F-Test N • K	**	

[1]
Düngungsstufen (kg N ha^{-1})			(kg P_2O_5 ha^{-1})		(kg K_2O ha^{-1})	
N1	N2	N3	P1	P2	K1	K2
100	150	200	150	230	150	230

[2] *, ** = Signifkanz der Interaktionsvarianzen bei 5 bzw. 1% Grenzwahrscheinlichkeit

Die Auswirkungen steigender Stickstoffgaben auf den ausgereiften Kornanteil der Sproßmasse und die Korn-Stickstofferträge ha^{-1} hängen nicht nur von der Höhe der Stickstoffdüngergaben und der korrespondierenden Verfügbarkeit anderer Nährstoffe, sondern auch von der Verteilung der Stickstoffgaben im Kornertragsbildungsverlauf ab. Stickstoffgaben in frühen Entwicklungsabschnitten unterstützen vorrangig den Systemaufbau eines Bestandes. Das Systemwachstum umfaßt neben dem Wachstum vegetativer Organe die Differenzierung generativer Anlagen als Basis späterer Kornbil-

Tab. 139: Sproßtrockenmasseerträge (dt ha^{-1}), Ernteindices, Kornerträge (dt ha^{-1}), Kornertragsverluste (dt ha^{-1}) und Trockenmasserückfluß (dt ha^{-1}) von Buchweizen, Reismelde und Amarant (Mittelwerte über 2 Jahre und 2 Sorten Art^{-1}) in Abhängigkeit von der Stickstoffdüngung, Standort Ihinger Hof (KRUSE 1996b, verändert)

N-Düngung[1]	Buchweizen	Reismelde	Amarant
Sproßtrockenmasse[3] (dt ha^{-1})			
N1	40,9	59,5	94,2
N2	53,5	104,4	114,8
N3	56,2	108,6	139,6
GD 5%[7]	2,7	8,3	11,6
Ernteindex-G[4]			
N1	0,32	0,21	0,15
N2	0,28	0,21	0,16
N3	0,26	0,22	0,14
GD 5%	0,03	n.s.[8]	n.s.
Kornertrag (Drusch, dt ha^{-1})			
N1	13,1	12,4	14,0
N2	15,0	22,0	18,5
N3	14,5	24,1	18,7
GD 5%	0,9	1,9	1,9
Kornverlust (dt ha^{-1})			
N1	0,9	6,1	5,9
N2	–[6]	8,7	6,3
N3	–	9,4	8,5
GD 5%	–	n.v.[9]	n.v.
Trockenmasserückfluß (dt ha^{-1})[5]			
N1	27,8	47,1	80,2
N2	38,5	82,4	96,3
N3	41,7	84,5	120,9
GD 5%	3,2	9,6	13,9

[1]	N-Düngung (kg N ha^{-1})	Buchweizen	Reismelde	Amarant
	N1	0	0	0
	N2	30	80	80
	N3	30+30[2]	80+40[2]	80+40[2]

[2] Teilgabe beim Sichtbarwerden der Infloreszenzen bzw. bei Blühbeginn
[3] Sproßtrockenmasse = Trockenmasserückfluß + geernteter Kornertrag
[4] Ernteindex-G = Basis: geernteter Kornertrag
[5] Trockenmasserückfluß = Sproßtrockenmasse - geernteter Kornertrag
[6] gebildete Kornerträge nicht rechtzeitig erfaßt
[7] GD 5% = Grenzdifferenz bei 5% Grenzwahrscheinlichkeit
[8] n.s. = nicht signifikant
[9] n.v. = nicht verrechnet

dung Stickstoffgaben nach Abschluß des Systemaufbaus, also etwa zum Sichtbarwerden der Blütenstände, sind hingegen in erster Linie auf die Kornausbildung ausgerichtet. Diese Zielsetzung schließt Auswirkungen auf die Lebensdauer jüngerer Assimilationsflächen, die für die Reservestoffproduktion relevant sind, ebenso ein wie Einflüsse auf die Kornqualität. Andererseits können die Höhe und/oder die Verteilung des Stickstoffangebots auch der Lagerneigung, der Abreifeverzögerung und dem Kornverlust Vorschub leisten.

Eine vermehrte Trockenmasseproduktion in der Kornausbildungsphase trägt zur Anhebung der Ernteindices bei, vorausgesetzt ein erneuter Seitenknospenaustrieb unterbleibt weitestgehend. Dies ist eine Frage interner, primär genetisch verankerter, phytohormoneller Kontrolle. Die Stickstoff-Ernteindices steigen infolge eines späteren Stickstoffangebots nur dann, wenn der spät aufgenommene Stickstoff gegenüber früher aufgenommenem in größeren Anteilen zur Produktion von Kornmasse verwendet und/oder in Form verschiedener Stickstoffverbindungen in die Kornfraktion verlagert wird. Andernfalls nehmen die Stickstoffmengen, die mit der vegetativen Sproßmasse auf dem Feld verbleiben, zu. Im Hinblick auf den Stickstoffeinsatz zur Produktion hoher Kornerträge und qualitativ hochwertigen Kornguts sind in den Ernteresten verbleibende Stickstoffmengen als Verluste zu betrachten. Für einen beschleunigten Abbau der Erntereste - hierauf wurde bereits an anderer Stelle hingewiesen - sind angehobene Stickstoffkonzentrationen aber vorteilhaft.

Wie weit das Kornertragspotential von Buchweizen-, Reismelde- und Amarantbeständen, dem dargestellten Konzept folgend, über gezielte Stickstoffgaben genutzt werden kann, wurde in zweijährigen Feldversuchen untersucht (Tab. 139). Fraglos können solche Befunde keine allgemeingültige Antwort liefern. Die Umrisse und die Konsequenzen eines angehobenen Stickstoffangebots sowie artenspezifisch unterschiedliche Reaktionen werden jedoch erkennbar. Zu berücksichtigen ist, daß zwar die Stickstoffgabenverteilung mit einer ersten Gabe im 4 - 6-Blattstadium und einer weiteren beim Erscheinen der Blütenstände, nicht aber die Stickstoffgabenhöhe einheitlich erfolgte. Im Vergleich zu den Reismelde- und den Amarantbeständen wurden die Buchweizenbestände, aufgrund ihres geringeren Trockenmassepotentials mit einer um 50 kg ha^{-1} geringeren Stickstoffmenge angedüngt und mit einer um 10 kg ha^{-1} geringeren Stickstoffmenge nachgedüngt (Tab. 139).

Bei allen drei Arten erwies sich die Stickstoffgabe im 4 - 6-Blattstadium kornertragswirksam. Der Kornmehrertrag ha^{-1} der Reismelde übertraf nicht nur den Mehrertrag von Buchweizen, sondern auch den von Amarant. Der Ertragseffekt weist auf das ausgeprägte Reaktionsvermögen der Reismelde gegenüber einem zunehmendem Stickstoffangebot hin. Dies wird durch die Reaktion auf die Spät-Stickstoffdüngung bestätigt. Im Gegensatz zur Reismelde konnten weder der Buchweizen noch der Amarant den spät gedüngten Stickstoff in einen Kornmehrertrag umsetzen. Insbesondere die Amarantbestände investierten den Stickstoff primär in die Produktion vegetativer Masse. In der Konsequenz blieben, obwohl bei steigendem Stickstoffangebot die Kornverluste zunahmen, die Ernteindices der Reismeldebestände unverändert, während die der Buchweizen- und der Amarantbestände im Trend abnahmen.

Tab. 140: Die Stickstoffaufnahme (kg N ha^{-1}), Stickstoff-Ernteindices, Stickstofferträge (kg N ha^{-1}), Stickstoffkonzentrationen im Kornertrag (%) und Stickstoffrückflüsse (kg N ha^{-1}) von Buchweizen, Reismelde und Amarant (Mittelwerte über 2 Jahre und 2 Sorten Art^{-1}) in Abhängigkeit von der Stickstoffdüngung, Standort Ihinger Hof (KRUSE 1996b, verändert)

N-Düngung[1]	Buchweizen	Reismelde	Amarant
	N-Aufnahme in die Sproßmasse[3] (kg N ha^{-1})		
N1	72,2	86,6	159,0
N2	92,1	146,9	193,3
N3	104,8	173,1	263,2
GD 5%[6]	7,5	12,5	15,0
	N-Ernteindex-G[4]		
N1	0,39	0,41	0,31
N2	0,35	0,43	0,32
N3	0,30	0,42	0,27
GD 5%	0,03	n.s.[7]	n.s.
	Korn-N-Ertrag (kg N ha^{-1})		
N1	28,5	35,6	49,8
N2	32,0	63,2	62,3
N3	32,0	73,0	70,3
GD 5%	2,1	7,1	9,8
	Korn-N-Gehalt (%)		
N1	2,1	2,6	3,5
N2	2,0	2,8	3,3
N3	2,3	3,0	3,7
GD 5%	n.v.[8]	n.v.	n.v.
	N-Rückfluß[5] (kg N ha^{-1})		
N1	43,7	51,0	109,2
N2	60,1	83,7	131,0
N3	72,8	100,1	192,9
GD 5%	7,3	20,0	23,7

[1] N-Düngung (kg N ha^{-1})	Buchweizen	Reismelde	Amarant
N1	0	0	0
N2	30	80	80
N3	30+30[2]	80+40[2]	80+40[2]

[2] Teilgabe beim Sichtbarwerden der Infloreszenzen bzw. bei Blühbeginn
[3] N-Aufnahme-Sproß = N in der Ernterestmasse + N im geernteten Kornertrag
[4] N-Ernteindex-G = Basis: geernteter Kornertrag
[5] N-Rückfluß = N-Menge im Sproß minus N-Menge im geernteten Kornertrag
[6] GD 5% = Grenzdifferenz bei 5% Grenzwahrscheinlichkeit
[7] n.s. = nicht signifikant
[8] n.v. = nicht verrechnet

Tab. 141: Aufnahme von Düngerstickstoff (kg N ha^{-1} bzw. %) in die Sproßmassen und Verteilung des aufgenommenen Düngerstickstoffs in den Sproßmassen (%) der Buchweizen-, Reismelde- und Amarantbestände (Errechnet aus den Daten in der Tab. 140)

In die Sproßmasse aufgenommene Anteile des Düngerstickstoffs[1]					
Buchweizen		Reismelde		Amarant	
(kg N ha^{-1})	(%)[2]	(kg N ha^{-1})	(%)	(kg N ha^{-1})	(%)
32,1	53,5	86,5	72,1	104,2	86,8
Verteilung des aufgenommenen Düngerstickstoffs (%)[2] in der Sproßmasse					
Buchweizen		Reismelde		Amarant	
Korn	Restmasse	Korn	Restmasse	Korn	Restmasse
9,9	90,1	43,2	56,8	19,7	80,3

[1] Gedüngte N-Mengen in N3: Buchweizen 60, Reismelde und Amarant 120 kg N ha^{-1}. Aufgenommene N-Düngermenge = N-Mehraufnahme (kg N ha^{-1}) gegenüber N1, ungedüngt. Aufgenommener N-Düngeranteil %, gedüngte N-Menge = 100

[2] Verteilung (%, aufgenommene N-Düngermenge = 100) auf die Kornmassen- bzw. die Restmassenmehrerträge in N3 gegenüber N1, ungedüngt.

Zusammengefaßt: verglichen mit der Reismelde setzten insbesondere die Buchweizen-, auch die Amarantbestände unter den gegebenen Standortbedingungen den zugedüngten Stickstoff weniger in Kornmasse als vielmehr in vegetative Sproßmasse um. Daher zeigten die Ernteindices einen Abwärtstrend. Gleichgerichtet verhielten sich die Stickstoff-Ernteindices, der Stickstoffgehalt der Kornmassen stieg zu geringfügig, um den Rückgang der Kornmasseanteile zu kompensieren (Tab. 140).

Rechnerisch nahmen der Buchweizen um 50%, die Reismelde um 70% und der Amarant um 85% des Stickstoffs, der in der Stufe N3 gedüngt wurde, auf (Tab. 141). Die Stickstoffdüngermengen betrugen, zusammengesetzt aus einer Start- und einer Spät-Stickstoffgabe, beim Buchweizen 60 kg N ha^{-1}, bei der Reismelde und beim Amarant 120 kg N ha^{-1}. Die Buchweizen- und die Amarantbestände investierten - dies wird nochmals in komprimierter Form deutlich - den größten Teil des aufgenommenen Düngerstickstoffs in die Produktion vegetativer Sproßmasse. Nur kleine Anteile dienten der Kornproduktion. Demgegenüber investierte die Reismelde nahezu die Hälfte des aufgenommenen Düngerstickstoffs in die Kornfraktion (Tab. 141).

Der Quotient aus dem Kornmehrertrag ha^{-1} der stickstoffgedüngten gegenüber der stickstoffungedüngten Variante und der gedüngten Stickstoffmenge ha^{-1} wird als Stickstoffdüngungseffizienz bezeichnet. Ein Rückgang der Effizienz mit steigender Stickstoffdüngung ist allgemein bekannt. Gegenüber einer Stickstoffgabe von 30 kg N ha^{-1} erwies sich beim Buchweizen eine weitere Stickstoffdüngergabe nicht kornertragsrelevant, die Düngungseffizienz ist entsprechend gering. Während der Reismeldebestand je kg zugedüngten Stickstoffs relativ hohe Kornmassen produzierte, blieb das Effizienzniveau der Stickstoffdüngergaben beim Amarant deutlich geringer.

Tab. 142: Stickstoffdüngungseffizienz ((Kornertrag, kg ha^{-1}) • (Stickstoffdüngermenge, kg N ha^{-1})$^{-1}$) von Buchweizen, Reismelde und Amarant (errechnet auf der Basis der stickstoffdüngungsbedingten Kornmehrerträge in der Tab. 139)

N-Gaben[1] (kg N ha^{-1})	N-Düngungseffizienz		
	Buchweizen	Reismelde	Amarant
30 bzw. 80	6,3	12,0	5,6
60 bzw. 120	2,3	9,9	3,9

[1] N-Gaben: Buchweizen 0, 30, 60 kg N ha^{-1}. Reismelde, Amarant 0, 80, 120 kg N ha^{-1}

Auch der Vergleich dänischer Untersuchungsergebnisse an der Reismelde mit amerikanischen Untersuchungsergebnissen am Amarant weisen darauf hin, daß die Stickstoffdüngungseffizienz von Amarantbeständen geringer ist als die von Reismeldebeständen. Auch wenn die Daten der Reismeldebestände streng genommen nicht mit den Amarantdaten vergleichbar sind, bestätigen die unterschiedlichen Größenordnungen doch die Unterlegenheit der Amarantbestände (Tab. 142, 143).

Tab. 143: Stickstoffdüngungseffizienz ((Kornertrag, kg ha^{-1}) • (Stickstoffdüngermenge, kg ha^{-1})$^{-1}$) von Reismeldebeständen in Dänemark und von Amarantbeständen in Minnesota-USA (errechnet auf der Basis der stickstoffdüngungsbedingten Kornmehrerträge)

N-Gaben[1] (kg N ha^{-1})	N-Düngungseffizienz von Reismelde[2] (JACOBSEN et al. 1994)	N-Gaben[1] (kg N ha^{-1})	N-Düngungseffizienz von Amarant[2] (ELBEHRI et al. 1993)
80	8,3	45	4,1
120	7,4	90	2,9
160	5,5	135	2,2
		180	1,8

[1] N-Gaben in Dänemark: 40, 80, 120, 160 kg N ha^{-1}, N-Gaben in den USA: 0, 45, 90, 135, 180 kg N ha^{-1}
[2] Mittelwerte über je 3 Versuche in Dänemark bzw. in Minnesota-USA

Mitgeprägt von den Standortsbedingungen lassen sich hinsichtlich der mineralischen Stickstoffdüngung mit Vorsicht folgende Schlüsse ziehen: über das bodenbürtige Stickstoffangebot hinaus können Buchweizenbestände herkömmlicher Sorten nur eine begrenzte, früh applizierte Stickstoffdüngergabe in erntbare Kornmasse umsetzen. Später verabreichte Gaben sind kaum kornertrags- und kornqualitätsrelevant. Die Reismeldebestände sind in der Lage, ein angehobenes Stickstoffangebot zur Kornproduktion zu verwerten. Hierzu wird auch in fortgeschrittenen Entwicklungsstadien aufgenommener Stickstoff noch effizient verwertet. Die Amarantbestände nehmen auch selbst später im Entwicklungsverlauf angebotenen Düngerstickstoff in großen Anteilen auf, die Fähigkeit zur Transformation in erntbaren Kornertrag ist jedoch gering.

Nicht übersehen werden darf, daß sich die drei Arten in unterschiedlichem Umfang bodenbürtig nachgelieferten Stickstoff aneignen. Auf dem südwestdeutschen Versuchsstandort nahmen die Buchweizenbestände alleine aus dem bodenbürtigen Angebot um 70 kg N, die Reismeldebestände gegen 90 kg und die Amarantbestände sogar knapp 160 kg N ha^{-1} in die Sproßmasse auf (Tab. 140). Werden die Wurzelmassen berücksichtigt, kommen artenspezifisch 5 - 35 kg N ha^{-1} hinzu (Tab. 137). Bestände mit kürzerer Wachstumsdauer können nur einen kleinen Teil des sukzessive mineralisierten Bodenstickstoffs aufnehmen. Hinzu kommt, daß die Mineralisationsraten in den späteren, wärmeren Vegetationszeitabschnitten ansteigen. Tiefreichende Wurzelsysteme, beim Amarant wurden 1,5 - 2,5 m lange Pfahlwurzeln festgestellt, verbunden mit langen Wachstumszeiträumen sind Kennzeichen eines erheblichen und anhaltenden Nährstoff-Aufnahmepotentials.

Je stärker die Arten bzw. die Sorten in fortgeschrittenen Entwicklungsabschnitten verfügbaren Stickstoff zum Neuaustrieb von Seitenknospen, verbunden mit der Neubildung vegetativer Organe, anstatt zur Ausbildung von angelegtem Kornertragspotential nutzen, desto weniger sinnvoll ist ein spätes Stickstoffangebot. Neben zu späten und/oder zu hohen Mineraldüngergaben sind vor allem nur begrenzt kontrollierbare, organische Stickstoffquellen problematisch. Die gegenwärtigen Wuchstypen, insbesondere die von Buchweizen und von Amarant, sind m.E. nicht geeignet, um spät verfügbaren Stickstoff effizient zur Kornbildung zu nutzen. Die Entwicklung von Sorten mit ausgeprägter Apikaldominanz und primär auf die Kornfraktion ausgerichteter Trockenmasseverteilung wäre erforderlich, um mit Hilfe von Düngungsmaßnahmen gezielt das Kornertragsniveau anzuheben. Die Eigenschaften solcher Buchweizensorten wurden an früherer Stelle bereits herausgestellt (Tab. 136).

3.2.2 Bestandespflege und Unkrautbekämpfung

Soweit Unkraut nach der Aussaat bzw. nach dem Auflaufen der Bestände durch Bodenbearbeitung bekämpft wird, dienen diese Maßnahmen zugleich der „Pflege" der Kulturpflanzen. Über die Beseitigung der Konkurrenz um Wachstumsfaktoren hinaus wird der Kulturpflanzenbestand direkt durch die Bearbeitungseffekte unterstützt. Die Beseitigung mechanischer Widerstände, eine bessere Durchlüftung und eine raschere Erwärmung des Bodens fördern die Mineralisierungsprozesse und das Wachstum der Pflanzen. Generell können diese Maßnahmen jedoch nicht nur vorteilhafte, sondern auch kritische Konsequenzen nach sich ziehen (Tab. 144). Welche Rolle die einen oder die anderen Auswirkungen spielen, hängt vom Verunkrautungsgrad, dem Zeitpunkt und der Häufigkeit der Bearbeitung, zum anderen von der Schlagneigung, den Bodeneigenschaften und dem Witterungsverlauf ab. Darüber hinaus ist nicht jede der drei Arten gleichermaßen unempfindlich gegenüber mechanischer Belastung. Striegelmaßnahmen mit leichtem Gerät bewegen den Boden nur in geringer Schichttiefe, aber zumeist ganzflächig. Zwischenreihige Hackmaßnahmen bewegen den Boden nur auf Teilflächen, aber in größerer Schichttiefe. Mit jeder Bodenbewegung treten Wasserverluste auf, neben der Eliminierung aufgelaufener Unkräuter werden Keimbedingungen für einen neuen Anteil des Unkrautsamenpotentials im Boden geschaffen (Tab. 144).

Tab. 144: Vorteilhafte und kritische Wirkungen von Bodenbearbeitungsmaßnahmen zwischen der Saat bzw. dem Aufgang und dem Bestandesschluß

Vorteilhafte Wirkungen	Kritische Wirkungen
• Beseitigung von mechanischen Widerständen durch Verschlämmung und Verdichtung.	• Druckschäden und Verdichtungen bei Bearbeitung in zu feuchtem Bodenzustand.
• Eliminierung von aufgelaufenen Unkräutern und -gräsern.	• Bereitung von Keimbedingungen für keimfähige Unkrautsamen im Boden.
• Regulierung der Bodentemperaturen, Förderung der Abbau- und Mineralisierungsprozesse.	• Zerstörung von Regenwurmgängen und Wurzelröhren, dadurch Beeinträchtigung des Infiltrationsvermögens.
• Unterstützung der Luftaustauschprozesse und der Wurzelatmung.	• Wasserverluste durch Bodenbewegung und -belüftung.
• Beschleunigung der Wachstumsfortschritte und des Bestandesschlusses.	• Schaffung von lockerem und damit erodierbarem Bodenmaterial.
• Aufbrechen verschlämmender Oberflächen, dadurch Verbesserung des Infiltrationsvermögens.	• Verletzung und Beschädigung der Kulturpflanzen im Wurzel- und im Sproßbereich.
• Unterbrechung von kapillarem Wasseraufstieg, dadurch Verminderung von Wasserverlusten durch Evaporation.	• Förderung der Anfälligkeit der Kulturpflanzen gegenüber biotischen Schaderregern durch mechanische Schäden.
• Standfestigkeitsverbesserung durch Anhäufeln der Kulturpflanzen.	• Förderung der Empfindlichkeit der Kulturpflanzen gegenüber abiotischen Streßfaktoren.

Ob die vorteilhaften oder die kritischen Effekte von Bodenbearbeitungsmaßnahmen überwiegen, ist vor Ort zu entscheiden. Zweifellos können positive Effekte umso mehr in den Vordergrund treten, je länger Teilflächen offen und direkt dem Einfluß der

Witterungsfaktoren ausgesetzt sind. Die Zeitspannen zwischen der Aussaat bzw. dem Aufgang der Pflanzen und dem Bestandesschluß werden umso länger, je kleiner die aufgelaufenen Keimpflanzen, je geringer die Pflanzenzahlen m^{-2} und je höher der Anspruch der Art bzw. der Sorte an die Wachstumsfaktoren, insbesondere an das Temperaturniveau sind.

Abhängig von den Standortbedingungen und den Saatterminen im Frühjahr bleiben insbesondere in Amarant-, auch in Reismeldebeständen größere Teilflächen sehr viel länger unbedeckt als in Buchweizenbeständen. Darüber hinaus sind die kleinen Amarant- und Reismeldekeimpflanzen während der Anfangsentwicklung gegenüber austrocknenden und verkrustenden Bodenoberflächen, sowie gegenüber Unkrautkonkurrenz höchst empfindlich (s. Kap. 3.1.2). In solchen Beständen kommt den wachstumsfördernden Wirkungen zwischenreihig bodenlockernder, oder ganzflächig die Bodenoberfläche öffnender Bearbeitungsmaßnahmen große Bedeutung zu. Die zwischenreihige Bearbeitung setzt Reihenweiten von zumindest 25 - 30 cm und Fahrgeschwindigkeiten voraus, die verhindern, daß die Pflanzenreihen verschüttet werden. Ab dem 3 - 4-Blattstadium können die Bestände ganzflächig gestriegelt werden, eine vorsichtige Verfahrensweise vorausgesetzt.

Auf unkrautfreien Flächen lückenlos aufgelaufene Buchweizenbestände, die sich durch Bodenverdichtungen und Kälteeinbrüche unbeeinträchtigt entwickeln können, schließen zügig und unterdrücken aufkommendes Unkraut vollständig. Mit der waagerechten Haltung der herzförmigen, relativ großen Blattspreiten entsteht rasch ein Bodenbedeckungs- und damit ein Unkrautunterdrückungsvermögen, das Bekämpfungsmaßnahmen erübrigt. Ist der Feldaufgang gering, werden die Blätter durch Kälte beschädigt, bleibt z.B. in verdichteten Fahrspuren das Wachstum zurück, oder treten kühle Perioden ein, die das Wachstum angepaßter Unkrautarten weniger beeinträchtigen als das des Buchweizens, kann die Situation ganz anders aussehen. Darüber hinaus ist die Unkrautbeseitigung durch Bodenbearbeitungsmaßnahmen und/oder einen Herbizideinsatz bereits vor der Saat nicht nur beim Buchweizen, sondern auch und gerade bei den anderen Pseudogetreidearten eine unabdingbare Komponente der Unkrautbekämpfung (Tab. 145).

Während in den Reismeldebeständen vorwiegend Frühjahrskeimer auflaufen, treten in den Buchweizen- und den Amarantbeständen später keimende Arten, die höhere Wärmeansprüche stellen, in den Vordergrund. Beispielsweise sind Hirsearten, *Echinochloa* sp., Unkrautamarant, *Amaranthus* sp., Schwarzer Nachtschatten, *Solanum* sp., sowie das Franzosenkraut, *Galinsoga* sp., Knöterich-, *Polygonum* sp., und Kamillearten, *Matricaria* sp., zu nennen.

Mit dem Import von Kulturpflanzenarten aus anderen Regionen, die Reismelde und der Amarant gehören hierzu, können mit dem Saatgut der Kulturpflanze verwandte, im Herkunftsland aufwachsende Wildpflanzenarten eingeschleppt werden. Sie besitzen teilweise der Kulturpflanze ähnliche äußere Sameneigenschaften und Wachstumsansprüche. Eine Reihe wilder Melde- und Amarantarten sind bekannt, verschiedene sind weltweit verbreitet, einige davon werden nachfolgend genannt (Tab. 145).

Tab. 145: Mit der Reismelde bzw. den Körneramarantarten verwandte Wildpflanzenarten (HURLE und ZWERGER 1995)

Gänsefußarten		Amarantarten	
Deutsche Bezeichnung	Botanische Bezeichnung	Deutsche Bezeichnung	Botanische Bezeichnung
Weißer Gänsefuß	*Chenopodium album*	Rauhhaariger Amarant	*Amaranthus retroflexus*
Vielsamiger Gänsefuß	*Ch. polyspermum*	Weißer Amarant	*A. albus*
Bastard-Gänsefuß	*Ch. hybridum*	Bleifarbiger Amarant	*A. lividus*
Feigenblättriger Gänsefuß	*Ch. ficifolium*	Griechischer Amarant	*A. graecicans*

Die Arten werden nicht nur mit dem Anbau der Reismelde bzw. des Amarants, sondern auch in anderen Kulturpflanzenbeständen mit ähnlichen Saatterminen und Aufwuchsbedingungen verbreitet. Wilde Verwandte von Kulturpflanzenarten können als wertvolle Kreuzungspartner dienen. Im Kulturpflanzenbestand sind sie konkurrierendes Unkraut, das zudem zu Einkreuzungsproblemen führen kann (s. Kap. 1.3.1, 1.3.2). Darüber hinaus stellen Wildarten Nebenwirte für Schaderreger dar, die die verwandten und anderen Kulturpflanzenarten befallen. So existieren Hinweise, daß der Maiszünsler *Ostrinia nubilalis* wilde Amarantarten als Wirtspflanzen aufsucht. Auch der Befall von Körneramarantbeständen wurde beobachtet. Aufgrund ähnlicher Eigenschaften und Empfindlichkeiten bringt die Bekämpfung solcher Unkrautarten insbesondere dann in den verwandten Kulturpflanzenbeständen erhebliche Probleme mit sich, wenn herbizide Wirkstoffe oder spezielle Organismen eingesetzt werden sollen.

Dichten von zumindest 30 - 40 Pflanzen m^{-2} vorausgesetzt, entwickeln Reismelde- und insbesondere Amarantbestände ab Bestandesschluß ein hervorragendes Unkrautunterdrückungsvermögen, das dem solider Buchweizenbestände in nichts nachsteht. Bis dahin jedoch muß die Bestandesentwicklung durch Unkrautbekämpfungsmaßnahmen massiv unterstützt werden. Zweifellos können deutlich höhere Pflanzenzahlen m^{-2} bei zurückgenommenen Reihenweiten den Bestandesschluß erheblich beschleunigen und insofern - über andere nützliche agronomische Effekte hinaus - ein hilfreiches, pflanzenbauliches Bekämpfungselement darstellen (Tab. 146).

Reduzierte Reihenweiten stellen allerdings die zwischenreihige Bearbeitung in Frage. Mit meiselartigen Werkzeugen ist bei geringeren Reihenweiten eine Lockerung mit begrenzt unkrautvernichtender Wirkung vorstellbar. Zu berücksichtigen ist darüber hinaus, daß mit zunehmenden Pflanzenzahlen m^{-2} der Wasser- und der Nährstoffbedarf m^{-2} ansteigt (s. auch Tab. 132). Dies ist auf Standorten problematisch, auf denen das Wasser in späteren Entwicklungsabschnitten zum knappen Wachstumsfaktor werden kann. Junge Buchweizenbestände sind verletzungsempfindlich. Nur in frühen Stadien und bei ausreichend großen Reihenweiten sind Hackmaßnahmen sinnvoll. Andernfalls können die Schad- die Nutzeffekte übertreffen. Für Reismelde- und Amarantbestände wird gelegentlich ein Anhäufeln der Pflanzenreihen vor Bestandesschluß mit dem Ziel, Unkräuter in der Reihe zu verschütten und die Standfestigkeit zu stabilisieren, empfohlen.

Tab. 146: Unkrautbekämpfungsverfahren in Buchweizen-, Reismelde- und Amarantbeständen

Mögliche Bekämpfungsverfahren	Bedeutung für den Einsatz in Buchweizen-, Reismelde- und Amarantbeständen
Agronomische Bekämpfungsmaßnahmen • Verwendung von besatzfreiem hochkeimfähigem Saatgut. • Anpassung der Haupt- und Zwischenfruchtfolgen einschließlich der fruchtartenspezifischen Anbaumaßnahmen. • Unterstützung des Eigenunterdrückungsvermögens z.B. durch Sortenwahl, Saatdichte und hohen Feldaufgang.	Zentrale Bedeutung zur Reduktion des Unkrautsamenpotentials im Boden und zur Unkrautunterdrückung in Buchweizen-, Reismelde- und Amarantbeständen.
Mechanische Bekämpfungsverfahren • Aufeinander abgestimmte Bodenbearbeitungsmaßnahmen vor der Aussaat der Kulturpflanze. • Bodenbearbeitung zwischen Aufgang und Bestandesschluß.	Essentielle Maßnahmen, die auf die artspezifische Bestandeseigenschaften abzustimmen und abhängig vom Unkrautdruck in unterschiedlicher Häufigkeit erforderlich sind.
• Bekämpfung ohne Bodeneingriff durch Abschneiden, Abschlegeln, Entlauben.	Bisher ohne angewandte Bedeutung.
Chemische Bekämpfungsverfahren • Totalherbizid-Einsatz vor der Aussaat verbunden mit einer Mulchauflage bzw. einer Mulchsaat.	Geeignetes Kombinationsverfahren auf zur Verschlämmung neigenden Böden, soweit eine angepaßte Saattechnik verfügbar ist.
• Herbizideinsatz vor oder nach dem Auflauf der Kulturpflanze.	Keine Zulassung, unzureichende Prüfung vorhandener Herbizide in Pseudogetreidearten.
• Herbizideinsatz in der Vorfrucht, nach der Ernte der aufstehenden Kulturpflanze oder in der Folgefrucht.	Generell wichtiger Teilbereich der Unkrautbekämpfung im Rahmen von Fruchtfolgen.
Thermische und Biologische Bekämpfungsverfahren • Einsatz von Verbrennungsgasen oder einem Dampf-Luftgemisch. • Einsatz von Schadpilzen. • Einsatz von tierischen Schädlingen.	Versuchsstadium, bisher ohne angewandte Bedeutung.

Thermische und biologische Unkrautbekämpfungsverfahren spielen bisher angewandt keine große Rolle. Die verfolgten Ansätze sind aber durchaus interessant. Mit einem Pilz, *Ascochyta* sp., ist die weitgehende Eliminierung des Weißen Gänsefußes möglich. Allerdings ist die Etablierung des Pilzes unter natürlichen Umweltbedingungen und die Befallsbeschränkung auf die Unkrautpflanzen problematisch. So wurden beim Einsatz des Pilzes in Reismeldebeständen erhebliche Ausfälle festgestellt. Die Schwierigkeiten, die die Entwicklung biologischer Kontrollmöglichkeiten von Unkrautamarantarten mit sich bringt, gehen aus Untersuchungen in der Schweiz hervor. Nachfolgend werden die Schlußfolgerungen aus dieser Untersuchungen zusammengefaßt (Tab. 147).

Tab. 147: Untersuchungen zur biologischen Kontrolle von Unkraut-Amarantarten - Schlußfolgerungen (BÜRKI 1997, verändert)

- Felderhebungen in der Schweiz und in den angrenzenden Nachbarländern ergaben, daß keine der mit dem Amarant assoziierten phytophagen Insektenarten zur Bekämpfung von Unkrautamarantarten einsetzbar sind.
- Zukünftige Untersuchungen sollten, neben den Insekten, andere Organismengruppen, z.B. Pilze, Bakterien und Nematoden einbeziehen und darüber hinaus auf die Herkunftsländer der Amarantarten ausgedehnt werden. Zur Bekämpfung von Unkrautamarantarten sind nur Organismen geeignet, die die Samenproduktion von Amarantpflanzen zuverlässig reduzieren bzw. eliminieren.
- Spezielle Probleme einer biologischen Kontrolle resultieren aus dem gemeinsamen Vorkommen verschiedener Unkraut-Amarantarten mit differenzierten Resistenzeigenschaften sowie aus der Forderung, in Körner-Amarantbeständen auf die Kultur- und die Unkrautamarantpflanzen differenzierte Effekte auszuüben.

Aufgrund der geringen Anbauflächen wurden und werden bisher keine Herbizide zum Einsatz in Beständen von Pseudogetreidearten entwickelt und zugelassen. Letztlich fehlen aus dem gleichen Grund systematische Prüfungen, wie weit sich für andere Kulturpflanzenarten entwickelte Herbizide für den Einsatz in den Pseudogetreidearten eignen, weitgehend. Schließlich fördert der Trend zu Korngut, das nach den Richtlinien des Ökologischen Landbaus produziert wurde, nicht gerade das Interesse, entsprechende Untersuchungen durchzuführen. Vom Herbizideinsatz beim Buchweizen abgesehen, liegen daher nur sporadisch Aussagen zur Eignung des einen oder anderen Herbizids vor.

In der mehrjährigen Prüfung einer größeren Anzahl verschiedener Herbizide im Vor- und im Nachauflaufverfahren in Buchweizenbeständen wurden einige ermittelt, die an der Buchweizenpflanze allenfalls vorübergehend relativ geringe Schadeffekte zeitigten. In der Tabelle 148 werden nur die Herbizide aufgeführt, die nicht mehr als 20% der Pflanzenoberfläche sichtbar beschädigten. Die Präparate sind z.T. nicht mehr im Handel. Wesentlich ist aber die Information, welche Wirkstoffe vertragen werden.

218 Anbau

Durchgängig verträgt der Buchweizen im Nachauflauf herbizide Wirkstoffe besser als bei einer Applikation vor dem Auflaufen der Unkräuter.

Tab. 148: Herbizidverträglichkeit (Mittelwerte über die Jahre 1992 - 1994) von Buchweizen (LANDESANSTALT FÜR PFLANZENSCHUTZ BADEN-WÜRTTEMBERG 1995)

Herbizid (Wirkstoffe)	Aufwand (l bzw. kg ha^{-1})	Verfahren (VA, NA)[1]	Verträglichkeit (%)[2]	Bemerkungen (Schadeffekte)
Dicuran 700 fl. (Chlortoluron)	3,0	VA	80	hellere Blattränder, Wuchshemmung
Dual 500 fl. (Metolachlor)	4,0	VA	83	hellere Blattränder, Wuchshemmung
Avenge (Difenzoquat)	5,0	NA	98	Wuchsstauchung, leichte Wuchshemmung
Bidisin forte (Chlorfenprop-methyl)	5,0	NA	97	Leichte Wuchshemmung
Fusilade 2000 (Fluazifop-p-butyl)	1,5	NA	100	–
Gallant (Haloxyfop-R)	2,0	NA	100	–
Illoxan (Diclofop-methyl)	2,5	NA	98	–
Ralon (Fenoxaprop + Fenchlorazol)	2,5	NA	90	Wuchsstauchung
Targa (Quizalofop-P-Ester)	1,25	NA	85	

[1] VA = Vorauflaufapplikation, NA = Nachauflaufapplikation
[2] Herbizidverträglichkeit, %, traten nach der Herbizidapplikation keine sichtbaren Schäden auf, betrug die Verträglichkeit 100%

Sporadische Versuchsergebnisse sagen ähnliches zum Einsatz einzelner Wirkstoffe in Reismelde- und in Amarantbeständen aus. In Reismeldebeständen werden - wenn auch mit begrenzten Schadeffekten verbunden - die Wirkstoffe Metamitron, Methabenzthiazuron, Propyzamid und Propachlor im Vorauflauf, oder Linuron-Diuron im Nachlaufverfahren als einsatzfähig bezeichnet. In Amarantbeständen wurde der Wirkstoff Bentazon im Nachauflaufverfahren appliziert, die Blattschäden verwuchsen sich relativ rasch.

Abgesehen vom Arbeitsaufwand hätte die Unkrautbekämpfung mit Herbiziden in aufstehenden Beständen auf Standorten Vorzüge, auf denen das Wasser einen knappen, oder die Erosionsgefahr einen kritischen Faktor darstellt. Darüber hinaus werden, soweit eine Herbizidapplikation Bodenbearbeitungsmaßnahmen ersetzt, nicht erneut

Unkrautsamen zur Keimung angeregt. Allerdings fehlen dann auch die vorteilhaften Effekte der Bodenlockerung.

3.2.3 Krankheits- und Schädlingsbekämpfung

Nachfolgend werden Krankheitserreger und Schädlinge von Buchweizen, Reismelde und Amarant in tabellarischen Übersichten zusammengefaßt (Tab. 149, 153, 154, 156, 157). Die bisher bekannten Schaderreger wurden in verschiedenen Regionen der Welt festgestellt. Soweit der einzelne Erreger nicht auch andere Arten, Unkrautarten eingeschlossen, befällt, setzt die Ausbreitung ausgedehnte Anbauflächen und eine relevante Wiederkehr in den Fruchtfolgen voraus. Darüber hinaus verlangen die Erreger spezifische Umweltbedingungen, die keineswegs in allen Anbaugebieten für Pseudogetreidearten gleichermaßen gegeben sind. Die Übersichten zeigen somit Potentiale, die eine große Anzahl an Erregern umfassen, vermutlich trotz der Vielzahl unvollständig sind, aber keinesfalls einer aktuellen Gefährdung gleichgesetzt werden dürfen. Spezielle Schaderreger haben in einzelnen Regionen mit traditionellem Anbau eine gewisse Bedeutung. Dort, wo die Pseudogetreidearten nur sporadisch oder anfänglich existent sind, spielen Schaderreger, von Ausnahmen abgesehen, zumeist eine untergeordnete Rolle.

Wie im Kapitel 3.1.2 angesprochen, ist im Zuge einer Anbaueinführung, bei geringer Anbauintensität und/oder auf eher trockenen Standorten die mehrfache Aufeinanderfolge ein- und derselben Pseudogetreideart vorstellbar. Längerfristig werden aber mit dem Saat- bzw. dem Korngut aus den Herkunftsländern Schaderreger eingeschleppt, bereits auf anderen Arten existente Erreger breiten sich auch auf den „neuen" Kulturpflanzen aus oder sie passen sich über die Entwicklung von Biotypen an die Arten an. Häufig bilden Unkrautarten, vorrangig solche, die mit den Kulturpflanzenarten verwandt sind, die Brücke. Zur Bekämpfung sowohl von Unkräutern als auch von Schaderregern dürfte längerfristig die Einordnung der Pseudogetreidearten in Fruchtfolge-Bodenbearbeitungskonzepte unumgänglich sein.

Buchweizen
Bei häufigerem Anbau treten pilzliche Krankheitserreger, wie der Falsche Mehltau, *Peronospora* sp. oder der Grauschimmel, *Botrytis* sp., die auf Ernteresten - auch anderer Arten - überdauern, auf. Der Mehltaupilz breitet sich auf den Blattspreiten aus, der später im Entwicklungsverlauf auftretende Grauschimmel ist eine Blatt- und Stengelkrankheit. Der Befall kann zu erheblichen Schäden mit nachfolgenden Kornertragseinbußen führen. In Rußland werden resistente Sorten entwickelt. Daneben bieten Fungizidbehandlungen des Saatgutes, oder der Bestände begrenzte Abhilfe. Verschiedene Blattfleckenkrankheiten sind zumeist von untergeordneter Bedeutung, jedoch ist die regionale Ausbreitung einzelner Erreger, *Ramularia* sp. ist ein Beispiel, in feuchtwarmen Sommern nicht auszuschließen. Der Wurzelentwicklung kann u.a. durch die Wurzelfäule, *Rhizoctonia* sp., gefährdet werden (Tab. 149).

Tab. 149: Krankheitserreger, Virosen und tierische Schädlinge bei Buchweizen (BECKER-DILLINGEN 1927, JOSHI and PARODA 1991, JOSHI and RANA 1995)

Schadfaktoren	Erreger	Befallsbedingungen	Bekämpfung
Blattkrankheiten	*Alternaria* sp. *Ascochyta* sp. *Bipolaris* sp. *Cercospora* sp. *Erysiphe* sp *Fusicladium* sp. *Peronospora* sp. *Phytophtora* sp. *Puccinia* sp. *Ramularia* sp. *Septoria* sp. *Sphacelotheca* sp. *Uromyces* sp. *Ustilago* sp.	Feuchte Bedingungen, Perioden mit artenspezifisch optimalem Temperaturniveau.	Entwicklung resistenter Sorten, Fruchtfolge-Bodenbearbeitung, Beseitigung infizierter Ernterester, Unkrautbekämpfung, Saatgutbeizung, ggf. Fungizidapplikationen.
Stengel-, Fuß- und Wurzelkrankheiten	*Botrytis* sp. *Fusarium* sp. *Phytophtora* sp. *Rhizoctonia* sp. *Sclerotinia* sp.	Warme Perioden, Nässe, hohe Luftfeuchte.	Fruchtfolge-Bodenbearbeitung, Beseitigung, rascher Abbau infizierter Ernterester.
Viruskrankheiten	Astern-Vergilbungs-Virus Mosaikvirus Tabak-Kräusel-Virus	Befall mit Vektoren.	Entwicklung resistenter Sorten, Vektorenbekämpfung.
Schadinsekten	*Agriotes* sp. *Agrotis* sp. *Anomala* sp. *Anthotrips* sp. *Aphis* sp. *Melolontha* sp. *Myzus* sp. *Physopa* sp. *Trachea* sp.	Organische Rückstände, Stallmistgaben, reduzierte Bodenbearbeitung.	Fruchtfolge - intensive Bodenbearbeitung, Beseitigung von Ernteresten und Unkraut, ggf. Insektizidapplikation.
Nematoden	*Ditylenchus* sp. (*Heterodera* sp.)	Fruchtfolgen mit Wirtspflanzenarten.	Abstände von und zwischen anderen Wirtspflanzen in der Fruchtfolge, Unkrautbekämpfung.

Drahtwürmer und Engerlinge, d.h. die Larven verschiedener Käferarten, *Agriotes* sp., *Melolontha* sp., sowie die Larven von Falterarten, *Agrotis* sp., beschädigen bei stärkerem Auftreten die Bestände durch Fraßschäden. Vorbeugende Maßnahmen umfassen die Fruchtfolge in Kombination mit der Bodenbearbeitung. Zufliegende Schadinsekten, wie z.B. Läuse, *Aphis* sp., die sich unter warmen, trockenen Bedingungen rasch vermehren, können nicht nur durch Saugschäden an den Blütenständen den Kornansatz beeinträchtigen, sie übertragen auch Virosen.

Als Gattung innerhalb der *Polygonaceae* zählt der Buchweizen zu den potentiellen Wirtspflanzen des Rübennematoden (*Heterodera schachtii*), der die Wurzeln befällt. Lange Zeit konnte jedoch weder der Befall des Buchweizens noch eine schlupfstimulierende Wirkung des Buchweizens mit eindeutigen Befunden belegt werden. Der Buchweizen wurde daher als „Nichtwirtspflanze" des Rübennematoden eingeordnet. Neuere Untersuchungen weisen Arten- und Sortenunterschiede in der Anfälligkeit sowie in der Schlupfförderung von *Fagopyrum* sp. gegenüber dem Rübennematoden nach. Der Grad des Schlupfreizes wird herangezogen, um die Wirt-Parasit-Beziehung zu quantifizieren. Nachfolgend zeigt ein Ausschnitt aus der Prüfung mehrerer Buchweizenarten, in welchem Ausmaß sich die Reizwirkungen der Arten unterscheiden (Tab. 150).

Tab. 150: Einfluß verschiedener Buchweizenarten auf den Schlupf (%, Gesamtinhalt an Eiern und Larven 10 Zysten^{-1} = 100) des Rübennematoden, *Heterodera schachtii*, (SCHLANG 1996, verändert)

Buchweizenarten bzw. Kontrollvarianten	Herkunft (Chinesische Provinz)	Schlupf (%)
F. esculentum	Gansu	47,3 (ab)[2)]
F. cymosum	Yunnan	44,9 (ab)
F. gracilipes	Yunnan	14,1 (c)
F. tataricum	Yunnan	34,8 (b)
Ölrettich, Sorte Siletina	Kontrolle 1	59,4 (a)
Zinkchlorid, 10 mM[1)]	Kontrolle 2	41,9 (ab)
Destilliertes Wasser[1)]	Kontrolle 3	3,2 (d)

[1)] Standard-Kontroll-Medien
[2)] Mittelwerte mit verschiedenen Buchstaben sind bei 5% Grenzwahrscheinlichkeit signifikant verschieden

Neben den Kontrollvarianten, dem Ölrettich und einer Zink-Chloridlösung, die eine Standardsubstanz darstellt, förderten die Arten *F. esculentum* und *F. cymosum* den Schlupf erheblich. Deutlich geringer blieb der schlupffördernde Effekt von *F. gracilipes* und *F. tataricum*. Bei vielen Pflanzenarten ist die Eignung einer Art als Wirtspflanze des Nematoden positiv mit dem Grad der Schlupfförderung, den die Pflanze auf den Nematoden ausübt, korreliert. Beim Buchweizen liegt keine derartige Beziehung vor. Zwar tritt eine Schlupfförderung ein, die Vermehrungsrate von *Heterodera schachtii* wird jedoch drastisch, in der vorliegenden Untersuchung auf 26% des Ausgangswertes, reduziert (Tab. 151). Hingegen vermehrte der Ölrettich den Besatz im Boden auf das 8fache des Ausgangswertes. In der Beschreibenden Sortenliste ist die Anfälligkeit der Sorte Siletina mit der Note 7 bewertet, wobei der Höchstwert 9 eine sehr hohe Anfälligkeit anzeigt. Daraus geht hervor, daß der Buchweizen fruchtfolgetechnisch als „Feindpflanze" gegenüber dem Rübennematoden, *Heterodera schachtii*, einzustufen ist.

Tab. 151: Einfluß von Buchweizen und von anderen Arten auf die Vermehrungsrate (Pf/Pi) des Rübennematoden, *Heterodera schachtii*, (SCHLANG 1985a)

Arten	Vorbefall (Pi)[1]	Nachbefall (Pf)[2]	Pf/Pi
Ölrettich[3]	5 450	43 380	7,96
Wermut[3]	5 450	3 230	0,59
Buchweizen	5 450	1 410	0,26

[1] Pi, Vorbefall = Eier + Larven 100 ml^{-1} Boden vor der Pflanzung
[2] Pf, Nachbefall = Eier + Larven 100 ml^{-1} Boden rd. 4 Wochen nach der Pflanzung
[3] Ölrettich, Sorte Siletina; Wermut (*Artemisia absinthium*)

Für freilebende Nematoden wie das Stengelälchen, *Ditylenchus dipsaci*, trifft diese Feststellung nicht zu. Das Stengelälchen befällt die Getreidearten, insbesondere den Roggen und neben anderen Wirtspflanzen auch den Buchweizen. Die Älchen zerstören den Stengel, die Pflanzen schossen nicht, sie bleiben am Boden „sitzen". Untersuchungen von Stengelabschnitten verschiedener Pflanzenarten zeigen die Befallsdifferenzen (Tab. 152).

Tab. 152: Der Befall (Anzahl Älchen 40 g^{-1} Stengelfrischmasse) verschiedener Zwischenfruchtarten mit dem Stengelälchen, *Ditylenchus dipsaci*, Standort Ihinger Hof (KNUTH 1995)

Phacelia	Ölrettich	Gelbsenf	Buchweizen
54	1	31	53

Der Befallsvergleich umfaßt auf einem Schlag mit relativ gleichmäßiger Bodenverseuchung angebaute Zwischenfruchtarten. Die Stengelabschnitte der Phacelia- und der Buchweizenpflanzen enthielten die meisten Tiere. Hier wurden auch Larvenstadien gefunden, von einer Vermehrung in diesen Wirtspflanzenarten ist daher auszugehen. Der Ölrettich kann demgegenüber zumindest als Nichtwirtspflanze von *Ditylenchus dipsaci* betrachtet werden.

Reismelde und Amarant

Sowohl Reismelde- als auch Amarantbestände können bereits im Keimpflanzenstadium von verschiedenen Erregern von sog. „Umfallkrankheiten" befallen werden. Bodenoberflächennahe Stengelregionen und die Wurzeln werden angegriffen. Die Erreger zerstören das befallene Gewebe, die Wurzeln werden schwarz. Im Endstadium fallen die jungen Pflanzen um und sterben ab. Erreger sind u.a. *Phythium-*, *Rhizoctonia-* und *Fusarium-*Arten (Tab. 153, 156). Feuchte Bodenoberflächen, Staunässe und

Tab. 153: Krankheitserreger und Virosen der Reismelde (nach Übersichten und Literaturangaben von HOFMANN 1998, verändert)

Krankheiten	Erreger	Befallsbedingungen	Bekämpfungsmaßnahmen
Blattkrankheiten	*Alternaria* sp. *Ascochyta* sp. *Cephalosporium* sp. *Helminthosporium* sp. *Stemphylium* sp. *Ulocladium* sp.	Warme, feuchte Bedingungen.	Sortenwahl, Saatgutbeizung, befallsabhängige Fungizidapplikation.
	Cercospora sp. *Heterosporium* sp.	Trockenheit, Wind, Spritzwasser.	
	Mycosphaerella sp. *Cladosporium* sp. *Peronospora* sp.	kühle, feuchte Bedingungen.	
	Pseudomonas sp.	Nässe, Pflanzenverletzungen.	
Fuß- und Wurzelkrankheiten	*Diploida* sp. *Fusarium* sp. *Phoma* sp. *Phythium* sp. *Rhizoctonia* sp. *Sclerotium* sp. *Verticillium* sp.	Wechselfeuchte, Nässe, hohe (Boden-)Temperaturen.	Fruchtfolge-Bodenbearbeitung, Beseitigung infizierter Ernterückstände, Saatgutbeizung.
Stengel- und Fruchtstandskrankheiten	*Botrytis* sp. *Cercosporella* sp. *Graphium* sp. *Phoma* sp.	Warme, feuchte Bedingungen.	Beseitigung infizierter Ernterückstände, Fruchtfolge - Bodenbearbeitung. Sortenwahl, Fungizideinsatz.
Viruskrankheiten	PLRV-Virus Y-Mosaik-Virus CMV-Virus	Kontaminiertes Saatgut, Befall mit Vektoren (z.B. Blattläuse)	Saatgutprüfung, Bekämpfung der Vektoren.

Tab. 154: Tierische Schädlinge der Reismelde (nach Übersichten und Literaturangaben von HOFMANN 1998, verändert)

Schaderregergruppen	Erreger	Schadeffekte	Bekämpfungsmaßnahmen
Die Keimpflanzen befallende Insekten	*Agrotis* sp. *Feltia* sp.	Angefressene bzw. abgetrennte Sprosse.	Fruchtfolge-Bodenbearbeitung, Unkrautbeseitigung.
Blattfressende und blattverspinnende Insekten	*Dargida* sp. *Epicanta* sp. *Expitrix* sp. *Naupactus* sp. *Peridroma* sp. *Phyllotreta* sp. *Pieres* sp. *Scrobipalpula* sp. *Spodoptera* sp.	Blattfraß.	Abhängig vom Befallsdruck: Insektizidapplikation, Berücksichtigung von natürlichen Gegenspielern.
Saugende Insekten	*Aphis* sp. *Frankliniella* sp. *Macrosiphum* sp. *Melanotrichus* sp. *Myzus* sp. *Paratanus* sp. *Pemphigus* sp. *Proba* sp.	Saugschäden an Blättern und Fruchtständen, Blattkräuselung, Virusübertragung.	
Minierende und kornzerstörende Insekten	*Cepitarsia* sp. *Herpetogramma* sp. *Hymenia* sp. *Liromiza* sp. *Pachyzancla* sp. *Perisoma* sp. *Spoladea* sp. *Tinea* sp.	Minierfraß an Blättern, Fruchtständen, Körnern.	
Nematoden	*Globodera* sp. *Naccobus* sp. *Tecca* sp. (*Heterodera* sp.)	Gestauchter Wuchs, Pflanzenausfall.	Fruchtfolge, Unkrautbekämpfung.

Verletzungen, hervorgerufen z.B. durch beißende Insekten oder auch durch mechanische Bearbeitung, sind Eintrittspforten. Schwache, zögernd wachsende Keimpflanzen sind besonders anfällig. Sobald die Achsen der Pflanzen kräftig sind, nimmt die Umfallgefahr ab. Allerdings kann auch in fortgeschrittenen Stadien Befall auftreten, der Blattschäden, Wachstumsdepressionen und schließlich Kornertragseinbußen nach sich zieht. Eine Saatgutbehandlung mit Fungiziden und Insektiziden ist nur befristet wirksam.

Die Stengelregionen können von der Stengelbasis bis in die Blütenstandsachsen hinein von weiteren Erregern, *Phoma* sp., *Phomopsis* sp., *Botrytis* sp., *Cercosporella* sp. u.a. befallen werden. Die *Phoma*- und die *Phomopsis*-Arten treten erst in späteren Entwicklungsstadien an der Reismelde und ebenso in Amarantbeständen auf. Auch der Schwärzepilz *Alternaria* sp. greift in späteren Entwicklungsstadien von den Blättern auf die Stengel und die Fruchtstände über. Grau-schwarze Läsionen an den Stengeln, die schließlich zusammenfließen, zeigen den *Phoma*-Befall an. Die Läsionen beeinträchtigen sowohl den Stofftransport als auch die physikalische Stabilität der Pflanze. Vorzeitige Absterbe- und Lagereffekte sind die Folge. Die Fruchtstände knicken ab, die Kornausbildung ist unterbrochen oder unterbunden. In der Anfälligkeit gegenüber *Phoma* sp. existieren Sortenunterschiede. Darüber hinaus nimmt die Anfälligkeit der Pflanzen in Abhängigkeit von der Bestandesdichte und der Stickstoffernährung auf das Schadensausmaß Einfluß. Die genannten Erreger werden teils durch den Wind, teils mit dem Saatgut verbreitet. Kritische Infektionsquellen sind immer kontaminierte Ernterückstände. Präventive Maßnahmen, die den raschen und vollständigen Abbau fördern - die bodenoberflächennahe Einmischung, gegebenenfalls eine begrenzte Stickstoffgabe und die wiederholte Bodenbelüftung - sind wichtig (Tab. 153, 156).

Feuchte, warme Sommer- und Spätsommerperioden fördern die Ausbreitung von Blattkrankheiten. Unter trockenen Verhältnissen bleibt die Gefahr wesentlich geringer. Eine Vielzahl von Erregern kann auf den Blattspreiten Flecken unterschiedlicher Form, Größe und Farbe hervorrufen. Die Schadeffekte beeinträchtigen die Photosynthese und den Assimilateabtransport. Der falsche Mehltau, *Peronospora* sp., kommt in allen Anbaugebieten unter feuchten Bedingungen vor und befällt alle Entwicklungsstadien. Insbesondere die Blattspreitenunterseite wird von einem grauvioletten Myzelrasen überzogen. Die erkrankten Blätter werden schließlich abgeworfen. Spätestens sobald an den jungen Blättern Befall auftritt, müssen Fungizide eingesetzt werden.

Schließlich sind Virosen bekannt, die über Insekten verbreitet werden. Der Befall der Reismelde und des Amarants mit dem Gurkenmosaikvirus kann sowohl die Blatt- als auch die Kornqualität, bezogen auf ernährungsphysiologisch essentielle Inhaltsstoffe, erheblich mindern. Dies zeigten neuere Untersuchungen befallener Pflanzen. Der Proteingehalt der Blatt- und der Kornmasse stieg an, jedoch fielen der Vitamin C- und der Carotinoidgehalt der Blätter gravierend. Darüber hinaus veränderte sich die Zusammensetzung des Kornproteins (Tab. 155).

Ein breites Potential tierischer Schädlinge kann Reismelde- und Amarantbestände über den gesamten Entwicklungsverlauf hinweg befallen (Tab. 162). Auf die einzelnen Schaderreger kann hier nicht näher eingegangen werden, nur einige wenige können herausgehoben werden. Weltweit werden in den Anbaugebieten die höchsten Ertragseinbußen durch die Larven von Faltern, z.B. von *Agrotis* sp., und durch Wanzenarten, *Lygus* sp., hervorgerufen. In den amerikanischen Amarantanbaugebieten werden *Lygus*-Arten als die gefährlichsten Schaderreger des Amarants bezeichnet. Darüber hinaus wurde sowohl bei Körner- als auch bei Unkrautamarantarten ein Befall mit Stengelschädlingen des Maises, z.B. mit dem Maiszünsler, *Ostrinia* sp., festgestellt.

Tab. 155: Auswirkungen der Infektion von Reismelde und Amarant mit dem Gurkenmosaikvirus (CMV) auf die ernährungsphysiologische Qualität der Blatt- bzw. der Kornmasse (PRAKASH et al. 1995, verändert)

Inhaltsstoffe (g kg^{-1} bzw. mg kg^{-1} Blattfrischmasse bzw. g kg^{-1} Kornprotein)	Reismelde (*Ch. quinoa*)			Amarant (*A. hypochondriacus*)		
	Gesund	Infiziert	Sig.[1]	Gesund	Infiziert	Sig.[1]
Blattfrischmasse						
Protein (g)	26	30	**	34	37	*
Vitamin C (g)	0,78	0,16	**	1,44	0,99	**
Carotinoide (mg)	210	130	**	250	190	**
Chlorophyll (g)	1,68	1,57	n.s.[2]	1,24	1,11	*
Kornprotein						
Asparaginsäure, Threonin, Serin, Prolin (g)	Infektionsbedingte Zunahme		**	Infektionsbedingte Zunahme		**
Glutamin, Alanin, Cystin, Valin (g)	Infektionsbedingte Abnahme		**	Infektionsbedingte Abnahme-		**

[1] *, ** Signifikant bei 5% bzw. 1% Grenzwahrscheinlichkeit
[2] n.s. = nicht signifikant

Die genannten Wanzenarten, *Lygus* sp., befallen mehr als 300 Pflanzenarten, darunter die Reismelde und den Amarant. Unter günstigen Bedingungen entwickelt sich innerhalb von 30 Tagen eine neue Generation. In einer längeren, warmen Vegetationsperiode können mehrere Generationen aufeinander folgen. Die Wanzen saugen an turgeszentem Gewebe. Befallsbereiche sind die Fruchtstandsachsen, die Blüten und die Kornanlagen. Die weiblichen Tiere legen bevorzugt an den Fruchtständen ihre Eier ab. In allen Bereichen wirken sich stärkere Saugschäden auf den Kornertrag und die Kornqualität aus. Nekrosen, absterbende Gewebebereiche, die Eintrittspforten für Krankheits- oder andere Schaderreger darstellen können, entstehen. Auch größere Teile des Fruchtstandes können absterben. Die Körner werden unvollständig ausgebildet, Schrumpfkörner resultieren. Die erntbaren Körner sind missfarben und qualitativ minderwertig, sie müssen daher aus dem Korngut herausgereinigt werden.

Tab. 156: Krankheitserreger und Virosen der Amarantarten (nach Übersichten und Literaturangaben von HOFMANN 1998, verändert)

Krankheiten	Erreger	Befallsbedingungen	Bekämpfungsmaßnahmen
Blattkrankheiten	*Albugo* sp. *Alternaria* sp. *Aphanomyces* sp. *Botrytis* sp. *Cephalosporium* sp. *Cercospora* sp. *Cladosporium* sp. *Colletotrichum* sp. *Coniothecium* sp. *Curvularia* sp. *Fusarium* sp. *Oedocephalum* sp. *Phyllosticta* sp. *Pleospora* sp. *Rhizopus* sp. *Trichothecium* sp.	Feuchte, artenspezifisch teils wärmere, teils kühlere Bedingungen.	Sortenwahl, ggf. Fungizideinsatz.
	Pseudomonas sp.	Nässe, Pflanzenverletzungen.	
Fuß- und Wurzelkrankheiten	*Fusarium* sp. *Phoma* sp. *Pythium* sp. *Rhizoctonia* sp.	Feuchte Bedingungen, Staunässe.	Fruchtfolge-Bodenbearbeitung, Beseitigung infizierter Ernterückstände, Saatgutbeizung, Fungizideinsatz.
Stengel- und Fruchtstandskrankheiten	*Alternaria* sp. *Aspergillus* sp. *Botrytis* sp. *Cercospora* sp. *Cladosporium* sp. *Cochliobolus* sp. *Fusarium* sp. *Phoma* sp. *Phomopsis* sp. *Rhizopus* sp.	Feuchte, artenspezifisch teils wärmere, teils kühlere Bedingungen.	Sortenwahl, ggf. Fungizideinsatz.
Viruskrankheiten	Beet-Western-Yellow-V. Gurkenmosaik-V. Kürbis-Mosaik-V. Luzerne-Mosaik-V. Tabak-Ringflecken-V.	Kontaminiertes Saatgut, Befall mit Vektoren.	Saatgutprüfung, Bekämpfung der Vektoren.

Tab. 157: Tierische Schädlinge der Amarantarten (nach Übersichten und Literaturangaben von HOFMANN 1998, verändert)

Schaderregergruppen	Erreger	Schadeffekte	Bekämpfungsmaßnahmen
Die Keimpflanzen befallende Insekten	*Agrotis* sp. *Hypurus* sp. *Nysius* sp.	Fraß an Keimlingen und Keimpflanzen.	Fruchtfolge-Bodenbearbeitung, Unkrautbekämpfung, Saatgutbeizung.
Blattfressende und blattverspinnende, minierende Insekten	*Amelia* sp. *Cassida* sp. *Catantops* sp. *Chaetocnema* sp. *Coleoptera* sp. *Diacrisia* sp. *Disonycha* sp. *Empoasca* sp. *Epicanta* sp. *Eretmocera* sp. *Estigmene* sp. *Hymenia* sp. *Pegomyia* sp. *Phytomyza* sp. *Pholisora* sp. *Platynota* sp. *Scopula* sp. *Scythris* sp. *Spodoptera* sp. *Trichoplusia* sp.	Blattfraß, Blattminimierung.	Abhängig vom Befallsdruck, Insektizidapplikation, Berücksichtigung von natürlichen Gegenspielern.
Stengel- und Blütenstände befallende Insekten	*Calligrapha* sp. *Carpophilus* sp. *Coleoptera* sp. *Diabrotica* sp. *Epicauta* sp. *Eretmocera* sp. *Enblemma* sp. *Haplothrips* sp. *Heliothis* sp. *Lixus* sp. *Lygus* sp. *Megaceras* sp. *Mordellistena* sp. *Oecanthus* sp. *Ostrinia* sp. *Polychrosis* sp. *Schistocerca* sp. *Scythris* sp.	Artenspezifischer Fraß an oder in Stengeln, Pollen- oder Blütenfraß an Blütenständen.	

Fortsetzung Tabelle 157

Schaderreger-gruppen	Erreger	Schadeffekte	Bekämpfungsmaßnahmen
Saugende Insekten	*Acyrthosiphon* sp. *Aelothrips* sp. *Aphis* sp. *Empoasca* sp. *Macrosiphum* sp. *Macrosteles* sp. *Melanotrichus* sp. *Orius* sp. *Rhopalosiphum* sp. *Sitobion* sp. *Tetranycida* sp. *Zyginidia* sp.	Saftentzug, Saugschäden, Virusübertragung.	Abhängig vom Befallsdruck, Insektizidapplikation, Berücksichtigung von natürlichen Gegenspielern.
Nematoden	*Meloidogyne* sp. *Naccobus* sp. *Heterodera* sp. *Pratylenchus* sp.	Kornertragseinbußen.	Fruchtfolge, Unkrautbekämpfung.

Amerikanischen Untersuchungen an Amarantpflanzen zufolge kann ein mehrwöchiger Befall mit ca. 12 Tieren je Fruchtstand in der Kornausbildungsperiode den Kornertrag um bis zu 80% reduzieren. Teilweise werden die Amarantarten und -sorten unterschiedlich stark befallen. Ob dies alleine auf Differenzen im Blühzeitpunkt und der Blühdauer zurückgeht oder ob hier nutzbare Resistenzen vorliegen, ist unzureichend geklärt. Jedenfalls werden im Zuge der Sortenentwicklung Resistenzquellen gesucht.

Auf südwestdeutschen Standorten werden bisher die Reismeldebestände von diesen Wanzenarten bevorzugt gegenüber Amarantbeständen befallen. Diese Differenzierung gilt nicht nur für den Befall mit Wanzen. Die Reismelde wird bereits in sehr frühen, aber auch in späteren Entwicklungsstadien von Läusen befallen, während daneben stehende Amarantbestände weitestgehend verschont bleiben. Ob dieser selektive Befall mit der Färbung der Pflanzen oder mit den Inhaltsstoffen der Blätter zusammenhängt, ist unklar. Außerdem legt die Kornmotte, *Tinea granella*, vermutlich bereits auf dem Feld ihre Eier bevorzugt auf der Reismelde ab. Im geernteten Korngut schlüpfen anschließend die Larven aus. Ob Interaktionen zwischen dem Befall mit der Wanze und mit der Kornmotte vorliegen, ist nicht bekannt. Weder beim Buchweizen noch beim Amarant trat auf den südwestdeutschen Standorten bisher ein derartiger Schädlingsbefall auf.

In Regionen mit traditionellem Anbau wurden Gegenspieler, Insekten, die Schädlinge, beispielsweise die Raupen von Schmetterlingen parasitieren festgestellt. Sie sind m.E. in der Lage, einen begrenzten Befall zu kontrollieren. Bei stärkerem Schädlingsbefall müssen Insektizide appliziert werden. Gegen Schadinsekten sind Pyrethrin- bzw. Pyrethroid-haltige Präparate einsetzbar. Soweit die Mittel auf natürlichen

Wirkstoffen basieren, können sie auch im Ökologischen Landbau verwendet werden. Ein Problem ist die Applikation in späteren Stadien. Die Wuchshöhen der Bestände im Blühstadium verlangen hochgestelzte Ausbringungsgeräte.

Nach derzeitigem Kenntnisstand können Nematodenarten sowohl die Reismelde als auch den Amarant befallen. Bisher wurden *Meloidogyne-*, *Naccobus-*, *Pratylenchus-* und *Heterodera*-Arten gefunden. Andererseits zeigen Untersuchungen, daß die Amarantarten die Populationsdichte des Rübennematoden, *Heterodera schachtii*, in unterschiedlichem Umfang absenken können (Tab. 158).

Tab. 158: Einfluß verschiedener Amarantarten auf die Vermehrungsraten (Pf/Pi)[1] des Rübennematoden, *Heterodera schachtii* (SCHLANG 1985b, verändert)

Untersuchung:	Untersuchung 1:	Untersuchung 2:
Vorbefall (Pi):	5 180	1 180
Arten	Vermehrungsrate (Pf/Pi)	Vermehrungsrate (Pf/Pi)
Amaranthus caudatus	0,46	0,42
A. hybridus	1,01	1,53
A. cruentus	0,37	0,58
Ölrettich, Sorte Siletina	_[2]	12,76

[1] Pi = Vorbefall = Eier + Larven 100 ml^{-1} Boden vor der Pflanzung
Pf = Nachbefall = Eier + Larven 100 ml^{-1} Boden bei Untersuchung nach der Pflanzung
[2] Keine Angabe

Die Effekte auf die Vermehrungsraten, Pf/Pi, des Rübennematoden deuten darauf hin, daß *A. caudatus* und *A. cruentus* die Populationsdichten reduzieren. Dies kann als Hinweis auf eine Feindpflanzenwirkung, aber auch auf ein Potential zur Entwicklung von Sorten, die gegenüber dem Rübennematoden resistent sind, betrachtet werden.

3.2.4 Vorbeugende Maßnahmen zur Schadensbegrenzung

Die Maßnahmen erstrecken sich auf abiotische und biotische Schadfaktoren und Streßsituationen, die nach der Bestandesetablierung im weiteren Entwicklungsverlauf kornertrags- und qualitätsrelevante Schäden hevorrufen können. Potentielle Schadursachen werden nochmals tabellarisch zusammengefaßt (Tab. 159a, b).

Die genannten Verfahren zur Bekämpfung der Schadursachen bzw. zur Begrenzung der Schäden sind Beispiele zielorientierter Ansätze, die produktionstechnischen Möglichkeiten sind damit nicht ausgeschöpft. Zudem dürfen einzelne Maßnahmen nicht als unabhängige Größen gesehen werden, vielmehr sind sie im Zuge eines Anbauverfahrens durchgängig aufeinander abzustimmen. Dies ist schon deshalb erforderlich, weil jeder Eingriff sowohl zielkonforme als auch gegenteilige Effekte hervor-

Tab. 159a: Vorbeugende Maßnahmen zur Vermeidung kornertrags- und kornqualitätsrelevanter Schäden im Entwicklungsverlauf von Buchweizen-, Reismelde- und Amarantbeständen durch abiotische Schad- und Streßfaktoren

Komplexe potentieller Schadursachen	Artspezifische Bedeutung	Vorbeugende bzw. bekämpfende Ansätze und Maßnahmen
\multicolumn{3}{c}{Abiotische Schad- und Streßfaktoren}		
Bodenverschlämmung und -verkrustung zwischen Aufgang und Bestandesschluß.	Buchweizen < Reismelde < Amarant	• Gröbere Bodenoberflächenstruktur. • Dünne, evtl. teilweise eingearbeitete Mulchauflage. • Arten- und stadiumskonforme Bodenbearbeitung.
Mangel an Grundnährstoffen, z.B. an P, K. Stickstoffstreß: Stickstoffmangel bzw. Stickstoffüberangebot in fortgeschrittenen Entwicklungsabschnitten.	Buchweizen < Reismelde, Amarant	• Fruchtfolge - Bodenbearbeitung. • Bedarfsorientierte Grunddüngung. • Höhe und Verteilung mineralischer Stickstoffdüngergaben.
Kälterückschläge, Spätfröste in frühen Entwicklungsabschnitten.	Reismelde < Amarant < Buchweizen	• Standortgerechte Saattermine. • Kühle-, kältetolerante Sorten. • Vermeidung von Feldschlägen in kritischen Lagen und Positionen.
Wassermangel, Trockenheit in der Feldaufgangs- oder in der Kornausbildungsperiode.	Amarant, Reismelde < Buchweizen	• Reduzierte Bestandesdichten. • Sorgfältige Unkrautbekämpfung. • Beregnung.
Staunässe nach Aufgang in frühen Entwicklungsabschnitten.	Buchweizen < Reismelde < Amarant	• Vermeidung von Bodenverdichtungen. • Intensive Grundbodenbearbeitung. • Biologische Bodenbearbeitung.
Windbewegung, Windbelastung der ausgewachsenen Bestände.	Buchweizen, Reismelde, Amarant	• Angehobene Bestandesdichten. • Kurzwüchsige, wenig verzweigende Sorten. • Geeignete Windschutzstreifen.

Tab.: 159b: **Vorbeugende Maßnahmen zur Vermeidung kornertrags- und kornqualitätsrelevanter Schäden im Entwicklungsverlauf von Buchweizen-, Reismelde- und Amarantbeständen durch biotische Schad- und Streßfaktoren**

Komplexe potentieller Schadursachen	Artspezifische Bedeutung	Vorbeugende bzw. bekämpfende Ansätze und Maßnahmen
Biotische Schad- und Streßfaktoren		
Konkurrenzeffekte und Übertragung von Schaderregern durch Unkraut- und Ungrasarten.	Buchweizen < Reismelde < Amarant	• Mechanische Unkrautbekämpfung vor der Aussaat und nach dem Aufgang. • Ausrichtung der Saattermine und der Saatdichten auf die rasche Entwicklung eines Eigenunterdrückungsvermögens. • Applikation verträglicher Herbizide.
Verwandte, die Kornqualität des Erntegutes beeinträchtigende Wildarten oder abweichende Genotypen.	Buchweizen < Reismelde < Amarant	• Verwendung sortenreinen und technisch reinen Saatguts. • Bereinigung der Bestände vor der Blüte. • Reinigung des geernteten Korngutes.
„Umfall"-Krankheiten im Keimpflanzenstadium und in frühen Entwicklungsstadien, hervorgerufen durch pilzliche Erreger.	Buchweizen < Reismelde < Amarant	• Bodendrainage, Vermeidung von Staunässe. • Vorzugsweise flache Saatgutablage, Aussaat bei günstigen Keimtemperaturen. • Saatgutbeizung, evtl. Einsatz von Kalkstickstoff als Start-Stickstoffgabe.
Keim- und Jungpflanzen im Wurzel- bzw. im Sproßbereich befressende Schädlinge.	Buchweizen < Reismelde < Amarant	• Fruchtfolge, intensive Bodenbearbeitung. • Saatgutbeizung unter Einbezug von insektiziden Wirkstoffen. • Insektizidapplikationen.
In fortgeschrittenen Entwicklungsstadien Stengelbruch und Blattschäden durch pilzliche Erreger.	Buchweizen, Reismelde, Amarant	• Beseitigung von Ernterückständen und Unkraut. • Anbau wenig anfälliger Sorten. • Einsatz von Kalkstickstoff und/oder von Fungiziden.
Blütenstände und Kornanlagen besaugende und zerstörende Insekten.	Buchweizen < Reismelde, Amarant	• Evtl. Sortenwahl. • Insektizidapplikationen.

zurufen vermag. Darüber hinaus kann die Absicht, gegenüber Schadeinflüssen vorzubeugen, widersprüchliche Anforderungen an ein- und dieselbe Maßnahme stellen. Ein Beispiel: angehobene Bestandesdichten sind ein wirksames Element zur Beschleunigung des Bestandesschlusses. Ein rascher und vollständiger Bestandesschluß reduziert Schadeffekte einer Oberflächenverschlämmung und eines aufkommenden Unkrautbesatzes. Besteht in späteren Entwicklungsabschnitten aber die Gefahr von Wassermangel muß dieser Situation von vorne herein mit artspezifisch begrenzten Bestandesdichten, die dem Ziel des raschen Bestandesschlusses zuwider laufen, Rechnung getragen werden.

Schließlich besitzt jeder pflanzenbauliche Eingriff nicht nur produktionszielorientierte, sondern auch ökologische Auswirkungen. Dies bedeutet: der Standortbezug eines Anbauverfahrens ist unabdingbar. Ein standortbasiertes Gesamtkonzept schließt die der angebauten Art vorausgegangenen Fruchtarten, Bedingungen und Maßnahmen ein. Von daher wird verständlich, daß die Überlegungen zur Schadensvorbeugung und -bekämpfung auch diesen Zeitraum berühren müssen. Ohne Frage variiert darüber hinaus die Bedeutung der einzelnen Maßnahme in Abhängigkeit von den Eigenschaften der Art und der Sorte. Auch hierzu ein Beispiel: während das zwischenreihige Hacken von Amarant- und Reismeldebeständen aus mehreren Gründen höchst sinnvoll erscheint und ggf. mehrmals vor dem Bestandesschluß durchgeführt werden kann und muß, ist diese Maßnahme bei Buchweizenbeständen häufig weder erforderlich noch realisierbar. Die horizontale Haltung der relativ großen Blattspreiten macht die Pflanzen bereits in frühen Stadien verletzungsempfindlich.

Bei allen drei Pseudogetreidearten erreichen auf vielen Standorten bisher nur wenige biotische Schaderreger ein bekämpfungswürdiges Ausmaß. Die Bekämpfung von Schaderregern in der Kornausbildungsphase, z.B. von Wanzenarten in Reismelde- oder Amarantbeständen ist im Hinblick auf den Einsatz von Wirkstoffen kritisch, befallsabhängig aber erforderlich.

Für den Buchweizen, ebenso wie für die Reismelde und den Amarant existieren breite Potentiale pflanzlicher und tierischer Schaderreger. Diese Potentiale zeigen, daß sich die Pseudogetreidearten in der Gefährdung durch Schaderreger im Prinzip nicht von großflächig und intensiv angebauten Körnerfruchtarten unterscheiden, die aktuelle Gefahr ist allerdings nicht vergleichbar.

3.2.5 Zusammenfassung

Essentielle Komponenten der Behandlung etablierter Bestände sind die Ergänzung von fehlenden Wachstumsfaktoren, insbesondere von Nährstoffen, die Vermeidung von Streß-Situationen und die Kontrolle von Schadfaktoren. Im Prinzip folgt die Nährstoffaufnahme der Bestände ihrer Wachstumsdauer und dem Verlauf der Trockenmasseproduktion. Von daher akkumulieren Reismelde- und Amarantbestände gegenüber Buchweizen bis zur Reife größere Nährstoffmengen, vor allem höhere Kalium- und Stickstoffmengen ha^{-1}. Im Mittel standen einer Größenordnung von 145 kg Kalium und 110 kg Stickstoff in der Sproßmasse von Buchweizen rund 200 kg Kalium und 140 kg Stickstoff bzw. 480 kg Kalium und 200 kg Stickstoff in den Sproßmassen der Reismelde bzw. des Amarants gegenüber. In der Nutzung mineralisch gedüngten Stickstoffs zur Kornproduktion erwies sich die Reismelde beiden anderen Arten überlegen. Im Frühjahr zur Körnerproduktion ausgesäte Buchweizenbestände schließen zumeist wesentlich rascher als Reismelde- und Amarantbestände. Solide etablierte Buchweizenbestände sind daher selbst in der Lage, aufkommendes Unkraut vollständig zu unterdrücken. Demgegenüber muß in Reismelde- und Amarantbeständen zwischen dem Aufgang und dem Bestandesschluß mechanisch Unkraut beseitigt werden. Über die Unkrautbekämpfung hinaus kann die lockernde Wirkung von Bodenbearbeitungsmaßnahmen entscheidende, auf einen beschleunigten Bestandesschluß ausgerichtete Wachstumsimpulse ausüben. Herbizide sind für keine der drei Arten zugelassen. Nutzbare Informationen über verträgliche Wirkstoffe existieren m.E. nur beim Buchweizen, im Nachauflaufverfahren werden einzelne Wirkstoffe problemlos vertragen. Die Pseudogetreidearten sind Wirtspflanzen für ein breites Schaderregerpotential, das Pilze, Virosen und tierische Schädlinge einschließlich Nematoden umfaßt. Von artunspezifischen Schaderregern, wie z.B. pilzlichen Erregern von „Umfallkrankheiten" abgesehen, treten bisher nur vereinzelt und standortbezogen Schaderreger in bekämpfungswürdigem Ausmaß auf. Gegenüber dem Rübennematoden, nicht gegenüber freilebenden Nematoden, ist der Buchweizen als Feindpflanze einzustufen. Eine gleichgerichtete Wirkung einzelner Amarantarten zeichnet sich ab. Zu einem ernsten Problem kann der Befall von Reismelde- und Amarantfruchtständen mit Wanzenarten werden.

3.2.6 Literatur

Zitierte Literatur

AMANN, C. and A. AMBERGER (1989): Phosphorus efficiency of buckwheat (*Fagopyrum esculentum*). Z. Pflanzenernähr. Bodenkd. 152, 181-189.

BECKER-DILLINGEN, J. (1927): Handbuch des Getreidebaus. Verlag P. Parey, Berlin.

BÜRKI, H.-M. (1997): Investigations on the feasibility of biological control of pigweeds (*Amaranthus retroflexus* L., *A. powellii* S. WATS and *A. bouchonii* THELL.) with phytophagous insects, fungal pathogens and crop management. Inauguraldissertation, Universität Bern.

ELBEHRI, A., PUTNAM, D.H. and M. SCHMITT (1993): Nitrogen fertilizer and cultivar effects on yield and nitrogen use efficiency of grain amaranth. Agron. J. 85, 120-128.

GOOS, R.J., ZHANG, D., JOHNSON, B.E., CARR, P., SCHATZ, B. and S. EDWARDSON (1998): A comparison of the nitrogen and phosphorus fertilizer responses of spring wheat and buckwheat. In: CAMPBELL, C. and R. PRZYBYLSKI (eds.): Adv. in Buckwheat Res., Winnipeg, Manitoba-Canada, II-2-5.

JACOBSEN, S.E., JØRGENSEN, J. and O. STØLEN (1994): Cultivation of quinoa (*Chenopodium quinoa*) under temperate climatic conditions in Denmark. J. agric. Sci. (Camb.) 122, 47-52.

HOFMANN, U. (1998): Produktionstechnische Probleme unter Berücksichtigung von Krankheits- und Schädlingsbefall beim Anbau von Reismelde und Amarant. Diplomarbeit, Universität Hohenheim.

HURLE, K. und P. ZWERGER (1995): Beschreibung häufig vorkommender Unkrautarten. Institut für Phytomedizin - Fachgebiet Herbologie der Universität Hohenheim.
JOSHI, B.D. and R.S. PARODA (1991): Buckwheat in India: National Bureau of Plant Genetic Resources. New Delhi.
JOSHI, B.D. and R.S. RANA (1995): Buckwheat (*Fagopyrum esculentum*). In: WILLIAMS, J.T. (ed.): Cereals and pseudocereals, 85-127. Chapman and Hall, London.
KNUTH, P. (1995): Einfluß der Zwischenfrucht auf die Vermehrung von Stengelälchen (*Ditylenchus dipsaci*) und den daraus resultierenden Befall der Folgekultur. Gesunde Pflanze 47, 50-53.
KRUSE, M. (1996a): Schriftliche Mitteilung.
KRUSE, M. (1996b): Vergleichende Untersuchungen zur Licht- und Stickstoffnutzung von Amarant-, Reismelde- und Buchweizenbeständen. Dissertation, Universität Hohenheim. Cuvillier-Verlag, Göttingen.
LAKHANOV, A.P. and G.V. LENKOVA (1998): To the problem of reutilisation in buckwheat seed forming. In: CAMPBELL, C. and R. PRZYBYLSKI (eds.): Adv. in Buckwheat Res., Winnipeg, Manitoba-Canada, II-135-139.
LANDESANSTALT FÜR PFLANZENSCHUTZ BADEN-WÜRTTEMBERG (1995): Versuchsergebnisse zur Verträglichkeit von Herbiziden in Buchweizen. Schriftliche Mitteilung, Stuttgart.
PRAKASH, D., RAJ, S.K. and B.P. SINGH (1995): Biochemical changes in cucumber mosaic virus (CMV) - infected *Amaranthus* and *Chenopodium*. J. Sci. Food Agric. 68, 299-303.
RITTER, E. (1986): Anbau und Verwendungsmöglichkeiten von *Chenopodium quinoa* Willd. in Deutschland. Dissertation, Universität Bonn.
SCHLANG, J. (1985a): Buchweizen, *Fagopyrum esculentum* Moench (Polygonaceae), eine Feindpflanze gegen *Heterodera schachtii*. Mitt. Biol. Bundesanst. für Land- Forstwirtschaft. Berlin-Dahlem 226, 104-114.
SCHLANG, J. (1985b): Einfluß verschiedener *Amaranthus*-Arten auf die Populationsdynamik von *Heterodera schachtii*. Biol. Bundesanst. für Land- Forstwirtschaft in Berlin und Braunschweig, Jahresbericht, 58-59.
SCHLANG, J. (1996): Zur Eignung verschiedener Buchweizenarten und -sorten als resistente Zwischenfrucht zur biologischen Bekämpfung von *Heterodera schachtii*. Mitt. Biol. Bundesanst. Land- Forstwirtschaft. Berlin-Dahlem 226, 141-151.

Weiterführende Literatur

EL AYDAM, M.E. and H.M. BÜRKI (1997): Biological control of noxious pigweeds in Europe: a literature review of the insect species associated with *Amaranth* sp. world-wide. Biocontrol News and Information 18/1, 11-20.
MARQUARD, R., GAUDCHAU, M. und M. SCHNEIDER (1995): Untersuchungen zur Kadmium-Aufnahme und -Akkumulation bei Arznei- und Ölpflanzen, 137-153. In: FRIEDT, W. und R. MARQUARD (Hrsg.): Gießener Beiträge aus Pflanzenbau und -züchtung.
SCHEEPENS, P.C. KEMPENAAR, C., ANDREASEN, C. and T. EGGERS (1997): Biological control ot the annual weed *Chenopodium album* with emphasis on the application of *Ascochyta caulina* as a microbiol herbicide. Integr. Pest Managm. Rev. 2, 71-76.
SOOBY, J., MYERS, R., BALTENSPERGER, D., BRENNER, D., WILSON, R. and CH. BLOCK (1998): Amaranth-Production Manual for the Central United States. University of Nebraska Cooperative Extension EC 98-151-S
WILSON, R.L. and D.L. OLSON (1993): Tarnished plant bug, *Lygus lineolaris* (Palisot de Beauvois) (Hemiptera: *Miridae*): Effect on yield of grain amaranth, *Amaranthus cruentus* L. in field cages. J. of the Kansas Entomol. Soc. 65/4, 450-452.

3.3 Ernte von Beständen

Gemeint ist der Mähdrusch von Buchweizen-, Reismelde- und Amarantbeständen. Die generellen, die drei Arten verbindenden Ernteprobleme wurden zurückliegend bereits mehrfach berührt. Im Mittelpunkt stehen der Abreifeverlauf, die Fixierung des Druschtermins und damit zusammenhängend die Gefahren der Spätverunkrautung und erheblicher Kornverluste. Hinzu kommt, insbesondere beim Amarant, die fragwürdige Abtrocknung der vegetativen Sproßmassen bei abnehmenden Herbsttemperaturen und zunehmender Luftfeuchte.

3.3.1 Abreife

Die Abreife umfaßt mehrere Prozesse. Die Nährstoffaufnahme aus dem Boden und die Translokation von Nähr- und Reservestoffen aus vegetativen Pflanzenteilen in die generativen Speicheranlagen, die Körner, werden beendet. Die Seneszenz schreitet von der Pflanzenbasis zur Spitze fort und der Wassergehalt der Blatt-, der Stengel- und der Kornfraktion nimmt ab. Anhand sukzessiver Verfärbungs- und Welkeerscheinungen der vegetativen Pflanzenteile, gleichermaßen an der Verfärbung des Fruchtstandes und der Körner läßt sich der Abreifeprozess der Bestände morphologisch beobachten und beschreiben. Aufeinanderfolgende Stadien werden mit Ziffern kodiert und sind Teil von Skalen, die den gesamten Entwicklungsverlauf der Art zusammenfassen. Der Wasserabgabeprozeß der Kornfraktion kann mit speziellen Geräten relativ rasch und exakt überwacht werden. Beispielhaft beschreibt die Tabelle 160 den Abreifeverlauf der Reismelde. Mit geringen Modifikationen verläuft die Abreife von Buchweizen- und Amarantbeständen analog (Tab. 160).

Angaben zur Vegetationsdauer, zu den produzierten Sproßtrockenmassen und zu den Korn:Stroh-Verhältnissen lassen im Artenvergleich die Probleme der Abreife und der Abtrocknung von Beständen erkennen (Tab. 161). Mit der Bewertung der Vegetationsdauer muß das Faktum der späten Aussaat von Buchweizen und Amarant, unter kühleren Bedingungen kaum vor Anfang bis Mitte Mai, berücksichtigt werden. Unter anderem deshalb reicht die Abreifeperiode der Amarantbestände weit in die Herbstmonate hinein. Hier beeinflußt der Witterungsverlauf, das Auftreten erster Frühfröste eingeschlossen, die Abreifedauer und den Zeitpunkt, zu dem die Bestände die Druschfähigkeit erreichen. Die großen Sproßmassen der Amarantbestände mit einem sehr weiten Korn:Stroh-Verhältnis, im Mittel mehrerer Versuchsjahre 1:3,2 (Tab. 161) trocknen per se nur bei einem hohen Temperaturniveau und geringer Luftfeuchte zügig ab. Die Anforderungen an die Separierung dieses Ernteguts im Mähdrescher verdeutlicht der Gegensatz zum Erntegut hochleistungsfähiger Weizenbestände: intensiv angebaute Weizenbestände werden heute mit einem Korn:Stroh-Verhältnis von nahezu 1:1 geerntet. Auch die Korn:Stroh-Verhältnisse von Buchweizen- und Reismeldebeständen sind mit > 1:2 doppelt so weit. Verglichen mit den Kornmassen müssen doppelt bis dreimal so hohe Gewichtsanteile an vegetativen Bestandteilen entfernt werden.

Tab. 160: Abreifeverlauf der Reismelde (aus: DARWINKEL and StØLEN 1997)

Allgemeine Definition (Makrostadien)	Dezimal-Code	Spezielle Definition (Mikrostadien)
Kornausbildung, Rispenfärbung	60	Samen wasserreif, Rispe grün
	61	Samen milchreif, beginnende Rispenfärbung
	63	25% der Rispe gefärbt
	65	Samen teigreif, 50% der Rispe gefärbt
	67	75% der Rispe gefärbt
	69	Samen physiologisch reif, Rispe vollständig gefärbt
Rispenabreife	71	Beginnende Rispenverfärbung
	73	Rispe zu 25% verfärbt
	75	Rispe zu 50% verfärbt
	77	Rispe zu 75% verfärbt
	79	Rispe nahezu verwelkt
Blattseneszenz, Blattwelke	81	Beginnende Blattseneszenz, -welke
	83	25% der Blätter vergilbt, verwelkt
	85	50% der Blätter vergilbt, verwelkt
	87	75% der Blätter vergilbt, verwelkt
	89	nahezu alle Blätter vergilbt, verwelkt
Stengelabreife	91	Beginnende Stengelvergilbung
	93	25% des Stengels blaß-gelb
	95	50% des Stengels blaß-gelb
	97	75% des Stengels blaß-gelb
	99	Stengel nahezu vollständig farblos

Das Korn:Stroh-Verhältnis im Erntegut kann abnehmen, wenn die Bestände mit fortschreitender Reife die Blätter abwerfen oder wenn mit hoher Stoppel gemäht wird.

Tab. 161: Vegetationsdauer (Tage) und Sproßtrockenmasseertrag (dt ha^{-1}) von Buchweizen-, Reismelde- und Amarantbeständen (Mittelwerte über die Versuchsjahre 1992 - 1995), Standort Ihinger Hof

Art	Vegetationsdauer (Tage)	Trockenmasse[1] (dt ha^{-1})	Korn:Stroh-Verhältnis
Buchweizen	104	67,6	1:2,3
Reismelde	147	102,7	1:2,2
Amarant	141[2]	131,8	1:3,4

[1] Sproßtrockenmasse
[2] Kornwassergehalt beim Drusch 25 - 30%

Tab. 162: Bestandeseigenschaften, die die Abreife verzögern und potentielle Maßnahmen zur Abreifebeschleunigung (Beispiele)

Abreifeverzögernde Bestandeseigenschaften	Abreifebeschleunigende Maßnahmen
• Verzögerter Entwicklungsverlauf und Spätreife der Art bzw. der Sorte in Relation zum standortgebundenen Vegetationszeit- und Witterungsverlauf. • Kontinuierliches Wasser- und Stickstoffangebot bei gemäßigtem Temperaturniveau. • Kräftige, hochwüchsige Pflanzen mit großem Stengeldurchmesser, großflächigen Blättern und großen Fruchtständen. • Später Abwurf absterbender Blätter. • Gegenüber der abreifenden Kornfraktion verzögerte Seneszenz und Abtrocknung der Sproßachsen. • Ungleichmäßige Abreife und Abtrocknung aufgrund starker Verzweigung der Pflanzen. • Stengelbruch und/oder Lagerbildung.	• Arten- und Sortenwahl bezogen auf die Standortsbedingungen. • Entwicklung frühreifer, kurzwüchsiger Sorten mit paralleler Abreife vegetativer und generativer Fraktionen. • Angehobene Bestandesdichten zur Reduktion der Verzweigung, zur Entwicklung dünn-stengeliger, klein-blättriger Pflanzen und zur Verminderung des Stickstoff- und Wasserangebots Pflanze^{-1}. • Begrenzung von spät pflanzenverfügbarem Stickstoff durch die Fruchtfolge und durch zeitlich und in der Höhe angepaßte Stickstoffdüngergaben. • Evtl. Unterfußdüngung von Amarant mit N und P zur Beschleunigung der Anfangsentwicklung nach dem Aufgang. • Evtl. Applikation von Wirkstoffen zur Abtötung vegetativer Pflanzenteile. Alternativ: Abwarten von Frühfrösten. • Vorzeitiger Schnitt der Bestände mit anschließendem Drusch aus dem Schwad.

Die Abreifeproblematik wird verschärft durch die sukzessive Entwicklung und Abtrocknung der Haupt- und der Seitenachsen verzweigter Pflanzen. Buchweizenbestände weisen häufig zugleich überreife, bereits ausfallende Körner, unreife, unvollständig ausgefärbte Körner und darüber hinaus alle Zwischen- und Anfangsstadien bis zu den Blüten auf. Die Anteile dieser Kategorien sind umso größer, je stärker verzweigt die Pflanzen sind. Auch bei der Reismelde und beim Amarant reifen die Fruchtstände der zentralen Achsen vor denen an den Seitenachsen ab. Selbst innerhalb des Fruchtstandes ein- und derselben Achse bestehen positionsbezogen erhebliche Unterschiede in den Entwicklungsstadien, im Wassergehalt und im Abreifeverlauf der Körner.

Die Abreifeproblematik wird von den Arten- und Sorteneigenschaften geprägt, gleichzeitig aber von den Aufwuchsbedingungen, die Produktionstechnik eingeschlossen, beeinflußt (Tab. 162). Vordringlich ist bei allen drei Arten die Entwicklung von Sorten mit stärker determiniertem Wuchs. Ansätze hierfür liegen bei jeder der drei

Pseudogetreidearten vor. Darüber hinaus ist die Frühreife eine entscheidende Zielgröße. Mit zunehmender Pflanzenzahl m^{-2} lassen sich die Verzweigungsneigung, die Stengeldicke und die Blattspreitenfläche reduzieren. Dichtere Reismelde- und Amarantbestände mit Bestandesdichten von 60 - 100 Pflanzen m^{-2} bleiben zudem gegenüber dünnen Beständen mit 20 - 30 Pflanzen m^{-2} deutlich kürzer. Die Fruchtstände sind wesentlich kleiner. Wie weit die größere Pflanzenzahl m^{-2} die Kornmindererträge der Einzelpflanze flächenertragsbezogen kompensiert, ist eine andere Frage. In jedem Fall bestehen hier produktionstechnisch Möglichkeiten, den Abreifeverlauf vom physikalisch-physiologischen Zustand der Einzelpflanzen her zu fördern. Zu berücksichtigen ist, daß mit steigender Dichte der Luftaustausch zwischen dem Bestand und der Bestandesumgebung abnimmt. Diese Konsequenz kann den Abtrocknungsvorteil in Grenzen konterkarieren.

Auf die abreiferelevante Bedeutung des Stickstoffangebots in späten Entwicklungsabschnitten wurde mehrfach hingewiesen. Ob - analog dem Anbau von Körnermais unter kühleren Bedingungen - eine Unterfußdüngung von Amarantbeständen mit Stickstoff und Phosphor zur Beschleunigung der Anfangsentwicklung mit der Folge früherer Abreife beiträgt, müßte untersucht werden. Bisher sind hierzu keine Befunde bekannt. Die Wirkung von Frühfrösten gegen Ende der Reifeperiode ist sowohl beim Buchweizen als auch bei der Reismelde und insbesondere beim Amarant im Einzelfall willkommen.

Der Effekt eines Frühfrostes kann zwar prinzipiell durch gezielte Wirkstoffapplikationen ersetzt werden, die Maßnahme ist aber problematisch. Zur Sikkation anderer Kulturpflanzenarten, z.B. der Baumwolle, sind Wirkstoffe zugelassen. Zur Sikkation der Pseudogetreidearten ist, soweit bekannt, kein Wirkstoff zugelassen. Zudem ist die Ausbringung in Abhängigkeit von der Wuchshöhe der Bestände an technische Voraussetzungen gebunden. Hiervon abgesehen sind, selbst bei Verwendung absolut unbedenklicher Substanzen, Wirkstoffapplikationen kurz vor der Ernte nicht erwünscht. Die Vermarktbarkeit des Kornguts als Rohstoff für die Herstellung von Lebensmitteln ist das zentrale Produktionsziel. Eine andere Bewertung kann erfolgen, wenn das Korngut zu Saatgut aufbereitet oder als technischer Rohstoff genutzt wird. Wie weit solche Wirkstoffapplikationen die Saatgutqualität, etwa die Keimruhe, bzw. den Abbau der Keimruhe beeinflussen können, müßte aber ebenfalls untersucht werden.

3.3.2 Schnitt bzw. Drusch

Prinzipiell können Bestände von Körnerfruchtarten, Buchweizen-, Reismelde- und Amarantbestände eingeschlossen, entweder aus dem Stand oder aus dem Schwad gedroschen werden. Man spricht vom Stand- oder Direktdrusch bzw. vom Schwaddrusch. Zumeist ist der Direktdrusch ökonomisch die günstigere Lösung. Im Gegensatz zum zweistufigen Schwaddrusch ist nur ein Arbeitsgang erforderlich. Zur Reduktion von Kornverlusten durch Ausfall beim Standdrusch wird die Umrüstung des Getreidemähdreschers mit Schiffchen empfohlen. Mit dem Anbau von ca. 1,5 Meter langen Kastenschiffchen an dem Schneidtisch werden beim Sonnenblumendrusch Ausfallverluste effizient verhindert. Die Abstände der Schiffchen sind von der Reihenweite abhängig. Umrüstsätze werden von verschiedenen Herstellern angeboten. Das Verfahren ist auch beim Drusch von Amarant- und Reismeldebeständen erfolgreich einsetzbar. Abhängig von den Standort- und den Witterungsbedingungen sowie der

Tab. 163: Ursachen für Kornertrags- und Kornqualitätsverluste vor dem Drusch und beim Drusch am Beispiel von Amarantbeständen

Verluste vor dem Drusch
• Kornertrags- und Kornqualitätsverluste durch Wanzenfraß an den Fruchtständen bzw. den Körnern vor und während der Reife.
• Kornertrags- und Kornqualitätsverluste durch den Fruchtstandsbefall mit pilzlichen Krankheitserregern.
• Kornausfall durch starke Windbelastung und Bewegung des teilreifen Bestandes.
• Kornertrags- und Kornqualitätsverluste durch Stengelbruch, Lagerbildung und Vogelfraß.
Verluste im Schwad
• Kornertragsverluste durch den Ausfall beim Schnitt bzw. im Schwad.
• Kornqualitätsverluste durch die Verschmutzung von Fruchtständen bei Bodenkontakt im Schwad.
• Kornertragsverluste resultierend aus der Herausreinigung von Bodenteilchen aus dem gedroschenen Korngut.
• Kornqualitätsverluste durch die Ausbreitung pilzlicher Schaderreger auf den Fruchtständen im bodennahen Bereich.
Verluste beim Drusch
• Kornertragsverluste durch den Mähdrusch bei unzureichender Abtrocknung des Bestandes, Verkleben der Körner an feuchten, vegetativen Pflanzenteilen.
• Kornertragsverluste durch Ausfall beim Kontakt des Mähdreschers mit dem Bestand, durch unvollständige Erfassung der Pflanzen, bzw. durch Ausfall bei der Aufnahme des Schwads.
• Kornertragsverluste während des Druschprozesses durch unzureichende Abstimmung der Aufnahme-, Ausdrusch- und Separierungsaggregate des Mähdreschers.
• Kornbeschädigungen während des Druschprozesses durch zu hohe Trommeldrehzahlen und unzureichend optimierte Korbeinstellung.

Bestandesqualität kann jedoch der Abtrocknungverlauf den vorzeitigen Schnitt erfordern. Sowohl der Stand - als auch der Schwaddrusch umfassen vielfältige Verlustgefahren. Besonders ausgeprägt treten diese Gefahren bei Amarantbeständen in Erscheinung, mit Modifikationen gelten sie aber auch für den Buchweizen und die Reismelde (Tab. 163).

Ertrags- und Qualitätsverluste durch einen Wanzenfraß hängen vom Befallszeitpunkt und dem Befallsausmaß ab. Sowohl Reismelde- als auch Amarantbestände können befallen werden. Regional wird, vermutlich in Interaktion zwischen den Wanzenarten und der Gegenwart von Reismelde und/oder Amarant, die eine oder die andere Pseudogetreideart von den Tieren bevorzugt. Die Gefahr von Kornverlusten durch den Ausfall vor dem Direktdrusch betrifft die Buchweizenbestände ebenso wie die Reismelde- und die Amarantbestände. Die Verluste steigen - von Wind- und Witterungsbelastungen abgesehen - rasch und erheblich an, sobald die Bestände im Zuge der natürlichen Abreife oder durch Frosteinwirkung teilweise oder vollständig die Totreife erreichen. Mit dem Absterben und Vermorschen der Stengel wirken zunehmender Stengelbruch und Lager in die gleiche Richtung.

Zusammengenommen kann mit dem Direktdrusch in keinem Fall abgewartet werden, bis die Bestände vollständig die Totreife erreicht haben, obwohl erst in der Totreife die günstigsten Ausdrusch- und Separierungseigenschaften gegeben sind. Ungleichmäßige Abreife und unzureichender Kornsitz verhindern durchweg die Nutzung dieses Stadiums bei den Pseudogetreidearten. Abhängig vom Gleichmäßigkeitsgrad der Bestände muß aus dem Stand gedroschen werden, sobald 50 - 70% der Fruchtstände braun verfärbt sind und in die Totreife übergehen. Die übrigen Fruchtstandsanteile sind zu diesem Zeitpunkt gelb, bzw. art- und sortentypisch gefärbt und noch in früheren Reifestadien. Kornfraktionen, die die physiologische Reife noch nicht erreicht haben, bedeuten Verluste. Solche Körner sind unvollständig arten- bzw. sortentypisch gefärbt. Unreife Amarantkörner sind durchscheinend. Darüber hinaus sind unreife Körner aufgrund ihres hohen Wassergehalts beschädigungsempfindlich und besitzen - unbeschädigt - eine ausgeprägte Keimruhe. Am Beispiel der Reismelde wird deutlich, welches Ausmaß die Ausfallverluste annehmen können, wenn ein zu später Termin für den Standdrusch gewählt, oder von den Witterungsbedingungen erzwungen wird (Tab. 165).

Den Erfahrungen und Untersuchungen in zentralamerikanischen Amarantanbaugebieten zufolge, resultieren zwei Verfahrensalternativen für den Standdrusch von Amarant (Tab. 164). Nach dem Drusch mit Kornfeuchten von 20% und darüber ist eine sofortige Trocknung des Kornguts durch Belüften erforderlich. Mit moderner Mähdruschtechnik sind Amarantbestände sogar mit Kornfeuchten von 30% und darüber druschfähig, umso größer ist die Bedeutung der Rücktrocknung. Nach einem Frühfrost abzuwarten, ob Kornfeuchten deutlich unter 20% erreicht werden, ist aufgrund rasch ansteigender Ausfallverluste zu riskant. Eine zehn- bis vierzehntägige Trocknungsperiode ist aber unumgänglich. Auf wärmeren Standorten wird die Druschfähigkeit durch die natürliche Abreife mit einem wesentlich geringeren Kornfeuchteniveau erreicht. Auch hier verlangen die Verlustgefahren den frühestmöglichen Drusch (Tab. 164).

Tab. 164: Standdruschverfahren von Amarantbeständen in Abhängigkeit von den Standort- und den Abreifebedingungen in den USA (SOOBY et al. 1998)

Standdrusch nach Frühfrost
• Nach dem Absterben der Fruchtstände und der Blätter ist eine 10 - 14-tägige Trocknungsperiode erforderlich.
• Der Drusch erfolgt ab 22 - 25% Kornfeuchte, weiteres Abwarten bedeutet insbesondere bei Windbelastung, rasch ansteigende Ausfallverluste.
• Nach dem Drusch ist die sofortige Trocknung des Kornguts durch Belüftung bis auf eine Kornfeuchte von 10 - 12% die Voraussetzung für eine längerfristige Lagerung.
Standdrusch nach weitgehender Abreife vor Frosteintritt
• Auf Standorten mit warmen Abreifeperioden erfolgt die natürliche Abreife und Seneszenz bis etwa Mitte Oktober bevor die ersten Fröste eintreten.
• Abwarten bis zur Braunverfärbung der Fruchtstände, der Stengel und der Blätter, die abgestorbenen Blätter fallen ab.
• Drusch bei Braunverfärbung der Fruchtstände und beginnendem Blattfall. Verzögerungen führen zu ansteigenden Kornverlusten durch Ausfall und durch Lagern der basal vermorschenden Stengel.

Der Schwaddrusch erfordert Schnitttermine in früheren Reifestadien. Die vegetativen Pflanzenteile sind weitestgehend seneszent und vergilbt. Wenn Teile des Bestandes bereits in die Totreife übergehen, also braun verfärbt sind, ist der geeignetste Schnitttermin bereits überschritten. Sowohl bei Buchweizen- als auch bei Reismeldebeständen treten dann bereits beträchtliche Ausfallverluste auf (Tab. 165).

Zur Schwadlage sind dünne Bestände mit kräftiger Stengelausbildung und stärkerer Verzweigung der Einzelpflanze besser geeignet als dichte, dünnstengelige Bestände mit weitgehend einachsigen Einzelpflanzen. Wesentlich ist, daß das Schnittgut auf nicht zu kurzen aber stabilen Stoppeln in lockerer Verteilung mit erheblichem Abstand von der Bodenoberfläche getragen wird. Nur unter solchen Bedingungen wird der Schwad ausreichend belüftet und erfüllt die Voraussetzungen für eine zügige Abtrocknung. Darüber hinaus kann nur so verhindert werden, daß sich unter feuchten Bedingungen rasch pilzliche Krankheitserreger auf den Fruchtständen ausbreiten. Die Gefahr des Bodenkontaktes, der zur Verschmutzung der Fruchtstände führt, besteht im übrigen bei der Reismelde und beim Amarant. An den feuchten Fruchtständen können Bodenteilchen hängen bleiben, die aus dem Korngut schwer heraus zu reinigen sind.

Vom Aufwand abgesehen, bedeutet die Herausreinigung, soweit sie überhaupt machbar ist, in jedem Fall erhebliche Kornverluste.

Tab. 165: Kornerträge (dt ha^{-1}) der Reismelde (Sorte KVL 84011)[1] in Abhängigkeit vom Erntetermin und vom Ernteverfahren, Standort Roskilde, Dänemark, 1990 (JACOBSEN et al. 1994)

Standdrusch	Färbung der Stengel, Blätter, Fruchtstände			
Druschtermine	grün > gelb	gelb > grün	braun > gelb	braun
Kornertrag (dt ha^{-1})	–[2]	–	35,5	22,6
Schwaddrusch	Färbung der Stengel, Blätter, Fruchtstände			
Schnitttermine	grün > gelb	gelb > grün	braun > gelb	braun
Kornertrag (dt ha^{-1})	34,0	35,1	27,7	26,8

[1] Selektion aus der Sorte Baer
[2] Keine Angabe

Wie dänische Untersuchungen zur Auswirkung des Ernteverfahrens auf die gewinnbaren Kornerträge von Reismeldebeständen zeigen, kann bei dieser Art ein zeitlich und verfahrenstechnisch optimierter Schwaddrusch durchaus dem Standdrusch überlegen sein (Tab. 166). Dies gilt insbesondere dann, wenn der Termin für den Standdrusch, z.B. aus Witterungsgründen, nicht optimiert werden kann.

Tab. 166: Kornerträge (dt ha^{-1}) der Reismelde, Sorte KVL 84011[1], in Abhängigkeit vom Ernteverfahren und vom Standort in Dänemark (JACOBSEN et al. 1994)

Standort, Jahr	Schwaddrusch	Standdrusch	S.E.[2]
Roskilde 1988	32,8	23,0	1,3
Tastrup 1989	26,9	22,9	0,5

[1] Selektion aus der Sorte Baer
[2] S.E. = Standardfehler

Bereits in einem früheren Abschnitt (s. Kap. 3.1.3) wurden die Auswirkungen verschiedener Ernteverfahren auf die Kornverluste von Buchweizenbeständen erörtert. Wie Untersuchungen zeigten, traten bei allen Verfahren, bezogen auf den Drusch nach einer Sikkation, erhebliche Kornverluste auf. Auch nach einer Sikkation sind Buchweizenbestände jedoch mit Sicherheit nicht verlustfrei zu ernten. Zu diesem Verfahren in Relation gesetzt, führten sowohl das Abwarten von Frühfrösten als auch der Schwaddrusch zu einem Rückgang der gedroschenen Kornerträge auf 40 - 50% (Tab.

167). Solche Befunde dürfen nicht ohne weiteres generalisiert werden. Der Zustand des Bestandes und der Schnitttermin, sowie die Dauer der Zwischenlagerung im Schwad, verbunden mit den Witterungsverhältnissen, können die Ergebnisse, die mit verschiedenen Verfahren erzielt werden, erheblich variieren.

Tab. 167: Einflüsse des Ernteverfahrens auf die geernteten Kornerträge (dt ha^{-1}) von Buchweizenbeständen und die Tausendkorngewichte (g) des Ernteguts (HONERMEIER 1994)

Ernteverfahren	Kornertrag (dt ha^{-1})		Tausendkorngewicht (g)	
	abs.	rel.	abs.	rel.
Mähdrusch nach Sikkation	17,4	100	25,6	100
Mähdrusch ohne Vorbehandlung	13,8	79	24,5	96
Schwaddrusch	7,1	41	23,6	92
Mähdrusch nach Frosteinwirkung	8,8	51	23,4	91

Als Besatz können im gedroschenen Korngut vor allem Bruchkornanteile und geschälte Kerne auftreten. Besonders großkörnige Sorten sind gegenüber der mechanischen Belastung beim Drusch empfindlich. Neben der Korngröße spielt auch die Kornfeuchte eine Rolle. Je weiter das Korngut abgereift und abgetrocknet ist, desto empfindlicher ist das Material. So günstig trockenes Druschgut für die Separierung ist, die geringe Elastizität der Kornfraktion kann zu erheblichen Kornqualitätsschäden führen, wenn die Einstellung der Druschaggregate diesem Zustand nicht ausreichend Rechnung trägt. Ein schonender Drusch ist unbedingt erforderlich.

Abschließend ist festzustellen, daß das Ernteverfahren auf die Bestandeseigenschaften im Einzelfall abgestimmt werden muß. Dies bedeutet auch: bereits bei der Erstellung von Ausgangsbeständen ist das Ernteverfahren und seine Bedingungen in die Überlegungen einzubeziehen.

3.3.3 Korngutaufbereitung

Wesentliche Schritte der Korngutaufbereitung mit dem Ziel, marktfähige bzw. verarbeitbare Partien bereitzustellen, wurden bereits im Kapitel 2.1.1 vergleichend dargestellt. Die Prozesse sind artenspezifisch relativ komplex. Dies hängt mit den Korngrößen und den Kornformen, der großen Variabilität im Reifegrad und den hohen Ansprüchen der Verarbeiter an die Kornqualität zusammen. Im Gegensatz zum Buchweizen und zu den derzeit verbreiteten, relativ saponinreichen Reismeldesorten verlangt das Amarantkorngut keine Behandlung zur Entfernung der Fruchtschale. Zwei Bestandteile, bereits mehrfach erwähnt, können jedoch auch in Amarantpartien zu Problemen führen, schwarze Körner und kleine Bodenpartikel. Gegebenenfalls sind nur mit Tischauslesern oder mit modernen, optisch arbeitenden Sortiermaschinen brauchbare Ergebnisse erzielbar.

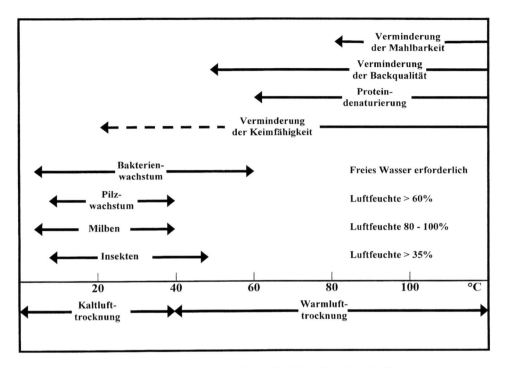

Abb. 13: **Einflüsse der Temperatur und der Luftfeuchte bei der Lagerung von Korngut auf die Entwicklung von Schaderregern und Schadeffekten (nach STEINER 1997, verändert)**

In jedem Fall erscheint bei Korngut, das mit einem Wassergehalt > 15% gedroschen wurde, eine sofortige Rücktrocknung auf Kornfeuchten, die eine verderbnisfreie Lagerung sicherstellen, von herausragender Bedeutung. Das Kornfeuchteniveau, das eine längerfristige Lagerung erlaubt, bewegt sich zwischen 10 und 15%. Abhängig vom Besatz des Druschguts an vegetativen, zumeist feuchten Bestandteilen, muß eine Vorreinigung unmittelbar nach dem Drusch vorausgehen. Dies beschleunigt den Trocknungsprozeß wesentlich. Anschließend ist eine gleichmäßige Belüftung der Partien, verbunden mit einer laufenden Kontrolle der Kornfeuchten, erforderlich.

Abhängig von der Lagerungstemperatur, der relativen Luftfeuchte, auch der Luftzusammensetzung, breiten sich auf dem Korngut unterschiedliche Schaderregergruppen aus (Abb. 13). Das Wachstum und die Vermehrung der Erreger bedeuten zunächst Kornmasseverluste. Sehr viel gravierender ist aber, daß die Erreger die Qualität des Korngutes als Rohstoff für die Lebensmittelherstellung in einem Ausmaß beeinträchtigen, das rasch zur Verderbnis führt. Abbau- und Stoffwechselprodukte von Mikroorganismen, lebende und tote Insekten oder Mikroben verändern die Geschmacks- und die Geruchseigenschaften. Darüber hinaus können die Rückstände einen erheblichen Giftigkeitsgrad aufweisen.

Mit abnehmender Korngröße steigt die Problematik der gleichmäßigen Kornentfeuchtung, da die Dichtlagerung die Luftbewegung durch die Partie hemmt. Bei der Reismelde und insbesondere beim Amarant sind daher nur begrenzte Schütthöhen möglich. In jedem Fall muß der Feuchtigkeitsgehalt laufend an mehreren Stellen einer zu trocknenden bzw. einer gelagerten Partie kontrolliert werden.

Zur Trocknung ist Kaltluft, entfeuchtete Luft oder erwärmte Luft verwendbar. Die Lufttemperatur kann verschiedene Qualitätseigenschaften des Kornguts beeinflussen. Sowohl die Verarbeitbarkeit des Kornguts als auch die Saatguteigenschaften können betroffen sein. Entscheidend ist die Temperatur, die das Korngut während der Trocknung annimmt. Im Hinblick auf die Saatgutqualität wird von einer kritischen Korntemperatur gesprochen. Darunter wird das Korntemperaturmaximum verstanden, das die Keimfähigkeit abhängig von der Kornfeuchte und der Einwirkungsdauer noch nicht nennenswert herabsetzt. Mit steigenden Temperaturen werden auch die verarbeitungstechnologischen Eigenschaften des Kornguts zunehmend beeinträchtigt. Beim Amarant wird empfohlen, keine Warmluft, sondern Kaltluft zur Trocknung zu verwenden, wenn das Korngut in der Weiterverarbeitung gepopt werden soll. Die Trocknung mit warmer Luft beschleunigt zwar die Feuchtigkeitsabgabe, beeinflußt aber offensichtlich die für das Popen relevanten physikalischen Korneigenschaften negativ.

3.3.4 Vermarktung

Obwohl das Korngut von Buchweizen, Reismelde und Amarant ein Rohstoffpotential für industrielle und pharmazeutische Produkte aufweist (s. Kap. 2.2, 2.3), ist sowohl der amerikanische als auch der europäische Markt bisher nahezu ausschließlich auf Korngut als Rohstoff für die Herstellung von Lebensmitteln ausgerichtet. Die Marktsegmente sind klein. Gehandelt wird primär Korngut, das nach den Richtlinien des Ökologischen Landbaus, oder nach daran angelehnten Vorgaben produziert wurde. Das Korngut wird in unterschiedlichen Aufbereitungsvarianten - hier wie in den USA - zwar nicht ausschließlich, aber in erster Linie in Naturkostläden und Reformhäusern angeboten. Einige Firmen verarbeiten Korngut in Kombinationen mit anderen Rohstoffen zu Keksen, Riegeln und anderen Spezialprodukten. Einzelne ideenreiche Unternehmer entwickeln neue Produkte. Auch dieses Produktesortiment wird vorrangig in den genannten Lebensmittelmärkten und Spezialläden angeboten. Breiter gestreut wird das Korngut zur Herstellung von Mehrkornbroten verwendet. Spezialitätenbäckereien und an Vielfalt interessierte Backbetriebe beziehen bevorzugt den Amarant als Rohstoff ein.

Gründe für eine bis heute relativ geringe Nachfrage nach solchen Kornrohstoffen bzw. nach Produkten wurden an anderer Stelle schon erörtert. Händler und Verarbeiter decken bisher den größten Teil ihres Bedarfs auf dem Weltmarkt. Das Buchweizenkorngut stammt aus Übersee oder aus osteuropäischen Ländern. Die Reismelde- und die Amarantpartien kommen vorwiegend aus Südamerika. Körneramarant und Reismelde anbauende Länder Südamerikas sind aus verständlichen Gründen am Export nach den USA und nach Europa interessiert. Beispielsweise in Österreich und in Polen hat jedoch eine eigenständige Produktion von Reismelde- und Amarantkorngut begonnen.

Ein heimischer Anbau setzt neben produktionstechnischen Kenntnissen zuvorderst die Klärung der Vermarktung produzierter Kornrohstoffe voraus. Ohne eine Nachfrage mit fixierten Abnahmebedingungen ist der Anbau sinnlos. Ein zentraler Faktor ist der Preis je Gewichtseinheit. In jedem Fall kommen hohe Ansprüche an die äußeren und die inneren Kornqualitätseigenschaften hinzu. Die Produktions- und die Erntetechnik, die Korngutaufbereitung und eine verderbnisfreie Lagerung sind daher wichtige Bereiche, die der Rohstoffproduzent beherrschen und kontrollieren muß. Letztlich ist der Anbau dieser Körnerfruchtarten nur im Vertrag realisierbar.

Die Nachfrage nach Korngut von Pseudogetreidearten ist - wie oben erwähnt - derzeit auf Korngut ausgerichtet, das ohne synthetische Dünge- und Pflanzenschutzmittel produziert wurde. Hier wird der gesundheitliche Wert, den die Kornrohstoffe aufgrund ihrer artenspezifischen Zusammensetzung mitbringen, kombiniert mit der Erwartung, über Ökologische Landbauverfahren den höherwertigen Rohstoff zu erhalten. Diese „Kombination" kann fragwürdig sein. Sowohl der inkompetente Einsatz synthetischer Agrarchemikalien als auch das grundsätzliche Einsatzverbot sind in der Lage, die Gesundheit durch den Verzehr der erzeugten Produkte zu beeinträchtigen (s. Kap. 2.1). Zweifellos können Rückstände synthetischer Pflanzenschutzmittel auf oder im geernteten Korngut im weitesten Sinne ein Gesundheitsrisiko darstellen. Tatsache ist aber auch, daß pilzliche, bakterielle und tierische Schaderreger, die sich auf der Pflanze bzw. auf den Fruchtständen vor dem Drusch im Feld oder nach dem Drusch auf dem Korngut im Lager ausbreiten, hochgiftige Rückstände hinterlassen können. Nicht nur bei den Pseudogetreidearten ist der Kenntnisstand hierzu bis heute keineswegs vollständig.

Die Problematik natürlicher Giftstoffe in und auf pflanzlichen Rohstoffen ist aus dem Bewußtsein der Verbraucher in den entwickelten Ländern weitgehend verschwunden. Ein Grund hierfür ist die selbstverständliche Kontrolle vieler Erreger in modernen Anbau- und Rohstoffaufbereitungsverfahren. Seit langem sorgen Pflanzenschutzmaßnahmen und Prüfverfahren in den Feldbeständen, bei der Korngutlagerung und der Korngutverarbeitung dafür, diese Gefahren soweit wie möglich zu minimieren. Ein anderer Grund ist die Fokusierung der Verbraucher auf Rückstände von synthetischen Pflanzenschutzmitteln. Die Giftigkeit „natürlicher" Rückstände kann die synthetischer Pflanzenschutzmittelrückstände bei weitem übertreffen. Sehr wohl verlangen daher Firmen, die größere Korngutpartien von Pseudogetreidearten verarbeiten, die mikrobiologische Untersuchung durch kompetente Fachinstitute (s. Kap. 2.1.1).

Andererseits setzt die Verwendung wirksamer Pflanzenschutzmittel zur Bekämpfung von Schaderregern die Prüfung der Substanzen, ihrer Abbauprodukte und ihrer Rückstände voraus. Relevante Prüfungen sind heute unabdingbarer Bestandteil der Zulassungsverfahren. Dies schließt Rückstände aufgrund von fehlerhaftem Einsatz nicht aus. Zusammengefaßt: im ureigenen Interesse jedes einzelnen Verbrauchers heißt die Frage nicht zuvorderst, mit welchem Anbauverfahren wurde der angebotene Rohstoff oder das daraus hergestellte Produkt erzeugt, sondern die Frage heißt, ist der Rohstoff bzw. das Produkt frei von gesundheitsgefährdenden Rückständen, woher auch immer. Sachbezogen kann diese Frage ausschließlich mit Analysendaten, die nach heutigem Kenntnisstand und mit aktuellen Methoden gewonnenen wurden, beantwortet werden.

Verbunden mit der Kornqualität ist der Preis je Gewichtseinheit Rohstoff ein entscheidendes Marktkriterium. Aus der Sicht des Rohstoffproduzenten spielt hierbei der produktionstechnische Aufwand und der vermarktbare Kornertrag ha^{-1} eine Rolle. Der Kornertrag ha^{-1} ist das Ergebnis von Art und Sorte, den Standortbedingungen und der Anbauintensität. Gehobene Kornerträge verlangen jedenfalls ein entsprechendes Nährstoff-, insbesondere ein angepaßtes Stickstoffangebot. Auf die Problematik, die mit langsam wirkenden, organischen, nur teilweise kontrollierbaren Stickstoffquellen verbunden sein können, wurde hingewiesen (s. Kap. 3.1.2). Einerseits kann daher unter agronomischen, ökologischen und ökonomischen Gesichtspunkten das Verbot, synthetische Stickstoffdüngemittel gezielt zur Kornertragsbildung einzusetzen, eine zweifelhafte Vorgabe sein, andererseits bestimmen vermarktungsorientiert die nachgefragten Qualitätskategorien das Produktionsverfahren. Mit Einschränkungen sind der Buchweizen, die Reismelde und der Amarant, jedenfalls die heute verfügbaren Sorten, aufgrund ihrer spezifischen Eigenschaften durchaus für ökologische Landbauverfahren geeignet.

Sollte das Korngut dieser Arten auf breiterer Basis, z.B. für die Gewinnung spezieller Stärkequalitäten oder anderer technischer Rohstoffe genutzt werden, müssen moderne Produktionsmittel und -verfahren einsetzbar sein, um kostengünstig entsprechende Rohstoffpartien zu erzeugen. Bisher existiert allerdings kein relevanter Markt. Ob die Arten für andere Zwecke, der Buchweizen als Arzneipflanze oder der Amarant als Gemüsepflanze, zukünftig eine größere Bedeutung gewinnen, ist offen. Unabhängig von der Verarbeitungsrichtung sind von Seiten der Rohstoffproduktion entscheidende Erfolge der Pflanzenzüchtung verbunden mit optimierten Anbauverfahren erforderlich. Von Seiten der Verarbeitung bestehen sicherlich Potentiale zur Entwicklung neuer Produkte.

3.3.5 Zusammenfassung

Die Abreife von Buchweizen-, Reismelde- und Amarantbeständen wird einerseits durch die gemeinsame Problematik langer Abreifezeitspannen, andererseits durch die Witterungsbedingungen im Reifeverlauf geprägt. Zeitspannen von 120 - 130 Tagen gegenüber 100 Tagen beim Buchweizen verschärfen die Problematik auf Grenzstandorten insbesondere beim Amarant. Korn:Strohverhältnisse in Größenordnungen von 1:2 bei Buchweizen- und Reismeldebeständen und von 1:3 beim Amarant unterstreichen die Bedeutung, die neben der Abtrocknung der Kornfraktion den vegetativen Sproßfraktionen zukommt. In Interaktion mit dem aktuellen Witterungsverlauf resultieren erhebliche Verlustgefahren, die nur begrenzt durch die Produktions- und die Erntetechnik reduzierbar sind. Abhängig vom Bestandeszustand und den zu erwartenden Witterungsbedingungen ist der Stand- oder der Schwaddrusch das geeignetere Ernteverfahren. Amarantbestände erreichen nur unter sehr günstigen Abreifebedingungen oder nach Frühfrösten totreifenahe Stadien. Im Schwad besteht neben dem Kornausfall die Gefahr zusätzlicher Verluste durch Pilzbefall und durch eine Verschmutzung der Fruchtstände. In jedem Fall muß das Korngut der Pseudogetreidearten zur Lagerung unmittelbar nach dem Drusch auf Feuchtegehalte unter 15% herunter getrocknet werden. Im Hinblick auf eine längerfristige Lagerfähigkeit dürfen Kornfeuchten von 10 - 12% nicht überschritten werden. Da die Trocknung mit Warmluft artspezifisch die technologische Kornqualität beeinträchtigen kann, wird teilweise Kaltluft bevorzugt. Sensorische und ernährungsphysiologische Beeinträchtigungen des Korngutes durch Pilz- oder Schädlingsbefall auf dem Feld und im Lager oder durch Oxidationsprozesse verhindern von vorne herein die Vermarktbarkeit als Lebensmittelrohstoff. Zweifellos ist die Produktion und die Aufbereitung hochwertiger Kornrohstoffe nur unter der Prämisse einer vorweg gesicherten Vermarktbarkeit sinnvoll. Der Markt ist bisher auf das Korngut als speziellem Lebensmittelrohstoff konzentriert. Ob sich zukünftig andere Marktsegmente entwickeln, ist offen.

3.3.6 Literatur

Zitierte Literatur

DARWINKEL, A. and O. STØLEN: Understanding of the quinoa crop - guideliness for growing in temperate regions of N.-W. Europe. Brochure, cofunded by the Europ. Com (DGVIF.II.3-Coordination of Agric. Res.).

HONERMEIER, B. (1994): Buchweizen - Empfehlungen zum Anbau. Lehr- und Versuchsanstalt für Integrierten Pflanzenbau e.V. Güterfelde und Deutscher Buchweizenverein Cottbus e.V.

JACOBSEN, S.E., JØRGENSEN, J. and O. STØLEN (1994): Cultivation of quinoa (*Chenopodium quinoa*) under temperate climatic conditions in Denmark. J. Agric. Sci. (Camb.) 122, 47-52.

SOOBY, J., MYERS, R., BALTENSPERGER, D., BRENNER, D., WILSON, R. and CH. BLOCK (1998): Field preparation and planting. In: Amaranth - Production Manual for the Central United States. University of Nebraska Cooperative Extension EC 98, 6-9.

STEINER, A. (1997): Unterlagen zur Vorlesung Pflanzenzüchtung I - Ausgewählte Aspekte der Saatgutproduktion und der Saatguttechnologie, 55-87.

Weiterführende Literatur

DOBOS, G. (1996): Züchterische Bearbeitung von Körneramarant, Reismelde und Wintermohn unter Berücksichtigung der im Laufe einer Introduktion auftretenden Fragen. Forschungsprojekt L 819/93, 1-68.

HONERMEIER, B., WEBERS, V. und R. SCHNEEWEIß (1997): Zur Verarbeitungsqualität des Buchweizens (Fagopyrum esculentum Moench.). - 1. Mitteilung: Ergebnisse aus deutschem Praxisanbau. Getreide, Mehl und Brot 51, 278-281.

HONERMEIER, B., WEBERS, V. und R. SCHNEEWEIß (1998): Zur Verarbeitungsqualität des Buchweizens (*Fagopyrum esculentum* Moench.). - 2. Mitteilung: Einfluß von Sorte und Aussaattermin auf äußere Qualitätsmerkmale und Schäleigenschaften des Ernteguts. Getreide, Mehl und Brot 52, 41-47.

MYERS, R.L. (1998): Industrial uses and marketing. In: SOOBY, J., MYERS, R., BALTENSPERGER, D., BRENNER, D., WILSON, R. and CH. BLOCK (eds.): Field preparation and planting, 6-9. Amaranth - Production Manual for the Central United States. University of Nebraska Cooperative Extension EC 98.

4 Zukunft

Die wechselvolle Geschichte und die weltweit unterschiedliche Verbreitung der Pseudogetreidearten erlauben nur allgemeine Überlegungen zu ihrer zukünftigen Bedeutung. Vollkommen verschiedene Ursachen beeinflussen regional die Wertschätzung einzelner Kulturpflanzenarten. In Regionen, die traditionelle Anbaugebiete einer Art darstellen, sind vielfältige Nutzungsvarianten bekannt. Auf Märkten, die allenfalls die aufbereitete Kornfraktion einer Art als importiertes Nischenprodukt anbieten, ist die Nachfrage auf wenige „Eingeweihte" begrenzt. In den entwickelten Ländern, in satten Gesellschaften, sind eßbare und technisch nutzbare pflanzliche Rohstoffe anders einzuordnen als in Ländern mit knapper Nahrungsmittelversorgung.

Betrachtet man die Anbauflächen, die die Getreidearten weltweit einnehmen, liegt der Schluß nahe, diese Arten werden auch zukünftig die Ernährung der Menschheit tragen. Die Eigenschaften der Kornfraktionen prädestinierten diese einjährigen Grasarten von jeher dazu, als Nahrungsmittelressource zu dienen. Darüber hinaus erklären die Intensität, die Investitionen und die Institutionen mit und in denen diese und wenige andere Nutzpflanzenarten global wissenschaftlich untersucht, züchterisch entwickelt, produktionstechnisch geprüft und technologisch bearbeitet werden, ihre aktuelle und vermutlich auf ihre zukünftige Bedeutung. Die Erfolge und deren angewandte Nutzung machen den Bekanntheitsgrad, die Akzeptanz und die Nachfrage verständlich. Folglich verlangen der Handel und die Lebensmittelindustrie vornehmlich große Partien dieser allgemein bekannten, kategorisierbaren und vielseitig verwendbaren Rohstoffe.

Die Frage, ob es auf weite Sicht klug ist, die Forschung, die Entwicklung und den Anbau von Pflanzen, die der Versorgung der Menschen mit Nahrungsmitteln dienen, im Schwerpunkt auch zukünftig auf relativ wenige Arten zu konzentrieren, wurde bereits von verschiedenen Seiten aufgeworfen. Zudem ist zu fragen, welche Bedeutung dem täglich beklagten Artenverlust zukommt, wenn sich auch die Nutzpflanzenforschung im weiteren Sinne nur auf relativ kleine Ausschnitte des Artenspektrums konzentriert? Selbstverständlich dürfen die Pflanzenarten als Teil eines höchst komplexen Ökosystems nicht alleine unter heute gültigen Nutzbarkeitsaspekten bewertet werden. Zusammenhänge zwischen der Konzentration der Nutzungsinteressen auf der einen und dem Verlustprozeß auf der anderen Seite sind jedoch nicht von der Hand zu weisen.

Prinzipiell bestehen gute Gründe, die es sinnvoll erscheinen lassen, die Forschungs- und Entwicklungsaktivitäten in stärkerem Maße auf ein größeres Artenspektrum auszuweiten. Der steigende Bedarf an nachwachsenden Rohstoffen zur Ernährung der zunehmenden Weltbevölkerung bzw. zur Herstellung technischer Produkte, geben Anstöße. Wenn auch mit relativ bescheidenem „Input" werden bisher nicht genutzte Arten auf ihre Nutzungseigenschaften untersucht und marginal genutzte in Entwicklungsprogramme aufgenommen. Die internationale Forschung spricht von „New Crops" und von „Underutilized Crops". Die Pseudogetreidearten, der Buchweizen, die Reismelde und der Amarant sind in diesem Rahmen Mosaiksteine. Gesichtspunkte, die für einen Einbezug dieser Körnerfruchtarten in Forschungs-, Entwicklungs- und schließlich in Anbauprogramme sprechen, wurden in den zurückliegenden Kapiteln, jeweils im inhaltlichen Zusammenhang, berührt. Zusammenfassend werden einige nachfolgend herausgestellt.

Die großflächige Ausbreitung sortenreiner Bestände weniger Kulturpflanzenarten in einer Region und die enge Aufeinanderfolge weniger Arten in Fruchtfolgen steigern die Gefährdung der Bestände durch Schaderreger. Enge Getreidefolgen - den Mais eingeschlossen - bis hin zur Monokultur sind hervorstechende Beispiele. Die Verletzbarkeit der Bestände nimmt in dem Maße zu, in dem sie als Wirtspflanzen denselben pilzlichen und tierischen Schaderregergruppen Ausbreitungs- und Anpassungsmöglichkeiten bieten. Hierbei stehen windverbreitete Erreger, bodenbürtige Erreger und solche, die auf Ernteresten überdauern können, im Vordergrund. Enge Folgen von Wirtspflanzen aggressiver Schadorganismen mißachten die Abwehr- und Stabilisierungsfunktionen biologischer Diversität, wie sie Fruchtfolgen verschiedener Arten nachzuvollziehen versuchen, eklatant.

Die Beherrschung hieraus resultierender Kornertrags- und Kornqualitätsrisiken erfordert ersatzweise eine massive technische Kontrolle. Mit „resistenten" Sorten alleine ist die Gefährdung zumeist nur teilweise und befristet reduzierbar. Die Erregerpopulationen sind in der Lage sich anzupassen und Resistenzen zu durchbrechen. Darüber hinaus kann die Eliminierung des einen die Ausbreitung eines anderen, bisher unbedeutenden Erregers begünstigen. In der Konsequenz steigt, jedenfalls unter intensiven Produktionsbedingungen, der Biozidaufwand. Auch die Erweiterung von Fruchtfolgen mit „Nichtwirtspflanzen" löst diese Problematik nicht vollständig, entschärft sie aber. Als mähdruschfähige Körnerfrüchte, die nicht zu den Getreidearten zählen, sondern anderen, ganz unterschiedlichen Gattungen angehören, könnten die Pseudogetreidearten ein entwicklungsfähiges Potential zur Variation darstellen.

Diese Perspektive muß berücksichtigen, daß der Buchweizen ebenso wie die Reismelde und der Amarant „Nischenfruchtarten" sind und bleiben werden. Fruchtarten, die einerseits in der Lage sind, mit bescheidenen Erträgen an eßbaren Trockenmassen marginale Bedingungen - „ökologische Nischen" - zu nutzen. Fruchtarten, deren Korngut andererseits in den Nischen moderner Getreidemärkte angeboten und nachgefragt wird. Die Arten besitzen ein breites genetisches Potential, das sowohl die Nutzung marginaler Standorte, als auch die Transformation günstiger Wachstumsbedingungen in hohe Kornerträge ermöglicht. Die Realisierung hoher Kornerträge setzt jedoch züchterische Veränderungen der Trockenmasseverteilungsmuster zugunsten der Kornfraktion, sowie die Verbesserung der agronomischen Eigenschaften voraus.

In den Entwicklungsländern vermag das Korngut zur Behebung quantitativer und qualitativer Proteinmängel bei einseitig kohlenhydrat-betonter Ernährung beizutragen. In den entwickelten Ländern könnten Marktnischen ausgeweitet werden. Marktnischen bieten zweifellos Chancen. Artspezifisch unterschiedlich enthält das Korngut Kombinationen ernährungsphysiologisch wertvoller Inhaltsstoffe, die im Rahmen moderner Eßgewohnheiten häufig unzureichend beachtet werden. Zunehmend sind gesundheitsbewußte Verbraucher an solchen Rohstoffen und daraus hergestellten

Produkten interessiert. Von der menschlichen Ernährung abgesehen, können solche Kornrohstoffe Bestandteile industriell produzierter Fertig-Futtermittel für kleine Haustiere, Hunde, Katzen und Vögel zum Beispiel darstellen. Generell ist dies zweifellos ein entwicklungsfähiges Marktsegment. In jedem Fall verlangt eine Ausweitung der Nachfrage aber nicht nur die Information potentieller Verbraucher, verbunden mit einem attraktiven Produktangebot, sondern auch den Einsatz massiv werbewirksamer Methoden. Die erfolgreiche Vermarktung anderer Artikel auf dem Lebensmittel- und dem Futtermittelsektor stellt dies eindeutig unter Beweis.

Wenn schließlich - unabhängig vom Marktwert des produzierten Kornguts - feldmäßig angebaute Pflanzenbestände als Strukturelemente multifunktionaler Agrarlandschaften eine Wertschätzung erfahren, können zweifellos dem Buchweizen ebenso wie der Reismelde und dem Amarant landschaftsgestaltende Effekte zuerkannt werden. Die Färbung der Bestände, die Blüh- und die Abreifezeiträume beleben auch in späten Vegetationszeitabschnitten noch den Charakter von Landschaftsarealen. Versuchsweise zur Nutzung als Zierpflanzen freigegebene Teilflächen sortenverschiedener Reismelde- und Amarantbestände aus Feldversuchen übten auf die Bewohner umliegender Ortschaften eine erhebliche Attraktivität aus. Dies läßt erkennen, daß auch der „Zierpflanzencharakter" dieser Nutzpflanzenbestände Bedeutung besitzt und mit zur Akzeptanz einer zunehmend kritisch beobachteten Rohstoffproduktion beitragen kann.

5 Legenden zu den Farbtafeln

Farbtafel 1 (= Umschlaginnenseite vorne)

1. Links oben: Körner, von links oben nach rechts unten:
   Buchweizen, braunkörnige Sorte
   Buchweizen, graukörnige Sorte
   Reismelde, gelbkörnige Sorte
   Reismelde, rötlichkörnige Sorte
   Amarant, schwarzkörnige Sorte
   Amarant, gelbkörnige Sorte
   Reismelde, polierte Körner

2. Rechts oben: Blühender Buchweizenbestand

3. Links unten: Weitgehend abgereifter Reismeldebestand

4. Mitte unten: Blühender Amarantbestand

5. Rechts unten: Blühende Amarantpflanze

Farbtafel 2 (= Umschlaginnenseite hinten)

6. Links oben: Blühende Reismeldepflanze

7. Mitte oben: Zwischenfruchtbestand, Buchweizen + Phazelia

8. Rechts oben: Unter Strohmulch aufgelaufener Amarantbestand

9. Links unten: Zwischenfruchtbestände verschiedener Reismeldesorten

10. Rechts unten: Arrangement aus Blütenständen verschiedener Reismeldesorten

6 Stichwortverzeichnis

A

Abreife 9, 55, 154, 160 ff, 180, 205, 236
Abreifebedingungen 84, 162
Abreifebeschleunigung 238
Abreifeverlauf 236, 239
Abtrocknung 160, 180, 238
Aflatoxine 88
Aglycone 50, 107
Agrarlandschaft 150, 252
Alanin 94, 226
Albumine 93
Alegria 114
Amarantflocken 117, 122
Amaranthiforme-Typ 37, 39
Amarantin 126
Aminosäuren 94, 96, 112
Amylopektin 92
Amylose 92, 116
Anbaufläche 23 ff, 31, 41
Anbauintensität 190
Anjeszky-Virus 125
Anthozyane 105
Anthozyanine 126
Arginin 94
Arteriosklerose 123, 125
Arthritis 123
Artkreuzungen 46, 60
Arzneimittel 123 ff
Ascorbinsäure 102, 136
Asparaginsäure 226
Aufbereitung 109
Auflaufgerichte 110, 119
Ausfall 240
Ausfallneigung 35, 43, 46, 51
Ausfallverlust 164
Ausgangsbestand 154, 172, 194
Aussaat 157, 161 ff, 188, 205
Auswuchs 77

B

Backfähigkeit 93
Bakterien 85, 87, 245
Ballaststoffe 51, 81, 91 ff, 108 ff, 122, 127
Beregnung 231
Besatz 86
Bestandesdichte 180 ff, 199, 231 ff
Bestandeseigenschaften 238
Bestandesentwicklung 182, 187
Bestandespflege 212
Bestandesschluß 156, 164, 176, 182, 205, 215, 233
Betazyanine 126
Beta-Carotin 102
Beta-Glucane 99
Bienenweide 139, 152
Biskuitteig 111, 119
Blasenhaare 139, 161
Blattentwicklung 132
Blätterteig 111
Blattextrakt 125
Blattfarben 139
Blattflächenentwicklung 133, 140
Blattfleckenkrankheit 138, 219
Blattfraktion 135
Blattkrankheiten 220, 223 ff
Blattmasse 135, 137, 139
Blattseneszenz 237
Blei 89, 147
Blini 114
Blühbeginn 178
Blühtermin 50
Blüte 150, 182, 229
Blütenknäul 40,
Blütenstand 150
Blutgerinsel 123
Bodenbearbeitung 144, 164, 220, 231
Bodenbedeckung 132, 144 ff, 182
Bodendurchwurzelung 144, 165, 182
Bodenlockerung 144, 165
Boden-N_{min}-Gehalt 205
Bodenstruktur 164, 231
Bodenverdichtung 145, 162, 195, 231
Bodenverschlämmung 231
Brandprophylaxe 123
Bratlinge 121
Brei 92, 110, 114
Brennstoff 125
Brotaufstrich 122
Brotherstellung 115, 116
Brotteig 112
Bruchkorn 77, 80, 83, 87
Buchweizenart 70
Buchweizengrütze 117

C

Cadmium 89
Carotinoidgehalt 225
Chapatti 114
Chillare 114
Cholesterinspiegel 97, 107 ff
Cholesterolsynthese 98, 108
Chrom 147
Chymotrypsin 112
Computerindustrie 107
Crêpes 114
Crispina 114
Curcurmin 126
Cystein 96
Cystin 226

D

Darmkrebs 125
D-Chiro-Inositol 82, 105 ff
Deckelkapsel 40, 59
Dekontaminationspflanzen 147
Diabetes 82, 105, 109
Direktdrusch 239, 241
Disaccharide 112
Domestikation 12, 40
Domestikationszentren 16
Druschfähigkeit 156, 159, 182, 190, 236, 241
Druschfeuchte 89
Druschreife 160 ff
Druschtermin 162, 192, 236, 243
Düngerstickstoff 210, 212
Düngung 198, 205
Durchfall-Virus 125

E

Einkreuzungsgefahr 50, 90
Eisen 100, 136
Eisengehalt 122
Eisenmangel 100
Eiweißgehalt 43, 50, 56, 127
Eiweißkomponenten 95
Eiweißmangel 111
Eiweißqualität 43, 50, 56, 96, 127
Ekzeme 109
Embryo 38, 40
Endosperm 35, 38, 40, 91, 95
Energiekonzentration 142
Entwicklungsverlauf 177, 231, 236
Erholungsfunktion 150
Ernte 236

Ernteindex 9, 51, 56, 178, 184, 191, 207 ff
Ernteprobleme 236
Ernterückstände 201, 232
Erntetermin 135, 243
Ernteverfahren 178, 243
Erosion 144
Evaporation 146
Extrudierung 113

F

Fagopyrin 81, 105, 107, 136
Fagopyritol 82, 105
Fahrspuren 167, 214
Farbstoffe 105, 126
Farbstoffträger 92, 125
Faser 134
Feinkornanteil 84
Feldaufgang 167, 170 ff, 183, 194
Feldflora 86
Fett 56, 95, 97, 134
Fettgehalt 56, 98, 101, 109, 113, 122
Fettkomplex 80, 97, 108, 127
Fettkomponenten 80, 95
Fettsäure 80, 97, 112
Fettstoffwechsel 97
Feuchtigkeitsgehalt 87
Fladenbrot 114, 117
Flavoglycoside 107
Flavonoide 81, 105
Fleischgerichte 115, 121
Fleischprodukte 121, 127
Flocken 90, 110
Forschungseinrichtungen 48, 54, 62
Fremdgeschmack 87
Frikadellen 121
Frischfuttermasse 141
Frischgemüse 139
Frostempfindlichkeit 43, 141, 159, 162, 166
Frostschäden 160
Fruchtfolge 164, 219, 231
Fruchtschale 35 ff, 51, 83, 91 ff, 107, 133
Fruchtstandskrankheiten 223, 227
Fructose 135
Frühfrost 159, 176, 236, 241
Frühreife 50, 56, 196, 239
Frühstückscerealien 117
Füllmasse 125
Fungizidbehandlung 219
Fungizide 225, 232
Fußkrankheiten 164, 220, 223, 227
Futtermassen 60

Futtermittel 30, 103, 122, 140
Futterqualität 142
Futterschnitt 132, 141
Fütterungsversuche 108
Futterwert 74, 133, 141

G

Gamma-Linolensäure 56, 107 ff, 126
Gänsefußarten 15,
Gartenfuchsschwanz 21,
Gebäck 110, 118 ff, 127
Gebäckteig 112
Gemüse 20, 30, 36, 58, 132 ff, 147
Gemüsegericht 110, 113, 115
Gemüsetypen 132
Genbank 65
Gerichte 109, 114 ff, 120 ff
Geruch 87, 88
Geschmack 87, 122
Getränk 110, 115
Getreiderohstoff 29,
Giftstoffe 247
Gliadine 93, 95
Globuline 93, 95, 105
Glomerulata-Typ 37,
Glucose 135
Glutamin 94, 226
Glutaminsäure 95
Glutelin 93, 95
Gluten 93
Glutenarmut 89, 111, 127
Grauschimmel 219
Grenzstandort 154
Grundbodenbearbeitung 167
Grünmasseproduktion 39, 41, 55, 132
Grütze 80, 82, 83
Grützwurst 114

H

Hackmaßnahme 213, 215
Halbzwergtyp 58, 203
Haltbarkeit 88
Handel 85
Hautkosmetika 107
Hefen 85, 87
Heilmittel 123, 125
Hektolitergewicht 74, 89
Hemizellulose 98
Herbizide 217, 232
Herbizidverträglichkeit 218
Herbsttyp 43

Heu 141
Hitzebehandlung 104, 111
Honigproduktion 139
Hybridfuchsschwanz 21,

I

Inhaltsstoffe 90, 112, 123, 132 ff, 226
Insektenbefall 107, 224, 228, 232, 245
Insektizide 225, 229, 232
Instantpulver 115
Isoamaranthin 126
Isoleucin 96

K

Kadmium 147
Käferarten 220
Kalium 100, 136, 200
Kaliumangebot 206
Kaliumgehalt 99
Kaliumoxalat 138
Kälteempfindlichkeit 47, 50
Kaltlufttrocknung 245
Kalzium 100, 136, 200
Kalziumgehalt 99, 122
Kalziumoxalat 138
Kartoffelklöße 118
Käsegebäck 118
Kasha 114
Kastenschiffchen 240
Keimbedingungen 171
Keimbeginn 160, 175
Keimfähigkeit 121, 168, 170, 175, 187, 194, 245
Keimling 35, 80, 91 ff, 101 ff, 121
Keimpflanzen 112, 121, 145, 183, 224
Keimruhe 34, 37, 51, 56, 166, 241
Keimtemperaturen 175, 232
Keimwasserbedarf 145, 169, 195
Kekse 110
Kerne 78, 80, 105
Kheer 114
Kindernährmittel 104
Kleber 93
Kleie 82
Kleingebäck 116
Knöterricharten 15,
Kochgemüse 135, 139
Konfekt 114, 122
Konkurrenz 180, 183 ff, 212
Konkurrenzeffekte 185, 232
Kontamination 188

258 Stichwortverzeichnis

Korn:Stroh-Verhältnis 199, 203, 236
Kornausbildung 57, 76, 225, 237
Kornausfall 59, 166
Kornbesatz 75, 77, 87
Kornbeschädigung 240
Kornbestandteile 94
Korneigenschaften 127
Korneiweiß 95
Körneramarantarten 57, 59
Kornertragsverlust 179, 240
Kornextrakt 125
Kornfarbe 51, 56, 83, 87
Kornfeuchte 77, 156, 162, 187, 242
Korngrößenfraktionierung 74, 77
Korngutaufbereitung 244
Korngutmerkmale 74
Kornmotte 229
Kornqualität 96, 196, 208, 226, 244, 247
Kornqualitätsverluste 240
Kornrohstoff 74, 96, 127, 246
Kornsitz 56
Kornverlust 9, 162, 178, 184, 191, 207, 236
Kosmetika 124, 126
Krankheiten 166
Krankheitsbekämpfung 219
Krankheitserreger 219, 223, 227, 240
Krankheitsresistenz 43, 51, 56
Kreuzungspartner 215
Krumenbeschaffenheit 116
Kuchen 110
Kühletoleranz 50, 55
Kupfer 100, 136, 147
Kurzwüchsigkeit 58

L

Lager 86, 241
Lagerbildung 238, 240
Lagerflora 86
Lagergefahr 205
Lagerneigung 158, 163, 182
Lagerpilze 89, 187
Lagerung 80, 242, 245, 247
Lagerungsdauer 80
Landschaftselement 150
Landsorte 27, 44, 57, 63, 162
Läuse 221, 229
Lebensmittel 104, 109, 115, 122, 246
Lektin 102, 103
Leucin 94, 96,
Lignin 98
Linolensäure 97, 109

Linolsäure 97
Lotion 124
Luftfeuchte 80, 245
Lysin 94, 96, 112

M

Magnesium 100, 136
Magnesiumgehalt 99, 122
Magnesiumoxalat 138
Mähdrusch 178, 236, 244
Mähdruscheignung 43, 51
Mahlprodukt 82, 89, 101, 105
Mahlprozeß 99
Malz 110, 112
Mangan 100, 136, 147
Mantelsaat 157
Marktnische 31,
Mehl 78, 80 ff, 90 ff, 101, 110, 127
Mehlausbeute 83
Mehlbrot 117
Mehlkörper 82, 95, 105, 111
Mehlmischung 96, 112, 114
Mehltau 219
Meldenart 70
Mengenelemente 100, 136
Methionin 94, 96, 112
Mikroorganismenbesatz 86, 89
Milben 87, 245
Mindestkeimtemperatur 158, 162
Mindestwachstumstemperatur 158
Mineralstoffe 51, 91 ff, 111 ff, 134 ff
Mineralstoffgehalt 79, 101, 127, 133, 136, 142
Mischanbau 147, 151, 168
Mischungspartner 27, 141
Monokultur 166
Monosaccharide 112
Mucuna 114
Mühlennachprodukte 101
Mulchauflage 173, 231
Mulchsaat 195
Müsli 110, 117
Mutanten 47, 63
Mykotoxine 86, 89

N

Nachtriebvermögen 140, 141
Nagerexkremente 87
Nährstoffe 144, 147, 198, 201
Nährstoffaufnahme 198, 200, 236
Nährstoffbedarf 198
Natrium 100, 136

Naturkostläden 246
Nematoden 143, 164, 220, 224, 229
Nematodenarten 143, 230
Neuaustrieb 143
Niacin 102
Nickel 100
Nitrat 139, 144
Nitratgehalt 136, 142
Nitratstickstoff 205
Nitrit 137
Nitritkonzentration 137
Nitrosamine 137
Nudeln 115

O

Oberbodenstruktur 169
Ochratoxine 89
Öl 126
Ölsäure 97
Oxalatgehalt 137, 142
Oxalsäure 202

P

Palmitinsäure 98
Panhas 114
Pektin 98
Pellets 142
Pentosangehalt 113
Perisperm 38, 40, 95, 101
Pesque 114
Pfannkuchen 114, 119
Pflanzenschutzmittel 138, 170, 247
Pflanzenschutzmittelrückstand 87, 247
Pflanzenverteilung 172, 194
Pflegemittel 124
Phenylalanin 96
Phosphor 100, 105, 136, 200
Phosphoraufnahme 201, 206
Phosphoraufnahmeeffizienz 202
Photosynthesesystem 158
Phytase 105, 112
Phytat 102, 105, 112
Phytinsäure 105
Phytinsäuregehalt 112
Phytohämaglutinin 103
Pigmente 105, 126, 134
Pilzbefall 52, 138
Pilzbesatz 86, 112
Polierprozeß 78, 83
Polyphenole 107
Polysaccharide 98, 112

Prolamine 93, 95
Prolin 94, 226
Protein 93, 101, 106, 134, 226
Proteineffizienz 97
Proteinfraktion 94
Proteingehalt 101, 142
Proteinkonzentrat 142
Proteinqualität 96
Puder 92
Puffer 120

Q

Qualitätskriterien 85, 87
Quecksilber 89
Quellvermögen 92

R

Rasiercreme 124
Reformhäuser 246
Reife 50, 178, 182
Reifestadien 242
Reifeverlauf 157
Reihenweite 215
Reinbestand 147
Reinigungsprozeß 77
Reismeldeflocken 117
Reismeldemehl 19, 116
Resistenzquellen 229
Restproteine 94
Retinopathie 123
Rezepte 109, 118, 121
Riboflavin 102
Riegel 110
Risotto 118
Rispenabreife 237
Rispenfuchsschwanz 21,
Rohasche 112
Rohfaser 98, 112, 135
Rohfasergehalt 60, 74, 133
Rohfett 91, 112, 135
Rohkostsalate 139
Rohnährstoffe 134
Rohproteingehalt 60, 91, 94, 112, 133, 136
Rohstoffe 29, 30, 31, 248
Rohstoffeigenschaften 74
Rohstoffvermarktung 85
Rübennematoden 143, 221, 230
Rücktrocknung 245
Rutin 42, 81, 105, 107, 123
Rutingehalt 42, 81, 124, 136

S

Saatbett 167
Saatbettbereitung 171, 195
Saatbettqualität 169, 195
Saatdichte 174, 180 ff, 186, 196, 232
Saatgut 173, 187, 194, 225, 232
Saatgutablage 173, 195
Saatgutbehandlung 188, 195, 232
Saatgutherkunft 187
Saatgutkosten 145
Saatgutmuster 63, 65 ff
Saatgutproduktion 90
Saatgutqualität 187, 195, 246
Saattechnik 195, 196
Saattermin 133 ff, 159 ff, 174 ff, 184, 196, 214, 231
Saattiefe 169
Saatverfahren 173
Saccharose 106, 135
Salat 113, 121
Salatgemüse 135
Salmonellen 88
Salztoleranz 50
Samen 144, 188, 194
Samenfunde 13
Samenöl 107
Samenschale 35, 38 ,40, 78, 90 ff, 107, 111
Sapogeningehalt 50, 52
Saponine 37, 51, 102, 106, 112, 136
Saponinarmut 37, 52
Saponingehalt 38, 50, 83, 87, 104
Sattoo 114
Schaderreger 144, 165, 188, 219 ff, 245
Schaderregerbekämpfung 144
Schadfaktoren 198, 231
Schadinsekten 52, 152, 220
Schädlinge 87, 166, 219, 224, 228, 232
Schädlingsbekämpfung 219
Schälabfall 74
Schälbarkeit 43, 77, 89
Schalenanteil 43, 46, 74, 80 ff, 89, 105
Schalenschicht 97, 200
Schälfraktionen 84
Schälprozeß 74, 78, 80, 84
Schälverluste 75
Schimmelpilze 85, 88
Schmelzflocken 110
Schminke 127
Schnaps 110
Schnitt 142, 144, 238
Schnitthäufigkeit 143
Schnitthöhe 143
Schnittermin 141, 242
Schrot 110, 127
Schrotbrot 117
Schrumpfkörner 226
Schütthöhe 246
Schwad 238, 240
Schwaddrusch 178, 239, 242, 244
Schwarzbesatz 77, 87
Schwefel 100
Schwermetalle 87, 147, 202
Selbstverträglichkeit 165
Selen 100
Seneszenz 180, 236, 238
Separierungsprozeß 77, 84
Serin 94, 226
Shampoos 124
Sikkation 178, 239, 243
Silierfähigkeit 60
Snack 110
Soba 114
Sommertyp 43, 45
Sortenentwicklung 47, 53, 57
Sortenschutz 41
Sortenwahl 187
Sortierung 85, 87, 89
Soße 115, 119
Spätfrost 159, 176, 231
Spätverunkrautung 236
Speisestärke 110
Sprossen 110, 112
Sproßmasse 132, 138, 140
Sprue 93
Spurenelemente 100, 113, 136
Squalen 56, 98, 107, 125
Standdrusch 239, 241 ff
Standfestigkeit 43, 47, 51, 55, 182, 215
Standraumbedarf 182
Stärke 8, 92, 112, 134
Stärkekörner 35, 38, 92
Staunässe 162, 223, 231
Stearinsäure 98
Stengelabreife 237
Stengelälchen 222
Stengelbruch 238, 240
Stengeldurchmesser 140, 238
Stengelkrankheiten 164, 220, 223, 227
Stengelschädlinge 226
Stickstoffangebot 200, 205, 212, 238

Stickstoffaufnahme 204, 209
Stickstoffaufnahmeeffizienz 202
Stickstoffdüngergaben 231
Stickstoffdüngungseffizienz 210
Stickstoff-Ernteindex 210
Stickstoffgehalt 198, 201
Stickstoffnachlieferung 164
Stickstoffquellen 212, 248
Stickstoffstreß 231
Stockälchen 165
Strahlenschäden 123
Streßfaktoren 198, 231
Striegelmaßnahmen 213
Suppen 92, 110, 114, 120, 139
Süßspeisen 110, 115
Systemwachstum 206

T

Tannine 35, 81, 83, 91, 102 ff, 112
Tanningehalt 55, 102
Tausendkorngewicht 44, 74, 89, 132, 145, 169, 178, 244
Teegebäck 120
Teigmerkmale 116
Teigwaren 82, 114, 117
Thiamin 102
Threonin 96, 226
Tierfütterung 74
Tocopherol 98, 102
Tocotrienol 98, 107
Torten 118
Totreife 241, 242
Transpirationseffizienz 146
Transpirationskoeffizient 158
Triebkraft 187, 195
Trockenheitstoleranz 50, 56, 160, 195
Trockenmasserückfluß 207
Trocknung 77, 89, 241, 246
Trypsin 112
Trypsininhibitoren 102, 103
Tryptohphan 96
Tyrosin 96

U

Unkrautamarant 59, 90
Unkrautbekämpfung 144, 212, 214, 218, 231
Unkrautunterdrückung 147, 214
Unterfußdüngung 238

V

Valin 96, 226
Vegetationsdauer 43, 156 ff, 181, 191, 236
Vegetationszeitbedarf 44, 58, 157, 166, 192
Verdaulichkeit 133
Verderb 87
Verderbnisgefahr 89, 109
Verfärbungen 138
Verkleisterungstemperatur 92
Verlustraten 179
Vermahlung 80, 81
Vermarktung 247
Verpilzungsgefahr 77
Verpopungsfaktor 87
Verpopungsgrad 87
Verschlämmung 144
Verzweigung 46, 56, 180, 205, 238
Verzweigungsneigung 37, 40 ff, 50, 132, 151, 239
Verzweigungsverhalten 47, 140, 203
Virosen 220, 223, 225, 227
Vitamin A 136
Vitamin C 135 ff, 225
Vitamin E 136
Vitamine 101, 134
Vogelfraß 52, 107, 240
Vollkornbrot 116
Vollkornmehl 101
Vollmehl 78, 95
Volumenausbeute 116
Vorfrucht 165
Vorfruchtrückstände 165
Vorratsschutzmittelrückstände 87
Voreinigung 245

W

Waffeln 115
Wanzenarten 152, 225, 229
Wanzenfraß 240
Warmlufttrocknung 245
Wasserangebot 146
Wasseraufnahme 92
Wasserbedarf 165
Wassergehalt 88, 236, 241
Wasserknappheit 190
Wassermangel 231
Wassernutzungseffizienz 146
Wein 115
Wiederaustrieb 133, 140
Wildarten 55, 232

Wildäsung 152
Wildpflanze 9, 153, 214
Wildpflanzencharakter 9, 198, 201
Wildpflanzenflora 15,
Windbelastung 240, 242
Windbewegung 231
Windeffekt 157
Windschutzstreifen 231
Wintertyp 43, 45
Wirkstoffe 217, 238
Wirkstoffträger 125
Wuchshemmung 218
Wuchshöhe 43 ff, 50 ff, 140, 163, 180
Wuchsstauchung 218
Wuchstyp 39, 203, 212
Wurstprodukte 110, 114, 122, 127
Wurzelexudat 202
Wurzelfäule 219
Wurzelgewicht 201
Wurzelkrankheiten 164, 220, 223, 227
Wurzeloberfläche 201
Wurzelsystem 161, 201, 204, 212
Würzen 115

Z

Zellulose 98
Zierpflanze 39, 153
Zierpflanzentyp 41,
Zink 100, 136, 147
Zöliakie 93
Zuchtsorte 63, 102
Zuchtziel 42, 47, 50, 58, 180
Zucker 91, 112
Zuckerart 134
Zuckergehalt 136
Zulassung 41
Zusatzrohstoffe 8
Zweitfrucht 165
Zwischenfrucht 150, 165, 222
Zwischenfruchtbestand 143, 144, 147, 173
Zwischenfruchtsaattermin 144, 159
Zyanidine 105